8º ANO

CIÊNCIAS
Corpo humano

ARMÊNIO UZUNIAN

Mestre em Ciências na área de Histologia pela Universidade Federal de São Paulo

Médico pela Universidade Federal de São Paulo

Professor e Supervisor de Biologia em cursos pré-vestibulares na cidade de São Paulo

ERNESTO BIRNER

Licenciado em Ciências Biológicas pelo Instituto de Biociências da Universidade de São Paulo

Professor de Biologia na cidade de São Paulo

DAN EDÉSIO PINSETA

Licenciado em Ciências Biológicas pelo Instituto de Biociências da Universidade de São Paulo

Professor de Biologia na cidade de São Paulo

Direção Geral:	Julio E. Emöd
Supervisão Editorial:	Maria Pia Castiglia
Edição de Texto:	Carla Castiglia Gonzaga
Assistentes Editoriais:	Ana Olívia Pires Justo Mônica Roberta Suguiyama
Programação Visual e Capa:	Grasiele Lacerda Favatto Cortez
Editoração Eletrônica:	AM Produções Gráficas Ltda.
Fotografia da Capa:	Shutterstock
Impressão e Acabamento:	Cromosete Gráfica e Editora Ltda.

Dados Internacionais de Catalogação na Publicação (CIP)
(Câmara Brasileira do Livro, SP, Brasil)

Uzunian, Armênio
Ciências : corpo humano, 8º ano / Armênio Uzunian, Ernesto Birner, Dan Edésio Pinseta. -- São Paulo : Editora HARBRA, 2016.

Bibliografia.
ISBN 978-85-294-0474-5

1. Ciências (Ensino fundamental) 2. Corpo humano (Ensino fundamental) I. Birner, Ernesto. II. Pinseta, Dan Edésio. III. Título

15-07185 CDD-372.35

Índices para catálogo sistemático:
1. Ciências : Ensino fundamental 372.35

CIÊNCIAS – *Corpo humano* – 8º ano
Copyright © 2016 por editora HARBRA ltda.
Rua Joaquim Távora, 629
04015-001 – São Paulo – SP
Tel.: (0.xx.11) 5084-2482. Fax: (0.xx.11) 5575-6876

ISBN (coleção) 978-85-294-0471-4

ISBN 978-85-294-0474-5

Impresso no Brasil *Printed in Brazil*

8º ANO

CIÊNCIAS
Corpo humano

Caro leitor:

Visite o site **harbradigital.com.br** e tenha acesso aos **objetos digitais** especialmente desenvolvidos para esta obra. Para isso, siga os passos abaixo:

- acesse o endereço eletrônico **www.harbradigital.com.br**
- clique em **Cadastre-se** e preencha os **dados** solicitados
- inclua seu **código de acesso**:

1BC0B3E343353EAD5777

Seu cadastro já está feito! Agora, você poderá desfrutar de vídeos, animações, textos complementares, banco de questões, galeria de imagens, entre outros conteúdos especialmente desenvolvidos para tornar seu estudo ainda mais agradável.

Requisitos do sistema

- O Portal é multiplataforma e foi desenvolvido para ser acessível em *tablets*, celulares, *laptops* e PCs (existentes até ago. 2015).
- Resolução de vídeo mais adequada: 1024 x 768.
- É necessário ter acesso à internet, bem como saídas de áudio.
- Navegadores: Google Chrome, Mozila Firefox, Internet Explorer 9+, Safari ou Edge.

Acesso

Seu código de acesso é válido por 1 ano a partir da data de seu cadastro no portal HARBRADIGITAL.

Apresentação

Olhe os beija-flores no quintal, apanhando pedaços de mamão que caíram na grama. E aqueles saguis disputando pedaços de banana, você os está vendo? Também tentam sobreviver ao procurar e encontrar o alimento necessário às suas vidas e à dos seus filhotes. Percebeu que existe uma harmonia entre esses dois animais e o ambiente em que vivem? Será que é assim em outros lugares do nosso planeta? Será que nos outros continentes também existe essa harmonia entre plantas, animais, microrganismos e o ambiente físico em que vivem, ou seja, as rochas, o ar, a água, a luz e outros componentes do meio? Será que os modernos meios de comunicação e de transporte, ou seja, os celulares, os *ipads*, os *tablets*, os possantes automóveis, aviões e navios que as pessoas utilizam ainda ajudam a manter a harmonia entre os seres vivos e o meio em que vivem? E quanto aos modos de os seres vivos se manterem com vida, será que ainda são os mesmos? Quer dizer, a fotossíntese, a respiração, a circulação do sangue e das seivas das plantas, a reprodução dos seres vivos, será que ainda continuam iguais ao que existia no passado? Será que os tais gases de estufa e o tal do aquecimento global, assuntos muito comentados atualmente, colocarão mesmo em risco a sobrevivência em nosso planeta?

Todas essas perguntas e observações devem, necessariamente, fazer parte de uma coleção dedicada ao Ensino Fundamental. Precisamos de estudantes participativos, opinativos, que contribuam para a compreensão do que se passa nos dias de hoje nos diversos ambientes do planeta Terra, ou seja, da nossa biosfera.

Oferecer aos estudantes do Ensino Fundamental uma coleção de Ciências contendo não apenas os conteúdos necessários para o aprendizado, mas, também e principalmente, contextualizar, contribuir para que percebam a importância do aprendizado em sua vida diária é nosso objetivo. A meta é formar futuros cidadãos participativos, que compreendam a importância das Ciências para a sua vida e para o futuro do planeta. É o que pretendemos com a presente coleção. Tudo isso, sem esquecer as constantes atualizações tecnológicas que são frequentemente contempladas ao longo de toda a obra, utilizando uma linguagem adequada à faixa etária a que se destina.

Nós, professores, precisamos levar em conta a opinião de nossos alunos. E esse é um dos importantes diferenciais da presente obra – contar com a participação dos estudantes. Esse foi o desejo da editora HARBRA e dos autores, também professores, ao lançar a presente coleção de ***Ciências*** destinada aos alunos do Ensino Fundamental de nosso país.

Os autores

Conteúdo

capítulo 4 **Sistema digestório** 67

capítulo 5 **Sistema respiratório** 81

capítulo 6 **Sistema cardiovascular ou circulatório** 98

Unidade
3
COORDENAÇÃO E sentidos 177

Unidade 4

REPRODUÇÃO HUMANA E sexualidade 229

Unidade 5 — Noções de genética 281

Capítulo 17 — Genética e hereditariedade 282

Capítulo 18 — Biotecnologia e saúde 301

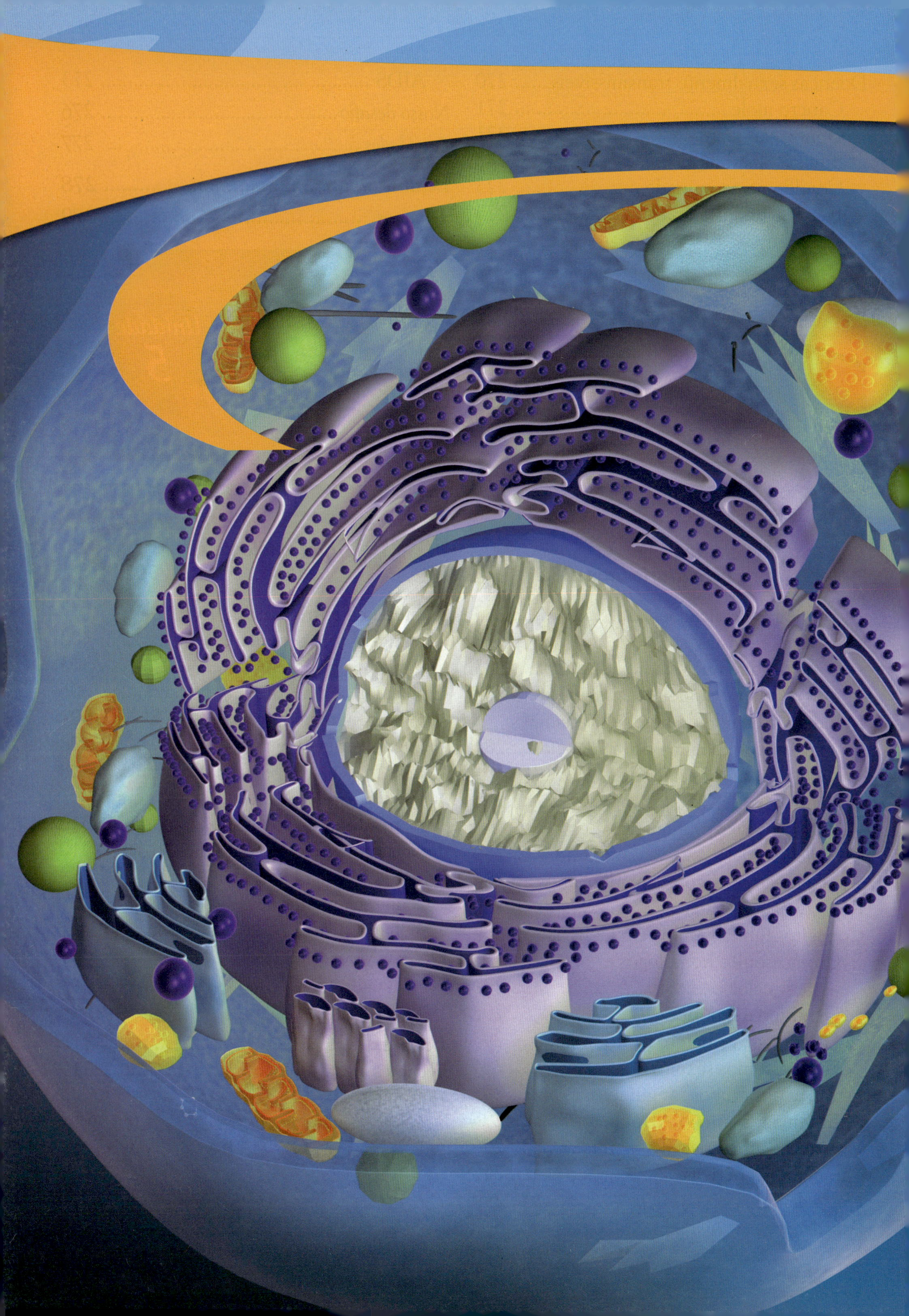

Unidade 1

A "FÁBRICA" celular

O trabalho realizado em uma célula é semelhante ao que acontece em uma fábrica de televisores. Através dos portões, dá-se a entrada de diversos tipos de peças destinadas à linha de montagem. Na fabricação e montagem dos aparelhos são necessários energia e operários habilitados. É preciso, ainda, um setor de embalagem para preparar a expedição do que é produzido. E, também, uma diretoria, para comandar todo o complexo fabril e manter o relacionamento com o mundo externo.

Nesta unidade, você conhecerá os compartimentos de uma célula, que se parece bastante com uma fábrica, e também conhecerá os conjuntos de células que, nos seres vivos, compõem os tecidos.

capítulo 1

Citologia: o estudo das células

Querer saber: uma característica humana

Uma das características que diferencia o homem de outros animais é o querer saber. Assim, uma criança em torno de 4 anos costuma querer saber porque é preciso lavar as mãos antes de comer, porque precisa tomar banho, porque precisamos comer frutas, verduras e legumes, além de muitos outros porquês.

O querer saber de um adolescente na faixa de 14 anos é bem diferente do de uma criança. Um adolescente quer saber, por exemplo, que mudanças acontecem em seu corpo durante essa fase da vida, como age a pílula anticoncepcional, o que é exatamente uma coronária e uma aterosclerose e como associá-las com um ataque cardíaco, entre muitos outros questionamentos.

Já os profissionais da área de saúde, por exemplo, estão em busca de respostas para melhorar a qualidade de vida do ser humano, dos outros seres vivos e do próprio planeta.

A partir de agora, vamos fazer uma viagem na qual você terá a oportunidade de conhecer um pouco mais sobre o corpo humano e obter respostas para algumas das suas curiosidades a respeito desse tema. Além disso, você perceberá que muitas outras respostas ainda precisam ser encontradas. Afinal, querer saber cada vez mais é uma característica humana.

Começaremos nossa viagem pelo estudo das células, estruturas presentes em todos os seres vivos.

ANY AIVANOVA/SHUTTERSTOCK

Em quase tudo que se escreve ou se fala sobre seres vivos, as células estão envolvidas. Elas são as menores unidades vivas que formam o corpo de um organismo. Por isso, torna-se necessário conhecê-las a fim de que você se familiarize com elas e se sinta seguro e confiante toda vez que forem citadas em estudos.

Todos os seres vivos conhecidos são formados por uma ou mais unidades celulares, isto é, são *unicelulares* ou *pluricelulares*, respectivamente.

Os vírus não possuem organização celular, nem metabolismo próprio ou capacidade de reprodução. Somente quando se encontram no interior de uma célula é que, a partir dos componentes dessa célula, conseguem se multiplicar. Por isso, muitos cientistas não consideram os vírus como seres vivos.

Introdução ao estudo das células

O número de tipos celulares existentes na natureza é muito grande. O corpo humano, por exemplo, contém cerca de um trilhão de células agrupadas em mais de cem tipos celulares distintos.

MOPIC/SHUTTERSTOCK

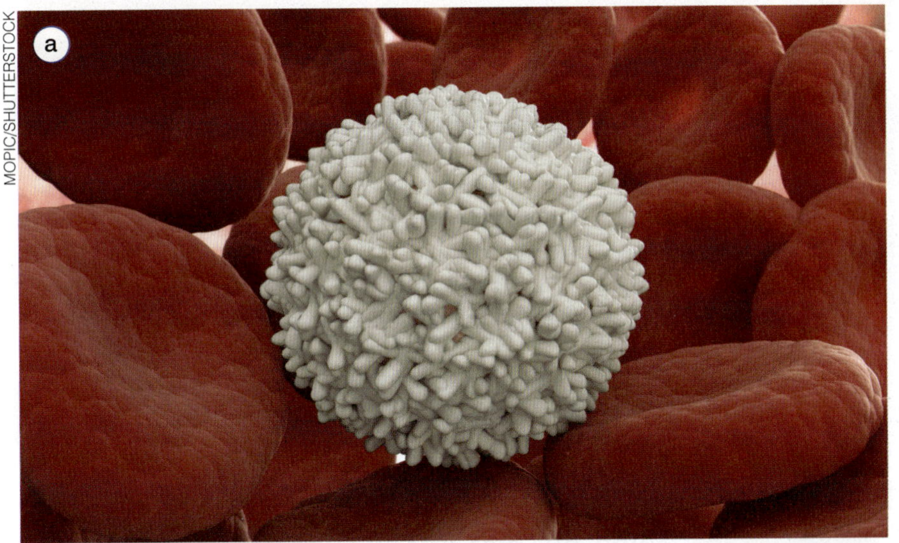

KTSDESIGN/SHUTTERSTOCK

Ilustrações representativas de células (a) vermelhas e branca do sangue e (b) nervosas. (Cores-fantasia.)

Nos organismos unicelulares, uma única célula realiza todas as funções vitais. Nos pluricelulares, grupo de células se especializam para determinada função; há, portanto, uma divisão de trabalho. Enquanto umas células revestem superfícies (células epiteliais), outras conduzem impulsos nervosos (neurônios), outras especializam-se em contrair-se (células musculares), e assim por diante.

Quando há uma divisão de trabalho, o rendimento geral do organismo é maior. Compare com uma sociedade, em que as diversas classes de profissionais (padeiros, motoristas, engenheiros, professores etc.) dependem do trabalho umas das outras, melhorando a dinâmica e a produção de cada classe. Você já pensou se cada um de nós tivesse que realizar todas essas atividades profissionais por conta própria?

O tamanho das células

Com trilhões de células formando nosso corpo, você deve imaginar que sejam extremamente pequenas.

Embora essas unidades possam apresentar variações quanto à forma, à função e ao tamanho, é impossível observar qualquer uma delas sem o auxílio dos microscópios. Estes instrumentos preciosos ampliam a nossa capacidade de observação, auxiliando-nos a desvendar os mistérios desses formidáveis "microtijolinhos" que participam ativamente da construção do nosso "edifício-corpo".

A maioria das células que constituem o corpo dos seres vivos mede de 2 a 50 micrômetros de diâmetro. *Micrômetro* é uma unidade de medida (consulte a tabela abaixo).

Fique por dentro!

Para que você tenha uma noção um pouco mais concreta sobre medidas, observe em uma régua um milímetro. Parece difícil imaginar esse mm dividido em mil partes. Cada parte corresponde a 1 micrômetro (μm), isto é, à milésima parte do milímetro. É tão pequeno que certamente fica difícil imaginar que ainda existam medidas menores, como o nanômetro (nm), que corresponde à milésima parte de um micrômetro (μm).

Algumas unidades de comprimento e sua relação com o metro.

Unidade de comprimento	Equivalência métrica
1 centímetro (cm)	1/100 de 1 metro, ou seja, 100 centímetros correspondem a 1 metro
1 milímetro (mm)	1/1.000 de 1 metro, ou seja, 1.000 milímetros correspondem a 1 metro
1 micrômetro (μm)	1/1.000.000 de 1 metro, ou seja, 1 milhão de micrômetros correspondem a 1 metro
1 nanômetro (nm)	1/1.000.000.000 de 1 metro, ou seja, 1 bilhão de nanômetros correspondem a 1 metro

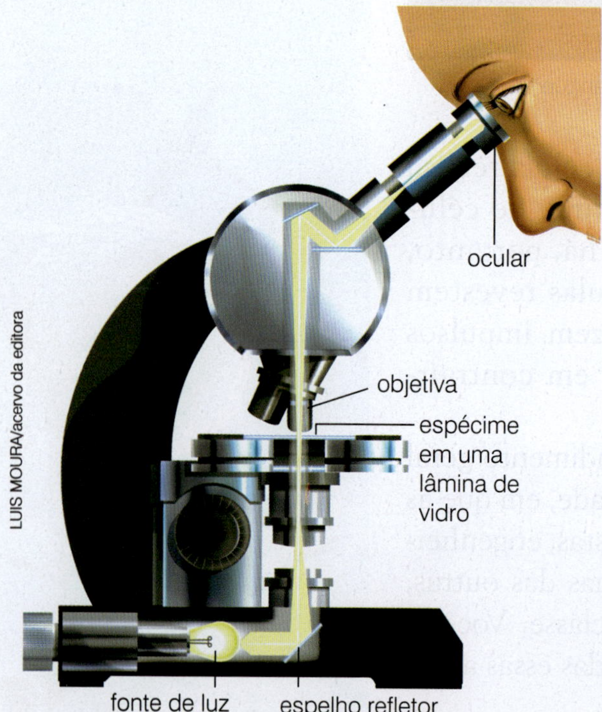

Não conseguimos enxergar as células a olho nu, mas podemos observá-las por meio de aparelhos chamados microscópios.

Microscópios: auxiliares do olho humano

O microscópio que você vê ao lado é chamado **microscópio óptico** ou **microscópio de luz**. Ele amplia um objeto até cerca de 2.000 vezes.

Com o microscópio de luz é possível a observação de células vivas, sendo esta uma das suas principais vantagens, mas não é possível a visualização da maioria de suas estruturas internas, uma vez que elas são estruturas extremamente pequenas.

É SEMPRE BOM SABER MAIS!

Microscópio óptico ou de luz

Como a maioria das células e seus componentes é transparente, vistas ao microscópio óptico a luz as atravessa e fica difícil distinguir o que se encontra no seu interior. Por isso, empregam-se técnicas de coloração; os corantes têm afinidade por determinadas estruturas celulares. Há corantes vitais, isto é, que podem ser aplicados às células sem matá-las; outros só podem ser assimilados por células fixadas, isto é, previamente mortas, mas com a estrutura preservada. Quando determinada estrutura celular já é naturalmente colorida, é mais fácil observá-la, pois não depende de nenhum artifício ou técnica de coloração. É o que acontece, por exemplo, com os cloroplastos, orgânulos de cor verde, exclusivos de células vegetais, facilmente visíveis ao microscópio óptico.

MICHAEL JUNG/SHUTTERSTOCK

A partir de 1930, passou-se a usar um novo tipo de microscópio, o **microscópio eletrônico** que permite visualizar as organelas celulares em detalhe. Esse microscópio consegue imagens de objetos com um aumento superior a 350.000 vezes. A desvantagem do microscópio eletrônico é não permitir a observação de materiais vivos.

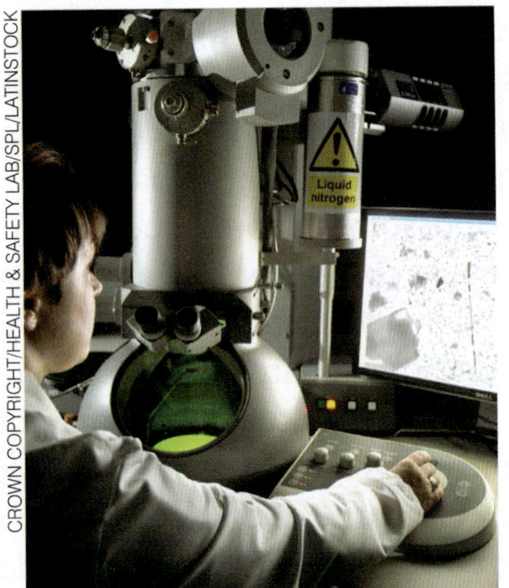

CROWN COPYRIGHT/HEALTH & SAFETY LAB/SPL/LATINSTOCK

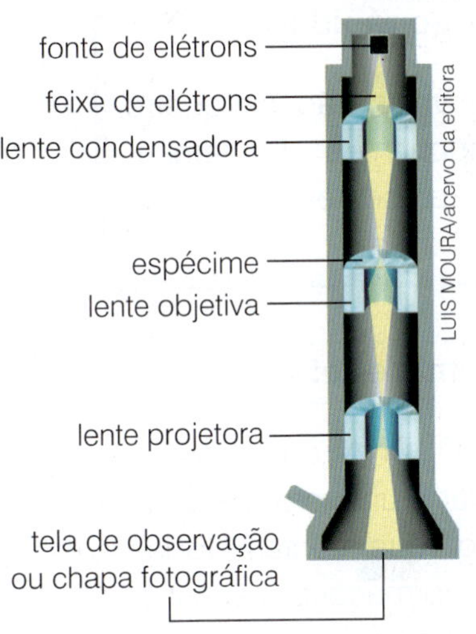

LUIS MOURA/acervo da editora

Nos microscópios eletrônicos, a luz é substituída por um feixe de elétrons, como nos tubos de TV; as imagens são projetadas sobre uma tela fluorescente e, então, fotografadas.

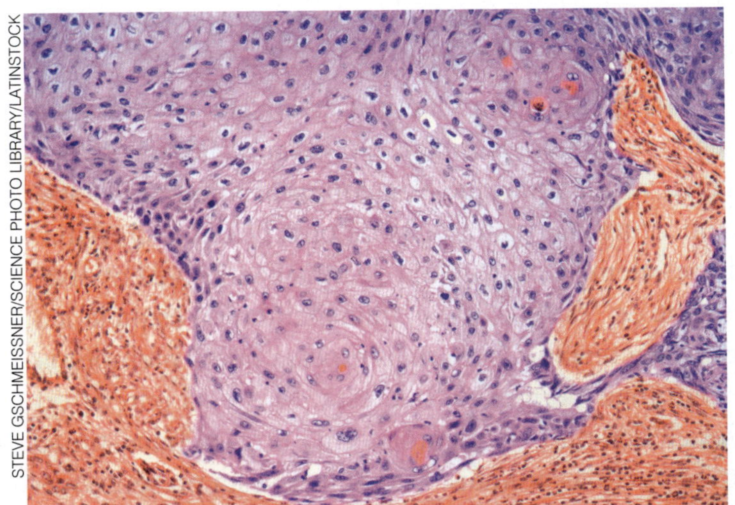

STEVE GSCHMEISSNER/SCIENCE PHOTO LIBRARY/LATINSTOCK

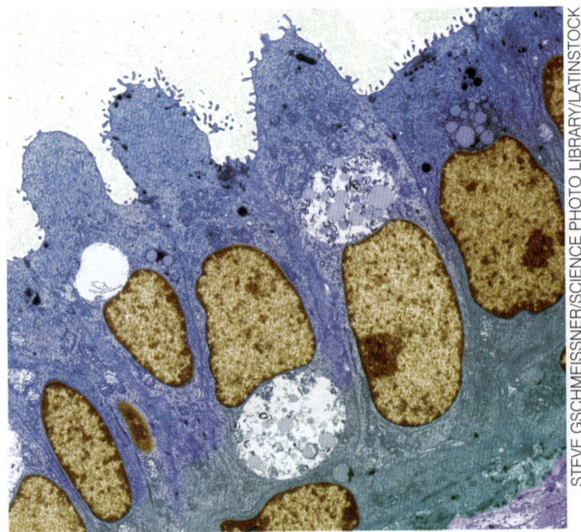

STEVE GSCHMEISSNER/SCIENCE PHOTO LIBRARY/LATINSTOCK

Células de câncer de mama: à esquerda, coradas em roxo, vistas ao microscópio óptico (aumento: 140 vezes); à direita, ao microscópio eletrônico, com seus núcleos corados artificialmente em marrom (aumento: 1.830 vezes).

Fique por dentro!

Entre a membrana nuclear e a membrana plasmática encontra-se o **citoplasma**, formado por um material gelatinoso, o **citosol**, e estruturas altamente organizadas, as **organelas** (também chamadas organoides ou orgânulos), importantes para as funções celulares, como iremos estudar no decorrer deste capítulo.

Jogo rápido

Quais são os quatro componentes fundamentais, presentes em qualquer célula?

Lembre-se!

O DNA da "fábrica" celular é um verdadeiro arquivo, que contém todas as informações necessárias ao bom funcionamento da célula.

Estrutura e funcionamento da célula

Toda e qualquer célula contém:

- um *envoltório limitante* do seu espaço interno; nas células esse envoltório é uma película chamada **membrana plasmática**, capaz de regular as trocas (entrada e saída) de materiais, mantendo, assim, o equilíbrio da composição do meio interno celular;
- um *conteúdo interno* espesso, viscoso, rico em diversas substâncias (água, sais, proteínas, lipídios, por exemplo), onde ocorrem diversas reações químicas, como as de síntese de novos materiais e as liberadoras de energia. Nas células, esse "caldo" tem certo grau de transparência, sendo, por isso, chamado de **hialoplasma** (do grego, *hyalos* = vidro) ou **citosol**;
- estruturas (organelas, orgânulos) relacionadas à linha de produção de proteínas (você verá que não existe forma de vida conhecida sem a presença de moléculas de proteínas). Nas células, essas estruturas aparecem sob a forma de *grânulos*, isto é, de *corpúsculos esféricos* de tamanho extremamente reduzido, mergulhados no hialoplasma. São chamados **ribossomos**, nome que deriva de **r**ibonucleic **a**cid (ácido ribonucleico), o RNA, seu principal componente químico;
- um "*setor administrativo*" responsável por todo o controle (coordenação) das atividades celulares. Nas células em geral, esse controle é feito por um emaranhado de filamentos longos e muito finos que, em conjunto, recebem o nome de **cromatina**. A cromatina é constituída por macromoléculas de DNA (**d**esoxyribo**n**ucleic **a**cid), o ácido desoxirribonucleico, e proteínas. As moléculas de DNA são, portanto, as responsáveis pela coordenação de toda a atividade celular.

A célula bacteriana

Voltando aos quatro componentes essenciais e comuns a qualquer célula, a *membrana plasmática*, o *hialoplasma*, os *ribossomos* e a *cromatina*, verificamos que esse conjunto mínimo é quase tudo o que se encontra na organização de uma célula bacteriana.

Além desses elementos, a célula de uma bactéria é envolvida por uma espécie de "estojo", isto é, uma membrana esquelética chamada **parede bacteriana**, bem mais espessa que a membrana plasmática e bem mais permeável que esta. Mas essa parede ou membrana esquelética não é obrigatória em outras células, tanto que não existe nas células animais. Ela também está presente nas células vegetais, mas a composição química é diferente; nos vegetais ela é constituída principalmente por moléculas de celulose.

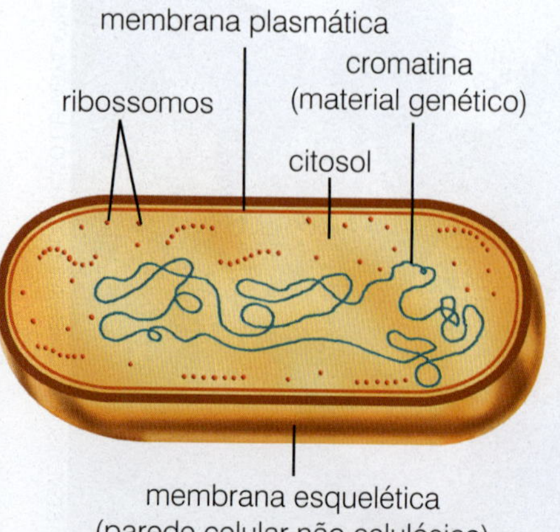

Célula bacteriana. (Cores-fantasia. Ilustração fora de escala.)

É SEMPRE BOM SABER MAIS!

Cromatina e cromossomos

A *cromatina* é também conhecida como *material genético* (de *genesis*, origem), pois, por meio de sua atividade, originam-se as características hereditárias dos seres vivos. Trechos do DNA que constitui os filamentos de cromatina são chamados de **genes**. Os genes podem ser definidos como as unidades que determinam, em cada espécie, as características que passam de uma geração a outra por meio da reprodução.

Um espermatozoide e um óvulo, por exemplo, carregam os genes determinantes de nossa herança biológica. Ou, de outra forma, espermatozoides e óvulos contêm a cromatina, ou o DNA, que herdamos de nossos pais por meio da reprodução.

Quando uma célula entra em divisão, os filamentos de cromatina organizam-se de outra forma e revelam-se com outro aspecto: os filamentos assumem uma aparência mais compacta e mais visível, os chamados **cromossomos** (do grego, *chroma* = cor e *soma* = corpo).

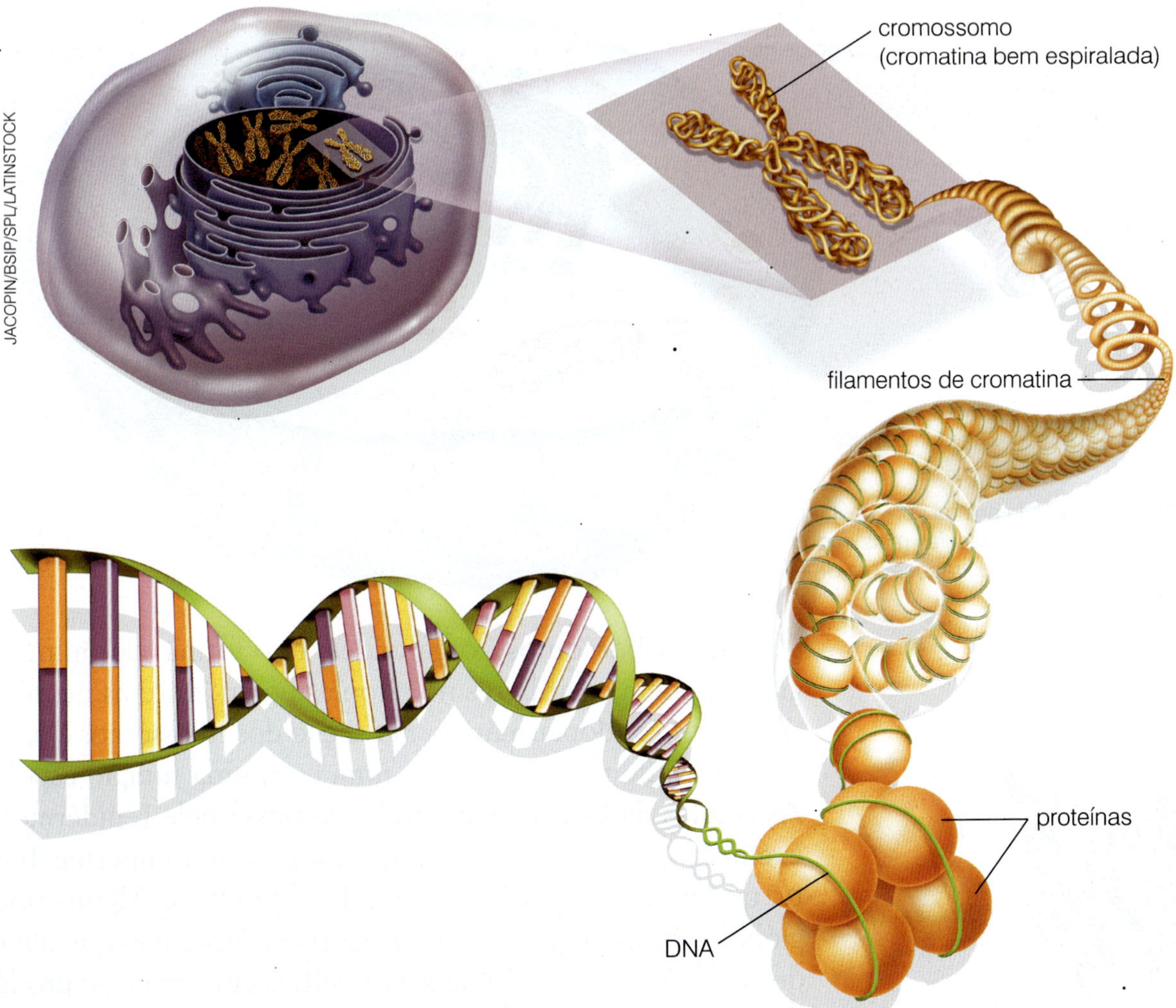

JACOPIN/BSIP/SPL/LATINSTOCK

cromossomo (cromatina bem espiralada)
filamentos de cromatina
proteínas
DNA

Ilustração de célula com destaque para um cromossomo. O cromossomo é, na verdade, a cromatina bem espiralada, que é formada por proteínas e DNA, que na imagem está em primeiro plano, mostrando suas bases. (Cores-fantasia. Ilustrações fora de escala.)

As células animal e vegetal

Membrana plasmática, citosol, ribossomos e cromatina são comuns a qualquer tipo de célula: bacteriana, animal ou vegetal. Porém, as células animais e vegetais são mais complexas do que uma célula bacteriana. Mergulhados no citosol encontra-se, além dos ribossomos, um conjunto de *organelas* (ou *orgânulos*) *membranosas*, isto é, formadas por membranas com a mesma natureza da membrana plasmática. São elas o **retículo endoplasmático**, o **sistema golgiense**, as **mitocôndrias**, os **cloroplastos** e os **lisossomos**. Além dessas organelas, nas células vegetais ainda encontramos os **cloroplastos** e os **vacúolos**.

Lembre-se!

Células animais e vegetais possuem núcleo organizado.

Essas células possuem um **núcleo** organizado, em que a cromatina está separada do citoplasma pela **membrana nuclear**.

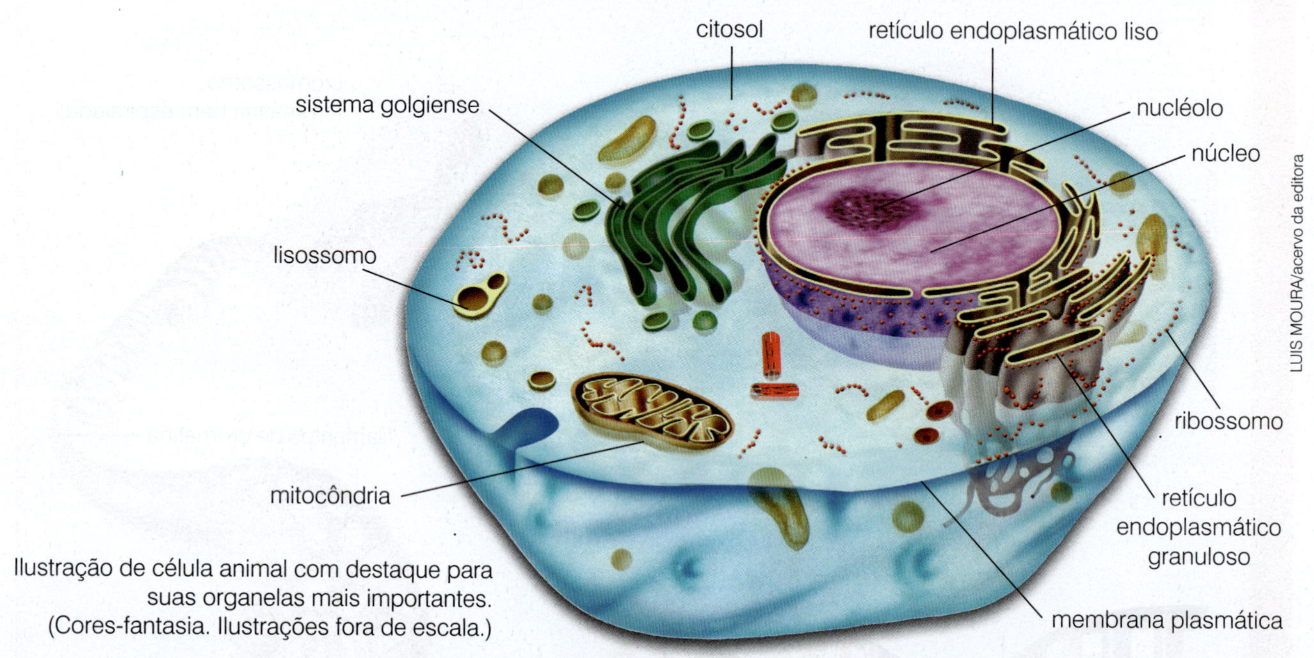

Ilustração de célula animal com destaque para suas organelas mais importantes. (Cores-fantasia. Ilustrações fora de escala.)

Os **ribossomos**, organoides em forma de minúsculos grãos, podem estar livres no citoplasma ou junto às membranas do retículo endoplasmático. A função dos ribossomos é produzir moléculas de proteínas, cada uma com uma função específica. As células da camada superficial da nossa pele (epiderme), por exemplo, produzem queratina, uma proteína impermeabilizante, que impede a perda de água do organismo. Alguns tipos de glóbulos brancos produzem anticorpos, proteínas que agem na defesa do corpo. Os glóbulos vermelhos em formação produzem hemoglobina, proteína responsável por transportar oxigênio e gás carbônico. Em uma parte do pâncreas, células pancreáticas produzem insulina, proteína que controla a taxa de glicose no sangue, evitando o diabetes. Todas essas proteínas são produzidas a partir da atividade dos ribossomos.

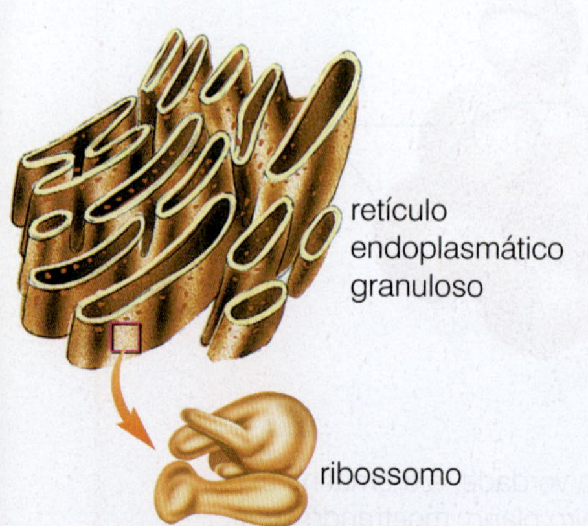

(Cores-fantasia e ilustrações fora de escala em toda esta seção.)

No citosol existe uma rede formada por cavidades achatadas e limitadas por membranas finíssimas, amplamente distribuída pelo interior da célula, chamada de **retículo endoplasmático** (retículo é diminutivo de rede), que pode, ou não, estar associada a ribossomos.

O retículo endoplasmático serve como *via de transporte* no interior da célula. Assim, as proteínas sintetizadas nos ribossomos ligados às membranas do retículo passam para o interior de suas cavidades ou canais, por onde circulam até chegar a outras partes da célula.

É SEMPRE BOM SABER MAIS!

Retículo endoplasmático liso e retículo endoplasmático granuloso

A microscopia eletrônica revelou que o retículo endoplasmático possui inúmeros ribossomos aderidos às faces externas de suas membranas. Esse conjunto (retículo com ribossomos) é conhecido como **retículo endoplasmático granuloso** ou **rugoso**. Há porções de retículo sem ribossomos aderidos às suas membranas, chamado de **retículo endoplasmático liso** ou **não granuloso**, associado à síntese de lipídios, transporte e armazenamento.

retículo endoplasmático liso

Fábricas possuem um setor de embalagem, empacotamento e expedição do que produzem. Na célula, esse papel é exercido pelo **sistema golgiense** ou **complexo golgiense**. Trata-se de um conjunto de estruturas membranosas que lembra uma pilha de sacos paralelos e achatados, sem ribossomos aderidos às suas membranas, e com inúmeras bolsas ou vesículas que se desprendem de suas margens.

complexo golgiense

As proteínas produzidas nos ribossomos são levadas pelo retículo endoplasmático até o sistema golgiense, cuja principal função é armazenar essas proteínas e liberá-las quando necessário.

Os **lisossomos** são também organelas membranosas, isto é, delimitadas por membrana, esféricas, que contêm *enzimas digestivas*. Os lisossomos promovem a *digestão intracelular* de alimentos ou de agentes infecciosos (bactérias, por exemplo) englobados do meio externo ou até mesmo de organelas que se tornaram total ou parcialmente inativas.

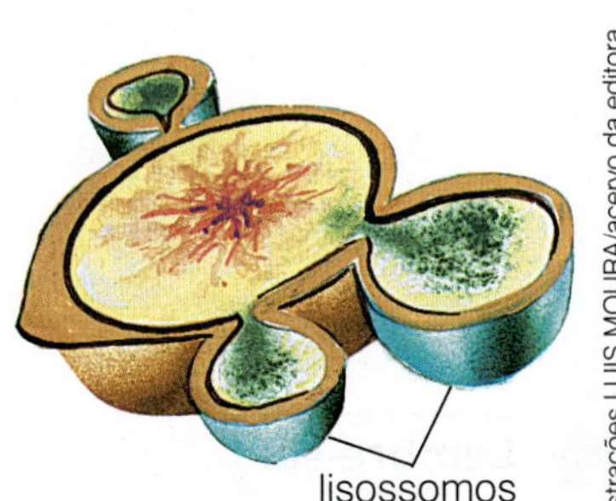
lisossomos

ilustrações LUIS MOURA/acervo da editora

Na falta de energia, uma fábrica interromperia suas atividades. O mesmo ocorreria em uma célula, pois sem uma fonte de energia todos os seus processos seriam interrompidos, comprometendo sua sobrevivência.

mitocôndria

Porém, nas células, é nas **mitocôndrias** que ocorre o processo de respiração celular aeróbia, que libera energia para a manutenção das atividades celulares. A respiração celular é um processo muito complexo, que necessita de diversas substâncias para ocorrer, entre elas a glicose e o oxigênio. A glicose é um açúcar altamente energético que, na presença de oxigênio, tem sua molécula totalmente "desmontada" e, nessa "quebra", libera a energia armazenada nas suas ligações químicas. Essa energia será empregada pela célula em todas as suas atividades.

Os combustíveis mais utilizados nos automóveis, álcool e gasolina, são constituídos de moléculas energéticas. A combustão, que ocorre na presença de oxigênio nas câmaras de explosão do motor, libera a energia armazenada nas ligações químicas dos combustíveis citados. A energia liberada nos motores a explosão é o que faz o carro se movimentar. Em suas células, os seres vivos também utilizam oxigênio e um combustível, principalmente a glicose, para liberar a energia armazenada nas ligações químicas das moléculas desse açúcar. Com essa energia, os ribossomos fabricam proteínas, há o transporte intracelular pelo retículo endoplasmático, secreção pelo sistema golgiense, os lisossomos promovem a digestão intracelular, células musculares contraem-se promovendo os batimentos cardíacos, há a condução de alimentos ao longo do tubo digestório, a movimentação do esqueleto e a produção de calor, neurônios conduzem impulsos nervosos etc.

Centríolos são organelas de forma cilíndrica, compostas por conjuntos de túbulos proteicos. São dois, nas proximidades do núcleo, que se duplicam quando as células se preparam para a divisão.

Durante a divisão celular, eles se deslocam para polos opostos da célula e, por meio de fibras de proteína, promovem a migração dos dois conjuntos de cromossomos, que constituirão dois novos núcleos, um para cada célula-filha.

Lembre-se!

Centríolos são encontrados em células animais. Na maioria dos vegetais eles não existem.

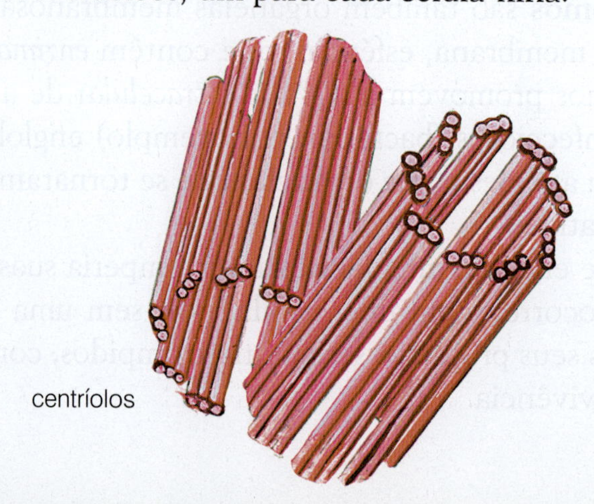

centríolos

Nas células vegetais, os **cloroplastos** são organoides relacionados com energia, assim como as mitocôndrias, porém de maneira diferente. Enquanto as mitocôndrias consomem glicose na respiração celular, os cloroplastos são capazes de produzir a glicose por meio do processo de **fotossíntese.**

Lembre-se!

A respiração celular consome oxigênio; a fotossíntese produz e libera esse gás.

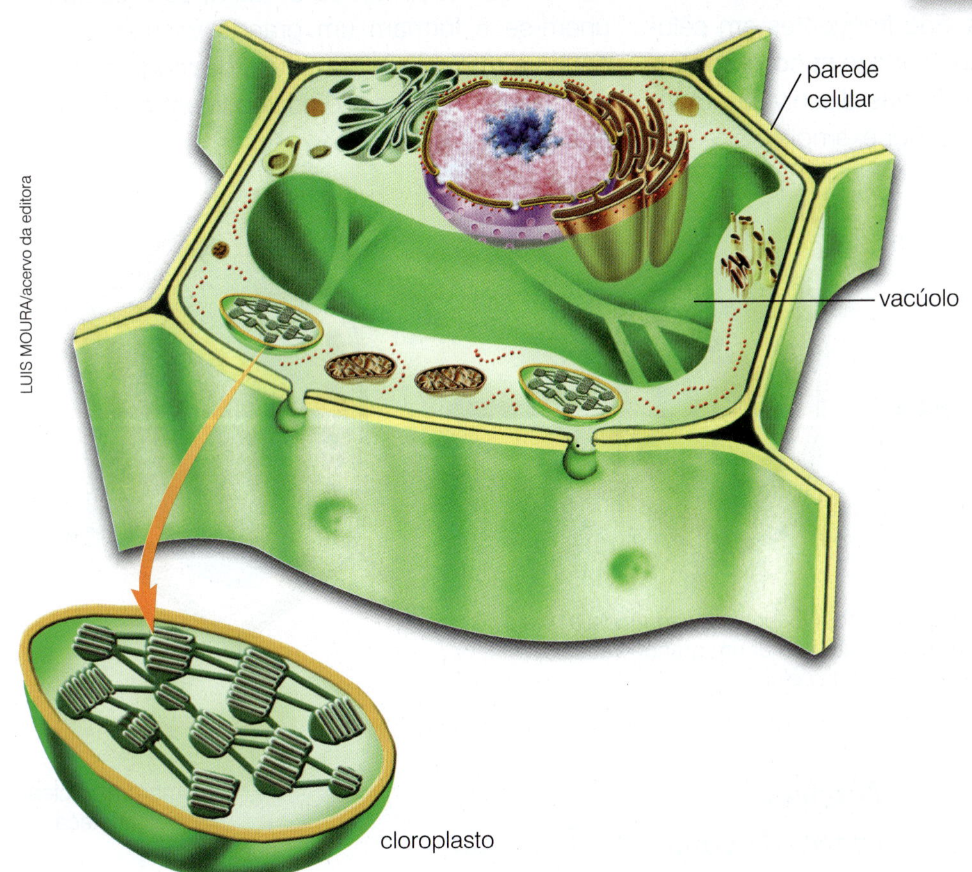

Ilustração de célula vegetal com destaque para cloroplasto, parede celular, externa à membrana plasmática, e vacúolo. (Cores-fantasia. Ilustrações fora de escala.)

Na fotossíntese, a glicose é produzida pelos cloroplastos a partir da energia luminosa, do gás carbônico (CO_2) e da água (H_2O) captados do ambiente. Há, portanto, transformação de energia luminosa em energia química "armazenada" nas ligações entre os átomos das moléculas de glicose.

A absorção da energia da luz se faz graças à *clorofila*, pigmento de cor verde, presente nos cloroplastos, que confere essa cor às plantas.

A equação abaixo resume o processo da fotossíntese:

Lembre-se!

Retículo endoplasmático, sistema golgiense, mitocôndrias, lisossomos, cloroplastos e vacúolos são organelas celulares membranosas.

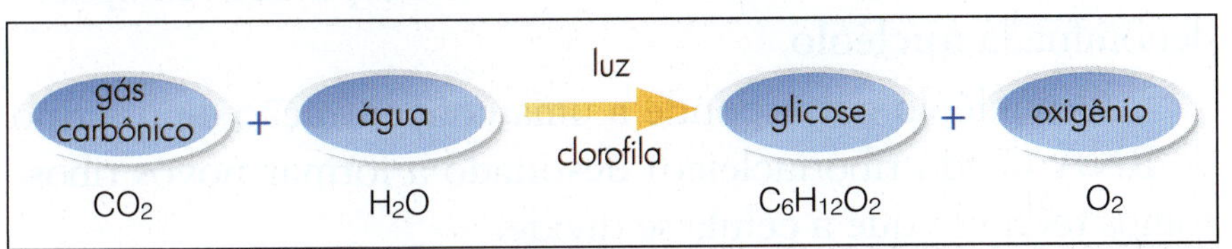

É SEMPRE BOM SABER MAIS!

Retículo endoplasmático e vacúolos

O retículo endoplasmático, ao armazenar determinados tipos de substância pode expandir-se em alguns locais do citoplasma formando **vacúolos**. São frequentes em células vegetais, e seu conteúdo, o **suco vacuolar**, contém água e substâncias dissolvidas (açúcares, pigmentos, sais, por exemplo).

Nas células vegetais jovens os vacúolos são pequenos e numerosos. Nas células mais velhas, que não mais se dividem, os vacúolos unem-se e formam um grande vacúolo que ocupa a maior parte da célula, de modo que o citoplasma restante e o núcleo ficam deslocados para a periferia.

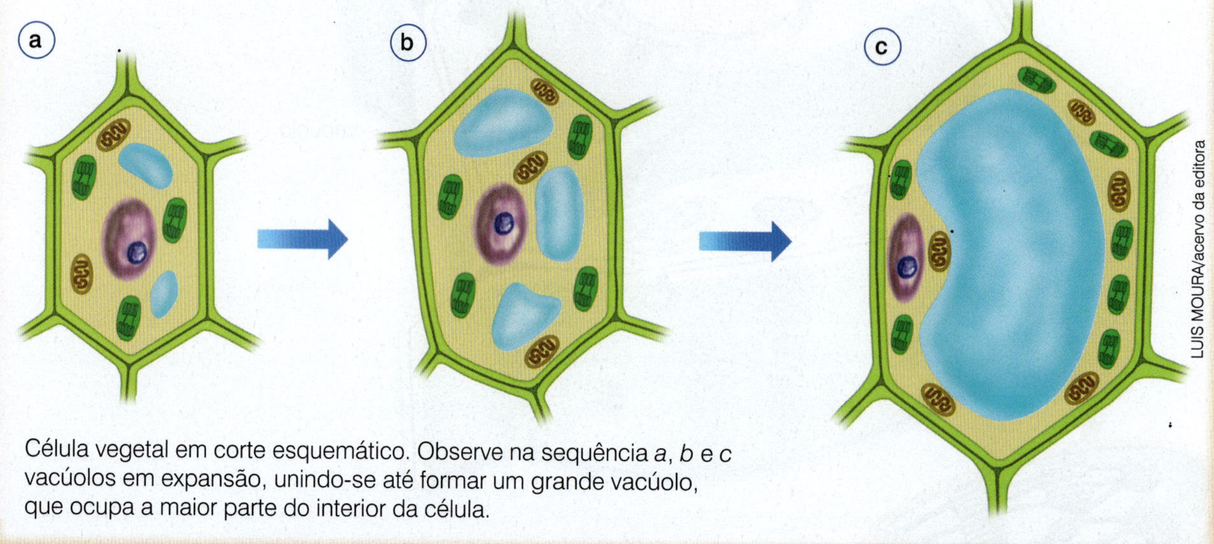

Célula vegetal em corte esquemático. Observe na sequência *a*, *b* e *c* vacúolos em expansão, unindo-se até formar um grande vacúolo, que ocupa a maior parte do interior da célula.

Núcleo: centro de comando da célula

membrana nuclear ou carioteca
nucléolo
cromatina
núcleo

Uma diferença fundamental entre uma célula bacteriana e as células animais e vegetais é a presença, nessas duas últimas, de um **núcleo organizado**, isto é, bem definido, e ocupando geralmente uma posição central no citoplasma.

Um núcleo organizado apresenta um envoltório, a **membrana nuclear** ou **carioteca**, separando o conteúdo nuclear do citoplasma.

Internamente ao núcleo, há um caldo semelhante ao citosol, chamado **suco nuclear**, onde se encontra mergulhado o novelo de filamentos de cromatina e um corpúsculo compacto denominada **nucléolo**.

O nucléolo corresponde a uma concentração de um tipo de RNA (ácido ribonucleico) destinado a formar novos ribossomos toda vez que a célula se divide.

Descubra você mesmo!

Procure em seus livros de Ciências dos anos anteriores ou mesmo na internet o que são células eucarióticas e procarióticas. Como são chamados os organismos portadores dessas células? As células bacterianas, animais e vegetais são procarióticas ou eucarióticas?

O núcleo assim constituído é como um escritório central dentro de uma fábrica, o setor administrativo, responsável pelo comando geral. É o "escritório destinado à gerência".

Jogo rápido

Por que as células que tiveram seus núcleos retirados continuam a viver por algum tempo e terminam morrendo?

Estrutura do DNA

Na década de 1950, um jovem cientista americano, James D. Watson, foi para a Inglaterra trabalhar nos Laboratórios Cavendish. Lá encontrou o cientista inglês Francis Crick, e ambos estavam interessados em determinar a estrutura do DNA, o principal constituinte dos filamentos de cromatina (material genético das células). Naquela época, a composição química das macromoléculas de DNA e a sua capacidade de autoduplicação já eram conhecidas. Porém, para compreender essa duplicação fazia-se necessário desvendar a estrutura molecular do DNA.

Watson e Crick juntaram todos os dados conhecidos e, em 1953, propuseram um modelo para explicar o comportamento dessa molécula e o seu papel biológico. O modelo proposto apresentava uma estrutura helicoidal formada por uma hélice dupla, lembrando uma escada torcida, com dois corrimãos unidos por degraus. Desses corrimãos e degraus fazem parte moléculas menores de substâncias que, em conjunto, formam as grandes moléculas de DNA.

O modelo mostrava, ainda, como as diferentes substâncias químicas se ajustavam nesse modelo, o que abriu a possibilidade de explicar dois dos maiores "segredos da vida": o processo a partir do qual o DNA comanda a produção das substâncias químicas necessárias para o surgimento das características hereditárias, e a duplicação do DNA, fato fundamental para explicar como uma célula origina, por divisão, duas células com material genético igual ao da célula-mãe.

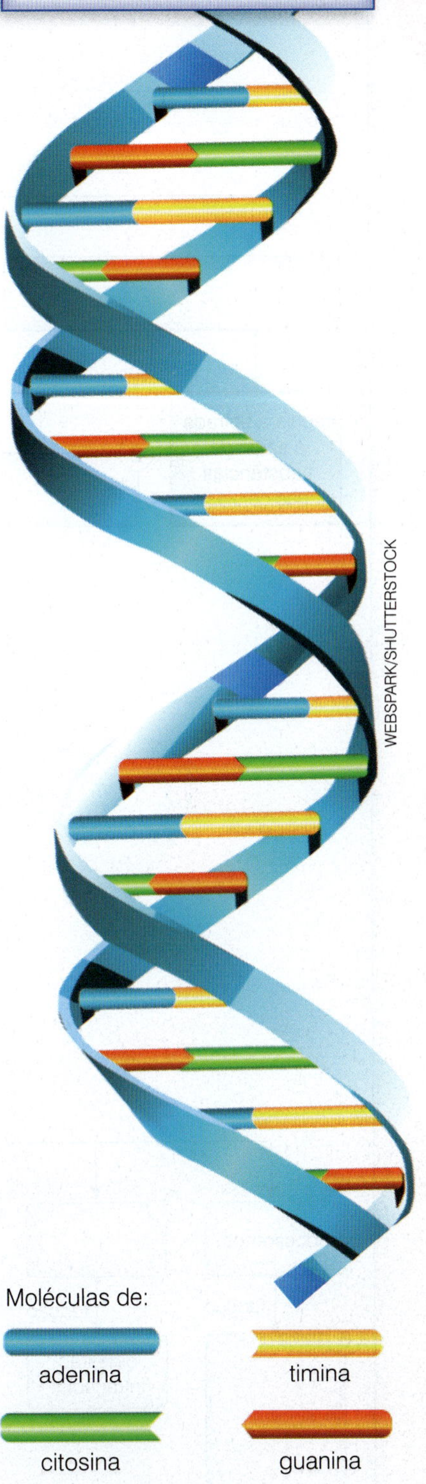

Representação ilustrativa da estrutura do DNA. (Cores-fantasia. Ilustração fora de escala.)

Por que as células se dividem

As células que formam a estrutura do nosso corpo derivam da primeira célula que todos fomos um dia, a **célula-ovo** ou o **zigoto**, formada pela união de um espermatozoide com um óvulo na fecundação.

Ao se dividirem, as células formam novas células que levam um indivíduo a crescer, a repor células mortas (da pele, das mucosas, do sangue), a regenerar partes perdidas ou lesadas acidentalmente, a formar novos indivíduos (reprodução assexuada de organismos uni ou pluricelulares), a produzir esporos e células sexuais (espermatozoides e óvulos).

Nosso desafio

Para preencher os quadrinhos de 1 a 11, você deve utilizar as seguintes palavras: carioteca, cloroplastos, cromatina, DNA, lisossomos, membrana plasmática, organelas, respiração celular, retículo endoplasmático, secreção celular, síntese de proteínas.

À medida que você preencher os quadrinhos, risque a palavra que você escolheu para não usá-la novamente.

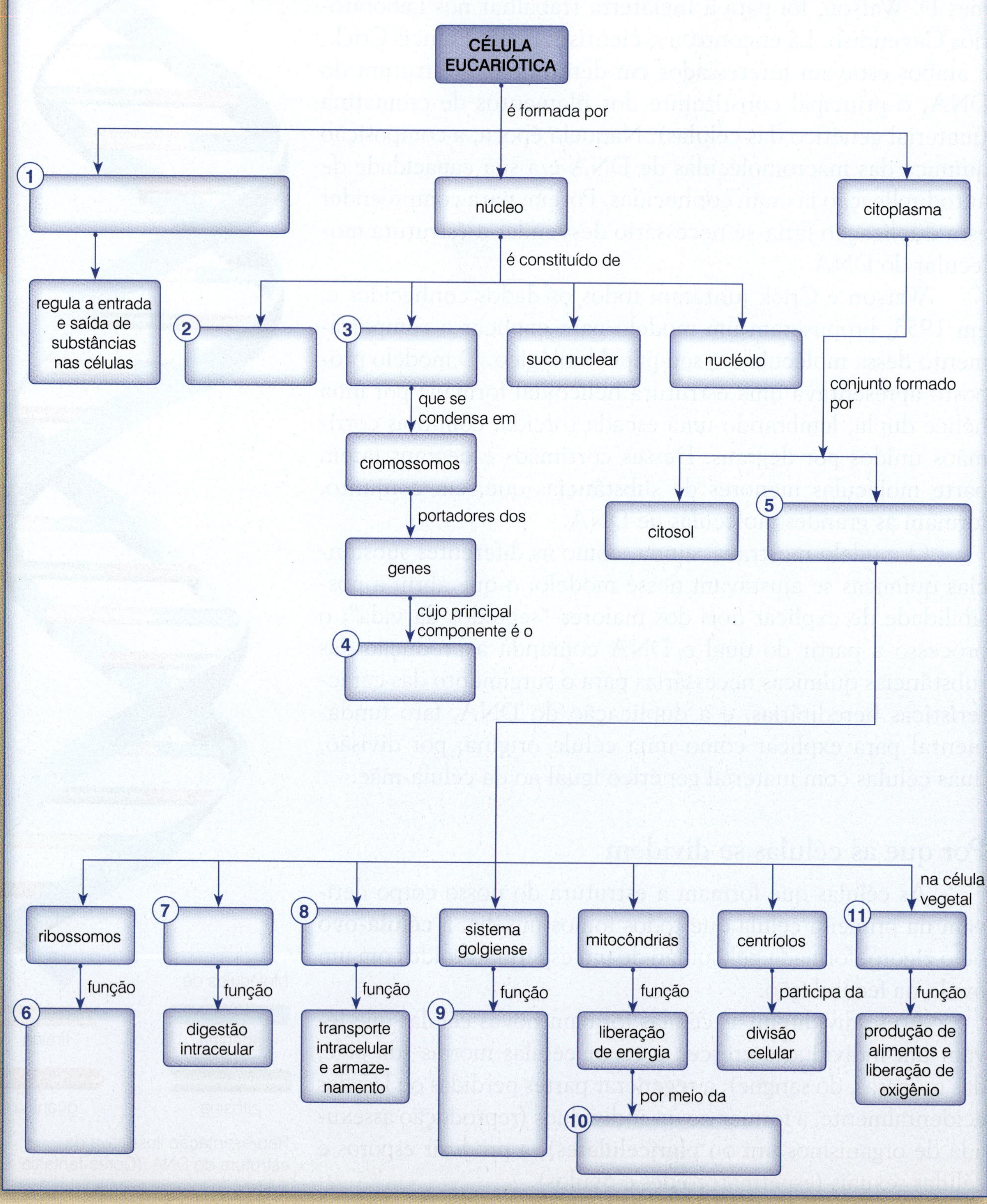

Atividades

1. Identifique as estruturas apontadas nos esquemas.

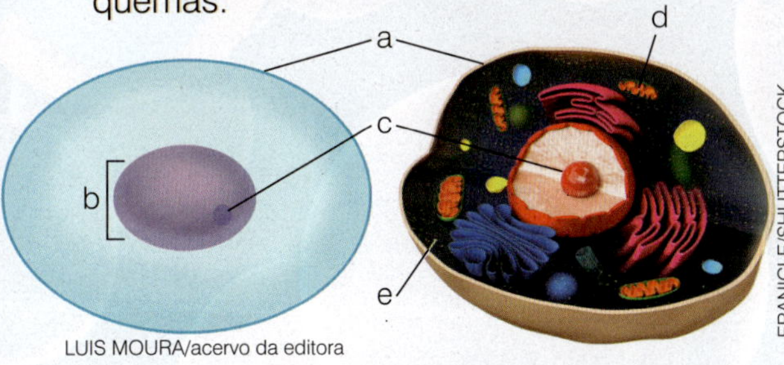

LUIS MOURA/acervo da editora

À esquerda, célula animal ao microscópio óptico e à direita, com base em microscopia eletrônica. (Cores-fantasia. Ilustrações fora de escala.)

2. Qual o nome da estrutura que, ao regular a passagem de materiais para dentro e para fora da célula, consegue manter em equilíbrio a composição química interna celular?

3. Cite os organoides membranosos e os não membranosos que compõem o citoplasma de uma célula animal completa.

4. Queratina e insulina são proteínas produzidas, respectivamente, pelas células da nossa epiderme e por células do pâncreas.
   a) Quais as organelas citoplasmáticas envolvidas com a produção dessas proteínas?
   b) Que material nuclear comanda esse processo?

5. Qual a função do retículo endoplasmático na célula?

6. Qual o destino das organelas celulares que envelhecem e, portanto, não mais exercem satisfatoriamente suas atividades? Que orgânulos celulares desempenham esse papel?

7. Qual o nome do organoide das células pancreáticas responsável pela secreção de enzimas digestivas que atuam na digestão de alimentos no intestino?

8. O cianeto de potássio é uma substância química tóxica que interrompe o processo de quebra da glicose na respiração celular. Em que organela celular esse veneno atua?

9. Em que organelas celulares ocorre a respiração celular e qual a importância desse processo para os seres vivos?

10. É correto afirmar que um gene é formado por um conjunto de cromossomos? Justifique sua resposta.

Comparando uma célula de bactéria com uma célula humana e uma de vegetal complexo, como, por exemplo, a que existe no interior de uma folha, notam-se algumas semelhanças. Mas há também diferenças. Para responder às questões **11** e **12**, utilize as ilustrações a seguir, referentes a esses três tipos de célula.

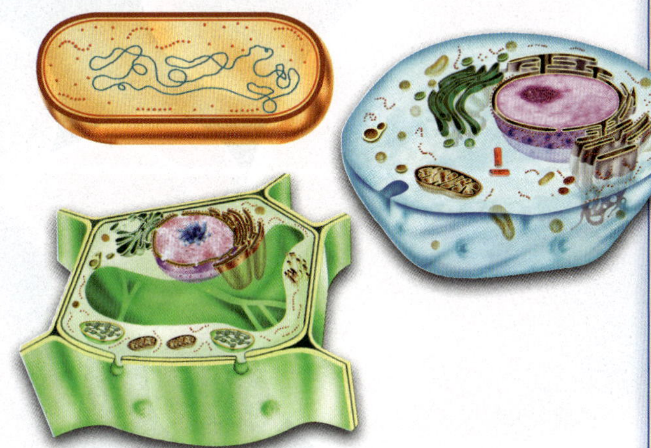

11. a) Cite os três componentes comuns a esses tipos celulares.
    b) Que organela presente nos três tipos celulares participa da síntese de proteínas?

12. a) Cite a diferença existente entre a célula humana e a célula vegetal, relativamente ao envoltório que circunda as células.
    b) Relativamente às organelas citoplasmáticas presentes nesses dois tipos celulares (o humano e o do vegetal), quais são as diferenças?

13. a) Na célula bacteriana não há uma importante estrutura, presente nas outras duas células, relacionada ao local em que se encontra o material genético principal de comando celular. Qual é essa estrutura?
    b) Como são denominadas as células, como a bacteriana, que não possuem a estrutura referente ao item acima?
    c) Como são denominadas as células, como a humana e a vegetal, que possuem a estrutura referente ao item (a) desta questão?

capítulo 2

Histologia: o estudo dos tecidos

A continuidade da vida depende do processo de renovação celular

Os diversos tecidos do corpo humano são formados por diferentes tipos de células. O tecido nervoso é formado por células nervosas; o muscular, por células musculares; o ósseo, por células ósseas, e assim por diante. Em quase todos os tecidos adultos, as células morrem e são continuamente substituídas por novas. As células que revestem internamente a cavidade do intestino são totalmente substituídas em poucos dias; na pele, as camadas mais externas da epiderme são substituídas a cada dois meses; os glóbulos vermelhos (células sanguíneas anucleadas) são continuamente produzidos para substituir aqueles que envelhecem e morrem (duram aproximadamente 120 dias). Mas qual a origem dessas novas células?

Elas podem originar-se por divisão de células mais novas do mesmo tecido ou a partir de uma reserva de células chamadas *células-tronco*, que são células indiferenciadas, ou seja, ainda não especializadas no desempenho de uma função. As células-tronco originam, por divisão, novas células e estas vão assumindo seus papéis no organismo. Portanto, a vida depende desse contínuo processo de renovação celular.

LUKIYANOVA NATALIA/FRENTA/SHUTTERSTOCK

De células a organismo

Você já sabe que a célula é a menor unidade viva, que participa da construção dos seres vivos e que no corpo humano existem diferentes tipos de célula com funções específicas. Células semelhantes que se reúnem para desempenhar uma mesma função formam um **tecido**. Células musculares reúnem-se formando o tecido muscular e o mesmo vale para a reunião de outros tipos de células, como as nervosas, as epiteliais, as ósseas, por exemplo, formando respectivamente os tecidos nervoso, epitelial, ósseo.

Lembre-se!

Células que formam um mesmo tecido podem ser semelhantes quanto à forma ou não.

Em cada tecido as células são envolvidas por uma **substância intercelular** que varia quanto à composição química, consistência e quantidade. Por exemplo, no sangue (tecido sanguíneo) as células estão mergulhadas em um meio líquido chamado **plasma**. Na cartilagem (tecido cartilaginoso) da sua orelha, a substância intercelular é abundante, rígida e flexível, de composição diferente do plasma. No tecido ósseo, as células ósseas são envolvidas por matéria intercelular abundante, muito rígida, rica em sais minerais de cálcio e fósforo.

Os tecidos reúnem-se formando **órgãos**. O estômago, por exemplo, é um órgão em que ocorre parte da digestão dos alimentos. Ele é formado por vários tecidos que trabalham de maneira integrada.

Os órgãos, por sua vez, reúnem-se formando **aparelhos** ou **sistemas**, como o sistema circulatório, o respiratório, o digestório, o urinário, o nervoso, o reprodutor, o endócrino e o esquelético. O conjunto desses sistemas forma o **organismo**.

Lembre-se!

Nos organismos pluricelulares mais complexos, células formam tecidos, tecidos formam órgãos, órgãos formam sistemas e estes formam o organismo.

Em termos de tecidos, existem quatro tecidos fundamentais no homem: **epitelial**, **conjuntivo** (abrangendo os tecidos cartilaginoso, ósseo, sanguíneo, adiposo e conjuntivo propriamente dito), **muscular** e **nervoso**.

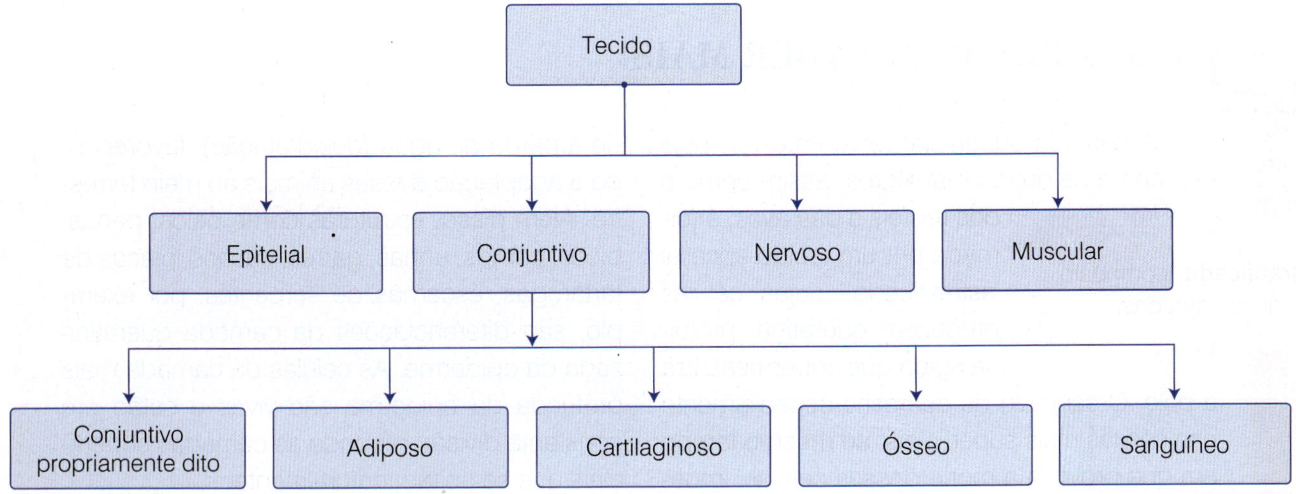

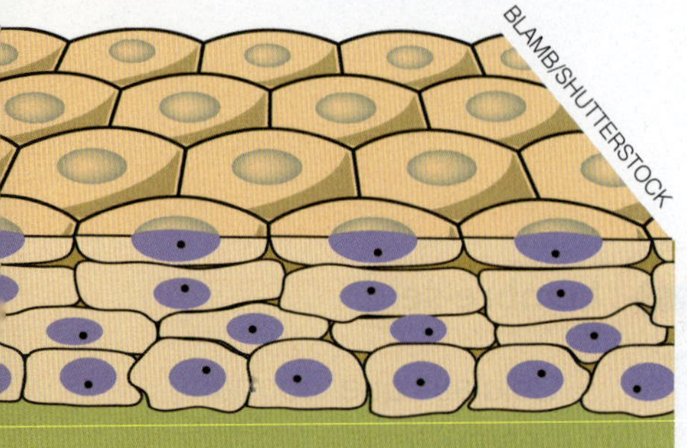

Esquema de tecido epitelial, em que se observa pouca substância intercelular. (Cores-fantasia. Ilustração fora de escala.)

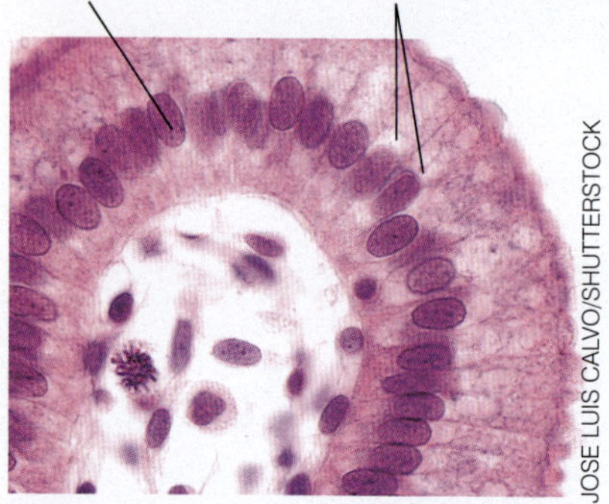

Observe a única camada de células epiteliais que reveste a parede interna da vesícula biliar. (Imagem vista ao microscópio óptico, corada artificialmente.)

Tecido epitelial

A principal característica do **tecido epitelial**, (*epi* = sobre, em cima) também chamado **epitélio**, é o fato de ele ser formado por **células justapostas**, isto é, fortemente unidas, de tal forma que praticamente não existe substância intercelular entre elas.

Justapostas: fortemente unidas.

Essa organização combina bem com sua função, que é a de *revestimento* e *proteção*. Mas o tecido epitelial pode especializar-se para a *secreção* de produtos como o suor, a saliva e outros sucos digestivos, a secreção oleosa que lubrifica a pele, as lágrimas e os hormônios. Nesse caso, as células secretoras podem permanecer isoladas ou agrupadas em órgãos chamados *glândulas*, como as sudoríparas, as salivares, o fígado, o pâncreas, as sebáceas, as lacrimais, a tireoide, entre outras.

Por isso, podemos considerar dois tipos de epitélios:

- **de revestimento** – a função desse tecido epitelial é *revestir* e *proteger* partes externas do organismo (é o tecido que forma a **epiderme**, camada superficial da nossa pele), bem como órgãos internos. Certos órgãos são revestidos por uma única camada de células (*tecido epitelial simples*), como no revestimento interno (mucosa) do intestino. Outros são revestidos por mais de uma camada de células (*tecido epitelial estratificado*), como a epiderme dos vertebrados e a mucosa bucal.
- **glandular** – especializado na produção e secreção de substâncias químicas a partir de uma célula isolada ou de um grupo de células epiteliais, que recebe o nome de **glândula**. Na epiderme, encontram-se as glândulas **sebáceas**, cuja secreção lubrifica os pelos e a pele, e as **sudoríparas** ou **sudoríferas**, que produzem e eliminam o suor. Mas há glândulas em várias partes do nosso organismo, como as glândulas mamárias, e muitas delas secretam **hormônios**, como a glândula tireoide.

vesícula contendo secreção

LUIS MOURA/acervo da editora

Esquema de glândula de origem epitelial. Observe que na glândula mostrada, a porção secretora elimina sua secreção para o exterior por meio de um duto. (Cores-fantasia. Ilustração fora de escala.)

É SEMPRE BOM SABER MAIS!

A camada superficial (epiderme) da pele humana e de outros mamíferos, assim como a dos répteis e das aves, é formada por um tecido epitelial estratificado, cujas células produzem queratina, proteína rígida que impermeabiliza a pele. O acúmulo de queratina especialmente nas células mais superficiais, ao mesmo tempo em que provoca a morte dessas células, impede a perda de água (desidratação), favorecendo a adaptação desses animais ao meio terrestre. Além disso, estruturas como pêlos, penas, bicos, cornos, unhas, garras, cascos, placas de tartarugas, escamas de serpentes, por exemplo, são diferenciações da camada queratinizada da epiderme. As células da camada mais profunda da epiderme são vivas e estão em constante divisão repondo as camadas superficiais que se soltam naturalmente.

Estratificado: composto de várias camadas.

Tecidos conjuntivos

Enquanto a função principal do tecido epitelial é recobrir e secretar, a dos tecidos conjuntivos é *preencher, ligar* e *servir de suporte* para outros tecidos e para o organismo como um todo.

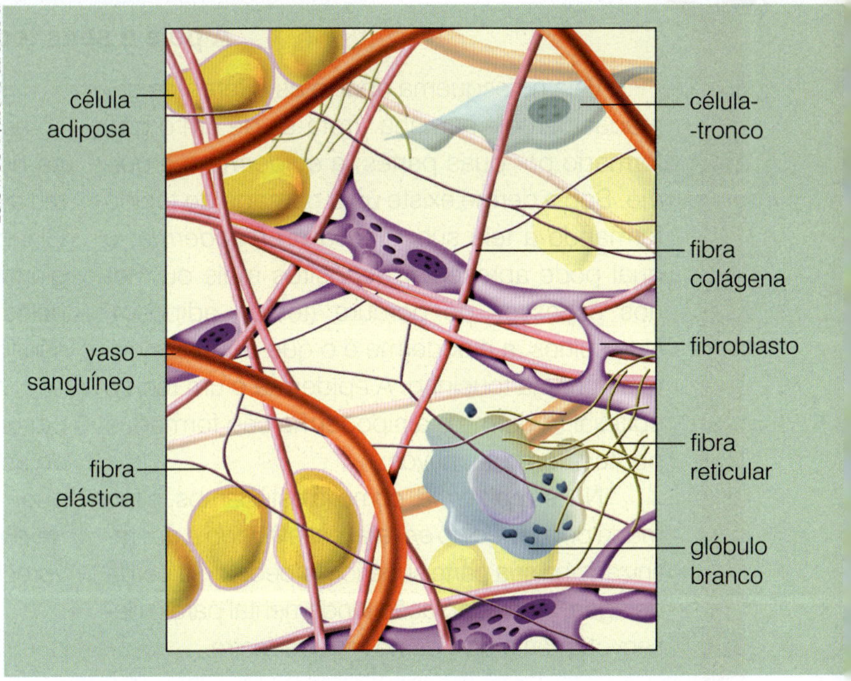

Belisque a pele da sua testa ou das costas de suas mãos e perceba que é bastante elástica. Esta elasticidade deve-se ao **tecido conjuntivo propriamente dito**, que forma a **derme** (popularmente conhecida como "couro"), sob a epiderme, e a parte mais frouxa que liga a derme aos músculos situados logo abaixo dela.

LUIS MOURA/acervo da editora

Esquema das fibras do tecido conjuntivo. (Cores-fantasia. Ilustração fora de escala.)

Apalpe os tendões do seu corpo, especialmente o tendão de Aquiles, que liga o músculo da panturrilha ao osso do calcanhar; tendões são estruturas rígidas formadas por **tecido conjuntivo**, que ligam músculos a ossos, permitindo a movimentação do esqueleto.

Os tecidos conjuntivos apresentam tipos diferentes de células, geralmente separadas por *grande quantidade de material intercelular*. Há células responsáveis pela produção da substância intercelular da qual fazem parte fibras. Há também células de defesa (fagocitose de partículas estranhas ou restos celulares) e células adiposas.

A substância intercelular, às vezes chamadas de **matriz intercelular** é característica de cada tipo de tecido conjuntivo. As fibras mergulhadas nessa substância e distribuídas por entre as células são fibras de proteínas: *fibras colágenas* e *fibras elásticas*, responsáveis, respectivamente, pela maior resistência ou maior elasticidade do tecido conjuntivo.

Jogo rápido

Existe uma importante diferença estrutural entre tecido epitelial e tecido conjuntivo. Qual é?

Os tipos de tecidos conjuntivos.

Tecido	Ocorrência
Tecido conjuntivo propriamente dito	entre as células musculares, ao redor dos vasos sanguíneos, suporte de epitélios, derme, tendões
Tecido cartilaginoso	pavilhão auditivo, nas abas e ponta do nariz, traqueia, discos intervertebrais
Tecido ósseo	ossos
Tecido adiposo	camada de gordura subcutânea
Tecido sanguíneo	sangue

Todas essas variedades de tecido conjuntivo originam-se do mesmo tecido embrionário. Ao se diferenciarem, especializam-se no desempenho de várias funções: preenchimento, ligação, suporte, resistência à tração, reserva de gordura, transporte.

É SEMPRE BOM SABER MAIS!

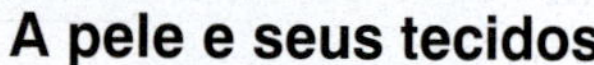

A pele e seus tecidos

Veja no esquema abaixo as diferentes camadas da pele humana. Trata-se de um órgão formado por duas partes: a *epiderme* e a *derme*. Sob a derme existe uma camada de tecido formando a tela subcutânea ou *hipoderme*, a qual pode apresentar depósitos mais ou menos espessos de gordura (tecido adiposo). Nos suínos, a hipoderme é o que popularmente se chama toucinho. A epiderme é um tecido epitelial. A derme e a hipoderme são formadas por tecidos conjuntivos.

Nossa *epiderme*, como já estudamos, é formada por um *tecido epitelial estratificado* e queratinizado na sua parte superior, impedindo a perda de água, uma adaptação fundamental para o desenvolvimento da vida no meio terrestre.

A *derme* é um *tecido conjuntivo* em que as fibras atuam na sustentação da pele. Além disso, na derme existem células de defesa, as primeiras a combaterem os microrganismos invasores. Glândulas sudoríparas, que secretam o suor, e glândulas sebáceas, cuja secreção lubrifica os pelos e a pele, aprofundam-se na derme, mas são formadas pelo tecido epitelial da epiderme.

A *hipoderme* ou *tela subcutânea* é formada por um tipo especial de tecido conjuntivo, o *tecido adiposo*, cujas células armazenam gorduras que, entre outras funções, constituem reserva de energia, servem como isolante térmico e favorecem a flutuação em ambiente aquático.

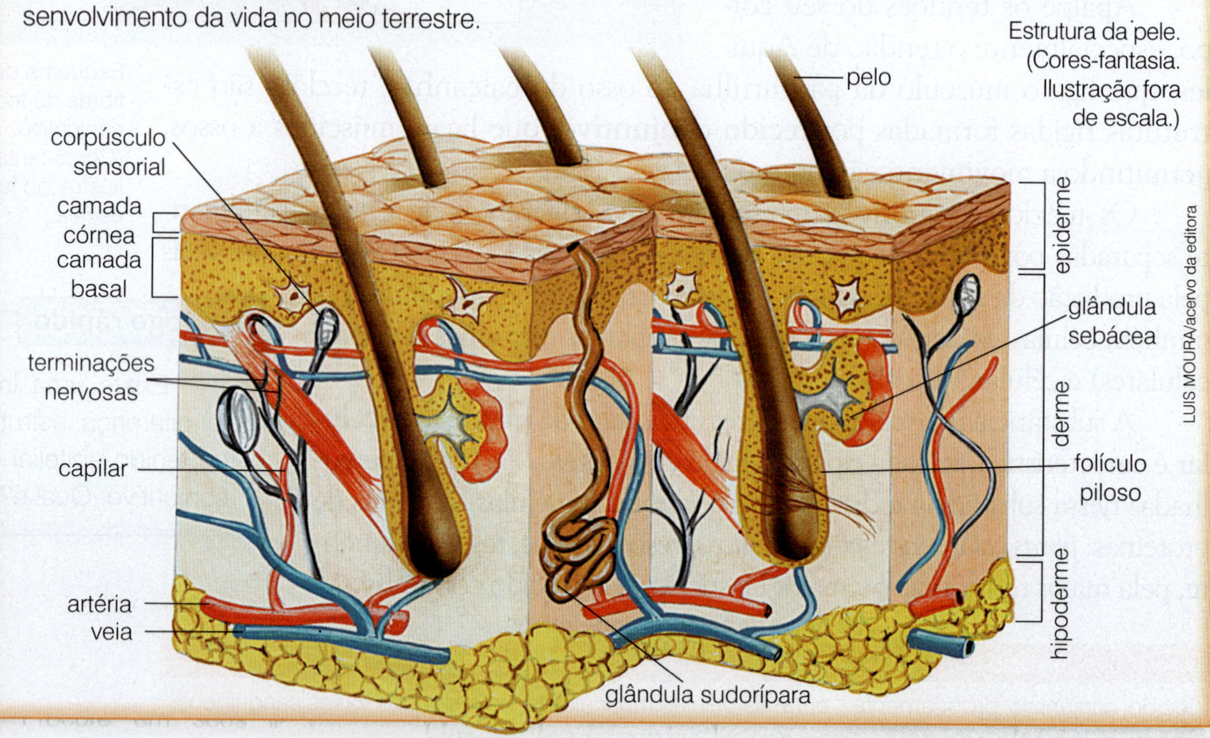

Estrutura da pele. (Cores-fantasia. Ilustração fora de escala.)

ESTABELECENDO CONEXÕES

Cotidiano

A *derme*, camada espessa da nossa pele sob a epiderme fina e transparente, é o que na linguagem do dia-a-dia se chama *couro*. Você poderá observá-la facilmente na parte superior de um pedaço de bacon. Essa derme, frita em óleo bem quente, é o que se come com o nome de torresmo pururuca, nada recomendável para quem tem teores elevados de colesterol no sangue.

Na indústria de artefatos de couro, a derme é tratada a fim de ser usada na produção de bolsas, sapatos, casacos, na formação de estofados, por exemplo.

PANTHERMEDIA/KEYDISC

Tecidos conjuntivos especializados

Tecido adiposo

É formado por células que armazenam *gordura* em um grande *vacúolo* central; por conta disso, o citoplasma e o núcleo dessas células são empurrados para a periferia. As células adiposas, também chamadas **adipócitos**, encontram-se em pequenos aglomerados dentro de outros tecidos (no conjuntivo propriamente dito, por exemplo) ou agrupadas no tecido adiposo espalhado por todo o corpo. Há pouca substância intercelular. É o tecido presente, sob a derme, formando a chamada *tela subcutânea* (*hipoderme*).

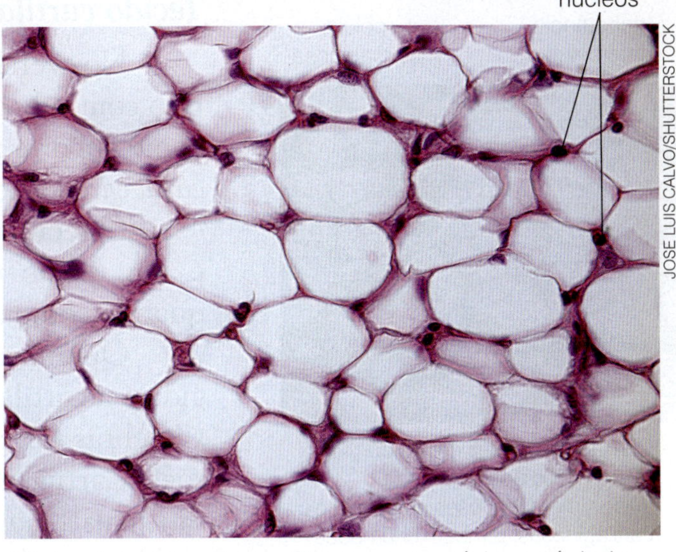

Células do tecido adiposo. Observe que o núcleo está deslocado para a periferia das células. (Imagem vista ao microscópio óptico, corada artificialmente.)

Encontram-se também depósitos de gordura ao redor de órgãos internos (coração, rins, por exemplo), protegendo-os.

O tecido adiposo desempenha papel importante como reserva de energia, no isolamento térmico, sendo particularmente abundante na pele de aves e mamíferos que habitam regiões muito frias (pinguins, ursos polares) ou nos aquáticos (focas, leões e elefantes marinhos, baleias, por exemplo). Como a gordura é menos densa que a água, os depósitos adiposos também favorecem a flutuação em meio aquático. Você já deve ter notado que pedaços de bacon flutuam no caldo de feijão, não é?

O tecido adiposo contribui ainda para modelar naturalmente a forma do corpo (hoje em dia é comum ouvir falar em lipoescultura, um procedimento estético) e para amortecer alguns choques.

Fique por dentro!

O sebo encontrado no meio de alguns tipos de carne bovina é formado por depósitos de tecido adiposo.

Descubra você mesmo!

Pergunte à pessoa responsável pelo preparo dos alimentos em sua casa, o que acontece quando um ensopado de carne com bastante molho é guardado no refrigerador por algumas horas. Onde fica a camada de gordura? O que fica sob ela? Você saberia explicar o porquê da consistência e da aparência dessa camada inferior?

PAUL S. WOLF/SHUTTERSTOCK

Baleia jubarte (*Megaptera novaeangliae*), animal que pode atingir de 12 a 15 m de comprimento. As baleias possuem uma densa camada de tecido adiposo, que as auxilia no isolamento térmico e na flutuação do animal.

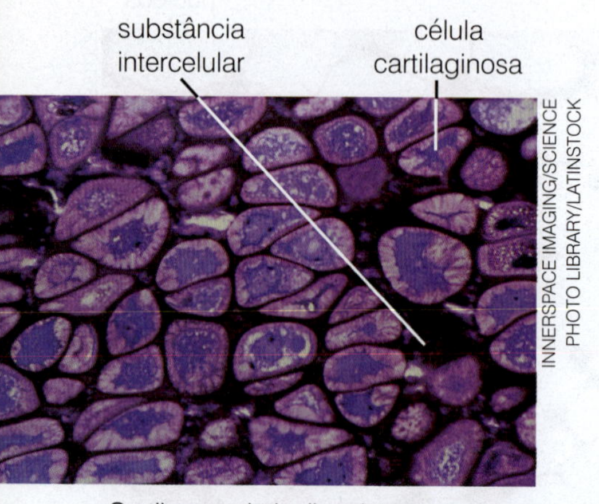

Cartilagem do joelho vista ao microscópio óptico (corada artificialmente). Observe que as células cartilaginosas, também chamadas **condrócitos**, estão mergulhadas em lacunas dentro de uma abundante substância intercelular. (Imagem ampliada 130 vezes.)

Tecido cartilaginoso

Nos vertebrados, há duas variedades de tecido conjuntivo com substância intercelular **rígida** e, por isso, são ideais como suporte para o corpo desses animais. São eles o *tecido cartilaginoso* e o *tecido ósseo*.

O **tecido cartilaginoso**, também chamado **cartilagem**, é um tecido de sustentação, bastante resistente; porém, quando comparado ao tecido ósseo, é em geral mais flexível.

Quanto maior o número de fibras colágenas, mais rígida é a cartilagem, como, por exemplo, nos discos entre as vértebras (discos intervertebrais), que resistem a altas pressões. Cartilagens com grande quantidade de fibras elásticas são mais flexíveis, como, por exemplo, na orelha externa e na ponta do nariz. A traqueia, a laringe e os brônquios, por sua vez, apresentam uma quantidade intermediária de fibras colágenas.

É SEMPRE BOM SABER MAIS!

Cuidado com as cartilagens

Repare na figura a seguir que na articulação entre os dois ossos do joelho existe uma cartilagem, que facilita o deslizamento, permitindo o movimento da perna sem dor. Exercícios físicos de grande impacto, com sobrecarga de esforço, podem degenerar essa cartilagem, podendo levar à sua perda. A consequência desse fato é a **artrose**. Na ausência da cartilagem, o atrito dos dois ossos provoca muita dor e prejudica os movimentos.

Praticar regularmente uma atividade física é bom para a saúde corporal e mental. Porém a orientação profissional é fundamental para evitar excessos. Imagine um adolescente começando, por exemplo, a jogar vôlei ou futebol, que são esportes de grande impacto, sem a orientação adequada. Como consequência, esse indivíduo poderá, no futuro, ter os joelhos totalmente comprometidos. E, nesse caso, pouca coisa poderá ser feita, uma vez que o tecido cartilaginoso é de difícil regeneração.

Degenerar: perder as qualidades ou características; alterar-se ou modificar-se para pior.

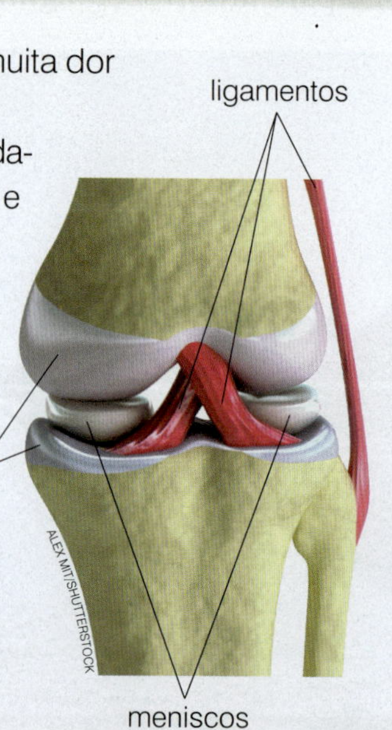

Articulação do joelho humano. A cartilagem (porção mais clara da ilustração) reveste a superfície da articulação, protegendo-a. Os meniscos também são cartilagens e atuam amortecendo os impactos.

Tecido ósseo

O tecido ósseo também é um tipo de tecido conjuntivo e é o principal constituinte do esqueleto da maioria dos vertebrados. Ele é formado por células ósseas, os **osteócitos** (*osteon* = osso), e material intercelular rico em fibras colágenas e sais minerais de cálcio e fósforo, o que resulta em um tecido muito rígido e resistente. A função principal do tecido ósseo é dar sustentação ao corpo servindo de suporte às partes moles do organismo, além de proteger vários órgãos internos. Por exemplo, a caixa craniana protege o encéfalo; a coluna vertebral (espinha dorsal) protege a medula espinal. A caixa ou gaiola torácica protege órgãos alojados no tórax (pulmões, coração, entre outros).

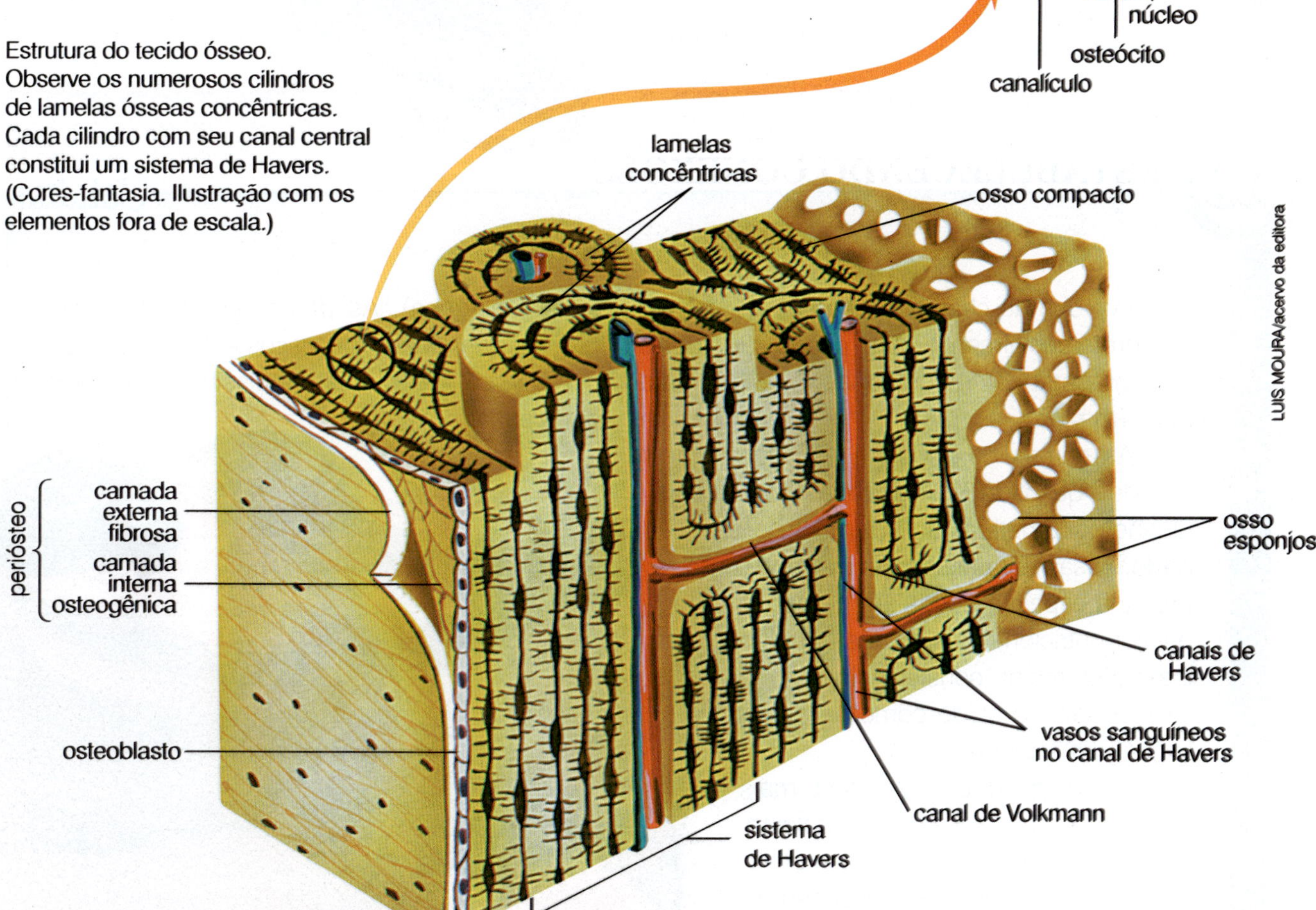

Estrutura do tecido ósseo. Observe os numerosos cilindros de lamelas ósseas concêntricas. Cada cilindro com seu canal central constitui um sistema de Havers. (Cores-fantasia. Ilustração com os elementos fora de escala.)

Ossos servem também de apoio aos músculos que, por meio de contrações, fazem o esqueleto se movimentar.

Na parede compacta de um osso encontramos canais percorridos por nervos e vasos sanguíneos. Por isso, dependendo do tipo de fratura óssea, pode haver sangramento e dor. As células ósseas ficam aprisionadas em lacunas dentro da substância intercelular compacta. Essas lacunas são interligadas por canalículos, permitindo que os nutrientes alcancem as células. Nutrientes e oxigênio passam das células mais próximas de um vasinho sanguíneo para outras mais distantes e, assim, o osso mantém-se vivo.

É SEMPRE BOM SABER MAIS!

Como os tendões prendem-se aos ossos?

Ao redor de feixes de células musculares há tecido conjuntivo, mas nas extremidades dos músculos diminui a quantidade de células (fibras) musculares e aumenta a quantidade de tecido conjuntivo (aspecto perolizado), cujas fibras colágenas se agrupam paralelamente formando o tendão. O tendão, por sua vez, liga-se à fina camada de tecido conjuntivo que envolve o osso (periósteo).

SEBASTIAN KAULITZKI/SHUTTERSTOCK

tendão cutâneo

Ilustração em que se destaca o tendão calcâneo, também chamado de tendão de Aquiles, que liga o músculo da panturrilha ao osso calcâneo (calcanhar) na parte posterior da perna. (Cores-fantasia. Ilustração fora de escala.)

ESTABELECENDO CONEXÕES

Cotidiano

Caldos e molhos

Por que as chamadas carnes de segunda, preferencialmente com osso, são ideais para preparar caldos de sopas e molhos para macarronada?

As carnes de segunda e os ossos têm grande quantidade de fibras colágenas. Quando submetidas ao cozimento prolongado, essas fibras liberam colágeno, uma proteína espessa que, além de aumentar o valor nutricional dos caldos e molhos, lhes dão maior consistência, isto é, “engrossam” o caldo como se diz na linguagem popular.

O colágeno é a proteína mais abundante em nosso corpo. A palavra colágeno significa “gerador de cola”, porque, submetida ao cozimento, esse tipo de proteína assume um aspecto gelatinoso e colante. Há muitas fibras colágenas no tecido conjuntivo propriamente dito, nas cartilagens e ossos. É a partir desses tecidos que se produz gelatina, o mocotó ou a geleia de mocotó. Ao passar por uma feira livre ou por um açougue, você poderá observar pés de bovinos expostos à venda para o preparo de mocotó, alimento extremamente rico em proteína (colágeno). As patas dos animais têm grande quantidade de ossos e tendões, que, como você já sabe, são riquíssimos em fibras colágenas.

YULIA PETROVA/SHUTTERSTOCK

A gelatina é produzida a partir da proteína colágeno.

ENTRANDO EM AÇÃO!

A forma do osso depende da substância orgânica proteica (**colágeno**) presente na matriz intercelular; a resistência depende da parte mineral da matriz (**sais de cálcio** e **fósforo**). No experimento a seguir, a parte mineral será removida e a parte orgânica, preservada.

Material

- dois ossos de frango (da coxa ou da perna)
- refrigerante à base de cola ou frasco com vinagre (600 mL)
- uma garrafa vazia de refrigerante ou de vinagre

Como proceder

- Mergulhe um osso de frango na garrafa (600 mL) de refrigerante à base de cola ou no frasco de vinagre e mantenha o recipiente bem fechado (com tampa ou rolha) durante 7 dias.
- Conserve o outro osso na geladeira, dentro da garrafa de refrigerante vazia e bem tampada.
- Decorrido o prazo, retire o osso do líquido, dobre-o e anote o resultado, comparando com o osso não submetido ao tratamento.

1. O que você observa?
2. Sugira uma explicação para o que aconteceu.

Tecido sanguíneo

O **sangue** também é um tipo de tecido conjuntivo, uma vez que é formado por células separadas por um abundante material intercelular líquido, uma solução aquosa com inúmeras substâncias, chamada **plasma**. No entanto, a função do tecido sanguíneo é diferente da dos outros tipos já estudados, pois ele faz parte de um *sistema de transporte*, devendo servir a todas as células do organismo. Além disso, o sangue participa ativamente da *defesa* do organismo contra agentes estranhos, contém fragmentos de células e proteínas que participam da *coagulação sanguínea*, e é um importante meio de *distribuição de calor* por todas as partes do corpo.

Jogo rápido

Quais são os dois componentes do sangue?

Os constituintes do tecido sanguíneo são:

- os **glóbulos vermelhos**, também chamados de **hemácias** (do grego, *haima* = sangue) ou **eritrócitos** (do grego, *erythrós* = = vermelho), são células achatadas altamente especializadas em conduzir oxigênio dos órgãos respiratórios dos vertebrados (pulmões, brânquias, pele) até as células dos outros tecidos, e parte do gás carbônico das células até os órgãos respiratórios;
- os **glóbulos brancos**, também chamados de **leucócitos** (do grego, *leukos* = branco + *kytos* = célula), atuam na defesa do organismo contra vírus, bactérias e outros invasores por meio de dois processos: *fagocitose* e *produção de anticorpos*;

- as **plaquetas** ou **trombócitos** (do grego, *thrombos* = coágulo), fragmentos citoplasmáticos de células, cuja função é a *coagulação sanguínea*, impedindo a perda de sangue (hemorragia) quando um vaso sanguíneo é lesado, desde que não seja um vaso de grosso calibre e de alta pressão sanguínea.

Todas as células sanguíneas originam-se na medula óssea vermelha, a partir de células-tronco.

Células-tronco: células indiferenciadas com capacidade para formar qualquer tipo de célula.

Jogo rápido

Em poucas palavras, cite as funções dos glóbulos vermelhos, glóbulos brancos e plaquetas.

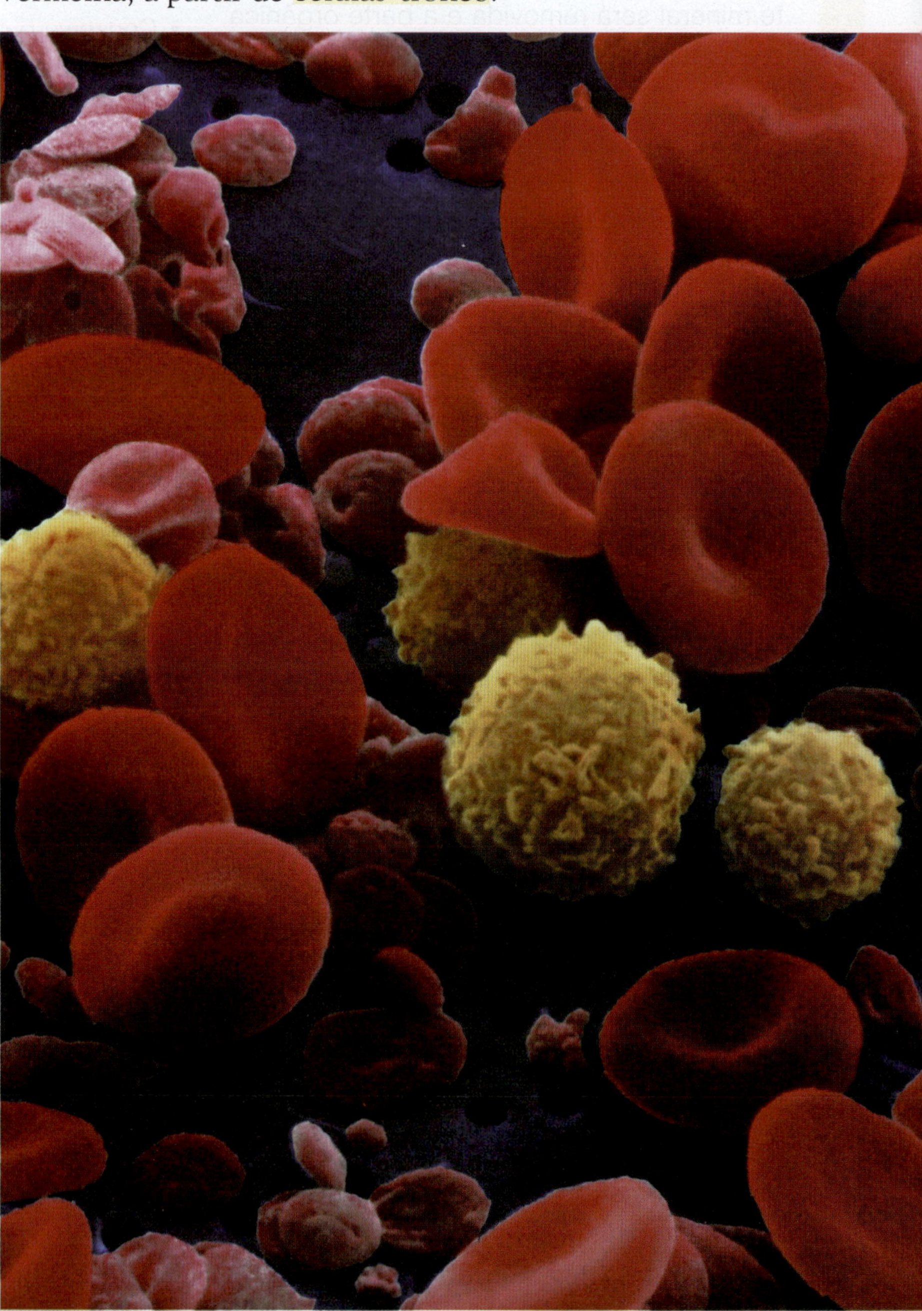

Células do sangue, vistas ao microscópio eletrônico. Observe que os eritrócitos (glóbulos vermelhos) têm a forma de um disco bicôncavo. Essas células, que perdem o núcleo durante sua formação, carregam hemoglobina, uma proteína especializada em combinar-se e conduzir gases, como o oxigênio e o gás carbônico. São bem mais numerosas do que os glóbulos brancos (em amarelo), que atuam na defesa do organismo. As pequenas células rosadas são as plaquetas, que participam do processo de coagulação sanguínea. (Imagem colorida artificialmente; aumento desconhecido.)

EM CONJUNTO COM A TURMA!

Reúna o seu grupo de trabalho e preencham os quadrinhos em branco do esquema abaixo. Vocês devem utilizar corretamente as palavras: adiposo, cartilaginoso, coagulação sanguínea, conjuntivo propriamente dito, defesa do organismo, glóbulos, hemácias, leucócitos, ósseo, osteócitos, plaquetas, plasma, sais de cálcio, sanguíneo.

À medida que preencherem os quadrinhos, risquem a palavra escolhida para não usá-la novamente.

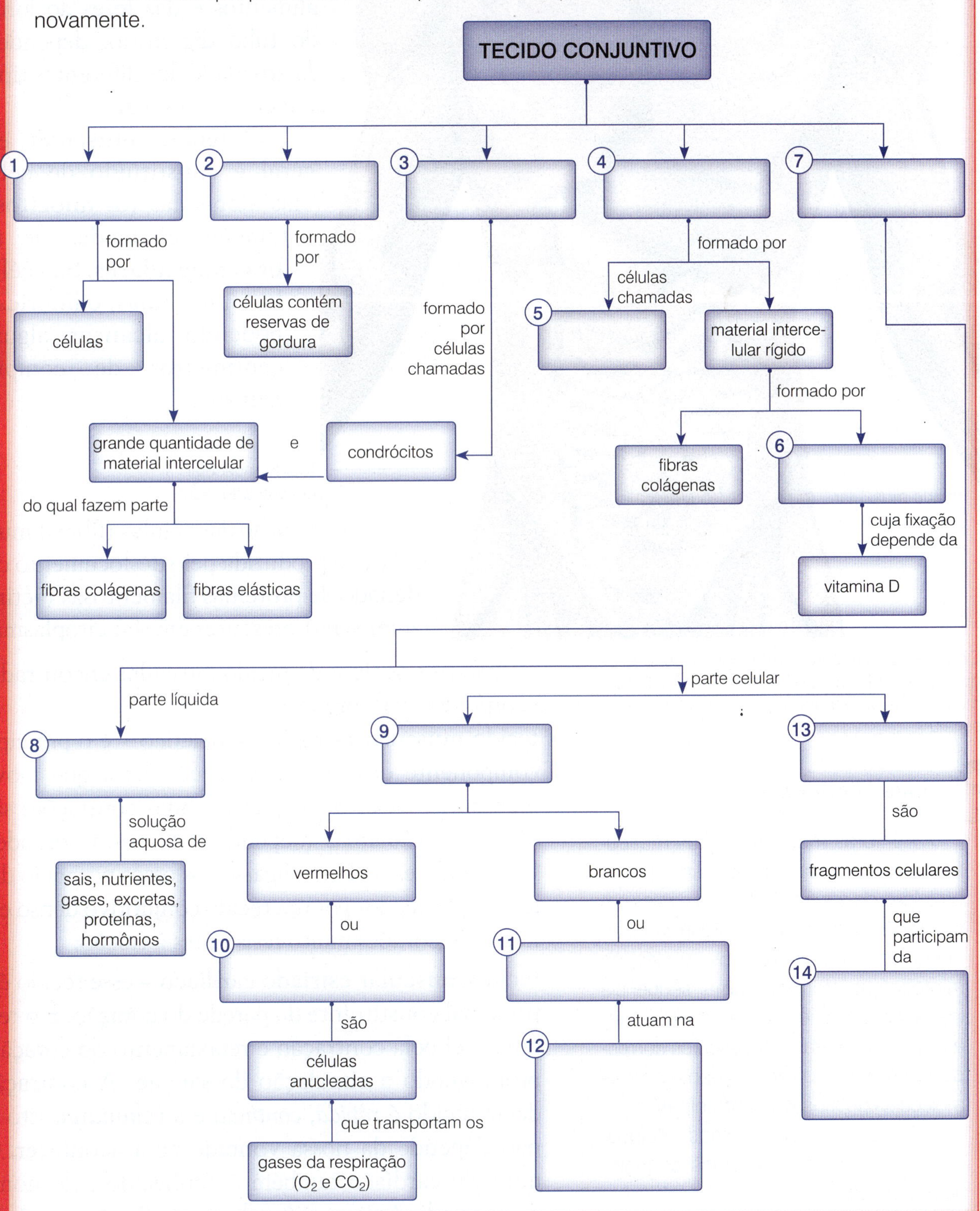

Tecido muscular

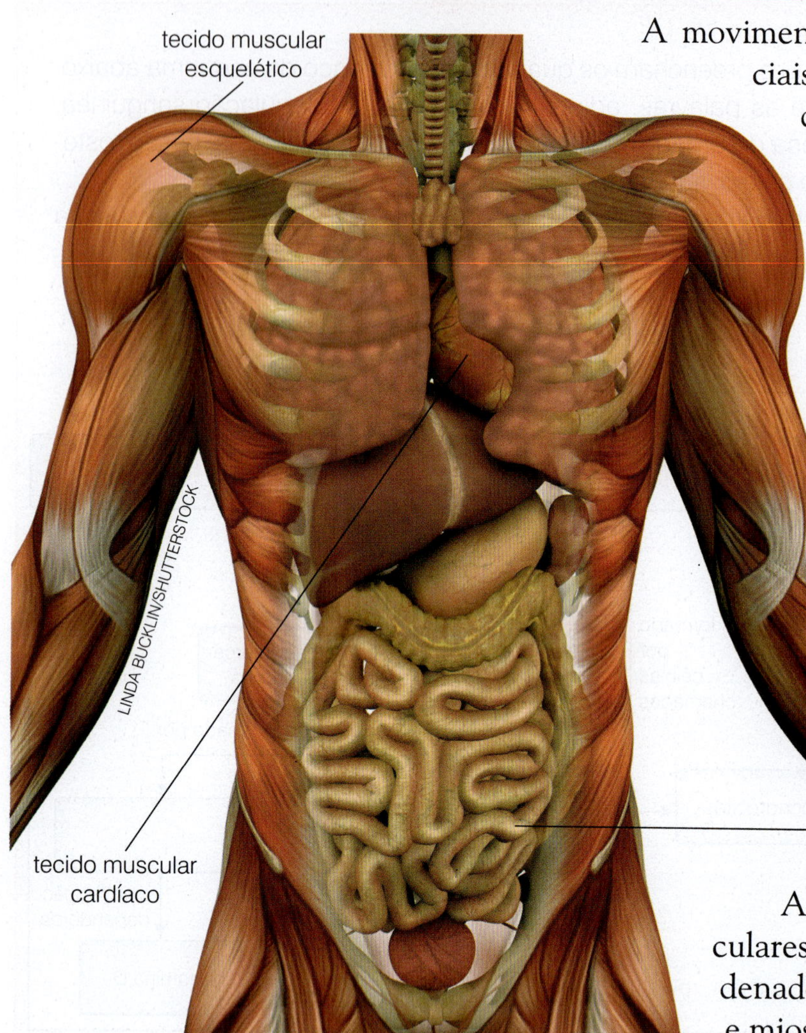

Observe na ilustração acima alguns locais em que se encontram os diferentes tipos de tecido muscular. (Cores-fantasia. Ilustração fora de escala.)

A movimentação do corpo, as expressões faciais, o pulsar do coração, a contração das artérias, a contração do útero (no trabalho de parto ou nas cólicas menstruais), a condução dos alimentos e das fezes ao longo do tubo digestório, dependem da atividade dos diferentes tipos de tecidos muscular.

O **tecido muscular** em geral é constituído de células alongadas (os **miócitos**), também chamadas de **fibras musculares**. São células muito finas, cilíndricas, podendo alcançar alguns centímetros de comprimento.

A contração das células (fibras) musculares é produzida pelo deslocamento ordenado de proteínas filamentosas (actina e miosina) presentes em seu citoplasma.

São três os tipos de tecido muscular encontrados no corpo dos vertebrados:

- **tecido muscular estriado esquelético –** é o principal componente dos músculos esqueléticos, que movimentam os ossos do esqueleto. Suas contrações são *rápidas* e *voluntárias* (dependem da nossa vontade). O músculo esquelético liga-se aos ossos por meio dos *tendões*, formados por um tecido conjuntivo denso em forma de cordões muito resistentes à tração;
- **tecido muscular estriado cardíaco –** esse tecido é o principal constituinte da parede do coração. É o responsável pela contração e relaxamento do coração, promovendo a circulação do sangue. A contração desse tecido é *rápida*, *contínua* e *involuntária*; isto é, não depende da nossa vontade para acontecer. O músculo cardíaco também é conhecido pelo nome de *miocárdio* (*mio* = músculo + cárdio = coração);

Fique por dentro!

As fibras musculares dos músculos são chamadas estriadas porque as proteínas da contração (actina e miosina) se dispõem de maneira organizada ao longo do citoplasma. Observadas ao microscópio, formam uma sequência de faixas claras e escuras transversais, as estrias. As faixas mais escuras correspondem a zonas de sobreposição das moléculas dessas duas proteínas.

As carnes de bovinos, suínos, aves e peixes são músculos esqueléticos desses animais.

- **tecido muscular não estriado** ou **liso:** esse tecido está presente, por exemplo, na parede de órgãos internos que possuem uma cavidade (vísceras ocas), como os que formam o tubo digestório (esôfago, estômago, intestino), a bexiga urinária, o útero, e na parede dos vasos sanguíneos (artérias e veias) e dos bronquíolos. A contração é *lenta* e *involuntária*, a exemplo do que ocorre, quando os alimentos e as fezes são conduzidos ao longo do tubo digestório. As fibras ou células desse tecido são chamadas *lisas* porque em seu citoplasma as proteínas de contração (actina e miosina) não se organizam como nas fibras estriadas; desse modo, observadas ao microscópio, não mostram estrias transversais.

Principais características dos tipos musculares.

	TECIDO MUSCULAR		
	Esquelético	Cardíaco	Liso
Localização	Junto ao esqueleto.	Parede do coração.	Parede do intestino, do útero, de artérias etc.
Controle da contração	Voluntária.	Involuntária.	Involuntária.
Forma das células	Alongadas, cilíndricas, unidas.	Alongadas, ramificadas, unidas longitudinalmente, com discos intercalares.	Isoladas, alongadas, fusiformes.
Estriações transversais	Presentes.	Presentes.	Ausentes.
Velocidade da contração	Rápida.	Rápida (rítmica).	Lenta.
Habilidade em se manter contraído	Pequena.	Pequena.	Grande.

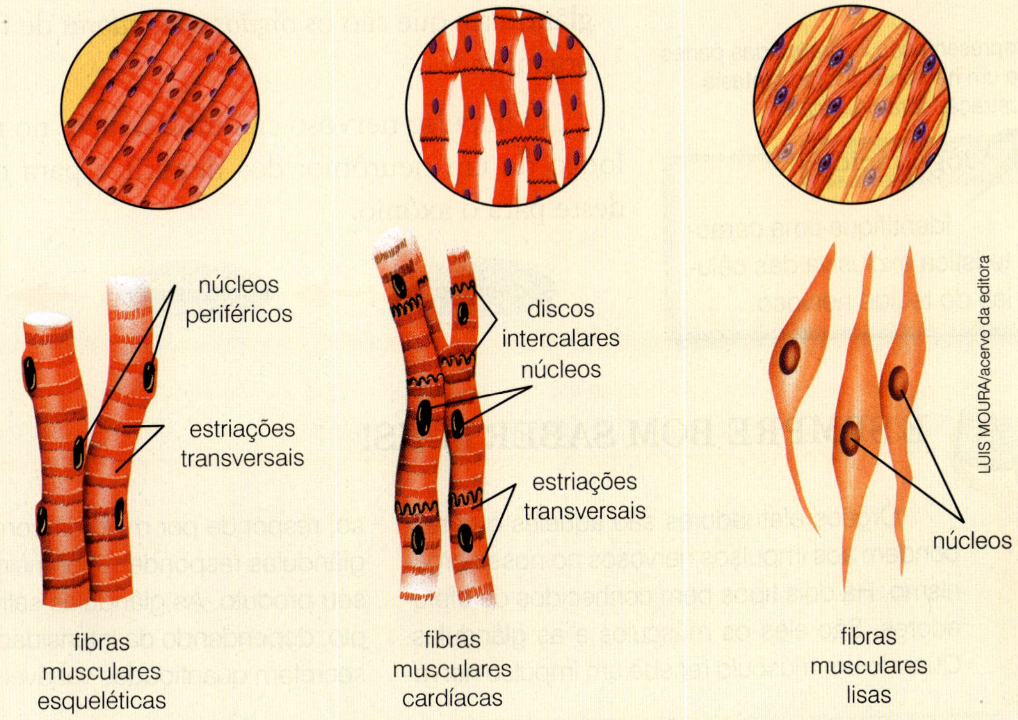

Tecido nervoso

O tecido nervoso é formado principalmente por células nervosas, chamadas **neurônios**. Entre os neurônios há outras células encarregadas da sustentação e da nutrição do tecido nervoso. Um neurônio, como o que você vê ao lado, é uma célula bastante diferente daquelas que você já estudou. Trata-se de uma célula alongada, com muitos prolongamentos que atuam como "fios" transmissores de mensagens na forma de corrente elétrica. Portanto, a *condutibilidade* é uma das mais importantes propriedades dos neurônios, permitindo comunicar e integrar os diversos tecidos e órgãos do corpo humano.

dendritos

corpo celular

axônio

LUIS MOURA/Acervo da editora

As ramificações do axônio fazem a conexão com outras células (nervosas, musculares ou glandulares).

Representação ilustrativa das partes de um neurônio. (Cores-fantasia. Ilustração fora de escala.)

Um neurônio típico, como o esquematizado, é constituído por três partes:

- **corpo celular** – local onde está alojado o núcleo e a maior parte do citoplasma e a maioria das organelas citoplasmáticas (mitocôndrias, retículo endoplasmático, ribossomos, sistema golgiense etc.);
- **dendritos** – normalmente são bastante ramificados (do grego, *dendron* = árvore), funcionam como "antenas", pois captam sinais que serão transformados em impulsos que são conduzidos até o corpo celular;
- **axônio** (do grego, *akson* = eixo) – é o prolongamento geralmente mais longo do que os dendritos e sua função é conduzir o impulso nervoso para outros neurônios ou aos músculos e glândulas, que são os *órgãos efetuadores* de respostas do nosso organismo.

O impulso nervoso caminha sempre no mesmo sentido ao longo de um neurônio: dos dendritos para o corpo celular, e deste para o axônio.

Jogo rápido

Identifique uma característica exclusiva das células do tecido nervoso.

É SEMPRE BOM SABER MAIS!

Órgãos efetuadores são aqueles que respondem aos impulsos nervosos no nosso organismo. Há dois tipos bem conhecidos de efetuadores. São eles os músculos e as glândulas. Quando um músculo recebe um impulso nervoso, responde por meio da contração muscular; glândulas respondem por meio da secreção de seu produto. As glândulas salivares, por exemplo, dependendo da intensidade dos estímulos, secretam quantidades variáveis de saliva.

ESTABELECENDO CONEXÕES

Câncer: quando o processo de divisão celular apresenta problemas

Câncer é o nome dado a um conjunto de mais de 100 doenças que têm em comum o crescimento desordenado (maligno) de células que invadem tecidos e órgãos, podendo espalhar-se para outras regiões do corpo.

Dividindo-se rapidamente, essas células tendem a ser muito agressivas e incontroláveis, determinando a formação de tumores (aglomerados de células) ou neoplasias ("formações novas") malignas. Por outro lado, um tumor benigno significa simplesmente uma massa localizada de células que se multiplicam vagarosamente e se assemelham ao seu tecido original, raramente constituindo um risco de vida. É o caso de alguns tipos de pintas ou verrugas.

As causas de câncer são variadas, podendo ser externas ou internas ao organismo, estando ambas inter-relacionadas. As causas externas relacionam-se ao meio ambiente (exposição ao Sol e poluição, por exemplo) e aos hábitos ou costumes próprios de um ambiente social e cultural (alimentação, tabagismo). As causas internas são, na maioria das vezes, geneticamente pré-determinadas, estão ligadas à capacidade do organismo de se defender das agressões externas. Esses fatores causais podem interagir de várias formas, aumentando a probabilidade de transformações malignas nas células normais.

De todos os casos, 80% a 90% dos cânceres estão associados a fatores ambientais. Alguns deles são bem conhecidos: o cigarro pode causar câncer de pulmão, a exposição excessiva ao Sol pode causar câncer de pele, e alguns vírus podem causar leucemia. Outros estão em estudo, como alguns componentes dos alimentos que ingerimos, e muitos são ainda completamente desconhecidos.

O envelhecimento traz mudanças nas células, que aumentam a sua tendência à transformação maligna. Isso, somado ao fato de as células das pessoas idosas terem sido expostas por mais tempo aos diferentes fatores de risco para câncer, explica em parte o porquê de o câncer ser mais frequente nesses indivíduos. Os fatores causadores de câncer são denominados cancerígenos ou carcinógenos. Esses fatores atuam alterando a estrutura genética (DNA) das células.

O surgimento do câncer depende da intensidade e duração da exposição das células a esses agentes. Por exemplo, o risco de uma pessoa desenvolver câncer de pulmão é diretamente proporcional ao número de cigarros fumados por dia e ao número de anos nos quais isso vem ocorrendo.

Adaptado de: O que é câncer?
Disponível em: <http://www.inca.gov.br/conteudo_view.asp?ID=322>.
Acesso em: 3 jun. 2015.

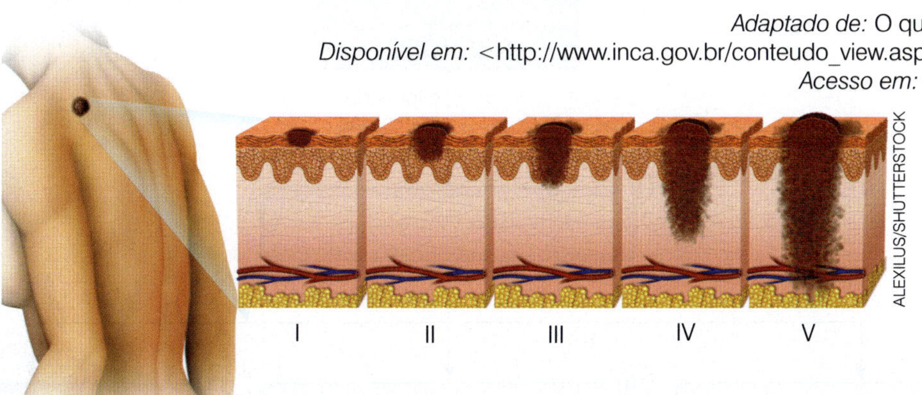

Um tipo de câncer de pele, que no início se parece com uma pinta, é o melanoma, que se origina das células da pele que contêm melanina (pigmento que dá cor à nossa pele). Diagnosticado no início da formação (I, apenas na epiderme), não causa maiores transtornos. Porém, seu crescimento invade a derme e os tecidos subcutâneos (II a IV), podendo atingir os vasos sanguíneos (V); nesse caso, células cancerígenas podem se desprender do tumor principal, cair na corrente sanguínea, se alojar e se multiplicar em outros órgãos, fenômeno conhecido como **metástase**.

Nosso desafio

Para preencher os quadrinhos de 1 a 11, você deve utilizar as seguintes palavras: axônio, cardíaco, corpo celular, dendritos, esquelético, estriado, lenta e involuntária, liso, neurônios, rápida e involuntária, rápida e voluntária.

À medida que você preencher os quadrinhos, risque a palavra que escolheu para não usá-la novamente.

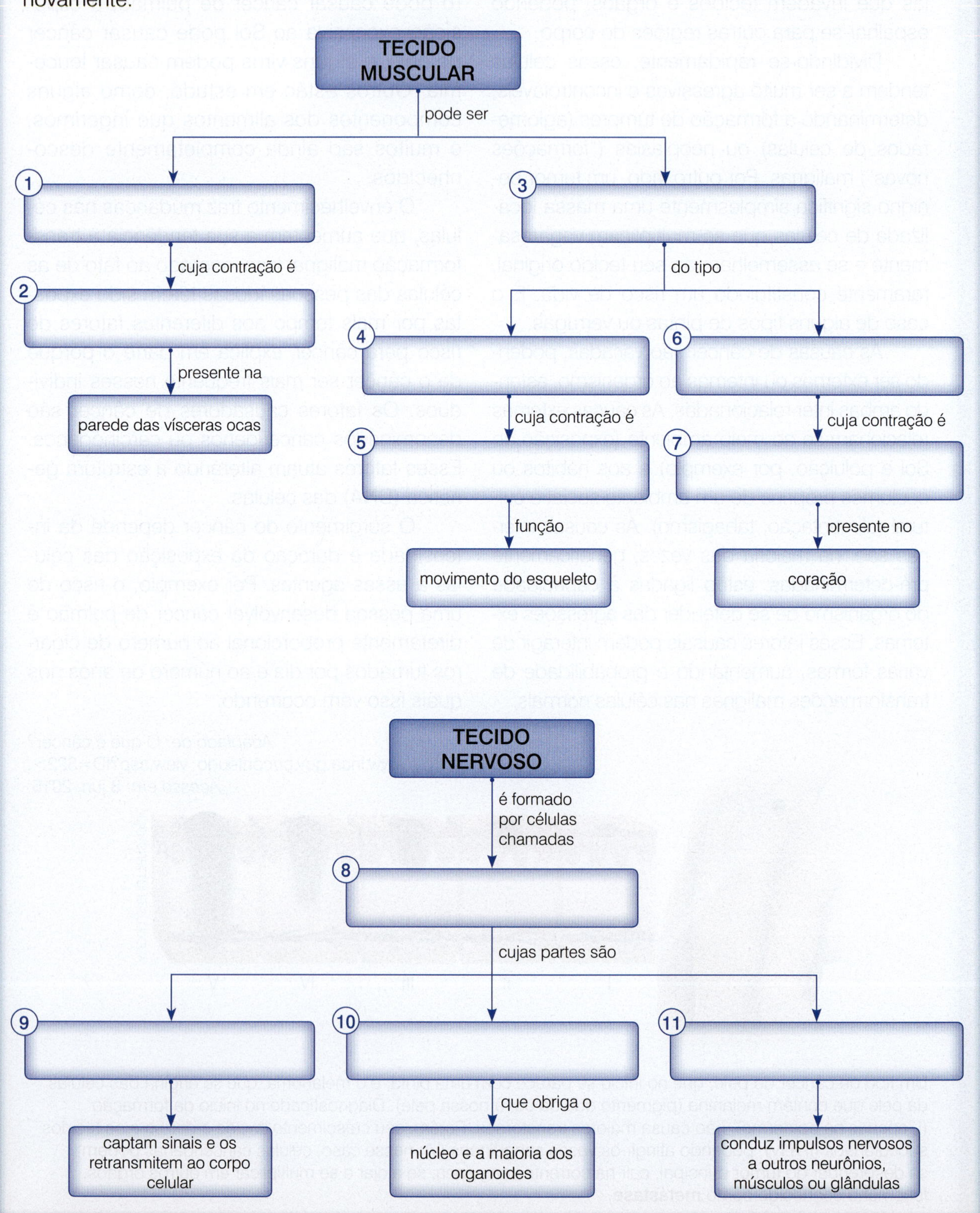

Atividades

1. Em Biologia, costuma-se definir tecido como "um conjunto de células semelhantes que desempenham uma mesma função".

Embora essa definição seja aplicada à maioria dos tecidos, você já sabe que em alguns deles as células diferem não só na forma mas também na função.

Observe os esquemas abaixo. Identifique os tecidos representados, cite pelo menos uma função de cada um e assinale aqueles cujas células têm formas e funções diferentes.

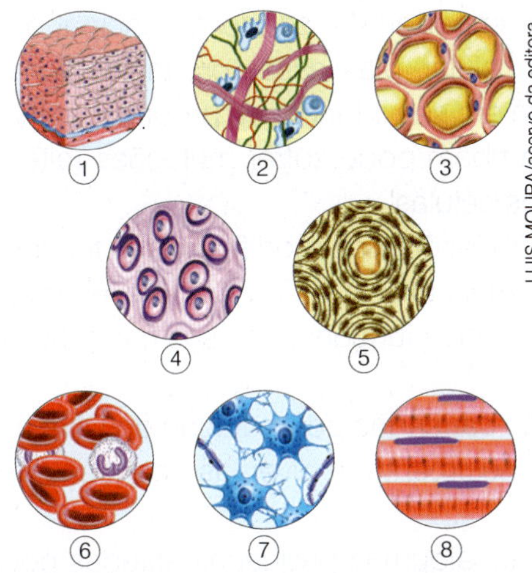

2. É correto afirmar que o tecido epitelial é formado por células mergulhadas em uma grande quantidade de material intercelular? Justifique a resposta.

3. Dudu esfolou o joelho jogando futebol. Houve sangramento, mas depois de alguns minutos o sangue estancou graças ao processo de coagulação. Nos dias seguintes formou-se a "casca" da ferida e sob ela um pouco de pus. O pus contém tecidos mortos, bactérias mortas, assim como as células sanguíneas que as fagocitaram. Neste cenário de morte e escombros, os tecidos lesados aos poucos regeneram-se.

Que tecido e quais elementos desse tecido são responsáveis

a) pela coagulação do sangue?

b) pela fagocitose dos microrganismos (bactérias) invasores?

4. Pele e ossos são tecidos ou órgãos? Justifique sua resposta.

5. Além de proteger o corpo contra alguns impactos, que outras funções tem o tecido adiposo da camada subcutânea (hipoderme) dos mamíferos?

6. Em algumas indústrias, pedaços de ossos, articulações, orelhas, tendões, patas e outros órgãos de animais (gado bovino, por exemplo) são jogados em tanques e submetidos a um tratamento químico especial e a fervura prolongada. Forma-se um grosso caldo, que é matéria-prima na produção de colas, gelatinas e da geléia de mocotó. Qual é a substância orgânica predominante nesse caldo e que importância alimentar tem?

7. Por que indivíduos que ingerem alimentos ricos em cálcio (ovos, leite e derivados) e que frequentemente tomam sol são menos propensos a fraturas ósseas?

8. Quais os tecidos que constituem o sebo, os tendões e o toucinho?

9. Sabendo que a orelha externa e os discos entre as vértebras (discos intervertebrais) possuem o mesmo tipo de fibras, por que a cartilagem da orelha é mais flexível, enquanto a dos discos intervertebrais é mais rígida?

10. Cite o nome do(s) componente(s) sanguíneo(s) que:

a) impedem a hemorragia (perda de sangue);

b) transportam oxigênio;

c) protegem o organismo;

d) conduz nutrientes às células.

11. Cite os três tipos de tecido muscular encontrados no corpo humano e onde ocorrem.

12. Qual a diferença entre contrações musculares voluntária e involuntária? Dê um exemplo de cada tipo.

13. Uma célula nervosa típica possui três partes: dendritos, corpo celular e axônio. Faça um esquema de um neurônio indicando cada uma dessas partes.

Você, *desvendando* a Ciência

DNA mitocondrial, doenças e velhice precoce?

Vimos que as mitocôndrias são pequenas organelas encontradas em grande quantidade nas células eucarióticas. Essas estruturas possuem funções importantes, sendo a principal o fornecimento de energia para o crescimento e o metabolismo celular. Mas essas organelas apresentam uma particularidade em relação às demais, pois carregam em seu interior seu próprio material genético. Esse DNA, presente no interior das mitocôndrias, também pode sofrer mutações (alterações), assim como acontece com o DNA presente no núcleo das células.

Em geral, as mutações que acontecem no DNA das mitocôndrias modificam seu funcionamento, fazendo com que as células atingidas não consigam mais utilizar o O_2 como deveriam (hipóxia mitocondrial) e liberar a energia necessária à realização de suas funções. E essas mutações podem levar ao desenvolvimento de diversas doenças.

Atualmente, estima-se que cerca de 150 doenças são causadas por mutação do DNA mitocondrial, entre elas as relacionadas, principalmente, ao envelhecimento, a diversas doenças degenerativas, como o mal de Alzheimer, e até mesmo o câncer.

Enquanto os cientistas progridem em suas pesquisas, algumas pequenas atitudes podem retardar o envelhecimento, tais como

- praticar exercícios físicos – atletas possuem um percentual mais elevado de mitocôndrias nas células do que pessoas que não praticam exercícios;
- dormir bem – alguns mecanismos celulares dependem do sono para acontecer;
- ter uma alimentação pobre em açúcar, rica em gorduras boas e em proteínas (o aminoácido lisina é essencial para o funcionamento das mitocôndrias);
- manter níveis adequados no organismo de vitaminas A e D;
- manter ingestão adequada de sais minerais, principalmente o magnésio.

Pesquise sobre as fontes de obtenção das vitaminas A e D, e também dos sais minerais, principalmente o magnésio.

TecNews

O que há de mais moderno no mundo da Ciência!

Transplante de cartilagem

A cartilagem é um tecido presente nas articulações e dá sustentação e movimentação aos membros do corpo. Facilmente lesado, especialmente quando há quedas ou fraturas, esse importante tecido humano não pode ser recuperado em virtude de não ter vascularização, ou seja, não apresentar vasos sanguíneos.

A solução para casos em que a cartilagem foi lesada, principalmente a do joelho, que com a idade apresenta uma frequência de trauma alta, é o transplante de cartilagem, já realizado no Brasil.

Para o transplante são retiradas algumas células da cartilagem do joelho do paciente, que são multiplicadas em laboratório. Como meio de cultura para que essas células se desenvolvam é utilizado o sangue do próprio paciente. Atingida a quantidade necessária de células cartilaginosas é feito um enxerto na área afetada. Após aproximadamente seis meses, esse novo tecido já se integrou ao organismo.

O transplante de cartilagem do joelho só está indicado para casos de lesões por trauma, desde que sejam pequenas, em pessoas acima de 50 anos e em determinadas condições clínicas. Seus resultados são muito positivos, pois entre 80% e 90% da função da articulação é restabelecida.

CLICK E ABASTEÇA AS IDEIAS

Veja nossa sugestão de *link* sobre o assunto e abasteça suas ideias!

- http://g1.globo.com/bom-dia-brasil/noticia/2015/06/transplante-de-cartilagem-ajuda-na-reestruturacao-das-articulacoes.html

INVESTIGANDO...

Com seu grupo de trabalho, pesquisem sobre as principais dificuldades para se conseguir doadores de órgãos para transplantes.

OAKLEY
surfer

Unidade
2

O DINÂMICO EQUILÍBRIO da vida

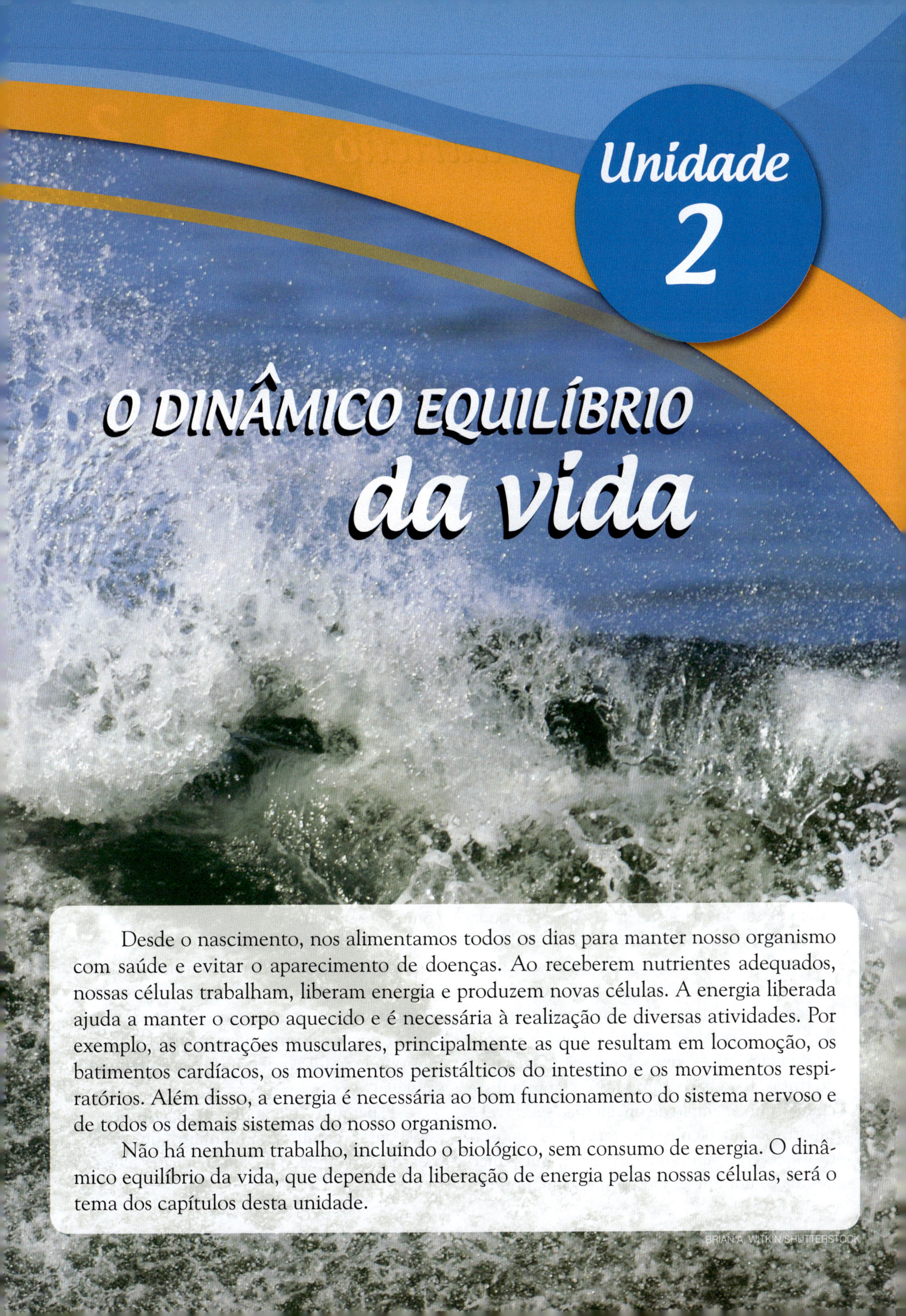

Desde o nascimento, nos alimentamos todos os dias para manter nosso organismo com saúde e evitar o aparecimento de doenças. Ao receberem nutrientes adequados, nossas células trabalham, liberam energia e produzem novas células. A energia liberada ajuda a manter o corpo aquecido e é necessária à realização de diversas atividades. Por exemplo, as contrações musculares, principalmente as que resultam em locomoção, os batimentos cardíacos, os movimentos peristálticos do intestino e os movimentos respiratórios. Além disso, a energia é necessária ao bom funcionamento do sistema nervoso e de todos os demais sistemas do nosso organismo.

Não há nenhum trabalho, incluindo o biológico, sem consumo de energia. O dinâmico equilíbrio da vida, que depende da liberação de energia pelas nossas células, será o tema dos capítulos desta unidade.

BRIAN A. WITKIN/SHUTTERSTOCK

capítulo 3

Alimentos e nutrição

Enquanto isso, na cantina da escola...

Para manter-se saudável, um fator importante é nutrir-se adequadamente, consumindo uma variedade e uma quantidade de alimentos que permita às células do seu organismo realizarem corretamente o seu trabalho. Além de saudáveis, as refeições devem proporcionar momentos de prazer. Vamos analisar e avaliar duas escolhas para a hora do almoço.

Um colega escolheu como entrada um pouco de sopa de ervilha, em seguida um pedaço de peixe acompanhado de uma porção de salada mista e, para sobremesa, uma salada de frutas. Para beber, um suco de laranja. Este é um ótimo exemplo de um almoço saudável e saboroso. Outro colega preferiu fazer um prato único com um pouco de arroz, um pouco de feijão, um bife e, em um prato menor, um pouco de purê de batata. Para a sobremesa, um pudim de leite e para beber, água mineral. Esta segunda opção também é saborosa, entretanto, poderia ser valorizada por uma porção de verduras e legumes ou frutas frescas como sobremesa.

A oferta de tipos de alimentos para consumo no nosso dia a dia é enorme. O ideal é que o critério para a escolha de alimentos seja o da alimentação prazerosa e, sobretudo, equilibrada quanto aos nutrientes que dela podemos obter. Se for equilibrada, certamente será saudável.

Esperamos que ao ler este capítulo você possa fazer escolhas alimentares que incrementem a qualidade de suas refeições e de sua saúde.

Composição química dos alimentos

Do que são formados os alimentos que ingerimos? Imagine que ao fazer uma investigação a partir dos alimentos escolhidos pelos dois colegas no texto de abertura deste capítulo, triturássemos as duas refeições separadamente, transformando-as em pastas homogêneas. Ao analisar os componentes químicos das duas pastas, encontraríamos praticamente as mesmas substâncias químicas, porém em proporções diferentes. Essas substâncias pertencem a duas categorias, **componentes orgânicos** e **componentes inorgânicos**, como mostra a tabela ao lado.

Componentes dos alimentos, tanto de origem vegetal quanto animal.

Componentes orgânicos	Componentes inorgânicos
Proteínas	Água
Carboidratos	Sais minerais
Lipídios	
Vitaminas	
Ácidos nucleicos (DNA, RNA)	

Água: essencial para a vida

Você já reparou que onde existe água em nosso planeta quase sempre existe vida? Por isso, quando o homem tem interesse em saber da existência de vida em outro planeta, a primeira substância que ele procura é água. Isso porque a água é um dos principais constituintes do corpo dos seres vivos em geral. Aproximadamente 60% do corpo de um ser humano adulto é formado por água.

A água dissolve a maioria das substâncias conhecidas, sendo, por isso, chamada de **solvente universal**. Ela é um meio ideal para as reações químicas que ocorrem continuamente nas células. Além disso, a água é o meio de transporte de diversas substâncias para dentro e para fora da célula. Os nutrien-

SOMCHAIJ/SHUTTERSTOCK

tes absorvidos no intestino, por exemplo, são transportados às diversas partes do corpo por meio do plasma sanguíneo que é formado, entre outras substâncias, por uma grande quantidade de água. Da mesma forma, o plasma sanguíneo transporta os resíduos gerados pelo metabolismo celular aos órgãos que os eliminam para o meio exterior.

A água é importante também na manutenção da temperatura interna relativamente constante, pois quando suamos perdemos calor, o que impede a elevação da temperatura do corpo.

É SEMPRE BOM SABER MAIS!

A água e a regulação da temperatura interna do corpo

Nossa temperatura interna normal é de aproximadamente 36,5 °C, ideal para que as reações químicas celulares ocorram de modo satisfatório. Nosso organismo, então, apresenta mecanismos de controle da temperatura interna, evitando variações que poderiam ser prejudiciais.

A água é importante na manutenção da temperatura interna relativamente constante porque é uma substância que apresenta elevado *calor específico*. Isto significa que é necessário o fornecimento de muita energia térmica, isto é, muito calor, para que ocorra a elevação da temperatura de certa quantidade de água. Raciocinando ao contrário, é necessário retirarmos muita energia térmica (calor) para que ocorra o abaixamento da temperatura de certa quantidade de água. Pense em algo semelhante: grandes massas de água na natureza, oceanos, por exemplo, variam pouco sua temperatura entre as horas do dia e da noite. Como nas nossas células existe muita água, muita energia (calor) deve ser fornecida ou retirada para a elevação ou o abaixamento da temperatura interna do nosso corpo, evitando-se, assim as alterações bruscas da nossa temperatura.

O excesso de sal na comida é prejudicial à saúde.

YURIY GOLUB/SHUTTERSTOCK

Sais minerais

Anemia, bócio, osteoporose... Você já deve ter ouvido falar dessas doenças que apresentam como causa comum a deficiência de sais minerais. Os sais minerais estão presentes em quase todos os alimentos que consumimos. O mineral **ferro**, que é encontrado em ovos, carnes e leguminosas (feijão, por exemplo), participa da formação da hemoglobina, que transporta gases às células. Uma alimentação deficiente desse mineral ocasiona a anemia. O **iodo** é encontrado em peixes, invertebrados (crustáceos, moluscos) e algas do mar e é acrescentado, por lei, ao sal de cozinha, pois sua deficiência provoca uma alteração da glândula tireoideana conhecida como bócio ou "papeira". O **sódio**, presente no sal de cozinha

Hemoglobina: proteína que dá a cor vermelha ao sangue; capaz de se combinar com o O_2, transportando-o a todos os tecidos do corpo.

(cloreto de sódio) e o **potássio**, presente em bananas, frutas cítricas, leite, cereais (feijão, arroz, trigo etc.) são essenciais para a condução do impulso nervoso pelos neurônios e para a contração das células musculares.

O **cálcio** e o **fósforo** são necessários para a formação dos ossos e dentes e para o bom funcionamento dos músculos. Leite e derivados (queijo, iogurte), ovos, ostras e mariscos, legumes e verduras são fontes dos sais de cálcio e fósforo.

O **flúor** é importante para a formação dentária, prevenindo contra as cáries. Em algumas cidades há programas para a fluoração da água potável. Gestantes devem consumir suplementos alimentares à base de flúor para o bom desenvolvimento da dentição dos bebês. As quantidades administradas desse mineral devem ser controladas, pois o flúor em altas doses é tóxico.

Fique por dentro!

A osteoporose é uma doença que afeta especialmente as mulheres a partir da meia-idade, e é caracterizada pela deficiência de cálcio nos ossos, enfraquecendo-os e aumentado as chances de fraturas.

É SEMPRE BOM SABER MAIS!

O bócio, também conhecido por "papeira", é marcado por uma dilatação na região anterior do pescoço. Essa anomalia aparece em populações com deficiência de iodo na alimentação. Nesse caso, a glândula tireoideana aumenta de tamanho tornando-se saliente, sem conseguir produzir as quantidades ideais de seus hormônios, que contêm o iodo em suas moléculas.

Os hormônios da glândula tireoideana regulam o metabolismo celular, impedindo que ele acelere ou retarde as funções do organismo. O bócio afeta um número aproximadamente constante de pessoas em populações de diversas regiões do planeta, o que caracteriza uma **endemia**. Por isso, é também chamado **bócio endêmico**.

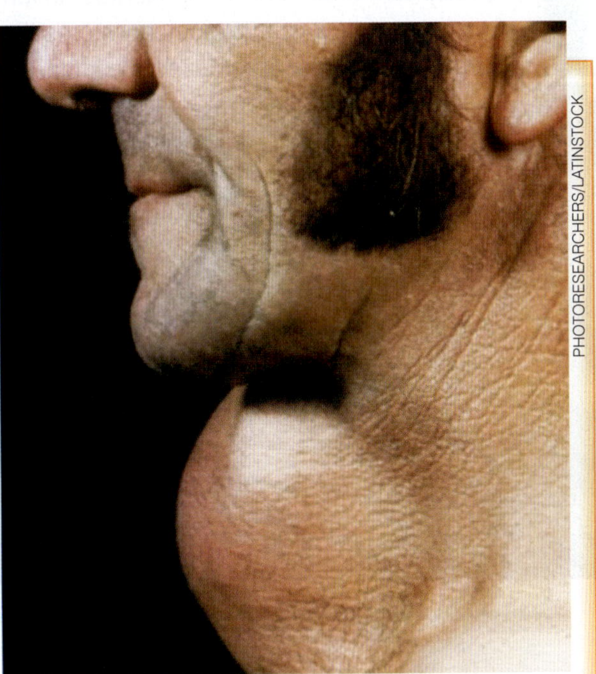

PHOTORESEARCHERS/LATINSTOCK

No bócio, a glândula tireoideana aumenta de tamanho, formando uma dilatação característica.

ESTABELECENDO CONEXÕES

Cotidiano

Uma alimentação rica em sal de cozinha (que apresenta muito sódio) e pobre em potássio favorece a hipertensão, que é uma doença em que a pressão exercida pelo sangue na parede das artérias é muito forte, podendo ocasionar derrames cerebrais. Já uma dieta pobre em sal de cozinha e rica em potássio tem um efeito benéfico, pois evita a hipertensão.

Hoje em dia, encontra-se no mercado um tipo de sal de cozinha "light", com teor reduzido de sódio, que é substituído por potássio. Sódio em excesso é prejudicial à saúde. Consulte sempre as tabelas com a informação nutricional impressa nas embalagens dos alimentos. Opte pelos de baixos teores de sódio.

DE OLHO NO PLANETA

Ética & Cidadania

Palidez, fadiga, tontura, falta de ar, desmaio e um cansaço após exercícios físicos leves podem ser sintomas de **anemia ferropriva**, isto é, provocada pela falta de ferro, necessário para a produção de hemoglobina, proteína presente nos glóbulos vermelhos. A hemoglobina transporta oxigênio para a respiração celular. Quando falta hemoglobina, as células passam a receber menos oxigênio, provocando os sintomas citados acima.

A anemia é um grave problema de Saúde Pública, pois estudos mostram que 53% das crianças brasileiras com até 2 anos de idade apresentam quantidades deficientes de ferro no sangue, o que pode prejudicar o crescimento e comprometer o aprendizado escolar. Esses dados foram coletados em creches, Unidades Básicas de Saúde e visitas domiciliares, necessitando pesquisas com base amostral maior.

Veja na tabela abaixo as nossas necessidades diárias de ferro, segundo a Organização Mundial de Saúde (OMS):

	Necessidade diária de ferro	
Crianças (4-8 anos)	10 mg	12 mg
Adolescentes	15 mg	15 mg
Adultos	10 mg	15 mg
Gestantes	30 mg	

➢ Há tempos se sabe que a utilização de panelas de ferro no preparo de alimentos é uma atividade comum em muitas regiões do nosso país. Em poucas palavras, justifique o possível benefício que a utilização desse tipo de panela pode proporcionar à saúde das pessoas.

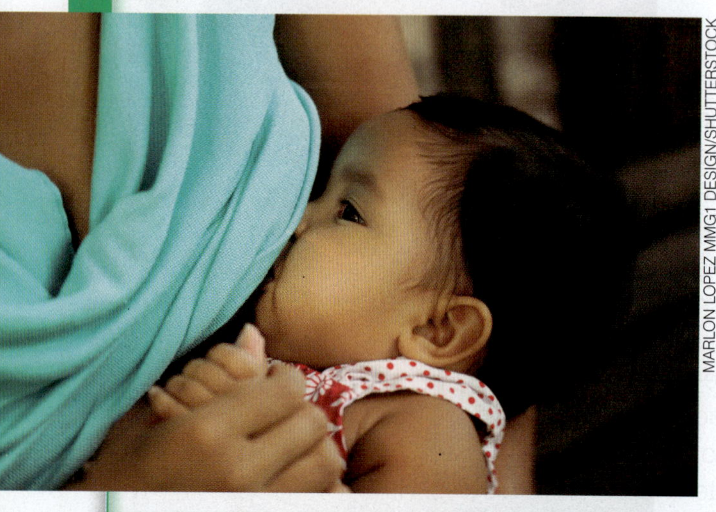

MARLON LOPEZ MMG1 DESIGN/SHUTTERSTOCK

O leite materno é pobre em ferro. O bebê nasce com reservas no fígado desse mineral, adquirido de sua mãe durante a gestação. Essa reserva se esgota por volta dos primeiros meses após o nascimento. O mineral passa, então, a ser fornecido pela alimentação complementar: papinhas preparadas com caldos de carne, legumes e verduras, frutas e sucos.

Proteínas e suas funções

As proteínas são compostos orgânicos que apresentam diversas funções no metabolismo celular. Vamos ver algumas das mais importantes.

- **Proteínas de construção ou estrutural:** são componentes das nossas células, presentes na membrana plasmática, em organelas citoplasmáticas e nos cromossomos. Essas proteínas participam ativamente do crescimento dos organismos jovens por meio da formação de novas células e, nos adultos, da reposição de células perdidas e da regeneração de tecidos lesados, sendo, por isso, chamadas de proteínas de construção ou estruturais.
- **Proteína transportadora de oxigênio e gás carbônico:** a hemoglobina é uma proteína que contém ferro em sua molécula. Ela é responsável pelo transporte de oxigênio para as células e de parte do gás carbônico das células até os pulmões.

- **Proteínas de defesa:** *anticorpos* são moléculas proteicas que se destinam a combater substâncias estranhas ao organismo, os *antígenos*.
- **Proteínas que aceleram reações químicas:** as reações químicas que compõem o metabolismo ocorrem na presença de **enzimas**, que são proteínas especializadas em facilitar e acelerar essas reações com economia de energia. As enzimas são chamadas de **catalisadores orgânicos**.

Catalisador: substância capaz de acelerar uma reação química. Os catalisadores biológicos são chamados de enzimas.

Fique por dentro!

Todas as enzimas são proteínas. Atualmente, já se conhecem cerca de 80.000 enzimas que atuam no nosso organismo.

- **Proteínas da contração muscular:** as proteínas *actina* e *miosina* encontram-se nas células musculares e atuam nas suas contrações gerando movimentos.
- **Proteínas de regulação:** alguns *hormônios* são proteínas que atuam no controle do metabolismo; por exemplo, a *insulina*, que regula a taxa de glicose no sangue, evitando o diabetes.

AFRICA STUDIO/SHUTTERSTOCK

Alimentos ricos em proteínas: ovos, leite integral, pescados, carnes em geral, leguminosas (soja, feijão, ervilha), cereais integrais (arroz, aveia, centeio).

Aminoácidos: os "tijolinhos" que constroem as proteínas

As *proteínas* são moléculas muito grandes, formadas pela reunião de moléculas menores chamadas **aminoácidos**. Quando você come um filé de peixe, está ingerindo proteínas, que não conseguem penetrar nas células. O tubo digestório quebra as proteínas dos alimentos em aminoácidos durante o processo de digestão. Os aminoácidos passam do intestino para o sangue, que os distribui para todas as células do organismo. Uma vez dentro das células, os aminoácidos serão agrupados novamente formando proteínas, que poderão ter, como já vimos, funções diversas.

Carboidratos: fontes de energia

Os **carboidratos** (amido, açúcares em geral), também conhecidos como **glicídios**, são as principais fontes de energia para as atividades celulares.

Carboidratos presentes em nossa alimentação

- **Glicose:** é o principal fornecedor de energia para o trabalho celular. Ela não necessita de digestão, pois é uma molécula relativamente pequena e consegue atravessar a membrana plasmática. É obtida principalmente a partir da digestão de carboidratos mais complexos como o amido, a sacarose e a lactose. Encontra-se também no mel.
- **Frutose:** como a glicose, é uma importante fonte de energia e também consegue penetrar diretamente nas células, sem precisar ser quebrada. É o açúcar das frutas.
- **Lactose:** é o açúcar do leite. A lactose não consegue penetrar diretamente nas células; sua digestão no intestino produz *glicose* e *galactose*.
- **Sacarose:** é encontrada na cana-de-açúcar; é digerida no intestino em *glicose* e *frutose*.
- **Amido:** é um carboidrato de molécula muito grande, cerca de 10.000 moléculas de glicose unidas. No tubo digestório, é quebrado primeiramente em moléculas de *maltose* e estas, em seguida, em moléculas de *glicose*. Produzido a partir da fotossíntese, é o carboidrato de reserva dos vegetais, armazenado em grãos (trigo, arroz, milho, aveia), caules do tipo tubérculo (batatinha, cará) e raízes tuberosas (mandioca, batata doce).
- **Glicogênio (= gerador de glicose):** é outro carboidrato de molécula muito grande, em torno de 30.000 moléculas de glicose unidas. Faz parte da reserva energética dos animais; portanto, tem o mesmo papel do amido nos vegetais, tanto que o glicogênio é chamado de "amido animal". O glicogênio é formado no fígado a partir de moléculas de glicose. Logo, fígado de boi e de galinha são ricos nesse carboidrato. Além do fígado, é também armazenado nos músculos.
- **Celulose:** também é um carboidrato de molécula grande que faz parte da estrutura da parede esquelética das células vegetais. Nosso organismo não consegue digerir a celulose; no entanto, suas fibras são muito importantes no aparelho digestório, pois estimulam os movimentos peristálticos no intestino, facilitando a defecação.

Seleção de alimentos ricos em carboidratos, nossa principal fonte de energia.

ROBYN MACKENZIE/SHUTTERSTOCK

ENTRANDO EM AÇÃO!

Teste do amido

O amido é um carboidrato de reserva das plantas, produzido pela fotossíntese, especialmente abundante nos grãos ou sementes de cereais (como trigo, milho, aveia, arroz), nos tubérculos (caules de reserva, como o da batata), nas raízes tuberosas (raízes de reserva, como a da mandioca e da batata-doce). Vimos que, ao ser digerido, produz glicose, principal combustível usado na respiração celular. O amido fica corado de azul escuro ou roxo em presença de iodo. Forma-se um composto instável quando submetido ao calor, por isso os materiais testados, se cozidos, devem ser resfriados antes do teste.

O amido é largamente utilizado na indústria de papel para o revestimento de superfícies que se destinam a uma melhor impressão ou escrita.

Para esta atividade, você vai precisar de

- alguns alimentos e outros materiais para serem testados, como pão ou farinha de trigo, fatia de mandioca ou farinha de mandioca, fubá, arroz cru e cozido, macarrão cru e cozido, batata crua e cozida, fatia de maçã ou pera, leite, açúcar, tiras de papel (jornal, sulfite, folhas de caderno)
- tintura de iodo diluída em um pouco de água
- conta-gotas
- copinhos descartáveis ou pratinhos para colocar os alimentos

Inicialmente, observe a cor da tintura de iodo. Pingue algumas gotas dela sobre cada porção dos alimentos e papéis sugeridos e observe se há alteração da cor. Os alimentos cozidos devem estar frios para a realização do teste. O aparecimento de uma cor azul escura ou roxa indica a presença de amido. A seguir, organize uma lista dos alimentos e dos tipos de papel em que o teste para o amido deu positivo e daqueles em que o teste deu negativo.

1. Alguns dos alimentos sugeridos foram testados crus ou cozidos e frios. A partir do resultado obtido (positivo ou negativo), pode-se concluir que o cozimento destrói o amido? Justifique.
2. O papel que estamos acostumados a usar no dia a dia é fabricado a partir de celulose, substância presente na parede celular (ou membrana esquelética) das células vegetais. A tintura de iodo não indica a presença de celulose. Faça uma pesquisa e explique, então, por que alguns tipos de papel dão teste positivo para o amido.
3. A partir de seus conhecimentos sobre alimentos e digestão, responda por que o amido é considerado um nutriente energético.

ESTABELECENDO CONEXÕES

Saúde

A produção de proteínas e gorduras de origem animal é cara porque geralmente vem da criação de aves e gado. Populações de regiões menos desenvolvidas do mundo contam com carboidratos (do arroz, de grãos, do feijão) para a maioria de suas necessidades energéticas, porque são alimentos de produção mais fácil e barata.

Se a produção de energia cai abaixo das necessidades mínimas, o corpo usa carboidratos (glicogênio, por exemplo) e gordura armazenados para obtê-la. Se essas reservas não forem suficientes, o organismo consome proteínas, o que é característico dos estados de desnutrição. Nesses casos, o corpo consome seus próprios músculos e proteínas de outros tecidos.

A morte por desnutrição geralmente resulta de um enfraquecimento da musculatura cardíaca, de modo que o coração não consegue bombear o sangue adequadamente.

No Brasil, segundo o Ministério da Saúde, embora o número de mortes por desnutrição venha caindo, a taxa de óbitos na infância por desnutrição grave em nível hospitalar está em torno de 20%, enquanto valores aceitos pela OMS são inferiores a 5%.

Lipídios: amigos ou vilões?

Óleos e **gorduras** são certamente os lipídios mais conhecidos. Em geral, os lipídios são moléculas orgânicas formadas pela união de moléculas de *ácidos graxos* e *glicerol*. É nessas moléculas que os lipídios são transformados quando digeridos no intestino pela ação química das lipases.

Lipases: enzimas que digerem lipídios.

Os ácidos graxos e o glicerol são, então, conduzidos pela corrente sanguínea às células, onde são utilizados para diferentes finalidades:

AFRICA STUDIO/SHUTTERSTOCK

- **Fonte de energia:** os lipídios, assim como os carboidratos, são os principais fornecedores de energia para as células. Os lipídios são utilizados como fonte de energia quando a quantidade de carboidratos disponível para esse fim é insuficiente. É o que acontece quando se quer emagrecer: reduz-se a quantidade de carboidratos ingeridos e o organismo passa a consumir gordura, principalmente aquela armazenada no tecido adiposo sob a pele (camada subcutânea ou hipoderme). Mas, cuidado! Regimes para emagrecer e reeducação alimentar devem sempre seguir orientação médica.
- **Função estrutural:** os lipídios têm função estrutural, pois formam, juntamente com as proteínas, as estruturas membranosas celulares (membrana plasmática, retículo endoplasmático, complexo golgiense, membrana nuclear etc.). Por isso se diz que essas membranas são de constituição lipoproteica.
- **Reprodução humana:** o colesterol, um importante lipídio, é fundamental para a produção do hormônio masculino (testosterona) pelos testículos e dos hormônios femininos (estrógeno e progesterona) pelos ovários.
- **Vitamina D:** o colesterol participa na pele da produção de vitamina D, importante para a absorção do cálcio no intestino e, portanto, para a formação dos ossos.

Lembre-se!

Carboidratos em excesso engordam. Nosso organismo transforma em gorduras o excesso de carboidratos consumidos na alimentação.

Colesterol

O colesterol é um lipídio muito comentado, sempre associado a quase todos os males do coração. Por isso, a partir dos 40 anos de idade, é frequente a preocupação com os níveis de colesterol. Costuma-se dizer que existem dois tipos de colesterol: o bom colesterol (HDL) e o mau colesterol (LDL).

O HDL (de ***H**igh **D**ensity **L**ipoprotein*, isto é, proteína de alta intensidade) e o LDL (de ***L**ow **D**ensity **L**ipoprotein*, isto é, proteína de baixa densidade) estão associados, cada um, a determinada proteína, cuja função é transportá-los pelo sangue. Porém, os dois tipos de colesterol têm destinos diferentes. Enquanto o LDL caminha para as artérias, onde é depositado, levando à formação de placas, o HDL transporta o mau colesterol para o fígado, onde é inativado. É por isso que o LDL é chamado de mau colesterol e o HDL, de bom colesterol.

Fique por dentro!

Gema de ovo, gordura animal, leite integral e derivados (queijos, creme de leite, manteiga) e "frutos do mar" (crustáceos e moluscos) são exemplos de alimentos ricos em colesterol. Por outro lado, frutas, cereais, clara de ovo, peixes pouco gordurosos, carnes magras e leite desnatado têm pouco ou nenhum colesterol.

VLADIMIR SALMAN/SHUTTERSTOCK

ESTABELECENDO CONEXÕES

Saúde

Vamos cuidar do nosso coração?

Gorduras de origem animal em excesso aumentam muito o nível de colesterol no sangue. Com isso, formam-se depósitos de gordura na parede interna das artérias, conhecidos como *placas de ateroma*.

Essas placas atraem substâncias ricas em cálcio, o que aumenta seu tamanho e rigidez, sendo esta uma das causas do endurecimento das artérias, levando a uma doença conhecida por *arteriosclerose* (endurecimento das artérias). Essas duas condições criam dificuldades para a passagem do sangue dentro das artérias, o que coloca em risco a saúde do coração. O comprometimento (obstrução) das artérias responsáveis pela irrigação do próprio coração pode provocar o infarto do miocárdio, isto é, a morte de células do músculo cardíaco.

Já as gorduras poli-insaturadas, como as que se encontram no óleo de oliva, milho e girassol, são chamadas de "gorduras do bem", pois abaixam o nível de colesterol no sangue. São essas as gorduras que devem ser comumente consumidas para satisfazer as necessidades de lipídios dos nosso organismo.

ELENABSL/SHUTTERSTOCK

Fonte: Ministério da Saúde. In: LIMA, T. E. C. de. *Brasil terá nova pirâmide alimentar. Disponível em:* <http://www.einstein.br/einstein-saude/nutricao/Paginas/brasil-tera-nova-piramide-alimentar.aspx>. *Acesso em:* 16. jun. 2015.

Vitamina não é remédio!

Ao assistir televisão, não é raro você se deparar com comerciais de alimentos e suplementos alimentares que afirmam serem ricos em diversas vitaminas. Essa característica do produto é apresentada como vantagem porque as vitaminas são substâncias orgânicas com função essencial na manutenção da nossa saúde.

Para entender a função das vitaminas nas células, precisamos recordar rapidamente o conceito de enzimas, que são proteínas que aceleram as reações químicas celulares, do metabolismo, com economia de energia. Porém, algumas enzimas, para exercerem suas atividades, precisam estar associadas a vitaminas.

Em nosso corpo são produzidas poucas vitaminas de que precisamos; sendo assim, devemos ingerir as demais por meio de uma alimentação rica e variada.

Tipos de vitamina

As vitaminas podem ser divididas em dois grandes grupos: as *hidrossolúveis* (dissolvem-se em água) e as *lipossolúveis* (dissolvem-se em gorduras). À medida que foram sendo conhecidas, receberam a designação de letras do alfabeto, como, por exemplo, vitamina A, B, C, D, E, K etc. A falta de vitaminas leva a doenças carenciais chamadas genericamente de *avitaminoses*. Para evitá-las é necessário que nossa alimentação seja bem diversificada.

Veja a tabela a seguir que mostra os diversos tipos de vitaminas, em que alimentos são encontradas e o que sua deficiência causa.

MONTICELLO/SHUTTERSTOCK

• **Principais vitaminas e sua fonte de obtenção.**

Classificação	Nome	Fonte	Sintomas da deficiência
Hidrossolúvel	Complexo B	Carnes, cereais, verduras, legumes, laticínios, peixes, ovos.	Beribéri (inflamação e degeneração dos nervos). Lesões na pele. Anemia, problemas gastrintestinais. Distúrbios no sistema nervoso.
	B_1 (tiamina)	Carnes, cereais, verduras e legumes.	Beribéri (inflamação e degeneração dos nervos).
	B_2 (riboflavina)	Laticínios, carnes, cereais e verduras.	Fissuras na pele e fotofobia.
	B_3 ou PP (niacina ou nicotinamida)	Nozes, carnes e cereais.	Pelagra (lesões na pele, diarreia e distúrbios nervosos).
	B_5 (ácido pantotênico)	Carnes, laticínios, cereais e verduras.	Anemia, fadiga, dormência nas mãos e nos pés.
	B_6 (piridoxina)	Fígado, carnes, peixes, trigo, leite e batata.	Dermatite, atraso no crescimento, sintomas mentais e anemia.
	B_9 (ácido fólico)	Vegetais, laranja, nozes, legumes e cereais.	Anemia e problemas gastrintestinais.
	C (ácido ascórbico)	Frutas, especialmente as cítricas, verduras e legumes frescos.	Escorbuto (lesões intestinais, hemorragias e fraqueza).
Classificação	**Nome**	**Fonte**	**Sintomas da deficiência**
Lipossolúvel	A (retinol)	Laticínios e cenoura.	Cegueira noturna, pele escamosa e seca.
	D (calciferol)	Laticínios, gema de ovo, vegetais ricos em óleo.	Raquitismo e enfraquecimento dos ossos.
	E (tocoferol)	Óleos vegetais, nozes e outras sementes.	Possivelmente anemia e esterilidade.
	K (filoquinona)	Fígado, gorduras, óleos, leite e ovos.	Hemorragias.

ESTABELECENDO CONEXÕES

História

Na época das grandes navegações do século XVI, as longas viagens por mar faziam com que os marinheiros ficassem meses sem aportar em terra firme. Durante a viagem, as condições de saúde, higiene e alimentação eram muito precárias, fazendo com que os índices de mortalidade fossem bastante elevados. Só para você ter uma ideia, em 1741, um navio inglês perdeu, nos 10 meses de viagem, dois terços de sua tripulação.

O motivo dessa calamidade era uma doença chamada **escorbuto**. Os acometidos por ela apresentavam rompimento de vasos sanguíneos, gengivas inchadas que sangravam com facilidade, além da perda de dentes. Nessa época, ainda não se sabia a causa dessa doença. Porém, em 1754, o médico da marinha inglesa, James Lind, descobriu que o escorbuto poderia ser prevenido se os marinheiros consumissem frutas e verduras cruas durante toda a viagem, ou ingerissem suco de limão.

As recomendações sugeridas deram bons resultados e os casos de escorbuto entre os tripulantes diminuíram muito. Anos mais tarde descobriu-se que as frutas cítricas são ricas em **vitamina C**, cuja carência causa o escorbuto.

Lembre-se!

A vitamina C é quimicamente chamada de *ácido ascórbico*. Atua na produção das fibras colágenas dos tecidos conjuntivos. Fortalecendo a parede dos vasos sanguíneos, evita hemorragias gengivais e cutâneas e a perda de dentes.

PANTHERMEDIA/KEYDISC

É SEMPRE BOM SABER MAIS!

"Não posso, não posso!"

Em 1890, na ilha de Java, em uma colônia holandesa, ocorreu um fato interessante. O Dr. Eijkman, notou que os nativos eram acometidos de uma doença em que os doentes suplicavam dizendo: *"Beribéri, beribéri!"* O médico perguntou o significado dessa palavra e teve como resposta que, em cingalês, significava *não posso, não posso!*

Essa doença passou então a ser chamada de beribéri. É uma doença grave, que afeta os nervos a ponto de impedir que os acometidos conseguissem ficar em pé ou até mesmo levantar a cabeça. Quando lhes era pedido que fizessem algum movimento como esses exemplificados, eles tentavam e diziam: Não posso, Não posso!

O Dr. Eijkman decidiu enfrentar o problema e descobrir a causa da doença. Ele analisou os hábitos alimentares daquela população e percebeu que o arroz polido era a base da alimentação.

Fazendo um experimento com galinhas, o médico percebeu que quando as galinhas comiam arroz com casca, a doença não se manifestava. Ao alimentar galinhas doentes com arroz com casca, ele percebeu uma melhora no quadro. Anos mais tarde, descobriu-se que o beribéri é causado por uma deficiência de vitamina B_1, causando grave inflamação e degeneração dos nervos. Essa vitamina, na verdade, não se encontra na casca do arroz, mas na película que envolve o grão, sob a casca. Essa película é mantida no arroz integral e em outros cereais integrais como o trigo e o milho.

Caloria: unidade de energia

Já sabemos que as células gastam energia para manterem o seu metabolismo e que essa energia vem dos alimentos que ingerimos. Mas, de quanta energia você precisa para manter o seu metabolismo? Se você resolvesse correr 10 quilômetros 3 vezes por semana, quanto mais de energia seria necessário para você realizar essa atividade?

Para responder a essas perguntas, precisamos inicialmente conceituar **caloria**, que é uma medida de energia. Uma *caloria* (cal) é a quantidade de calor necessária para elevar de 1 °C a temperatura de 1 g de água. A caloria é uma unidade de medida muito pequena; por isso costuma-se medir a quantidade de energia fornecida pelos alimentos em **quilocalorias**. Uma *quilocaloria* (kcal) é igual a 1.000 calorias. Logo, uma quilocaloria também chamada de *caloria alimentar* é a quantidade de calor necessária para elevar de 1 °C a temperatura de 1.000 g (um kg) de água (equivale ao volume de 1 L de água).

Lembre-se!

Mais precisamente, 1 caloria é a quantidade de calor necessária para elevar a temperatura de 1 g de água, sob pressão normal, de 14,5 °C para 15,5 °C.

Valor energético de alguns grupos de substância	kcal/g
Lipídios	9,3
Carboidratos	4,1
Proteínas	4,1

A tabela ao lado nos mostra o valor energético que pode ser liberado durante o metabolismo de 1 g de lipídios, de carboidratos ou de proteínas. Você percebeu que carboidratos e proteínas liberam a mesma quantidade de energia, mas são os carboidratos as verdadeiras fontes de energia para nossas atividades? As proteínas em geral não são usadas como fontes de energia, pois, durante o crescimento e a formação de novas células e tecidos, elas são utilizadas principalmente na construção ou reposição dessas estruturas. Também devemos ficar atentos à quantidade de lipídios (gorduras) que ingerimos em nossas refeições, uma vez que esses compostos orgânicos são os que liberam maior quantidade de calorias por grama. Isso quer dizer que se você ingerir muitos lipídios e não gastar toda essa energia, ela ficará armazenada em seu organismo sob a forma de gordura.

De quantas quilocalorias precisamos por dia?

Para fazer uma estimativa de quantas calorias são necessárias por dia, precisamos levar em conta vários fatores:

- **Faixa etária:** as necessidades energéticas de um adolescente, de um indivíduo de 45 anos e de um idoso são diferentes: o adolescente precisa de mais calorias, pois está em fase de crescimento e, normalmente, realiza mais atividades do que um adulto ou idoso.
- **Sexo:** em geral, o metabolismo dos homens é maior do que o das mulheres, fazendo com que eles necessitem de uma dieta mais calórica.
- **Exercícios físicos:** a necessidade energética depende da quantidade de exercícios físicos e atividades que o indivíduo realiza. Quem se exercita duas horas todos os dias vai precisar de mais calorias do que aquele que se exercita apenas uma hora por semana.

Veja na tabela abaixo as calorias gastas em diversos tipos de atividades.

Gasto de energia (em calorias) por kg de peso e por hora de atividade.

Atividade	Calorias necessárias
Aeróbica de alto impacto	7
Aeróbica de baixo impacto	5,2
Assistir TV	0,9
Caminhar leve/moderado	3,5
Caminhar na grama	5,2
Caminhar rápido	4
Ciclismo (por lazer)	4
Comer	1,5
Cuidar de criança	3,5
Dança de salão	5,5
Dormir	0,9
Hidroginástica intensa	9,9
Hidroginástica lenta	4
Ler	1,3
Nadar (por lazer)	6
Tomar banho	2
Trabalhar no computador	1,5

Fonte: AINSWORTH, B. E. Compendium of Physical Activities: Classification of energy costs of human physical activities. *Med Sci Sports Exerc*, 25(1):71-80, Jan. 1993. *Disponível em:* <http://www.saudeemmovimento.com.br/saude/calorias/gasto_kcal.htm>. *Acesso em:* 25 jul. 2015.

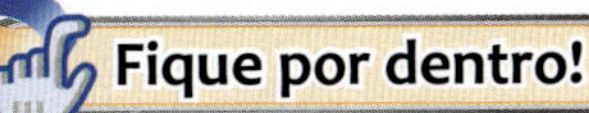

Fique por dentro!

Um adolescente do sexo masculino, em média, necessita entre 3.000 e 3.500 kcal/dia, enquanto um adolescente do sexo feminino, entre 2.000 e 2.500 kcal.

Os nutricionistas trabalham com tabelas que nos mostram o valor calórico ou energético de diversos alimentos e bebidas, com suas respectivas quantidades. Vamos ver alguns exemplos? Veja a tabela abaixo.

Descubra você mesmo!

Pesquise qual a diferença entre alimentos *diet* e *light*.

Valor calórico de alguns alimentos e bebidas.

ALIMENTO	CALORIAS
Copo de leite integral (240 mL)	149
Bife de alcatra frito (2 fatias, 100 g)	220
Arroz com feijão (2 colheres sopa, 40 g)	75
Pão francês (50 g)	135
Pizza de muzarela (fatia, 140 g)	304
Açúcar comum (colher de chá, 10 g)	40
Banana *split* (1 taça)	843
Chipits de queijo e cebolinha (unidade)	19
Refrigerante à base de cola (lata, 350 mL)	137
Refrigerante à base de cola *light* (lata, 350 mL)	1,5
Banana prata (unidade, 55 g)	55

NIKOLA BILIC/SHUTTERSTOCK

Banana *split*, conhecida sobremesa feita com bananas e vários sorvetes, é altamente calórica.

É SEMPRE BOM SABER MAIS!

Entenda o valor nutricional dos alimentos

Nas embalagens dos alimentos que você encontra nos supermercados consta uma tabela (informação nutricional) como a que você vê abaixo, retirada de um pacote de macarrão.

A tabela nos informa o valor energético (em kcal ou kJ, que são unidades internacionais de medidas de calorias) associado a uma porção de 80 g de massa e a quantidade (em g e mg) dos vários nutrientes.

Entende-se por valor diário (VD), expresso em porcentagem, qual a necessidade diária de nutrientes para se manter uma dieta de 2.000 kcal. A tabela abaixo revela qual a porcentagem de nutrientes oferecidos por esse prato. Veja, por exemplo, que nas 80 g de massa há 61 g de carboidratos que equivalem a 20% da necessidade energética diária. Isso significa que, para uma dieta de 2.000 kcal, um indivíduo deverá complementar sua alimentação diária com mais 80% de carboidratos (20% + 80% = 100%).

TALHARIM - TIPO CASEIRO COM OVOS

Ingredientes:
Farinha de trigo especial fortificada com ferro e ácido fólico, ovos e corantes naturais INS 100i e INS 160b.
CONTÉM GLÚTEN

MODO DE PREPARO:
Ferva 1 litro de água para cada 100g de Talharim Tipo Caseiro. Se desejar, coloque um fio de azeite ou óleo na água. Quando a água estiver fervendo, acrescente o produto aos poucos. Mexa mantendo uma leve fervura durante o cozimento, 10 a 12 minutos, até que esteja " al dente ". Em seguida, escorra o macarrão e sirva com um molho escolhido. Um pacote rende de 5 a 7 porções.

INFORMAÇÃO NUTRICIONAL
Porção de 80 g (1 prato)

Quantidade por porção		% VD (*)
Valor energético	298 kcal = 1247 kJ	15
Carboidratos	61 g	20
Proteínas	8,4 g	11
Gorduras totais	1,5 g	3
Gorduras saturadas	0,3 g	1
Gorduras trans	0 g	**
Fibra Alimentar	2,2 g	9
Sódio	0 mg	0

* % Valor diário de referência para uma dieta de 2.000 kcal ou 8.400 kJ. Seus valores diários podem ser maiores ou menores, dependendo de suas necessidades energéticas.
** Valor diário não estabelecido.

Jogo rápido

Veja se você entendeu: em relação a proteínas, o prato de macarrão (80 g) oferece 8,4 g desses nutrientes, o que equivale a 11% do valor diário (VD) necessário para uma dieta de 2.000 kcal. Considerando o consumo diário de outros alimentos,

1. que porcentagem do VD complementaria a necessidade proteica diária?
2. que porcentagem do VD de gorduras totais deveria ser ingerida para satisfazer a necessidade diária?

Reeducação alimentar

Para se manter em dia com a balança, devemos sempre pensar que deve existir um equilíbrio entre as calorias que ingerimos e as que gastamos por dia. Se você ingerir uma quantidade maior de calorias do que as que você gasta, em média, por dia, você irá engordar, pois o excesso de calorias será armazenado no organismo sob a forma de gordura. Porém, se ingerir menos calorias do que as necessárias para realizar suas atividades diárias, você passará a queimar as reservas armazenadas no corpo e irá emagrecer.

Por meio da reeducação alimentar pode-se promover uma mudança nos hábitos alimentares, um "reaprendizado" em que se passa a ingerir alimentos saudáveis e em quantidades adequadas e, assim, é possível melhorar a qualidade de vida, evitando-se doenças como hipertensão (pressão alta), doenças cardíacas e obesidade.

ESTABELECENDO CONEXÕES

Saúde

Anorexia nervosa e bulimia nervosa

Anorexia e bulimia nervosas são dois distúrbios alimentares particularmente importantes por serem frequentes entre os jovens e também por seu grau de letalidade.

A anorexia nervosa, muito frequente principalmente no sexo feminino, é um distúrbio alimentar caracterizado por uma preocupação excessiva com o peso, mas não o tipo de preocupação ligada a evitar problemas de saúde. Na anorexia nervosa, a pessoa vê seu corpo de modo distorcido, pois embora esteja extremamente magra, a pessoa se considera obesa, necessitando emagrecer. Com essa distorção da imagem corpórea a pessoa pouco se alimenta, exagera na atividade física, toma laxantes e força o vômito. Apesar de ser mais frequente no sexo feminino, estudos mostram um número cada vez maior de anoréticos.

Já na bulimia nervosa a pessoa ingere de modo incontrolável uma quantidade excessiva de alimentos. Porém, na sequência, sentindo-se muito desconfortável e arrependida, toma atitudes drásticas para emagrecer, como indução do vômito, uso de laxantes, prática exagerada de exercícios físicos e jejum.

Tanto a bulimia como a anorexia nervosas são transtornos de origem emocional, porém a anorexia tem um alto índice de letalidade: cerca de 20% das pessoas anoréticas morrem.

Conservação dos alimentos

Qualquer procedimento que envolva elevação ou abaixamento da temperatura visa impedir a proliferação de agentes decompositores (bactérias, fungos). O resfriamento ou congelamento inibem o metabolismo desses agentes, que deixam de se reproduzir.

As técnicas que envolvem aquecimento provocam a morte dos decompositores ou, pelo menos, a morte de alguns agentes que possam causar doenças no ser humano.

Procedimentos que envolvam a retirada de água dos alimentos fazem com que os microrganismos que entrem em contato com eles não se desenvolvam. É o que acontece com o salgamento ou o açucaramento excessivos. Carnes ou pescados ou salgados (pertences para feijoada, camarões, bacalhau etc.), doces com pouco teor de água e bastante açucarados (banana, ameixa preta, uva passa, damasco, tâmara, frutas cristalizadas, goiabada etc.), leite em pó e sementes são exemplos de alimentos que podem ser guardados durante um longo tempo fora da geladeira.

Uma das formas de conservação de frutas é sob a forma de geleias, em que uma quantidade significativa de açúcar é acrescentada, fazendo com que microrganismos não se desenvolvam pela ausência de água.

CASANISA/SHUTTERSTOCK

Nosso desafio

Para preencher os quadrinhos de 1 a 10, você deve utilizar as seguintes palavras: anticorpos, carboidratos, celulose, enzimas, hemoglobina, lipídios, ossos, proteínas, quitina, sais minerais.

À medida que você preencher os quadrinhos, risque a palavra que escolheu para não usá-la novamente.

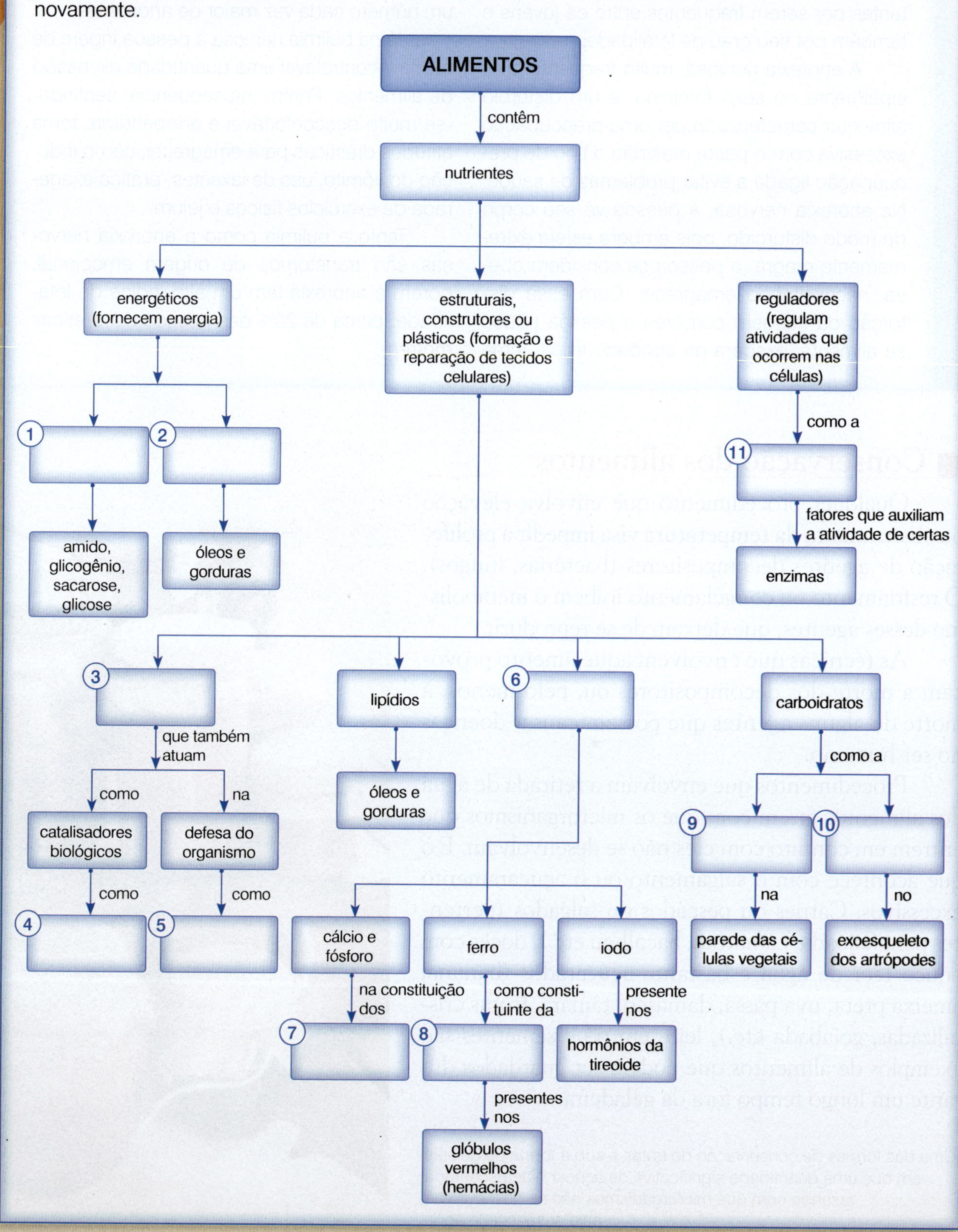

Atividades

1. Entre os alimentos que consumimos, há os energéticos (carboidratos e lipídios) e os construtores ou estruturais (proteínas, por exemplo). Dos alimentos citados abaixo, separe-os pelo tipo de nutrientes que possuem (carboidratos, lipídios, proteínas). Alguns alimentos são ricos em mais de um tipo de nutriente, devendo ser incluídos em mais de uma categoria.

Alimentos: pão, manteiga, carnes, batata, azeite de oliva, atum, macarrão e leite.

2. Qual a importância dos carboidratos amido, glicogênio e celulose para o ser humano?

3. Na figura a seguir, as setas que se dirigem à figura humana indicam ingestão ou falta de algum nutriente e as setas que partem dela indicam funções ou consequências da aquisição ou carência do nutriente em questão. Substitua as letras (de A a E) pelas palavras *carboidratos*, *sais minerais*, *vitaminas*, *lipídios* e *proteínas*

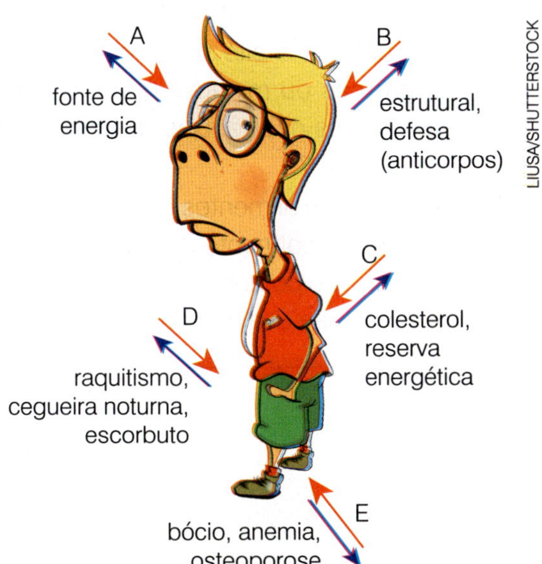

LIUSA/SHUTTERSTOCK

4. Proteínas são nutrientes encontrados em alimentos como carnes, pescados, leite, ovos e leguminosas (feijão, soja, grão-de-bico). Quando digeridas, as proteínas são "quebradas" em moléculas menores, que são absorvidas pela corrente sanguínea e levadas a todas as nossas células, onde voltam a se ligar para formar as nossas próprias proteínas.

a) Como se chamam as moléculas que se unem para formar as proteínas?

b) Cite e explique algumas funções das proteínas em nosso corpo.

5. Identifique as vitaminas às quais se referem as descrições seguintes:

a) Dificuldades para enxergar em ambientes pouco iluminados (cegueira noturna); secura da córnea, evoluindo para a cegueira total.

b) Os sintomas mais comuns incluem: sangramentos subcutâneos, principalmente nas articulações e gengivas, perda de dentes, cicatrização lenta. Doença comum entre os navegantes antigos e conhecida como "mal das gengivas" ou escorbuto.

c) Cerca de 50% é produzido por bactérias intestinais; atua na coagulação sanguínea.

d) Favorece a absorção intestinal de cálcio e fósforo e a fixação desses elementos nos ossos. Uma pessoa que se exponha corretamente à radiação ultravioleta produz quantidades suficientes na pele.

e) A falta afeta o sistema nervoso, o coração, causa fraqueza muscular, dermatites. Está presente na película dos grãos de cereais integrais (milho, trigo e arroz) e em muitos outros alimentos de origem vegetal ou animal.

6. A tabela abaixo apresenta informações nutricionais em 100 g de dois tipos de arroz.

	Arroz branco comum	Arroz integral
energia (kJ)	1.504	1.437
glicídios	81,5 g	76 g
proteínas	7 g	8,5 g
ferro	0,4 g	1,4 g
potássio	100 mg	210 mg
magnésio	13 mg	110 mg
vitamina B_1	0,04 mg	0,37 mg

Analisando os valores apresentados, responda:

a) Qual dos dois é menos calórico?

b) Se a tabela não contivesse o valor calórico (em kJ), como você poderia saber qual dos dois é menos calórico?

c) Na indústria de alimentos, o arroz branco, após a remoção da casca, é polido, de modo que a película que envolve o grão é retirada. No arroz integral essa película é mantida. De acordo com a tabela, qual a vantagem da preservação dessa película no arroz integral?

Analise cuidadosamente as questões de **7** a **11** e assinale V para as verdadeiras ou F para as falsas. Nas frases falsas, indique quais as informações que estão incorretas.

7. ( ) O glicogênio, reserva energética dos animais, é armazenado nas células nervosas.

8. ( ) A glicose e a lactose são carboidratos, fonte direta de energia para as células, pois ambas penetram nas células sem serem previamente digeridas.

9. ( ) A falta das vitaminas D, C e A, ocasionam respectivamente raquitismo, escorbuto e visão deficiente à noite.

10. ( ) O amido é uma proteína estrutural com função de reserva energética nos animais.

11. ( ) Para reparar tecidos desgastados e lesados, usamos principalmente carboidratos.

12. Em termos de saúde humana é comum atualmente a preocupação com diversas ocorrências que podem prejudicar o bem-estar das pessoas. Dentre essas ocorrências, podem ser citadas: 1 – obesidade, 2 – deposição do mau colesterol (LDL) na parede das artérias e acúmulo excessivo de gordura no fígado, 3 – hipertensão arterial, 4 – falta de produção de anticorpos protetores contra infecções causadas por bactérias e vírus, 5 – dificuldade de evacuação por carência de ingestão de alimentos que propiciem o correto peristaltismo intestinal; 6 – intolerância à lactose, situação muito comum em muitas pessoas, provocando a formação de muitos gases intestinais e, por fim, 7 – osteoporose, ou seja, falta de deposição de cálcio nos ossos, que pode incidir em pessoas de qualquer idade, mas, principalmente, nas idosas.

Com base nas informações do texto e considerando o seu conhecimento das principais substâncias que participam da composição química dos alimentos e da ação dessas substâncias no organismo humano:

a) Reconheça e cite possíveis substâncias orgânicas ou minerais que mais se relacionem às ocorrências descritas nos números 1 a 7.

b) Cite alguns alimentos consumidos ou atitudes normalmente adotadas pelas pessoas e que possam estar relacionadas às ocorrências descritas nos números 1 a 7.

capítulo

4 Sistema digestório

TAD DENSON/SHUTTERSTOCK

Enfezado, eu?!?!

Você já ouviu alguém ser chamado de "enfezado" quando está bravo, irritado, mal-humorado? A origem do nome vem de enfezar, isto é, ficar cheio de fezes. Quando um indivíduo não consegue evacuar, apresenta um quadro chamado de prisão de ventre ou constipação intestinal, e é natural que fique aborrecido, bravo, irritado, enfim... enfezado!

A constipação é causada principalmente pelo fato de as fezes ficarem muito tempo no intestino, tornando-as cada vez mais duras, secas e difíceis de eliminar. Em geral, os quadros de constipação acontecem com pessoas que evacuam menos de 3 vezes por semana. Porém, várias medidas podem ajudar a evitar a constipação. Entre elas, ingerir bastante água, consumir fibras (presentes em grande quantidade nos vegetais), pois elas aumentam o componente sólido das fezes e estimulam o peristaltismo (contração da musculatura da parede do tubo digestório). Outra dica importante é respeitar o sinal de urgência. Isso quer dizer que assim que você tiver vontade de ir ao banheiro, obedeça sempre. Dessa forma, você condiciona o intestino a uma rotina. Fazer exercícios físicos regulares ajuda o intestino a se manter ativo, evitando a prisão de ventre. Também é importante lembrar que o intestino grosso é um órgão muito sensível aos estados emocionais. Assim, sempre que viajar ou mudar de rotina, é muito comum o sinal de urgência desaparecer durante algum tempo e o indivíduo ficar dias sem ir ao banheiro.

Neste capítulo, vamos aprender um pouco mais sobre os órgãos que compõem o sistema digestório e como se dá o processo de digestão dos alimentos.

PIGDEVIL PHOTO/SHUTTERSTOCK

Alimentos e digestão

Para estar adequadamente nutrido, nosso organismo precisa, diariamente, ingerir vários grupos de nutrientes: carboidratos (açúcares), ácidos nucleicos (DNA, RNA), proteínas, gorduras, vitaminas, sais minerais e água. Porém, muitos dos alimentos ingeridos são formados por moléculas de grande tamanho, que não conseguem atravessar a membrana plasmática que reveste externamente as células. É o caso dos carboidratos, proteínas, gorduras e ácidos nucleicos. É necessário, então, digeri-los, isto é, "desmontar" essas grandes moléculas em partes menores, possibilitando sua entrada e utilização pelas células.

Enzimas: elas são fundamentais para a digestão

A digestão é o processo que transforma os nutrientes insolúveis contidos nos alimentos em substâncias solúveis em água, que possam ser absorvidas e utilizadas pelas células.

Solubilidade de nutrientes.

Insolúveis	Solúveis
amido	glicose
proteínas	aminoácidos
lipídios	ácidos graxos e glicerol
ácidos nucleicos	pentoses, bases orgânicas nitrogenadas e fosfato

Lembre-se!

A água, as vitaminas e os sais minerais não necessitam ser "quebrados" para serem absorvidos, pois conseguem ingressar nas células através de suas membranas.

Nossa digestão ocorre no canal alimentar (tubo ou trato digestório) e as transformações químicas dos alimentos na digestão ocorrem sob a ação de substâncias chamadas **enzimas digestivas**.

Todas as enzimas são proteínas fabricadas no interior das células dos organismos vivos. A grande maioria delas atua no próprio meio intracelular (citoplasma e núcleo). Entretanto, algumas enzimas são secretadas pelas células e realizam seu trabalho fora delas. É o caso das enzimas que são liberadas na cavidade do tubo digestório, onde agem sobre os alimentos, a fim de que os nutrientes possam ser transformados em produtos que sejam assimilados e utilizados por todas as células do organismo. Uma enzima atua como um **catalisador**. O sufixo "ase" é indicativo de enzimas. Assim, carboidrases, proteases e lipases referem-se genericamente a enzimas que digerem carboidratos, proteínas e lipídios, respectivamente.

Catalisador: substância que acelera uma reação química, sem ser consumida por ela.

Enzimas e temperatura

A maioria das reações químicas são aceleradas por um aumento da temperatura. Isto vale também para as reações controladas por enzimas. Mas acima de 45 °C, as enzimas são alteradas e perdem sua função. É por esse motivo que temperaturas superiores a 45 °C provocam a morte de um grande número de seres vivos.

É SEMPRE BOM SABER MAIS!

As células produtoras das enzimas que digerem proteínas não são autodigeridas por essas enzimas porque são fabricadas em uma *forma inativa* e não podem agir antes de serem lançadas na cavidade do canal alimentar, onde são ativadas por determinadas substâncias químicas presentes. A *pepsina*, por exemplo, é produzida e secretada na forma inativa de *pepsinogênio* (formador de pepsina). Quando o pepsinogênio atinge a cavidade do estômago, o ácido clorídrico aí presente o converte em pepsina (enzima ativa). E a pepsina não digere as células da parede do estômago porque as glândulas estomacais produzem uma capa de muco protetor. Quando esse mecanismo falha, podem surgir irritações da mucosa gástrica (gastrites) ou úlceras.

Os alimentos precisam ser digeridos

No pão, na batata, no arroz e nas massas em geral existe um carboidrato formado por uma molécula muito grande (macromolécula), o *amido*, que, durante a digestão é quebrado em várias moléculas de *glicose*. O mesmo acontece com o leite, que contém, *lactose*, um açúcar que, durante a digestão, é decomposto em outros dois, a *glicose* e a *galactose*. O processo digestivo também leva à quebra da *sacarose*, presente na cana-de-açúcar, em *glicose* e *frutose*. Esses três tipos de açúcares – a glicose, a galactose e a frutose – são utilizados como combustíveis em nossas células.

GAMZOVA OLGA/SHUTTERSTOCK

Carboidratos	
	amido $\xrightarrow{\text{amilase}}$ maltose $\xrightarrow{\text{maltase}}$ glicose
	sacarose $\xrightarrow{\text{sacarase}}$ glicose + frutose
	lactose $\xrightarrow{\text{lactase}}$ glicose + galactose

As carnes (gado, aves, peixes) e os derivados do leite e da soja são ricos em *proteínas*. Por serem muito grandes, as moléculas de proteínas não conseguem passar pelas membranas das células, mas, sob a ação de enzimas digestivas, elas são transformadas em moléculas menores, conhecidas como *aminoácidos*. Os aminoácidos, uma vez dentro das células, são unidos entre si e podem voltar a formar proteínas.

MARAZE/SHUTTERSTOCK

Alimentos de origem animal, como a manteiga e a banha de porco, ou alimentos de origem vegetal, como a margarina e os óleos, são ricos em *lipídios*, que sob ação de enzimas digestivas são quebradas em moléculas mais simples, os *ácidos graxos* e o *glicerol*, utilizados pelas células.

LIPÍDIOS —lipases→ ácidos graxos + glicerol

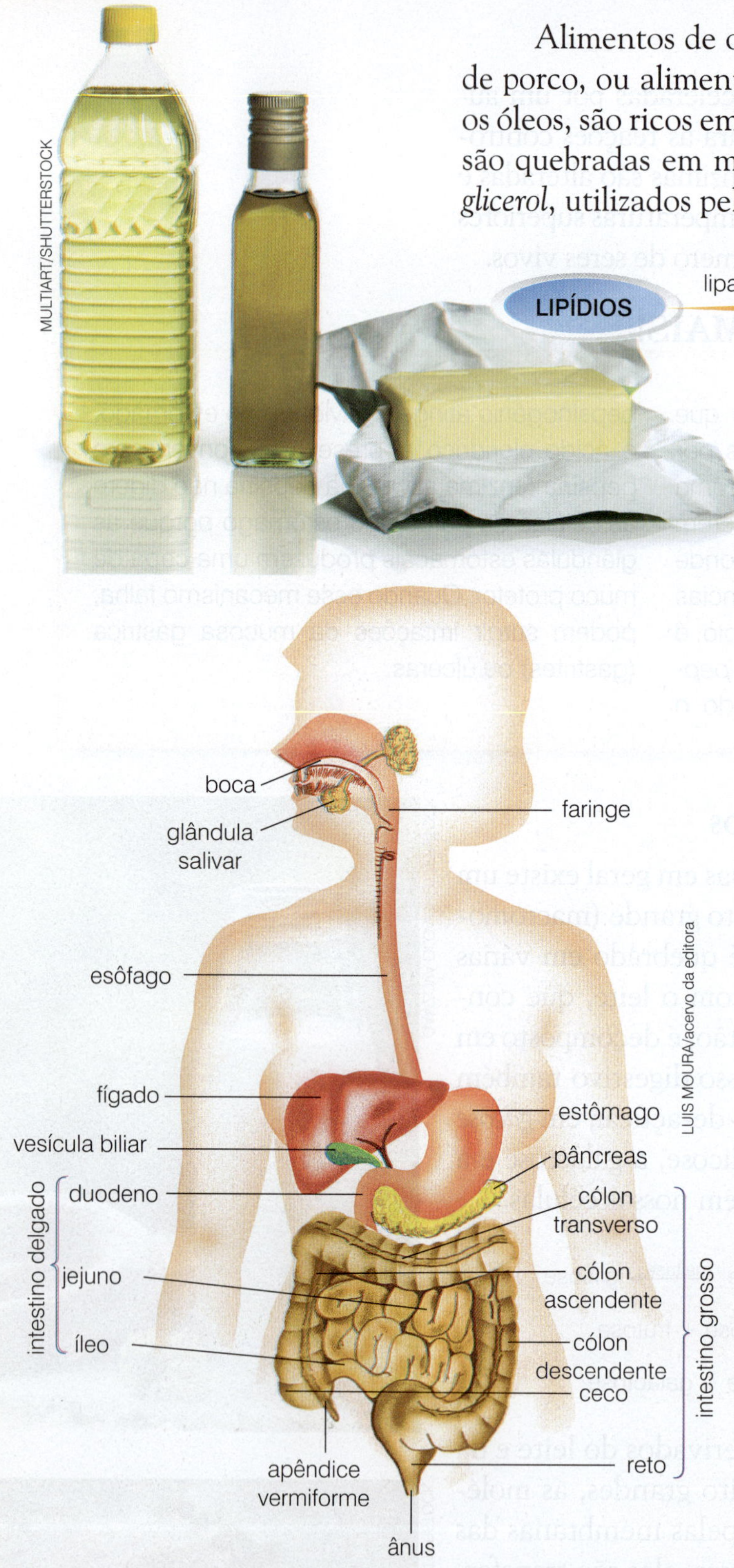

Sistema digestório humano. (Cores-fantasia. Ilustração fora de escala.)

O sistema digestório humano

O sistema digestório é formado por um **tubo** ou **canal** e pelas **glândulas anexas**, que lançam suas secreções na cavidade do tubo. O tubo digestório compreende *boca*, *faringe*, *esôfago*, *estômago*, *intestino delgado*, *intestino grosso* e *ânus*. As glândulas anexas são as glândulas *salivares*, o *fígado* e o *pâncreas*.

Digestão química e digestão mecânica

O processo digestivo envolve *fenômenos físicos* que fazem parte da chamada *digestão mecânica*, e fenômenos químicos, que caracterizam a *digestão química*.

A **digestão mecânica** não altera a natureza química dos nutrientes presentes nos alimentos; apenas os fragmenta em porções menores, os conduz ao longo do canal alimentar e, finalmente, promove a expulsão das fezes para o exterior. Os fenômenos físicos da digestão são: *mastigação*, *deglutição*, *peristaltismo* e *defecação*, que veremos mais adiante.

A **digestão química**, por meio da ação de enzimas, altera a estrutura das macromoléculas dos nutrientes presentes nos alimentos, transformando-as em moléculas de menor tamanho, absorvíveis pelas células. Os fenômenos químicos da digestão ocorrem na *boca*, no *estômago* e no *intestino delgado*.

Fenômenos físicos da digestão

- **Mastigação:** ajudados por músculos da face que movem o maxilar inferior e pelo movimento da língua, os dentes trituram os alimentos sólidos reduzindo-os a pedaços menores, que podem ser misturados à saliva e deglutidos mais facilmente.

Deglutidos: engolidos.

- **Deglutição:** ato de engolir os alimentos, que passam da boca para a garganta (faringe) a caminho do esôfago.
- **Peristaltismo:** no esôfago, estômago e nos intestinos, os músculos lisos das paredes desses órgãos contraem-se e relaxam alternadamente, lembrando uma onda em movimento. A principal função do peristaltismo é empurrar o alimento ao longo do tubo digestório.
- **Defecação:** ato de eliminar as fezes, que são constituídas pela parte não absorvida (fibras, por exemplo) dos alimentos e por bactérias intestinais.

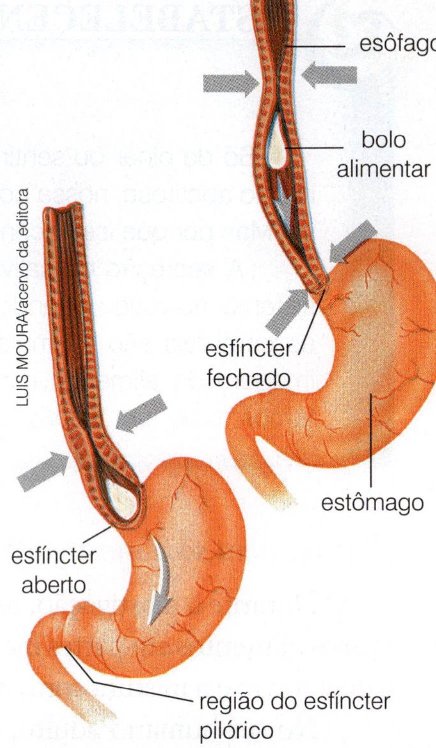

Contrações peristálticas da musculatura do esôfago encaminham o alimento até o estômago. (Cores-fantasia. Ilustrações fora de escala.)

Boca: o começo da digestão

A digestão dos alimentos começa na boca, onde ocorrem as ações mecânica e química. A digestão mecânica deve-se aos dentes, que efetuam a mastigação e à língua que movimenta o bolo alimentar, misturando-o à saliva e empurrando-o para ação dentária. A digestão química bucal, ou **insalivação**, deve-se a três pares de *glândulas salivares*, que secretam a saliva e a lançam na cavidade bucal.

Fique por dentro!

O homem produz, em média, 1,0 a 1,5 litro de saliva por dia.

A saliva é formada basicamente por *água* (99%), por uma substância viscosa, o *muco*, e uma *enzima*, a *ptialina*, também chamada de *amilase salivar*. A saliva lubrifica o bolo alimentar facilitando a deglutição. A ptialina ou amilase salivar atua em pH aproximadamente neutro e inicia a digestão do *amido* em várias moléculas do açúcar *maltose*, mas que ainda não estão prontas para entrar nas células.

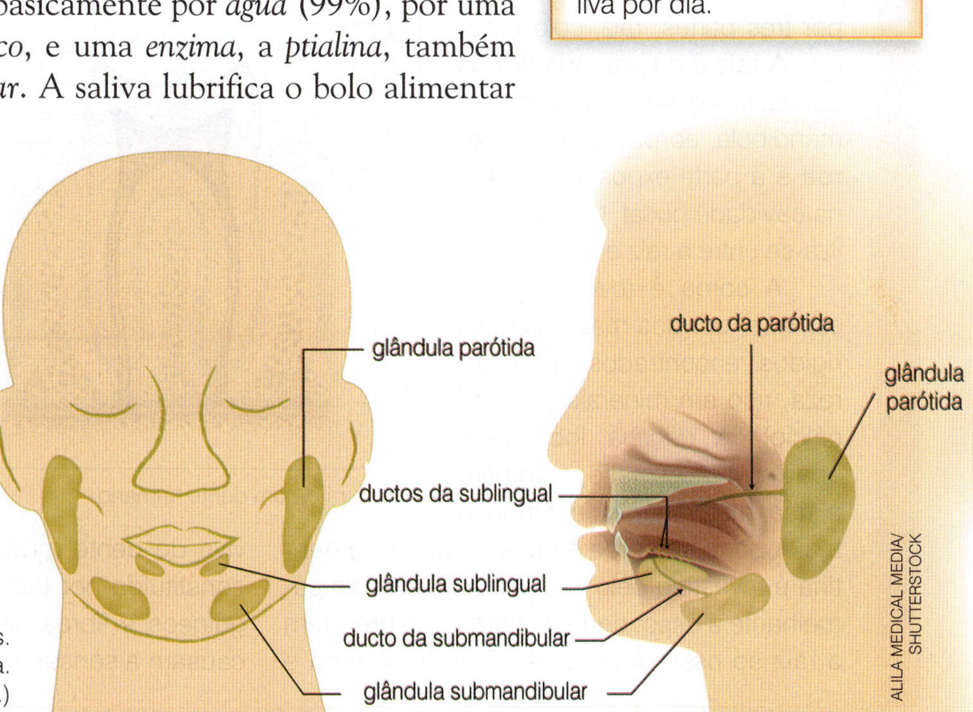

Glândulas salivares. (Cores-fantasia. Ilustração fora de escala.)

ESTABELECENDO CONEXÕES

Cotidiano

É de dar “água na boca”!

Só de olhar ou sentir o cheiro de um alimento apetitoso, nossa boca enche-se de saliva. Mas por que isso acontece?

A secreção da saliva é controlada pelo sistema nervoso. Quando determinadas áreas cerebrais são estimuladas pelo cheiro ou imagem do alimento, especialmente quando temos fome, um *reflexo*, isto é, uma resposta involuntária (que independe da nossa vontade) provoca aumento da secreção salivar.

Em outras situações, pode ocorrer uma diminuição involuntária da salivação, também provocada por um reflexo. É o que acontece, por exemplo, quando sentimos medo. Nesse caso, a boca costuma ficar seca, e o indivíduo pode chegar a ter dificuldade até para falar.

Dentes: nem só a mastigação depende deles

Durante a mastigação, os dentes fragmentam os alimentos em partes menores, facilitando a deglutição e a mistura com os sucos digestivos.

No ser humano adulto, observamos quatro grupos de dentes – *incisivos*, *caninos*, *pré-molares* e *molares*. Os incisivos são os responsáveis por cortar os alimentos. Os caninos, mais pontudos, mas não muito mais longos que os incisivos, funcionam, no ser humano, como incisivos extras. Os pré-molares e molares têm a função de triturar os alimentos.

Os dentes ainda apresentam outras funções como, por exemplo, auxiliar a articulação de palavras durante a fala e preservar a estrutura facial.

É SEMPRE BOM SABER MAIS!

Estrutura dos dentes

Os dentes são constituídos por três partes: raiz, colo e coroa. A **raiz** é a parte que fixa os dentes aos ossos da maxila e da mandíbula, ao passo que a **coroa** é a parte exposta do dente na cavidade bucal. O **colo** localiza-se entre a raiz e a coroa.

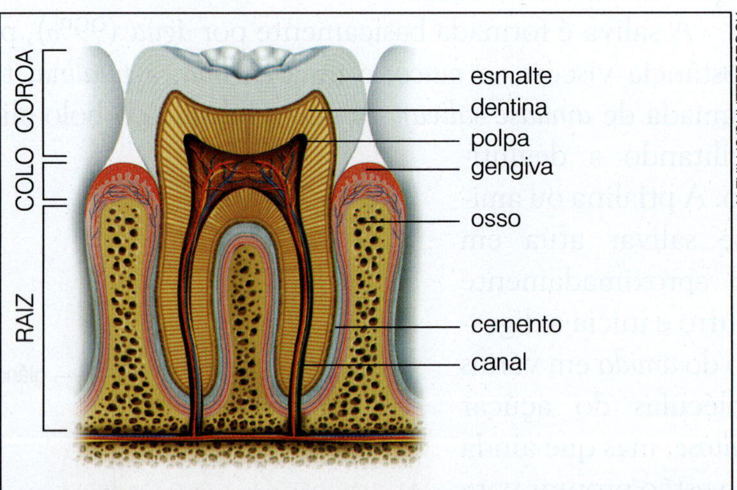

Estrutura de um dente humano.

A coroa é revestida pelo *esmalte*, um dos materias mais rígidos encontrados na natureza, rico em minerais (sais de cálcio). A *dentina* localiza-se abaixo do esmalte, também é rica em minerais e forma a maior parte da coroa e da raiz. Na raiz, a dentina é revestida pelo *cemento*, substância semelhante a osso, onde há fibras que prendem a raiz ao osso. A *polpa* é a porção interna e viva do dente, protegida pela dentina. Ela é constituída por tecido conjuntivo, vasos sanguíneos e fibras nervosas que, estimuladas, causam a sensação de dor.

As duas dentições

No ser humano há duas dentições: a primeira é chamada de dentição **decídua** (que cai) ou "de leite", e a segunda é chamada de **permanente**. A formação da dentição decídua se inicia quando o feto ainda está no útero materno e se completa perto do terceiro ano de vida. Ela é formada por 20 dentes, 10 em cada arcada (superior e inferior), assim distribuídos: quatro incisivos, dois caninos e quatro pré-molares.

Ilustração mostrando a posição dos diferentes tipos de dente nas arcadas dentárias humanas. (Cores-fantasia.)

Por volta dos seis anos de idade os dentes de leite são gradualmente substituídos pelos dentes definitivos, aos quais se juntam também os molares. O indivíduo adulto possui 32 dentes, 16 em cada arcada, sendo 4 incisivos, 2 caninos, 4 pré-molares e 6 molares.

Fique por dentro!

Os últimos dentes (terceiros molares) de cada arcada são chamados de **dentes do siso**, conhecidos popularmente como "dentes do juízo", pois surgem na adolescência.

Mantendo a saúde bucal

A preservação e a saúde dos dentes dependem de uma boa higienização. Visitar um dentista regularmente e escovar os dentes de forma correta são duas maneiras efetivas de cuidar bem de órgãos tão importantes. A escovação da língua é fundamental, a fim de remover a camada branca que a recobre, onde há resíduos alimentares e bactérias.

A cárie é uma das principais doenças que afetam os dentes. Ela acontece pela ação de bactérias que se nutrem dos restos de alimento que ficam aderidos aos dentes. Essas bactérias decompõem principalmente os açúcares por meio de um processo de fermentação, o qual libera ácidos que atacam o esmalte dos dentes, levando à formação de cavidades – as **cáries**. Não tratadas, invadem a dentina e atingem a polpa. Polpa comprometida causa muita dor, pode levar a infecções sérias, chegando mesmo à perda do dente.

Representação artística de um dente atacado por bactérias. A lupa mostra em preto uma cárie, que tendo rompido o esmalte e a dentina já se aproxima da polpa.

Faringe: ligação entre a boca e o esôfago

A *faringe* (garganta) localiza-se no fundo da cavidade bucal, ligando-a ao esôfago. É um órgão comum a dois sistemas, o digestório e o respiratório, porque serve tanto à passagem dos alimentos a caminho do esôfago, como à passagem do ar (das fossas nasais para a laringe) a caminho dos pulmões.

Ao deglutirmos, o palato mole (fundo do "céu" da boca) se eleva e evita que o alimento penetre nas fossas nasais. A *laringe* ("pomo de Adão") se eleva de modo que sua abertura, a **glote**, é fechada pela **epiglote**, uma projeção existente na parte posterior da língua. O fechamento da glote interrompe momentaneamente a respiração e evita que alimentos, água ou saliva penetrem na laringe, evitando o engasgo. A língua encosta no palato, empurra o bolo alimentar para a faringe que se contrai e move o alimento para o esôfago.

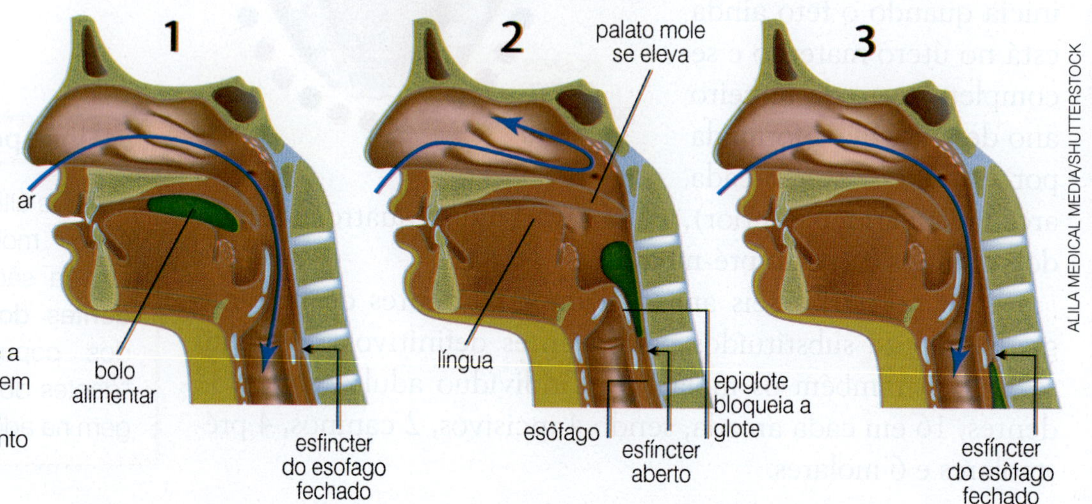

Observe que durante a deglutição, a passagem do ar fica bloqueada, evitando que o alimento penetre nas vias respiratórias.

Esôfago: início do peristaltismo

O esôfago é um tubo que mede no adulto cerca de 25 cm e atravessa verticalmente o tórax. A função do esôfago é transportar o alimento da faringe ao estômago por meio de uma sucessão de contrações e relaxamentos musculares alternados, o **peristaltismo**, que lembram uma onda em movimento.

O esôfago não secreta enzimas digestivas e, portanto, não participa da digestão química dos alimentos. A produção de muco pelo esôfago diminui o atrito com os alimentos e favorece os movimentos peristálticos.

Jogo rápido

Qual a função do esôfago, no tubo digestório humano?

Estômago: início da digestão das proteínas

O estômago comunica-se com o esôfago por meio de um anel muscular, uma válvula chamada **cárdia**, e com o intestino delgado por meio de outra válvula, o **piloro**. À medida que a onda peristáltica do esôfago se aproxima do estômago, a cárdia relaxa, permitindo a entrada do alimento. De tempos em tempos o piloro abre-se para a passagem do alimento digerido pelo estômago para o intestino delgado.

O estômago desempenha três funções principais no processo digestivo:

- **armazenamento** – no estômago, o alimento permanece, aproximadamente, de 1 a 3 horas. Sendo assim, a primeira função do estômago é armazenar o alimento ingerido e liberá-lo em pequenas porções para o intestino.

- **digestão mecânica e química** – enquanto o alimento permanece no estômago, os movimentos peristálticos ajudam a misturá-lo com o **suco gástrico**, formando uma pasta chamada **quimo.** Por isso, a digestão química que ocorre no estômago é chamada **quimificação.** O suco gástrico é secretado pelas glândulas presentes no revestimento interno (mucosa) do estômago.
  O suco gástrico contém muco, um ácido forte – o ácido clorídrico – , e **pepsina**, enzima responsável apenas pelo início da digestão das proteínas. A pepsina não chega a transformar as proteínas em aminoácidos, mas consegue quebrá-las em cadeias com um número menor de aminoácidos. A digestão dessas cadeias se completa no intestino.
- **defesa** – durante o período em que o alimento permanece no estômago, o ácido clorídrico secretado por ele irá destruir a maior parte das bactérias que possam estar nos alimentos.

Fique por dentro!

O muco é essencial para a proteção do revestimento interno do canal alimentar. Mas a proteção do esôfago não é tão eficiente quanto a do estômago. Sendo assim, se o quimo voltar do estômago para o esôfago provocará uma sensação de queimação que pode chegar até a faringe.

Intestino delgado, pâncreas e fígado: um trio dos mais eficientes

A parte inicial do intestino delgado é o **duodeno**, que mede em torno de 20 cm e apresenta-se curvo sobre o pâncreas. Em seguida, estão o **jejuno** e o **íleo**, que juntos têm em torno de 6 m. Para acomodar todo esse comprimento, o jejuno e o íleo se dobram muitas vezes, formando as *alças intestinais*.

A parede duodenal produz uma mistura de enzimas digestivas, conhecida como **suco entérico** ou **suco intestinal.**

O **pâncreas**, glândula anexa do tubo digestório, comunica-se com o duodeno por meio de ductos, através dos quais lança no duodeno o **suco pancreático**, que contém enzimas digestivas que atuam sobre uma variedade de nutrientes: amido, lipídios e proteínas.

O **fígado** é a maior glândula do corpo humano, pesando cerca de 1,5 kg no adulto. Produz a **bile**, que é armazenada em uma pequena bolsa chamada **vesícula biliar**. Durante a digestão, a bile sai da vesícula por um canal que a conduz ao duodeno, onde irá atuar sobre o quimo proveniente do estômago.

O quimo, ao sair do estômago, atravessa o piloro e entra no duodeno, onde é misturado, pelo peristaltismo, com o suco pancreático, com a bile e com o suco entérico.

Os alimentos processados no duodeno formam uma solução pastosa que recebe o nome de **quilo.** O quilo contém os nutrientes que são absorvidos para a corrente sanguínea. Por isso, a transformação química dos alimentos no duodeno recebe o nome de *quilificação.*

Jogo rápido

Qual o papel da vesícula biliar?

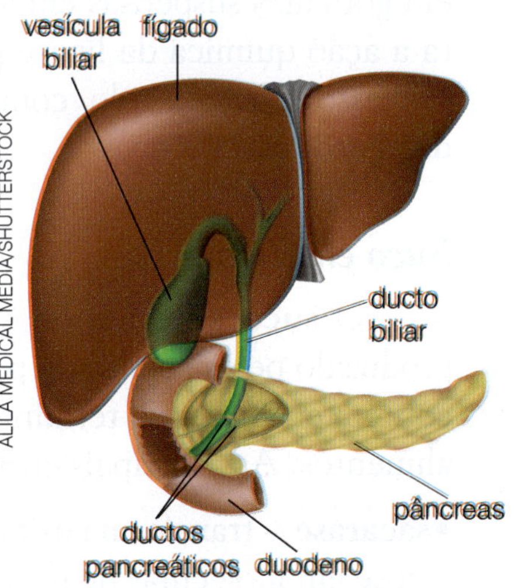

Suco pancreático

É formado por **bicarbonato de sódio**, água e diversas enzimas. As principais enzimas pancreáticas são:

- **tripsina** – atua na digestão de proteínas;
- **amilase pancreática** – assim como a amilase salivar, digere o amido, quebrando-o em moléculas de maltose;
- **lipase pancreática** – digere as gorduras (lipídios), transformando-as em ácidos graxos e glicerol.

Lembre-se!

O **bicarbonato de sódio** neutraliza o ácido clorídrico quimo, criando um meio favorável (pH alcalino) à ação das enzimas do suco pancreático e do suco entérico.

Bile

A **bile** é um líquido aquoso esverdeado e amargo, produzido pelo fígado e armazenado na vesícula biliar. A bile não contém enzimas digestivas, mas **sais biliares**, que agem *mecanicamente*, transformando as gotas de gordura em gotículas suspensas em água, o que facilita a ação química da lipase pancreática. Esse processo é conhecido como **emulsificação das gorduras.**

Suco entérico

O **suco entérico** ou **suco intestinal** é produzido pelas células da parede duodenal e contém enzimas que terminam a digestão dos alimentos. As principais enzimas são:

- **sacarase** – transforma as moléculas de sacarose em moléculas de glicose e frutose;
- **maltase** – digere as moléculas de maltose (provenientes da digestão inicial do amido) em moléculas de glicose;
- **lactase** – transforma as moléculas de lactose em moléculas de glicose e galactose; e
- **peptidases** – terminam a digestão das proteínas, produzindo moléculas de aminoácidos.

Fique por dentro!

Diariamente, são secretados para o duodeno 1,2 L de suco pancreático e 0,5 L de bile. O intestino delgado secreta, por dia, em torno de 3 L de suco entérico.

Vilosidades intestinais

Uma vez terminada a digestão química dos alimentos, os nutrientes necessários ao organismo (os aminoácidos, a glicose, os ácidos graxos, o glicerol etc.) são absorvidos pelas células da parede do intestino delgado (duodeno, jejuno e íleo). Esse processo é facilitado pela presença das **vilosidades intestinais**, minúsculas elevações da mucosa em forma de dedos de luva, que aumentam a superfície de contato com os nutrientes. Além disso, as células que revestem essas vilosidades apresentam microvilosidades, isto é, dobras de sua membrana, cuja função é aumentar a superfície de absorção dos nutrientes.

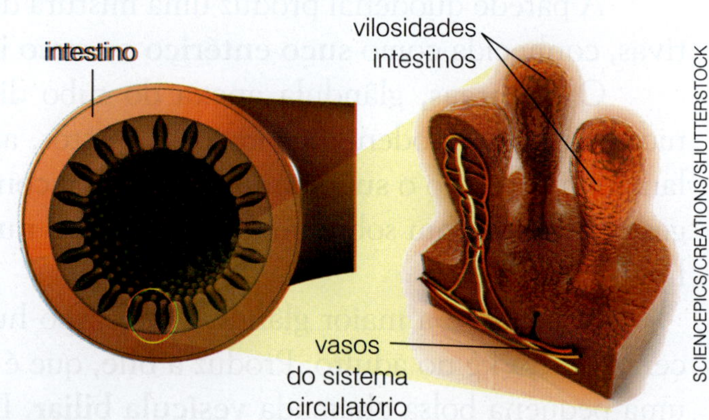

Lembre-se!

Na boca, atua a amilase salivar. No estômago, a pepsina. No intestino delgado atuam a tripsina, a amilase, a lipase pancreática, a sacarase, a lactase, a maltase e as peptidases, além dos sais biliares e do bicarbonato de sódio. Então, o intestino delgado é o órgão onde ocorre a maior parte da digestão, além de ser o local de absorção dos nutrientes.

Intestino grosso: formação do bolo fecal

O **intestino grosso** tem quase 2 m de comprimento. Começa na parte inferior direita do abdômen e é dividido em três partes. A primeira é o **ceco**, onde termina o intestino delgado. Seguem-se o **cólon** (ou **colo**) e o **reto**. No fim do reto, encontra-se o orifício anal ou **ânus**.

A principal função do intestino grosso é **absorver água e sais minerais**, compactando os resíduos alimentares que são eliminados sob a forma de fezes. Caso isso não ocorresse, o efeito seria desastroso para o nosso organismo, pois durante o período de um dia secretamos em torno de 8 litros de sucos (saliva, suco gástrico etc.), que são formados principalmente por água e sais minerais, que devem ser reaproveitados pelo organismo.

Jogo rápido

Que funções são atribuídas ao intestino grosso, no tubo digestório humano?

Além disso, o intestino grosso hospeda inúmeras bactérias. Isto não é motivo de alarme, pois a maioria delas é inofensiva e vive de restos de alimentos não digeridos. Em troca, essas bactérias produzem substâncias úteis ao nosso organismo como, por exemplo, as vitaminas K e B_{12}.

No fim do intestino grosso, os restos alimentares já se encontram sob a forma de fezes.

ESTABELECENDO CONEXÕES

Saúde

Prisão de ventre e diarreia

O volume das fezes acumuladas no reto, distende sua parede provocando o reflexo da defecação. No entanto, por diversas razões (pressa, local onde estamos etc.) e na impossibilidade de atender ao apelo do nosso organismo, deixamos para depois. A "vontade" passa porque a absorção de água que continua a ocorrer no reto faz com que o volume das fezes diminua e o reflexo desapareça. Instala-se o que se chama **prisão de ventre**. As fezes tornam-se endurecidas e a dificuldade para eliminá-las aumenta. Para absorver a maior parte da água presente nas fezes em formação, o intestino grosso pode levar de 11 a 48 horas.

Nos episódios de **diarreia**, as fezes são praticamente líquidas, porque atravessam muito rapidamente o cólon, sem tempo para uma adequada absorção de água e sais. O intestino irritado acelera os movimentos peristálticos.

As diarreias podem ocorrer por inúmeras causas, sendo as mais comuns a ingestão de alimento contaminado por algum agente infeccioso, a intolerância a certos alimentos e até mesmo em consequência de estresse. É o caso de algumas viroses, da amebíase (em que o protozoário habita o intestino grosso), do cólera (causado pela bactéria *Vibrio cholerae*) e de algumas verminoses.

Embora se acredite que muitas vezes as diarreias curem-se espontaneamente com a ingestão de soro hidratante, é sempre aconselhável consultar um médico, que adotará as medidas necessárias.

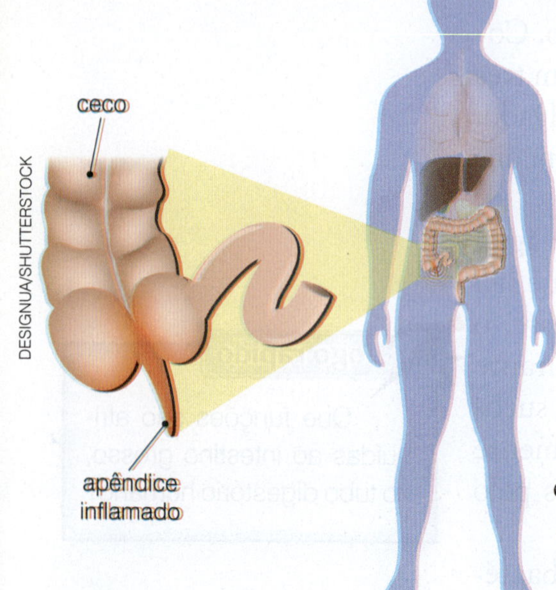

Apêndice e apendicite

A primeira porção do intestino grosso é o ceco. Nele encontra-se uma projeção com a forma e tamanho aproximado de um dedo mínimo, o **apêndice cecal** ou **apêndice vermiforme** (em forma de verme), que nos seres humanos é considerado um órgão vestigial, sem função na digestão.

Muito desenvolvidos nos mamíferos herbívoros não ruminantes, como cavalos e coelhos, tanto o ceco quanto o apêndice abrigam bactérias que digerem a celulose.

A inflamação do apêndice causada pela retenção de partículas de alimentos não digeridos e de bactérias é chamada **apendicite**.

DE OLHO NO PLANETA

Meio Ambiente

O homem depende da água por inúmeras razões, entre elas para aliviar a sede, cozinhar, lavar, regar as plantas. Mas, para que possa ser aproveitada por nós, a água deve estar potável, ou seja, não estar contaminada por organismos que causem doenças.

Um dos maiores responsáveis pela contaminação do ambiente por microrganismos (por exemplo, vírus, bactérias e protozoários, ovos e larvas de vermes) é o próprio homem.

Alguns parasitas que habitam nosso tubo digestório podem chegar ao meio ambiente por meio das fezes e contaminar o solo, a água e, com ela, hortaliças e frutas, como acontece em regiões carentes de **saneamento básico**. Entre as doenças humanas veiculadas pelas fezes e que contaminam o solo e a água, podemos citar: amebíase, giardíase, esquistossomose, cólera, ascaridíase, amarelão e cisticercose, febre tifoide (salmonelose) entre outras.

Poluição às margens do Rio Negro, em Manaus.

Nosso desafio

Para preencher os quadrinhos de 1 a 9, você deve utilizar as seguintes palavras: ácido clorídrico, boca, esôfago, fígado, glândulas, intestino delgado, peristaltismo, proteínas, suco gástrico.

À medida que você preencher os quadrinhos, risque a palavra que escolheu para não usá-la novamente.

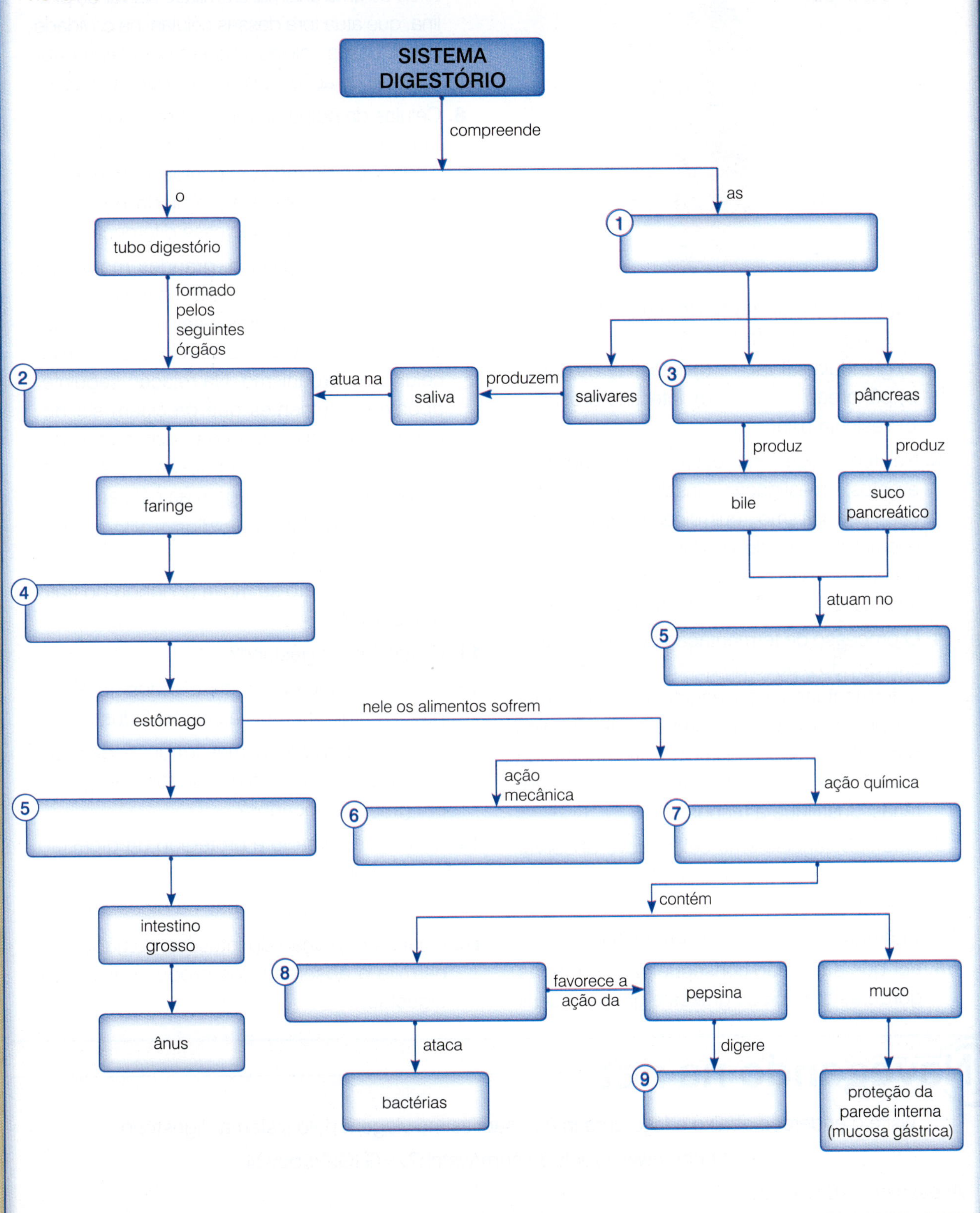

Atividades

1. Explique em poucas palavras o significado de digestão.

2. Analise cuidadosamente o esquema abaixo e responda:

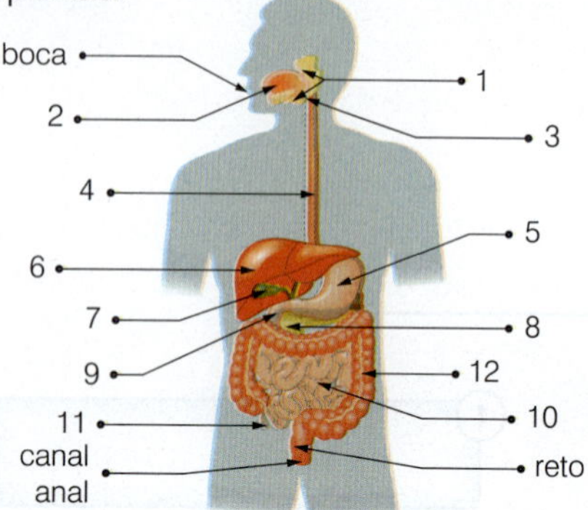

Que número(s) representa(m) cada uma das seguintes estruturas?

a) glândula salivar
b) pâncreas
c) vesícula biliar
d) intestino delgado
e) intestino grosso

3. No tubo digestório ocorrem os seguintes eventos: mastigação, insalivação, deglutição, peristaltismo, quimificação, quilificação e emulsificação de gorduras. Separe esses eventos em dois grupos, correspondentes aos fenômenos físicos e aos fenômenos químicos.

4. O processo de fermentação ocorre no intestino devido à ação de bactérias. No entanto, a fermentação não acontece no estômago por causa de uma substância química presente no suco gástrico. Cite o nome da substância e qual o seu efeito sobre as bactérias. Justifique a resposta.

5. Que substâncias uma célula deve absorver através de sua membrana plasmática para produzir

a) amido
b) proteínas?

6. Por que a bile não consegue transformar as gorduras em ácidos graxos e glicerol? Qual a contribuição da bile para a digestão das gorduras?

7. Em suas glândulas salivares há células produtoras de uma enzima, a amilase salivar ou ptialina, que atua fora dessas células, na cavidade bucal. Essas células também devem produzir enzimas de ação interna? Explique por quê.

8. Células da polpa da maçã contêm uma enzima que escurece os tecidos quando a maçã é cortada e deixada em contato com o ar por algum tempo. Maçã aferventada ou cozida não escurece. Explique essa diferença.

9. No processo digestivo, grandes moléculas de alguns nutrientes são "desmontadas" em moléculas menores e solúveis em água, que são absorvidas e aproveitadas pelas células do organismo. Na relação seguinte, aponte os nutrientes que precisam ser decompostos sob a ação de enzimas e quais os produtos finais que passam para a corrente sanguínea e chegam às células.

amido – proteínas – lipídios – vitaminas – sais minerais – água

10. Como o alimento se move ao longo do trato digestório?

11. O que é suco gástrico?

12. Os seres autótrofos clorofilados também precisam digerir seus alimentos? Justifique.

13. Por que o alimento mastigado é digerido mais rapidamente do que se fosse engolido em grandes bocados?

14. Como o estômago é protegido da digestão pela pepsina?

15. Qual o papel do pâncreas na digestão?

16. Qual a adaptação do intestino delgado que permite a absorção dos produtos finais da digestão?

Navegando na net

Visite o endereço abaixo e faça uma interessantíssima viagem pelo sistema digestório.

https://www.youtube.com/watch?v=GJGeB5pov24

Acesso em: 26 jun. 2015.

capítulo

5 Sistema respiratório

Ácaros: pequenos aracnídeos que causam grandes problemas

Qualquer um de nós sabe que respirar é fundamental para viver. Você consegue ficar um ou dois dias sem comer, porém sem respirar...

Os asmáticos, mais do que o resto da população, sabem da importância do ar, pois de vez em quando, devido a uma inflamação nas vias respiratórias, há um estreitamento (diminuição do calibre) de alguns órgãos em forma de tubo do aparelho respiratório, principalmente dos brônquios. As fibras musculares presentes na parede dos brônquios contraem-se involuntariamente, a passagem para o ar diminui e o indivíduo passa a sentir falta de ar.

Uma das causas frequentes da asma brônquica, também chamada de bronquite asmática, é a presença de ácaros, animais microscópicos do grupo dos aracnídeos, que podem viver em carpetes, colchões e bichos de pelúcia. Só para você ter uma ideia, em um colchão podem viver até 2 milhões de ácaros, cujas fezes passam a fazer parte da poeira das nossas casas. Essa poeira contaminada entra no nosso organismo pelas vias respiratórias e, caso o indivíduo seja alérgico a ela, acabará ocorrendo inflamação e contração da camada muscular dos brônquios, causando a asma. Felizmente a asma não é fatal e existem medicamentos que relaxam os músculos dos brônquios e aliviam os sintomas.

Neste capítulo, iremos estudar os órgãos do aparelho respiratório, o caminho do ar, a regulação da respiração, além de algumas doenças que acometem as vias respiratórias.

ERIC GEVAERT/PANTHERMEDIA/KEYDISC

Por que precisamos de oxigênio?

Se alguém lhe perguntasse por que precisamos respirar, você, em uma resposta simples, diria que precisamos respirar para viver. E sabendo que do ar que você respira o oxigênio é o único gás que utilizamos, por que precisamos dele em nossa vida?

Para responder a essa pergunta, vamos comparar a queima de um combustível (gasolina, álcool) no motor de um automóvel com o que ocorre em uma célula. A gasolina é formada por moléculas energéticas e, para liberar a energia dessas moléculas, é necessário "quebrá-las" em moléculas menores, mais simples. Essa "quebra" ou **combustão** ocorre na câmara de explosão do motor, na presença de oxigênio. Algo semelhante ocorre com a glicose nas células.

STEPHANE BIDOUZE/SHUTTERSTOCK

Como já estudamos em capítulos anteriores, a glicose é uma molécula altamente energética. Então, para liberar sua energia, a glicose deverá ser "quebrada" em substâncias mais simples. Essa "quebra" ocorre nas células, na presença de oxigênio. Nesse caso, a reação com o oxigênio também é responsável por liberar a energia presente nas ligações químicas da glicose. É essa energia que permite realizar todas as nossas atividades vitais. Neste instante, ao ler este capítulo, você está gastando uma parte da energia liberada pela "quebra" da glicose no interior de suas células.

A transformação da glicose dentro das células, que tem como consequência a liberação de energia e que permite a realização de todos os processos vitais, faz parte de um processo chamado **respiração celular**, que pode ser resumido pela reação seguinte:

Lembre-se!

As mitocôndrias são consideradas como as "usinas de força" ou os motores das células; nesses organoides, a glicose é "queimada" na presença de oxigênio.

É SEMPRE BOM SABER MAIS!

Tanto na queima dos combustíveis nos motores, como na da glicose nas células, além do consumo de oxigênio (O_2) e da liberação de energia, há também produção de água e gases, como o gás carbônico (CO_2). Em um automóvel, a água, sob forma de vapor, o monóxido de carbono (CO) e o gás carbônico ou dióxido de carbono (CO_2) são eliminados pelo escapamento.

No nosso caso, a água pode ser aproveitada pelas próprias células, mas o gás carbônico precisa ser eliminado prontamente, o que é feito pelo sistema respiratório. Na respiração celular não há produção de monóxido de carbono.

Sistema respiratório humano

A principal função do sistema respiratório é abastecer as células com oxigênio e eliminar o gás carbônico produzido como subproduto na respiração celular. O pulmão, principal órgão do nosso sistema respiratório, é o local onde ocorre a troca de oxigênio pelo gás carbônico.

Na respiração pulmonar ocorrem dois movimentos: a **inspiração** e a **expiração**. Na *inspiração*, o ar rico em oxigênio é introduzido nos pulmões. O oxigênio penetra na corrente sanguínea e é distribuído para o resto do organismo. O gás carbônico faz o caminho inverso: eliminado pelas células, é transportado pelo sangue aos pulmões, de onde sai para o meio externo por meio da *expiração*.

São os seguintes os órgãos que pertencem ao nosso sistema respiratório e que formam as vias respiratórias: **nariz**, **faringe**, **laringe**, **traqueia**, **brônquios**, **bronquíolos** e **pulmões**.

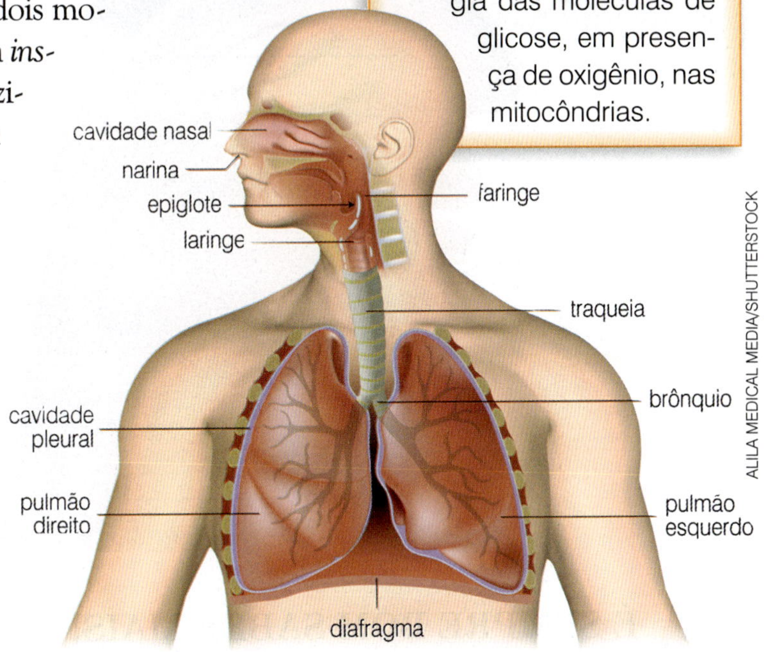

Lembre-se!

É importante não confundir a troca de gases da *respiração pulmonar* com a *respiração celular*, que se refere à liberação de energia das moléculas de glicose, em presença de oxigênio, nas mitocôndrias.

ALILA MEDICAL MEDIA/SHUTTERSTOCK

Sistema respiratório humano. (Cores-fantasia. Ilustração fora de escala.)

Nariz

O **nariz** e a cavidade nasal "preparam o ar" para continuar seu caminho pelas vias respiratórias: aquecem, filtram e umidificam o ar. Ao entrar pelas narinas e passar pelas fossas ou cavidades nasais o ar é aquecido e umedecido, devido à presença de muitos vasos sanguíneos que irrigam as paredes do nariz, tornando o ato de inspirar mais confortável. A presença de pelos, de células ciliadas e produtoras de **muco** no epitélio que reveste as fossas nasais ajuda a filtrar o ar, retendo partículas de pó e agentes estranhos, evitando sua passagem para regiões mais profundas do sistema respiratório.

Fique por dentro!

Ar muito frio e seco são prejudiciais às células pulmonares. Por isso, convém inspirar pelo nariz e não pela boca.

Faringe e laringe

O espaço que se vê ao fundo da cavidade bucal é a **faringe** (do grego, *pharunge* = garganta). A faringe é um órgão comum a dois sistemas, o digestório e o respiratório. Na deglutição, a faringe é percorrida pela saliva ou por alimentos a caminho do esôfago; na respiração, é percorrida pelo ar que entra ou sai dos pulmões. Mas como garantir que alimentos e ar sigam seus caminhos corretamente? O primeiro órgão a fazer parte das vias respiratórias, após a faringe, é a **laringe**, cuja abertura é conhecida como **glote**.

Sobre a glote há uma lâmina cartilaginosa triangular chamada **epiglote**, que a fecha no momento da deglutição, impedindo a entrada do alimento na laringe, encaminhando-o ao esôfago. Quando esse mecanismo falha, ocorre o **engasgo**. Em casos mais graves, engasgar pode ser fatal, por causar obstrução da glote e, em consequência, asfixia.

Obstrução: do latim, *obsto*, impedir a passagem de, bloquear a passagem.

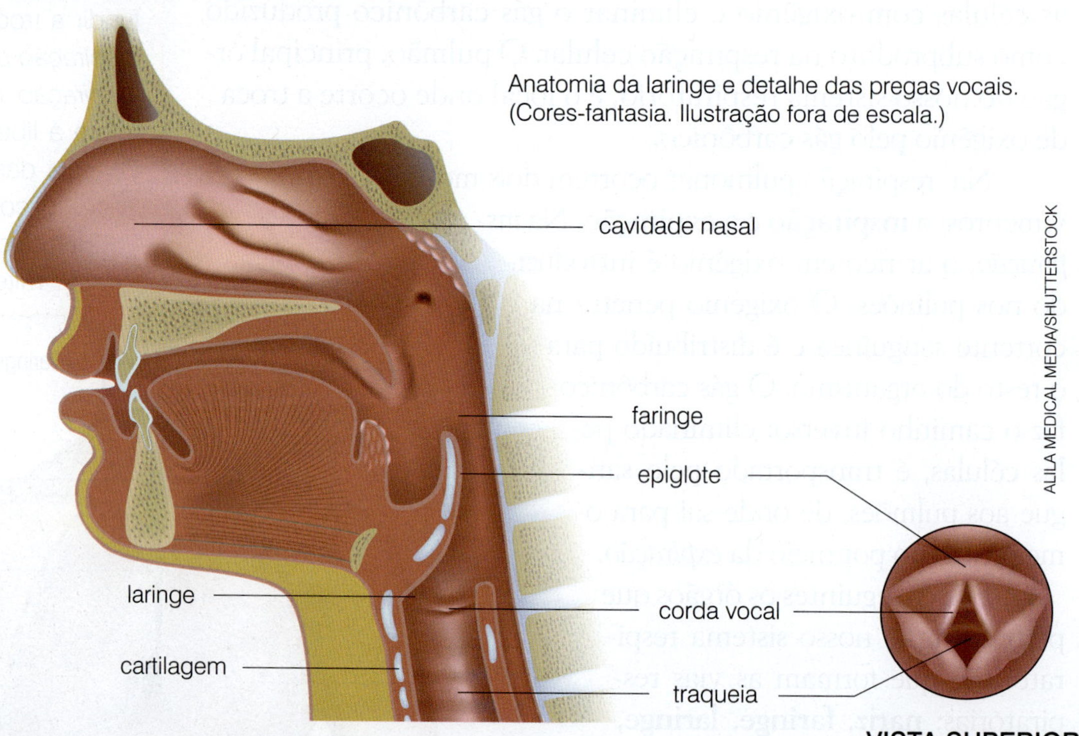

Anatomia da laringe e detalhe das pregas vocais. (Cores-fantasia. Ilustração fora de escala.)

É SEMPRE BOM SABER MAIS!

Por que o movimento de inspiração é interrompido quando deglutimos?

Apalpe a região anterior do seu pescoço. Você sentirá uma parte mais saliente e dura, que em geral é conhecida, nos homens, como "pomo de Adão" e que corresponde a uma das cartilagens da laringe, mais desenvolvida nos homens no que nas mulheres. A cavidade da laringe é maior nos homens e essa é uma das razões da voz mais grave nos indivíduos do sexo masculino.

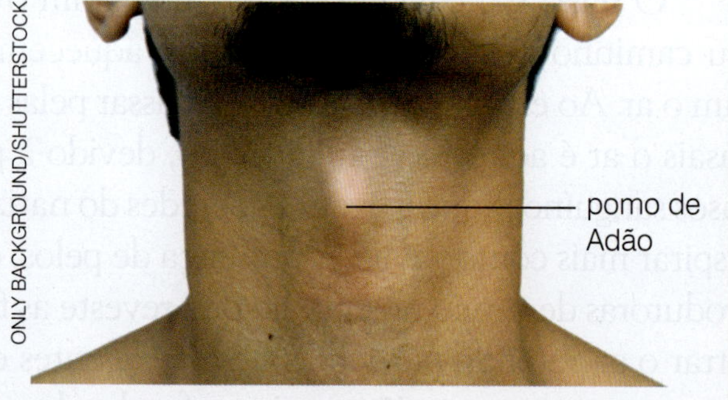

Mantendo os dedos apoiados na altura do pomo de Adão, produza um movimento de deglutição de saliva. A laringe sobe, a glote (abertura da laringe) é fechada pela epiglote, a respiração é suspensa, a saliva escorrega para o esôfago e você não engasga. Ao final do ato de deglutição, a laringe desce e, com a glote novamente aberta, você volta a respirar.

Voz e linguagem oral

A laringe é o órgão da **fonação**, isto é, da produção da voz, porque abriga as **pregas vocais** (ou **cordas vocais**). São dobras formadas por um tecido elástico controlado por músculos, e situadas em ambos os lados da parede da laringe. Quando contraídas, vibram com a passagem de ar, emitindo som. Variando o grau de contração das cordas, o som pode ser alterado do grave, quando a tensão é menor, ao agudo, quando mais tensas, mais esticadas, comparável, por exemplo, às cordas de um violão, quando se afina esse instrumento.

O ar expirado faz as pregas vocais vibrarem e o som produzido é modificado pelo grau de abertura da cavidade bucal, pelos lábios, dentes e movimentos da língua. É assim que produzimos a linguagem oral, isto é, os sons que representam as vogais, as consoantes, as sílabas e, finalmente, as palavras.

Traqueia

Depois de atravessar a laringe, o ar inspirado passa para a **traqueia**, que é um longo tubo permanentemente aberto e reforçado por *anéis cartilaginosos*, cuja função é impedir que a traqueia entre em colapso (se feche), bloqueando a passagem do ar. Somente na parte posterior os anéis não se completam, de modo a não interferir na dilatação do esôfago quando se dá a passagem do alimento.

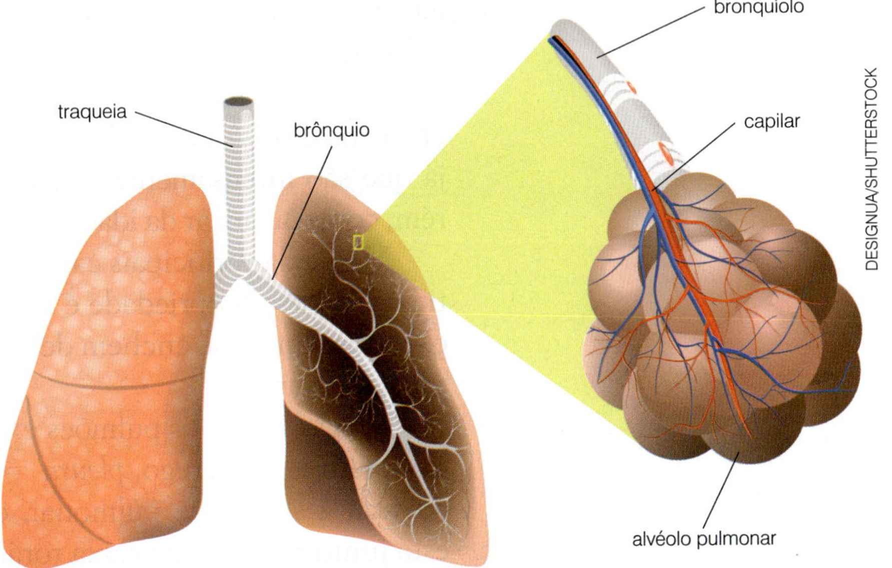

Ilustração da traqueia, brônquios, bronquíolos e detalhe dos capilares. (Cores-fantasia. Ilustrações fora de escala.)

Internamente, a traqueia é revestida por *células epiteliais ciliadas* e por *células produtoras de muco*. O batimento ciliar contínuo e o muco protegem o organismo, assim como acontece nas fossas nasais, empurrando as partículas estranhas retidas pelo muco em direção à faringe. Quando a traqueia está irritada, como acontece quando você está gripado ou resfriado, a produção de muco passa a ser muito maior.

Jogo rápido

Qual a função associada aos anéis cartilaginosos existentes na traqueia humana?

Fique por dentro!

A traqueia, os brônquios, os bronquíolos terminais e os alvéolos formam a chamada **árvore respiratória**, pois lembram o aspecto de uma árvore invertida.

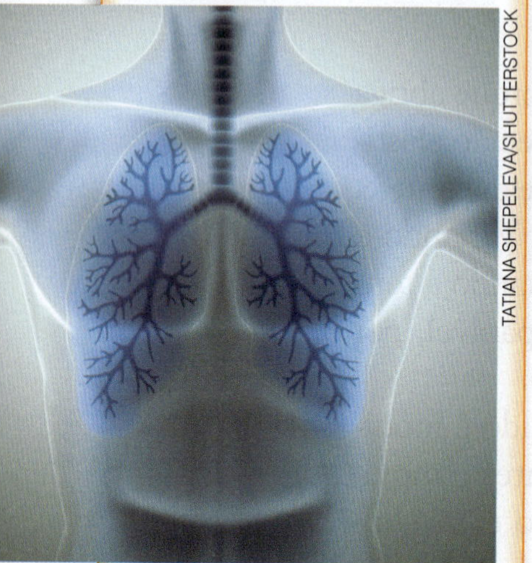

Representação artística da chamada árvore respiratória.

Brônquios, bronquíolos e alvéolos pulmonares

A traqueia se bifurca em dois tubos menores, os **brônquios**, que se dirigem um para o pulmão direito e o outro para o pulmão esquerdo. Ao penetrarem nos respectivos pulmões, os brônquios subdividem-se em tubos mais finos, os **bronquíolos**, que, por sua vez, tornam a subdividir-se em estruturas cada vez mais finas, chamadas de **bronquíolos terminais**. Na extremidade dos bronquíolos terminais estão localizados os **alvéolos pulmonares** (do latim, *alveolus*, diminutivo de *alveus*, "cavidade"), que correspondem a minúsculas bolsas, de parede extremamente fina, que se agrupam como uvas em um cacho.

Cada alvéolo apresenta até 2 milímetros de diâmetro e é envolvido por vasos sanguíneos extremamente finos, chamados capilares. Um par de pulmões contém aproximadamente 300 milhões de alvéolos, o que equivale, em área, a cerca de 70 a 90 metros quadrados.

Pulmões, dois órgãos muito especiais

Os **pulmões** são dois órgãos esponjosos localizados na *caixa torácica*. A caixa torácica é limitada pelas *costelas*, pelos *músculos intercostais*, que unem as costelas, e pelo **diafragma**, músculo situado na base dos pulmões, separando o tórax do abdômen. Cada pulmão tem aproximadamente 25 cm de altura e pesa, no adulto, em torno de 600 a 700 g. Eles apresentam cor róseo-avermelhada, já que são intensamente irrigados pela corrente sanguínea; porém, com o avançar da idade, sua coloração torna-se mais escura.

Uma das principais características dos pulmões é sua elasticidade. Essa propriedade é necessária, pois, durante a inspiração, os pulmões se enchem de ar e precisam dilatar-se e aumentar seu volume.

Envolvendo os pulmões existem duas membranas chamadas **pleuras** (do grego, *pleura* = "lado"). A *pleura interna* está aderida à superfície pulmonar, enquanto que a *pleura externa* está junto à parede da caixa torácica. Entre essas duas membranas existe uma quantidade muito pequena de um líquido que, durante os movimentos respiratórios, ajuda no deslizamento de uma membrana sobre a outra, evitando aderências dos pulmões à parede da caixa torácica.

Lembre-se!

O sangue é o veículo de transporte dos gases da respiração. Os glóbulos vermelhos (hemácias) transportam e distribuem o oxigênio dos pulmões aos demais órgãos, tecidos e às células. O gás carbônico é recolhido e transportado aos pulmões pelas hemácias e principalmente pelo plasma, a parte líquida do sangue.

Os alvéolos pulmonares e as trocas gasosas

O fato de os alvéolos pulmonares e a rede de capilares sanguíneos que os envolvem terem paredes extremamente finas, formadas por uma só camada de células muito achatadas, favorece as trocas gasosas, permitindo que o oxigênio do ar inspirado penetre rapidamente no sangue e que o gás carbônico passe dos capilares para os alvéolos e seja eliminado pela expiração. A troca desses gases entre cavidades alveolares e os capilares ocorre por um processo chamado **difusão**.

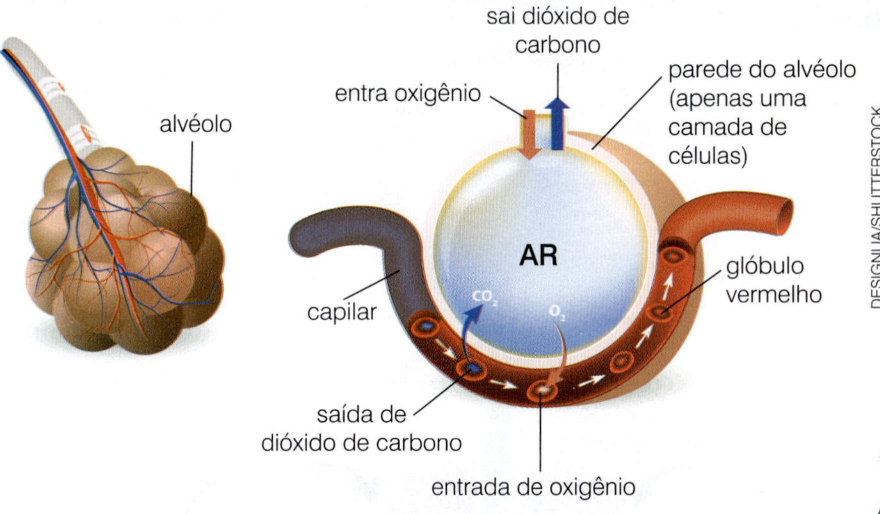

DESIGNUA/SHUTTERSTOCK

Fique por dentro!

Internamente, os alvéolos são revestidos por uma fina película de água, cujas moléculas também se difundem livremente dos capilares para os alvéolos. Sem a água, as trocas gasosas seriam impossíveis; o oxigênio do ar inalado só se difunde para o sangue após dissolver-se nessa película líquida. Por isso, quando a umidade do ar diminui muito, podem surgir complicações respiratórias.

Descubra você mesmo!

Pesquise quais são os níveis mínimos de umidade do ar toleráveis para uma respiração satisfatória e que medidas podemos adotar para diminuir o problema da baixa umidade relativa do ar em nossas residências.

Inspirar, expirar...

Inspiração: o caminho do ar até os pulmões

O ar entra e sai dos pulmões graças aos movimentos de contração e relaxamento do músculo **diafragma** e dos **músculos intercostais** (músculos que mantêm as costelas unidas).

O diafragma é um músculo achatado que separa a cavidade torácica da cavidade abdominal e que apresenta forma abaulada (em arco). Quando esse músculo se contrai, sua curvatura diminui e ele assume uma posição mais baixa em relação à original. Com isso, a caixa torácica expande-se, isto é, tem seu volume aumentado. A contração dos músculos intercostais força as costelas para cima e para frente, contribuindo também para o aumento de volume da caixa torácica. Com o aumento do volume da caixa torácica, ocorre uma diminuição da pressão interna nessa cavidade em relação à pressão atmosférica, que age sobre o nosso corpo. Logo, a pressão atmosférica força a entrada de ar para dentro dos pulmões.

Expiração: o caminho do ar para fora dos pulmões

Na expiração, o diafragma e os músculos intercostais relaxam, retornando à posição original. Quando isso acontece, o volume da caixa torácica diminui, provocando o consequente aumento da pressão sobre os pulmões e sobre o ar neles contido. Assim, o ar dos pulmões é forçado a sair para o meio externo.

Jogo rápido

Qual o comportamento do diafragma e dos músculos intercostais na inspiração e na expiração, respectivamente?

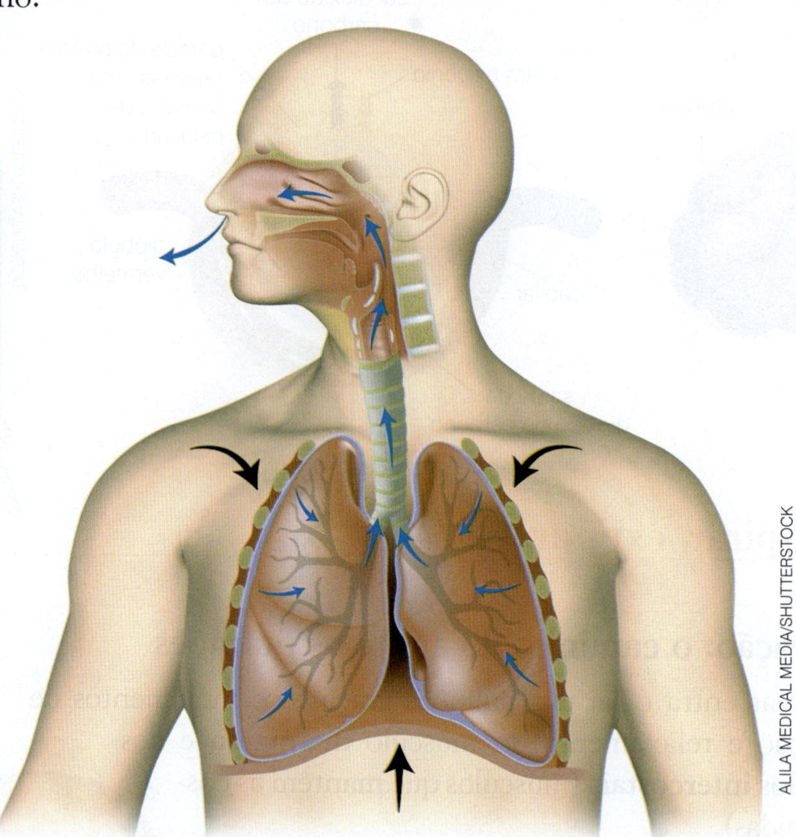

ALILA MEDICAL MEDIA/SHUTTERSTOCK

É SEMPRE BOM SABER MAIS!

Os números da respiração

- Em torno de meio litro de ar é renovado, isto é, passa para dentro e para fora dos pulmões em cada movimento respiratório. Como a frequência respiratória normal de um adulto é de aproximadamente 12 inspirações por minuto, cada indivíduo usa em torno de 6 litros de ar por minuto para respirar ($12 \times 0{,}5\ L = 6\ L$).
- O ar atmosférico é formado por uma mistura de gases, da qual fazem parte o gás nitrogênio (78%), o gás oxigênio (21%) e outros gases (1%), entre eles o gás carbônico (0,03%) e vapor-d'água. Essa é, portanto, a composição do ar inspirado.
- No ar expirado, depois da ocorrência da troca de gases, há uma mudança na taxa de oxigênio e gás carbônico. Assim, a taxa de oxigênio diminui para aproximadamente 16%, ao passo que a taxa de gás carbônico sobe para algo em torno de 4%. A taxa de nitrogênio não se altera, pois este é um gás inerte, isto é, não é utilizado na respiração.

	Ar inspirado	Ar expirado
Oxigênio	21%	16%
Gás carbônico	0,03%	4%
Nitrogênio	78%	78%
Vapor-d'água	variável	alta
Temperatura	variável	alta

Você pensa para respirar?

É claro que não precisamos pensar ou nos lembrar de respirar, pois o ritmo e a profundidade da respiração são controlados involuntariamente, ou seja, não dependem da nossa vontade. O mesmo fato ocorre com os batimentos cardíacos, que também são controlados automaticamente, de maneira involuntária.

Quem controla a respiração é um órgão do encéfalo (parte do sistema nervoso alojada no crânio) chamado **bulbo**, que é sensível à quantidade de gás carbônico no sangue, mas não à falta de oxigênio. Caso a concentração de gás carbônico aumente no sangue, o bulbo, de maneira imediata e involuntária, acelera, por meio de impulsos nervosos, a contração do diafragma e dos músculos intercostais. Dessa forma, os movimentos respiratórios se tornam mais rápidos, permitindo que mais gás carbônico possa ser eliminado do sangue, até que a sua concentração volte ao normal.

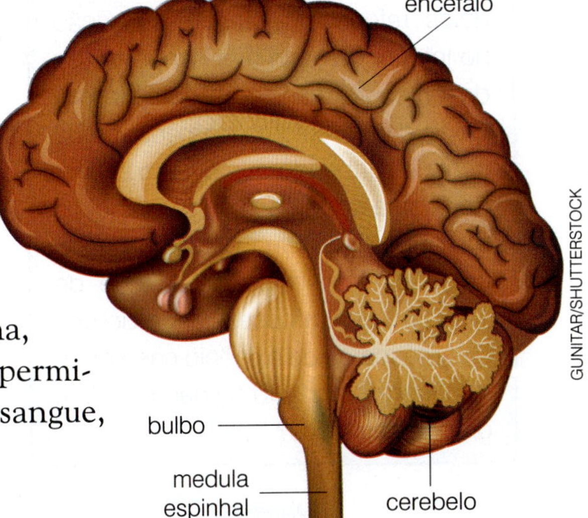

GUNITAR/SHUTTERSTOCK

É SEMPRE BOM SABER MAIS!

Um, dois, três espirros... Saúde!

Espirrar é uma boa forma de manter limpas as vias respiratórias. Ao espirrar, o ar é forçado a sair rapidamente das cavidades bucal e nasal. O espirro começa com uma irritação no nariz, seguida por uma série de impulsos nervosos que provocam uma expiração forçada.

A tosse também é uma forma de manter limpas as vias respiratórias e começa com uma irritação na superfície da traqueia e dos brônquios que, por meio de impulsos nervosos, provoca uma forte contração dos músculos da respiração, criando uma alta pressão sobre os pulmões.

Respiração e altitude

O ar tende a se concentrar nas camadas mais baixas da atmosfera porque as moléculas dos gases que o compõem são atraídas pela força gravitacional terrestre exercendo pressão sobre todos os corpos que se encontram na superfície da Terra ou próximos a ela. Ao nível do mar (0 m de altitude) a pressão atmosférica é maior do que em locais mais elevados e costuma-se atribuir a ela o valor de uma atmosfera (1 atm).

À medida que subimos em relação ao nível do mar, a pressão atmosférica gradualmente diminui (a concentração dos gases diminui; o ar torna-se *rarefeito*). Portanto, a disponibilidade do oxigênio também diminui.

Rarefeito: de rarefazer – tornar-se menos denso ou menos espesso. Em locais de grande altitude, diminuição da concentração dos gases componentes do ar.

Jogo rápido

Um avião de passageiros pode voar a uma altitude de 9.000 m ou mais. Antes da decolagem, os comissários de bordo dão orientações e demonstrações de como proceder em situações de emergência. Uma delas refere-se à despressurização no interior da aeronave: "em caso de despressurização, máscaras de oxigênio cairão automaticamente à sua frente..." Sabendo que o ar no interior da cabine dos aviões de passageiros é mantido sob uma pressão igual à pressão atmosférica na altitude de 1.500 m, qual a necessidade do uso das máscaras de oxigênio caso ocorra despressurização da aeronave em grandes altitudes?

A uma altitude de 3.600 m, como, por exemplo, na cidade de La Paz, na Bolívia, os seres humanos não acostumados (aclimatados) às grandes altitudes sentem uma diminuição do desempenho físico; a cerca de 5.000 m, a maioria perderá a consciência e a 6.000 m, mal conseguirão sobreviver por causa da falta de oxigênio.

Um indivíduo que se exponha a grandes altitudes pode adaptar-se à deficiência de oxigênio por meio do processo de aclimatação. Uma resposta do organismo favorável a essa adaptação é o aumento do número de glóbulos vermelhos. A deficiência de oxigênio é o estímulo que provoca a produção mais rápida de hemácias pela medula óssea. Assim, embora cada glóbulo transporte menos oxigênio, em conjunto conseguem suprir a deficiência. A aclimatação é sempre muito lenta e pode levar semanas ou meses para que uma pessoa se ajuste às altitudes elevadas.

O monte Everest, no Himalaia, tem 8.848 m de altitude, a mais elevada montanha onde seres humanos *aclimatados* conseguem sobreviver durante poucas horas, respirando ar. Se respirarem oxigênio puro, a mais elevada altitude possível chega a 13.000 m.

EM CONJUNTO COM A TURMA!

Discuta com seus colegas porque convém aos esportistas não habituados a grandes altitudes, permanecerem por certo tempo nesses locais antes das competições.

ESTABELECENDO CONEXÕES

Esportes

Respiração e mergulhos

Se um mergulhador usar cilindros de ar comprimido para mergulhos de 10 m ou mais de profundidade, esse ar deverá estar na mesma pressão da massa líquida da água que o envolve e comprime o seu corpo. Por exemplo, na profundidade de 10 m, a pressão sobre o corpo é de 2 atmosferas, isto é, o dobro da pressão atmosférica ao nível do mar. Sendo assim, o tórax do mergulhador estaria tão comprimido que ele não seria capaz de contrair a musculatura (diafragma e músculos intercostais) e produzir um movimento de inspiração. Usando os cilindros, é a pressão do ar neles contidos que força a entrada de ar nos pulmões provocando a expansão da caixa torácica. A alta pressão nesses tubos faz com que uma quantidade maior de gases dissolva-se no sangue. De modo semelhante, gás carbônico sob alta pressão se dissolve nos refrigerantes e só se desprende como gás quando, ao abrir a garrafa ou a latinha, a pressão interna diminui.

Ao voltar das profundezas, o mergulhador deverá livrar-se vagarosamente desse excesso de gás em seu sangue, caso contrário bolhas gasosas formam-se no sangue e em outros tecidos: o mergulhador deverá promover a "descompressão" bem devagar, parando durante certo tempo em profundidades determinadas. Para esse fim, existem tabelas que relacionam a profundidade e o tempo de permanência em cada etapa, e o mergulhador deve estar preparado para saber em que profundidade se encontra e o tempo de parada.

RICH CAREY/SHUTTERSTOCK

Doenças que afetam o sistema respiratório

Resfriado e gripe

O resfriado é causado por um vírus e atinge principalmente as vias aéreas superiores (nariz e faringe), podendo manifestar febre baixa.

A gripe também é uma infecção viral, acompanhada por dores no corpo e febre alta.

Antibióticos não surtem efeitos no combate aos vírus. Porém, a infecção viral do sistema respiratório pode abrir caminho para uma infecção oportunista grave (pneumonia) causada por bactérias, que deve ser combatida com antibióticos.

As vacinas para a gripe são fabricadas anualmente a partir das muitas variedades de vírus conhecidos que causam essa doença. Porém, sempre surgem novas variedades de vírus da gripe e é por isso que, anualmente, surgem novas vacinas para serem administradas à população.

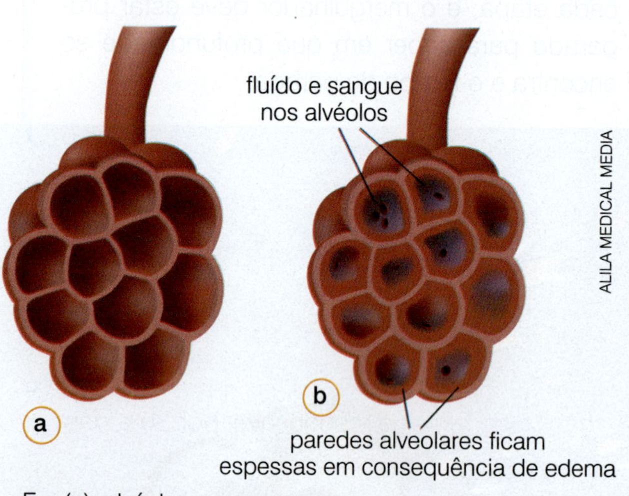

Em (a), alvéolos normais e em (b) de pessoa com pneumonia, situação em que as paredes ficam inchadas e o interior dos alvéolos contém fluido e sangue.

Pneumonia

A pneumonia é uma infecção nos pulmões causada por bactérias do tipo pneumococo. A infecção provoca uma inflamação dos alvéolos, promovendo acúmulo de líquido no seu interior, dificultando a passagem do oxigênio para os capilares sanguíneos. Trata-se de uma doença muito importante que, dependendo da fragilidade do doente, pode ser fatal. O tratamento inclui antibióticos.

Tuberculose

A tuberculose é uma doença infecciosa que vem afligindo o homem desde os tempos antigos e que continua presente nos dias de hoje. A bactéria *Mycobacterium tuberculosis* ("bacilo de Koch") é a causadora da doença e foi descrita em 1882 pelo Dr. Robert Koch, que recebeu o Prêmio Nobel de Medicina em 1905 por sua descoberta.

A tuberculose é transmitida ao tossir, espirrar ou falar, por meio da dispersão de gotículas de saliva ou de secreção que contenham as bactérias.

A doença afeta principalmente os pulmões, pois as bactérias atingem os alvéolos pulmonares, prejudicando a troca de gases. Ela pode se espalhar chegando à parte superior dos pulmões e, algumas vezes, até rins, cérebro e ossos. Os sintomas mais comuns são tosse contínua, muita febre, suores noturnos, perda de apetite, emagrecimento e um cansaço progressivo.

O tratamento da doença é feito com antibióticos que combatem a bactéria. Infelizmente a tuberculose tem se agravado no mundo todo por várias causas: resistência dos bacilos às drogas, aumento de populações com índices elevados de pobreza, baixa imunidade provocada pela idade avançada ou por indivíduos imunodeprimidos por outros agentes infecciosos.

Fique por dentro!

A tuberculose é uma doença de notificação obrigatória, ou seja, as autoridades que cuidam da saúde pública precisam ser avisadas de qualquer caso confirmado da doença. A vacina BCG é empregada na prevenção da tuberculose.

Enfisema pulmonar

É uma doença gravíssima, em que os alvéolos pulmonares são destruídos, levando a uma diminuição da área total responsável pela troca de gases. Por isso, a quantidade de oxigênio que passa para os capilares sanguíneos torna-se insuficiente, acarretando a sensação de "falta de ar".

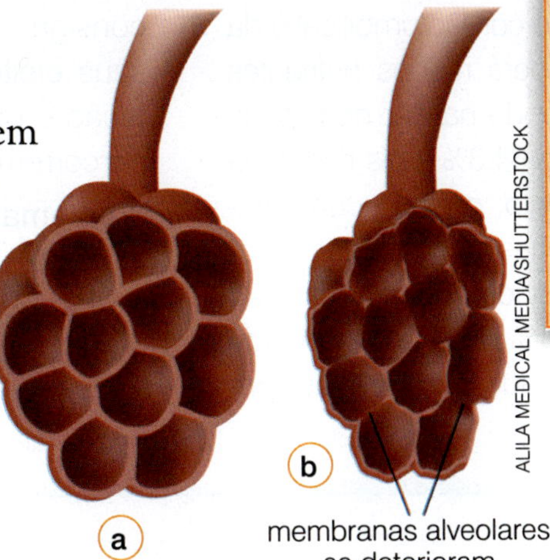

Observe que nos alvéolos saudáveis (a) as membranas estão íntegras e nos de enfisema pulmonar (b) as membranas estão rompidas.

O principal causador do enfisema pulmonar é o ato de fumar.

ESTABELECENDO CONEXÕES — Saúde

O efeito do fumo na saúde humana

Na fumaça do cigarro já foram encontradas 4.720 substâncias tóxicas, sendo 60 delas cancerígenas. Entre todas, a nicotina é a mais famosa; entretanto, outras substâncias já foram muito bem estudadas, como o monóxido de carbono e o alcatrão, e cada uma delas tem um efeito negativo sobre nossa saúde.

Veja, por exemplo, o efeito do monóxido de carbono (CO) sobre a hemoglobina, pigmento vermelho do sangue, que tem maior afinidade pelo monóxido de carbono (CO) do que pelo oxigênio. O CO produzido pelas combustões em geral e, portanto, pela queima do tabaco, combina-se com a hemoglobina. Desse modo, o pigmento torna-se incapaz de transportar oxigênio, o que pode levar à falta de oxigênio em alguns órgãos.

Já o alcatrão, formado por mais de 4.000 substâncias, possui cerca de 60 delas potencialmente cancerígenas. Ao fumar, parte do alcatrão fica retida no filtro do cigarro, mas outra parte significativa vai para o pulmão do fumante.

A seguir, algumas doenças causadas pelo fumo, além do enfisema pulmonar já citado.

- **Câncer:** o fumo é um dos responsáveis pelo aparecimento do câncer de boca, faringe, laringe, esôfago, pâncreas, rim, bexiga, colo do útero e, principalmente, dos pulmões. O hábito de fumar é responsável por 30% das mortes por câncer e 90% das mortes por câncer pulmonar.
- **Derrame cerebral** (A.V.C., **a**cidente **v**ascular **c**erebral)**:** a hipertensão (pressão arterial elevada) é doença grave que afeta uma entre cada cinco pessoas, em algum momento da vida. O indivíduo fumante agrava ainda mais o quadro de hipertensão, facilitando a ruptura dos capilares sanguíneos do cérebro, causando o derrame cerebral, cujas consequências envolvem paralisias, dificuldades com a fala e a coordenação motora.
- **Falta de ar:** 85% dos casos de enfisema pulmonar são devidos ao cigarro. Além disso, o fumo favorece a bronquite (inflamação dos brônquios), que pode causar obstrução da passagem do ar, aumentado a sensação de falta de ar.

TASSEL78/SHUTTERSTOCK

- **Aborto:** a nicotina é uma substância vasoconstritora, isto é, que faz com que os vasos sanguíneos se contraiam, diminuindo o espaço para a passagem do sangue. Caso ocorra isso com os vasos sanguíneos do cordão umbilical e da placenta, o bebê receberá menos nutrientes e oxigênio. A criança pode nascer com peso abaixo do normal e tem 64,8% mais riscos de morte após o nascimento, quando comparados aos bebês das mães que não fumaram durante a gravidez. Mulheres que fumam 20 cigarros por dia têm 61% mais probabilidade de sofrer um aborto quando comparadas com as não-fumantes.
- **Impotência sexual:** algumas substâncias presentes no cigarro podem impedir que o homem consiga ter ereção, pois seus efeitos prejudicam a dilatação e o fluxo de sangue nas artérias que percorrem o órgão genital masculino.
- **Problemas nos olhos, olfato, dentes:** o fumo prejudica a visão, pois distorce o ponto focal da visão; irrita a mucosa nasal e modifica a função olfativa, além de provocar enfermidades nas gengivas chegando a provocar a perda de dentes.

DE OLHO NO PLANETA

Meio Ambiente

Poluição atmosférica e saúde humana

A poluição atmosférica pode ser definida como qualquer condição atmosférica na qual uma ou mais substâncias se apresentem em concentrações suficientemente acima dos níveis normais encontrados no ambiente, e que podem produzir algum efeito mensurável em humanos, animais, vegetais ou materiais.

As fontes de poluição atmosférica podem ser divididas em dois tipos: as originadas pelas atividades humanas e as naturais. As fontes naturais são aquelas advindas da própria natureza, tais como erupções vulcânicas; poeira; oceanos; queimadas de florestas e atividades de plantas e animais. As fontes advindas de atividades humanas são decorrentes da queima de combustíveis fósseis, de processos industriais em geral, agricultura etc.

Os principais poluentes atmosféricos são **monóxido de carbono**, **óxidos de enxofre** (produzidos pela queima de combustíveis que tenham enxofre em sua composição), **óxidos de nitrogênio** (gerados em processos de combustão e de descargas elétricas na atmosfera), **compostos orgânicos voláteis** (poluentes que contêm carbono e resultam da queima incompleta de combustíveis e têm um grande impacto sobre a saúde humana em função da sua alta toxicidade e efeito cancerígeno), **material particulado** (consiste de partículas sólidas e líquidas em suspensão na atmosfera, como poeira, fuligem das partículas de óleo, polens, esporos), entre outros.

A exposição humana, em especial de crianças e idosos, a poluentes atmosféricos pode provocar impactos à saúde de acordo com a forma de exposição (aguda ou crônica), podendo gerar o agravamento de doenças pré-existentes e/ou o aumento do número de casos de doenças respiratórias, oculares e cardiovasculares. De forma geral, os efeitos da poluição na saúde humana podem ser divididos em:

- **problemas de curto prazo (nos dias de alta concentração de poluentes):** irritação nas mucosas do nariz e dos olhos; irritação na garganta (com presença de ardor e desconforto); problemas respiratórios com agravamento de enfisema pulmonar e bronquite;
- **problemas de médio e longo prazo (15 a 30 anos vivendo em locais com muita poluição):** desenvolvimento de problemas pulmonares e cardiovasculares; desenvolvimento de cardiopatias (doenças do coração); diminuição da qualidade de vida; diminuição

da expectativa de vida (em até dois anos); aumento das chances de desenvolver câncer, principalmente de pulmão.

A população deve sempre procurar o médico para o diagnóstico adequado da sua situação clínica, geralmente um pneumologista, e fazer o tratamento de forma adequada, pois a aderência ao tratamento é fundamental para o sucesso.

Considerando que a concentração de partículas é maior nos horários de pico de congestionamento (geralmente entre as 7h às 9h e das 17h às 20h) e que a concentração de ozônio é maior das 12h às 16h, as recomendações gerais para prevenir ou combater os efeitos da poluição atmosférica são:

1. usar soro fisiológico no nariz;
2. beber água com frequência;
3. fechar as janelas nos horários de pico de congestionamento para evitar inalar a fumaça que sai dos escapamentos dos veículos;
4. praticar exercícios físicos com regularidade, evitando escolher locais próximos às grandes avenidas também em razão da fumaça dos escapamentos, e evitando também os horários entre 12h e 16h;
5. usar umidificadores nos ambientes e recorrer à inalação de soro fisiológico, quando necessário.

Adaptado de: <http://u.saude.gov.br/index.php/o-ministerio/principal/secretarias/svs/poluicao-atmosferica>. *Acesso em:* 28 jun. 2015.

ENTRANDO EM AÇÃO!

Modelo para os movimentos respiratórios

Nesta atividade, você vai construir um modelo para reproduzir o que acontece durante os movimentos respiratórios humanos.

Materiais

- uma garrafa plástica de refrigerante de 2,5 L (vazia)
- duas bexigas pequenas de borracha fina
- uma bexiga média de borracha grossa
- tubo de vidro ou de plástico em Y
- uma rolha de borracha que se adapte ao gargalo da garrafa e que contenha um furo pelo qual passe o tubo em Y
- fita adesiva de boa qualidade
- fio dental

Como proceder

- Corte a base da garrafa de refrigerante e monte o conjunto, conforme mostrado no desenho ao lado.
- Amarre bem as bexigas finas com o fio dental nos dois ramos do tubo em Y.
- Introduza o tubo em Y pela abertura maior da garrafa cortada e prenda a rolha no gargalo. Prenda bem a rolha contendo o tubo em Y.
- Corte a bexiga grossa e feche com ela a abertura inferior da garrafa cortada. Prenda bem com a fita adesiva.

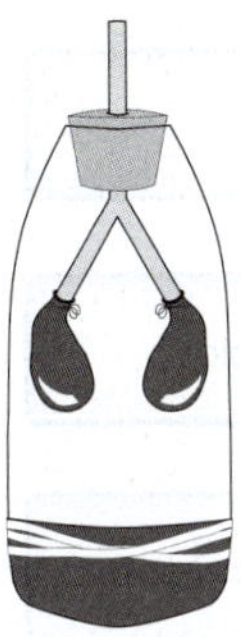

Depois de preparada a montagem, responda às questões a seguir.

1. Puxe, com uma das mãos, a bexiga grossa. O que acontece com as bexigas internas?
2. Empurre, com uma das mãos, a bexiga grossa para o interior da garrafa. O que acontece com as bexigas internas?
3. Faça a correspondência entre os componentes do modelo e o seu sistema respiratório.
4. Explique, com o modelo, o mecanismo da inspiração.
5. Explique, com o modelo, o mecanismo da expiração.

Nosso desafio

Para preencher os quadrinhos de 1 a 9, você deve utilizar as seguintes palavras: brônquios, caixa torácica, células, diafragma, energia, laringe, pulmões, respiração celular, trocas gasosas.

À medida que você preencher os quadrinhos, risque a palavra que escolheu para não usá-la novamente.

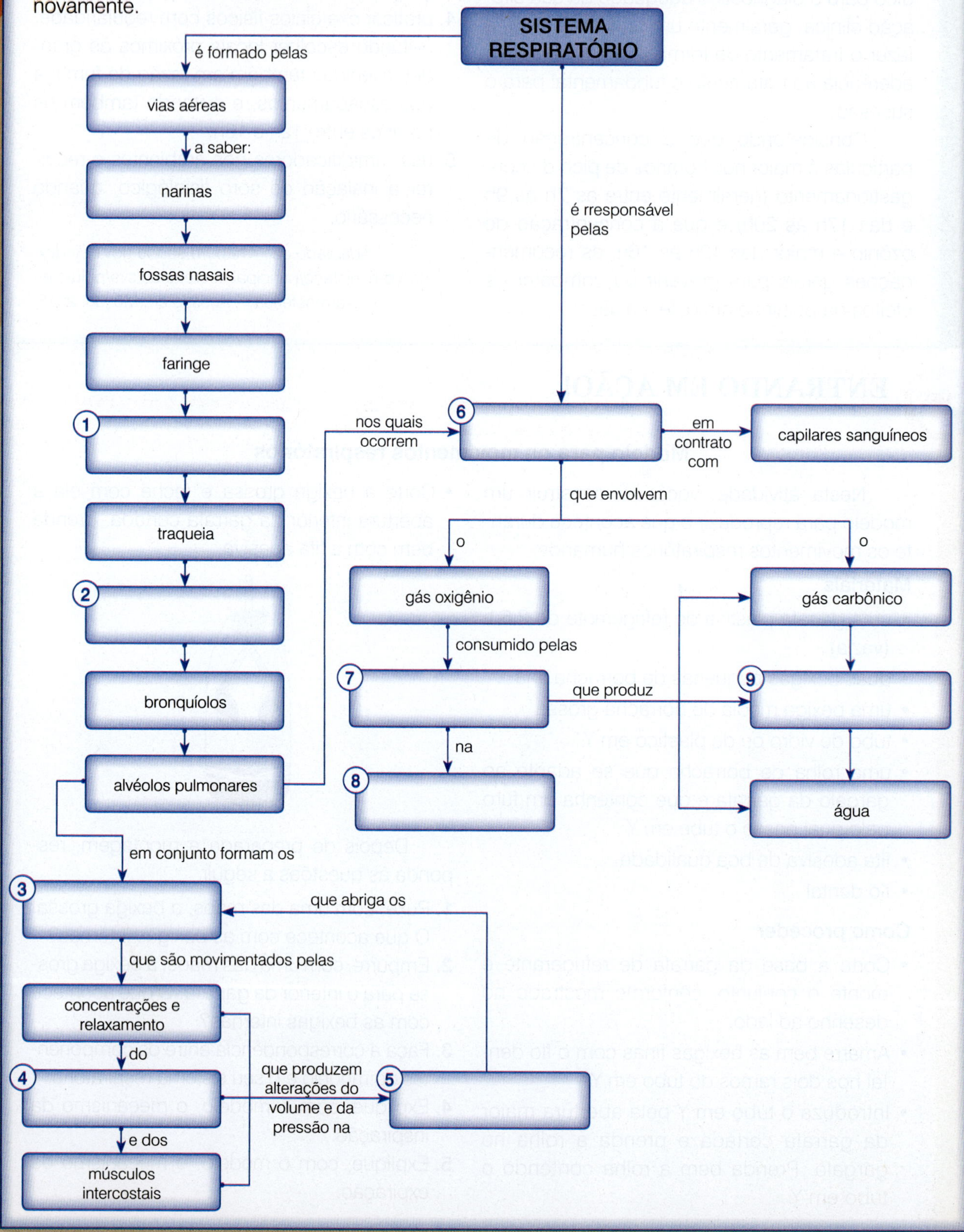

Atividades

1. Descreva o caminho que o oxigênio presente no ar percorre até chegar a uma célula do nosso corpo.

2. É possível ocorrer no homem respiração celular sem que ocorra respiração pulmonar? Justifique a resposta.

3. No quadro abaixo, substitua os algarismos pelas seguintes expressões: aumenta de volume; diminui de volume; contrai-se (abaixa); relaxa (eleva-se), de modo a estabelecer a relação entre o comportamento da caixa torácica e do diafragma durante a inspiração e expiração.

	Diafragma	Caixa torácica
Inspiração	1	2
Expiração	3	4

4. Em determinadas situações, os músculos que atuam na inspiração e na expiração podem ser movimentados voluntariamente, isto é, de acordo com a nossa vontade. Apesar disso o controle desses movimentos é normalmente involuntário, isto é, não depende da nossa vontade. Como se explica esse fato?

5. Cite uma situação em que prender voluntariamente nossa respiração durante certo tempo possa ser um ato necessário.

Analise cuidadosamente as questões **6** e **7** e descubra se as afirmações são verdadeiras ou falsas. Nas falsas, aponte a informação incorreta.

6. Na extremidade de cada bronquíolo encontramos pequenas dilatações de paredes muito finas, os alvéolos pulmonares, através dos quais ocorre a respiração celular.

7. O ar é formado por um conjunto de gases em que se destacam o gás nitrogênio (78%), o gás oxigênio (21%), o gás carbônico (0,03%), além da água sob a forma de vapor.

8. A tabela a seguir mostra a variação do conteúdo gasoso no ar inspirado e expirado:

	Ar inspirado	Ar expirado
Oxigênio	21%	16%
Gás carbônico	0,03	4,0%
Nitrogênio	78%	78%

A partir dos dados da tabela, responda por que houve variação na taxa de oxigênio e gás carbônico e não na do nitrogênio?

9. Apesar de o gás carbônico ser um resíduo tóxico produzido durante a respiração celular, ele é necessário, até determinada concentração, à nossa respiração. Explique por quê.

10. Que características são necessárias aos alvéolos pulmonares para a realização eficiente das trocas gasosas da respiração?

11. Por que a umidade alveolar é importante para a respiração?

12. Coloque as afirmações seguintes em uma ordem lógica para explicar a inspiração.

A – o ar entra nos pulmões

B – a pressão dentro da caixa torácica diminui

C – o volume da caixa torácica aumenta

D – o diafragma e os músculos intercostais contraem-se

13. O esquema abaixo representa um alvéolo pulmonar e um capilar sanguíneo em corte, muito ampliados e serve para explicar a troca de gases que ocorre entre ambos durante a respiração pulmonar. Analise cuidadosamente a figura e substitua os números nela indicados pelos nomes ou termos seguintes:

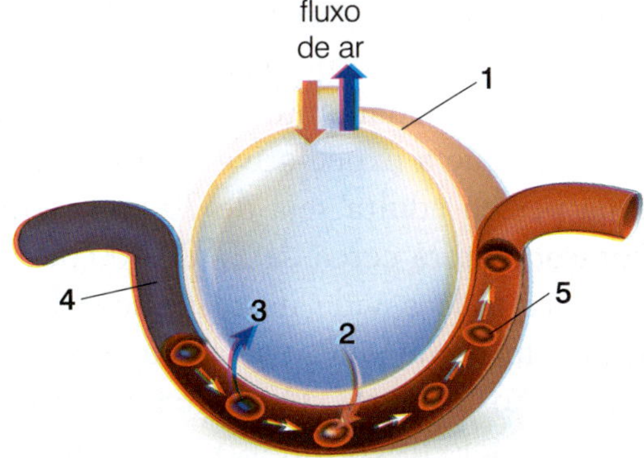

– gás oxigênio (O_2);

– gás carbônico (CO_2);

– parede alveolar;

– capilar sanguíneo;

– glóbulos vermelhos (hemácias).

Sistema cardiovascular ou circulatório

Bate, bate, bate, coração...

O coração humano bate, em média, 70 vezes por minuto em situação de repouso. Em uma hora, são cerca de 4.200 batimentos. Em um dia, em torno de 100.000, e, em um ano, aproximadamente 36.000.000. Considerando que a expectativa média de vida de uma pessoa adulta seja de 70 anos, então o coração baterá cerca de 2.500.000.000 vezes durante toda a vida dessa pessoa! Isso sem levar em conta que, em algumas situações, o coração "acelera". Durante a realização de um exercício físico intenso, uma corrida, por exemplo, o coração chega a bater 160 ou 180 vezes por minuto! O mesmo pode acontecer quando uma pessoa fica nervosa. Ao acontecer isso com você, coloque a palma da mão no lado esquerdo do peito e perceba como o coração "dispara". O coração não tem fim de semana livre, não tem férias, muito menos aposentadoria. É um órgão que trabalha sem parar, incansavelmente, mesmo nas horas em que dormimos. É graças ao trabalho contínuo do coração que o sangue circula sem parar pelo nosso corpo. Então, esse trabalhador incansável merece um tratamento, no mínimo, "carinhoso". Adotar hábitos de vida saudáveis como, por exemplo, evitar a ingestão exagerada de alimentos gordurosos, fazer algum tipo de exercício físico regularmente e, sempre que necessário, consultar um médico, são atitudes que fazem bem ao coração e à saúde.

O coração é o órgão propulsor no sistema de transporte sanguíneo, objeto de estudo deste capítulo.

CRÉDITO

Um sistema de transporte

Em toda grande cidade, mercados e feiras abastecem as pessoas com alimentos transportados de diversas procedências para esses locais.

A água e o "gás de rua" para consumo domiciliar são conduzidos por tubulações especiais. Uma rede de transporte de esgotos chega às estações de tratamento. O lixo urbano é recolhido e depositado em aterros sanitários, lixões, ou é conduzido para reciclagem. O ir e vir da população ocorre nas ruas e avenidas, por onde também circulam diversos tipos de veículos, ou por meio dos transportes coletivos, representados pelo metrô, trens e linhas de ônibus.

Se pensarmos no organismo humano como uma grande cidade, veremos que há muita semelhança na maneira como ambos funcionam.

A água e os nutrientes orgânicos e inorgânicos são absorvidos e transportados às células a partir do intestino. O oxigênio utilizado pelas células na respiração aeróbia é proveniente dos pulmões e a eles é conduzido o gás carbônico residual, eliminado na expiração. Outro tipo de "lixo", os resíduos nitrogenados, como a ureia, produzidos pelo metabolismo celular, são levados aos rins e, daí, excretados pela urina.

E, para isso tudo ocorrer, é necessário um eficiente *sistema de transporte* representado pelo **sistema circulatório**, cujos principais participantes são, além do **coração**, bomba propulsora, as vias condutoras que são os **vasos sanguíneos** (artérias, veias e capilares) e, por fim, um líquido circulante, o **sangue** (tecido sanguíneo).

Coração humano: uma bomba dupla

O coração está localizado entre os dois pulmões, no interior da caixa torácica, como mostrado a seguir. Seu tamanho corresponde, aproximadamente, ao de uma mão fechada e pesa cerca de 250 gramas. Internamente, possui quatro cavidades: duas à direita – *átrio direito* e *ventrículo direito* – e duas à esquerda – *átrio esquerdo* e *ventrículo esquerdo*.

Esses dois lados independentes atuam como duas bombas que funcionam ao mesmo tempo.

Lembre-se!

A maior parte do coração é constituída pelo músculo cardíaco ou **miocárdio**, um tecido formado por células (fibras) musculares estriadas cardíacas.

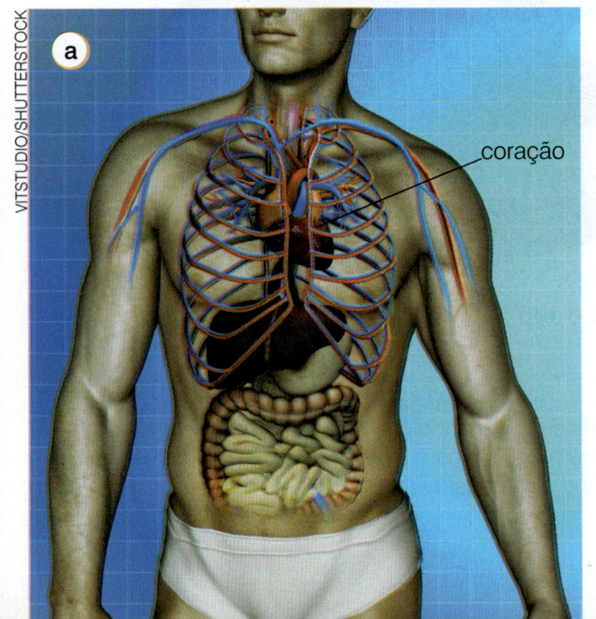

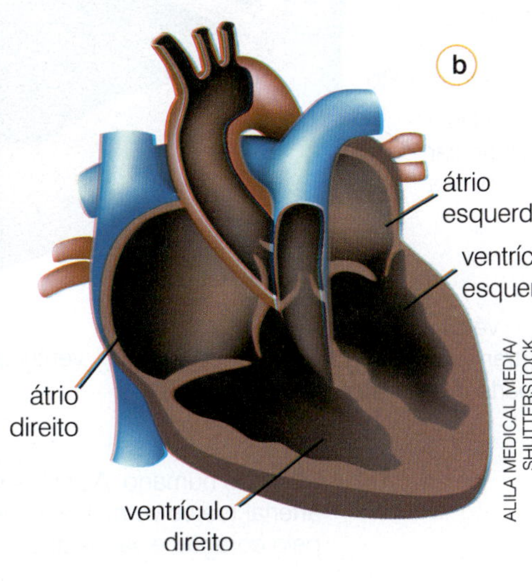

Observe (a) a localização do coração na caixa torácica e (b) suas quatro cavidades. (Cores-fantasia.)

Sangue entra, sangue sai

O lado direito do coração recebe sangue rico em gás carbônico, ou *sangue venoso*, proveniente dos tecidos do corpo. Esse sangue chega no átrio direito pelas *veias cavas* (superior e inferior) e, a seguir, atinge o ventrículo direito. A contração do ventrículo direito bombeia o sangue venoso para a *artéria pulmonar*, que se bifurca e o conduz aos pulmões. Nos pulmões ocorre a troca de gases: o gás carbônico é eliminado e o oxigênio penetra no sangue. Ao tornar-se rico em oxigênio, o sangue passa a ser chamado de *sangue arterial*.

O lado esquerdo do coração recebe dos pulmões o sangue arterial, por meio das *veias pulmonares* que desembocam no *átrio esquerdo*. A seguir, o sangue passa para o *ventrículo esquerdo*, que, ao se contrair, bombeia o sangue arterial para a *artéria aorta*, que o distribui para os tecidos do corpo.

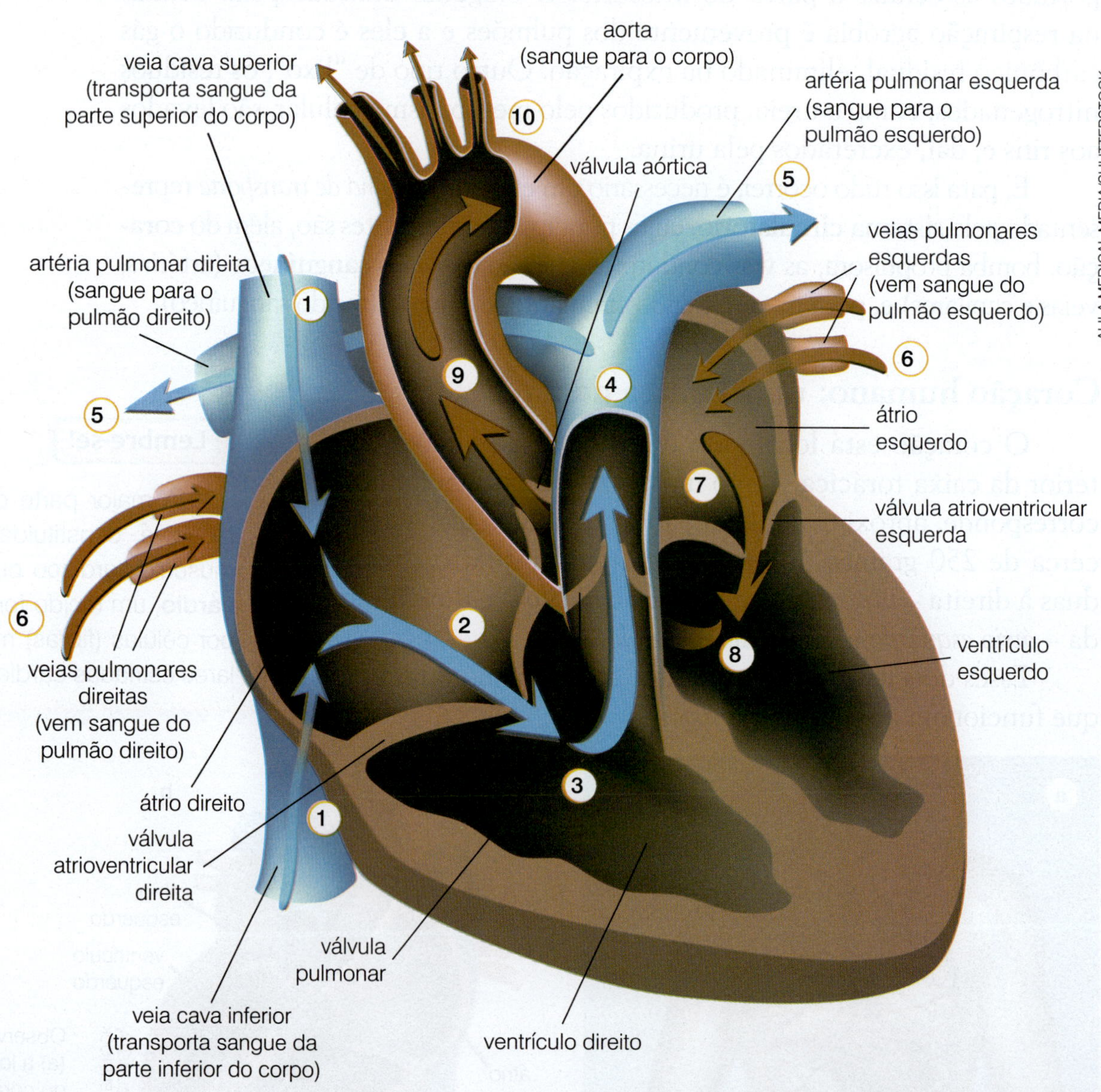

Coração humano. As setas indicam o caminho do sangue venoso (setas azuis) e arterial (setas vermelhas). Os números indicam a sequência do fluxo de sangue pelo coração e vasos acessórios. (Cores-fantasia.)

Veja o esquema de circulação mostrado a seguir. Note que o sangue venoso, representado artificialmente em azul, ocupa o lado direito do coração, enquanto o sangue arterial, representado artificialmente em vermelho, ocupa o lado esquerdo do coração.

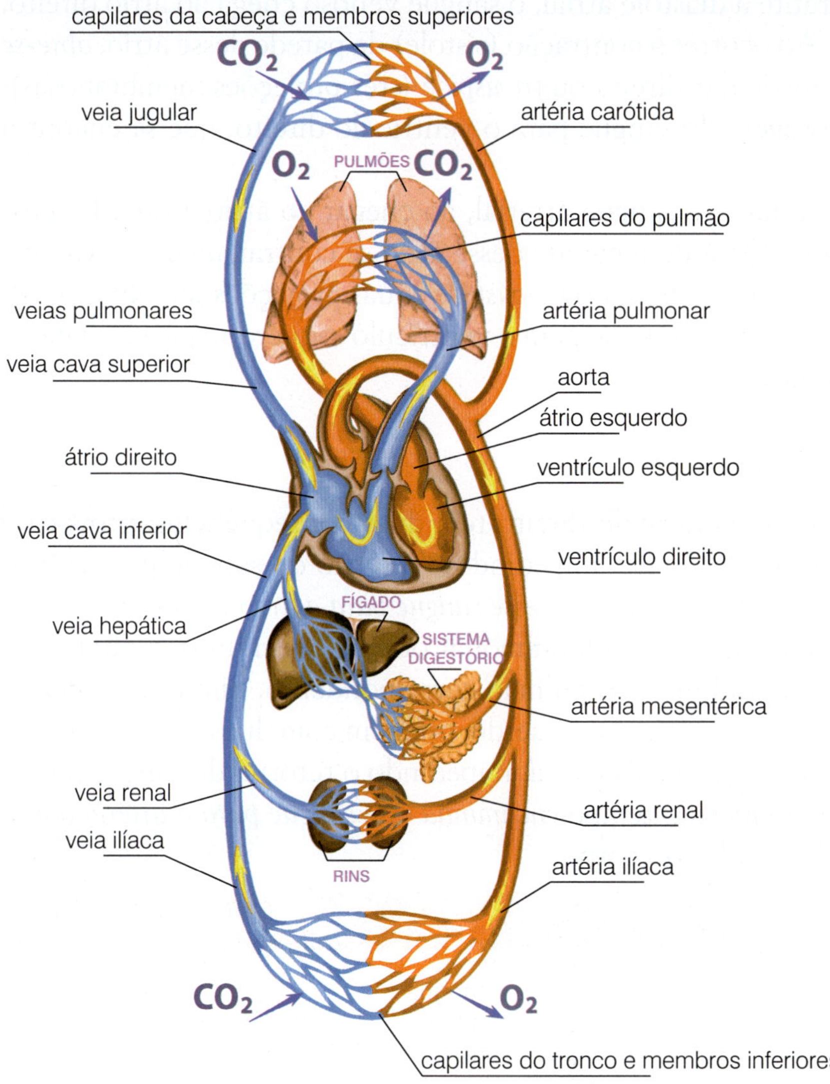

Esquema simplificado da circulação do sangue em seres humanos. (Cores-fantasia. Em azul, circulação de sangue venoso e em vermelho, arterial.)

Lembre-se!

Os vasos que partem dos ventrículos são chamados **artérias**, independentemente do tipo de sangue (arterial ou venoso) transportado por elas. Da mesma forma, os vasos que chegam aos átrios são **veias**.

Jogo rápido

A parede do ventrículo esquerdo comumente é mais espessa do que a parede do ventrículo direito. Qual seria uma possível explicação para essa diferença de espessura?

As "batidas" do coração: sístole e diástole

O período de relaxamento da musculatura cardíaca e enchimento dos átrios ou dos ventrículos é chamado **diástole**. O período em que ocorre a contração e o esvaziamento dos átrios e dos ventrículos é chamado **sístole**. Claro que a sístole dos ventrículos é mais forte do que a dos átrios. Contrações (sístoles) e relaxamentos (diástoles) alternam-se seguidamente. Esse admirável músculo cardíaco só "descansa" nos curtos períodos das diástoles.

As válvulas ou valvas cardíacas

Observe atentamente na figura do coração (página 100) que, separando os átrios dos ventrículos, existem **válvulas** ou **valvas** cuja função é permitir, quando *abertas*, a passagem do sangue dos átrios para os ventrículos e impedir, quando *fechadas*, o retorno do sangue dos ventrículos aos átrios.

Assim, durante a diástole atrial, o sangue venoso chega ao átrio direito, que se expande. Ao ocorrer a contração (sístole) da parede desse átrio, *abre-se* a válvula atrioventricular direita ou *tricúspide* (três projeções membranosas), permitindo a passagem do sangue para o ventrículo direito, que se encontra em diástole.

Ao mesmo tempo, o sangue arterial, ao chegar ao átrio esquerdo, provoca sua expansão. Quando a parede desse átrio se contrai, *abre-se* a válvula atrioventricular esquerda, *mitral* ou *bicúspide* (duas projeções membranosas), permitindo a passagem do sangue para o ventrículo esquerdo, que se dilata ao se encher de sangue.

A vez dos ventrículos

A contração do ventrículo direito tem duas consequências: provoca o *fechamento da válvula tricúspide*, impedindo o retorno do sangue para o átrio direito e, ao mesmo tempo, *direciona esse sangue para a artéria pulmonar*.

Ao sair do coração, a artéria pulmonar origina dois ramos, o direito e o esquerdo, cada qual indo para o pulmão correspondente. Simultaneamente, ocorre a contração do ventrículo esquerdo, também com duas consequências: provoca o *fechamento da válvula mitral*, impedindo o retorno do sangue para o átrio esquerdo e, ao mesmo tempo *encaminha esse sangue para a artéria aorta*, rumo aos órgãos e tecidos do corpo.

Nos pulmões			Nos tecidos		
sangue venoso (rico em gás carbônico)	transforma-se em →	sangue arterial (rico em oxigênio)	sangue arterial (rico em oxigênio)	transforma-se em →	sangue venoso (rico em gás carbônico)

É SEMPRE BOM SABER MAIS!

Outras válvulas no coração

Observe atentamente o esquema do coração (página 100) e localize, na saída dos ventrículos, outras válvulas, uma na base da artéria aorta, e outra na base da artéria pulmonar. Elas se parecem com três meias luas e por isso são chamadas de *semilunares*. Sua função é impedir que o sangue bombeado pelos ventrículos retorne a essas cavidades quando os ventrículos relaxam, imediatamente após a contração.

ESTABELECENDO CONEXÕES

Saúde

Sopro cardíaco

Toda vez que um médico cardiologista escuta com o estetoscópio o coração de alguém, ele ouve dois sons principais. O primeiro, corresponde ao som originado ao ocorrer o fechamento das válvulas tricúspide e mitral quando os ventrículos se contraem. O segundo é o que se ouve ao se fecharem as válvulas semilunares presentes, respectivamente, nas saídas das artérias pulmonar e aorta, ao ocorrer o relaxamento dos ventrículos direito e esquerdo. Os "sopros cardíacos" correspondem a ruídos alterados pelo mau funcionamento (fechamento) dessas válvulas.

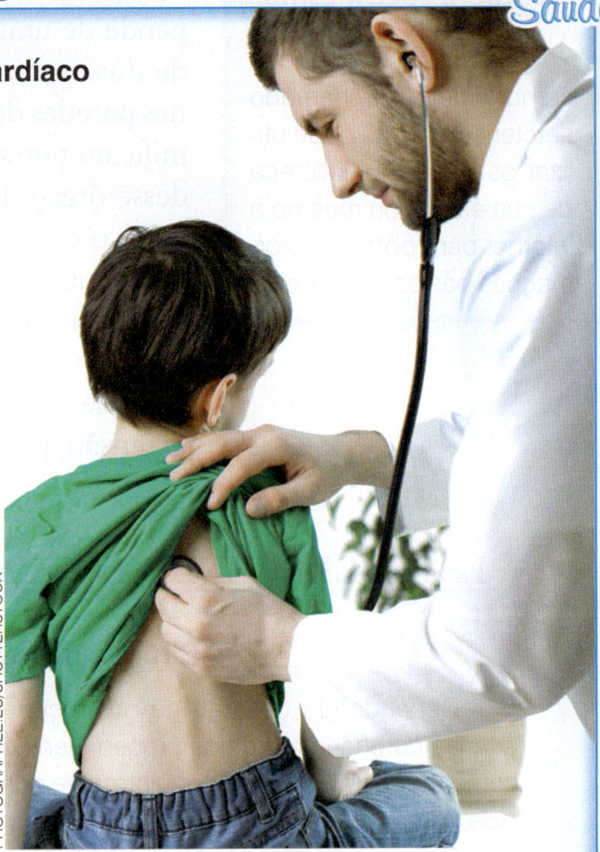

PHOTOGRAPHEE.EU/SHUTTERSTOCK

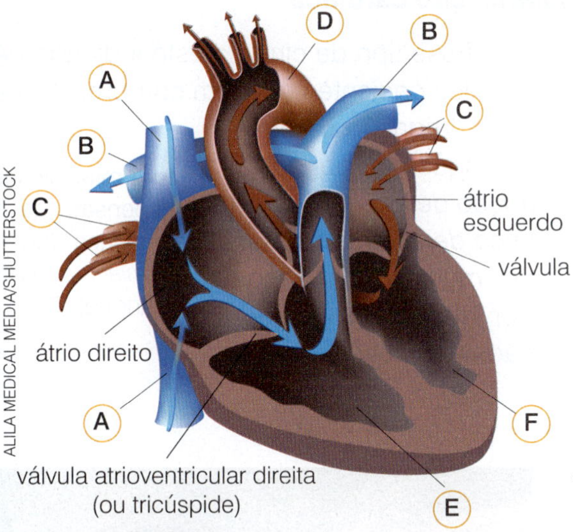

ALILA MEDICAL MEDIA/SHUTTERSTOCK

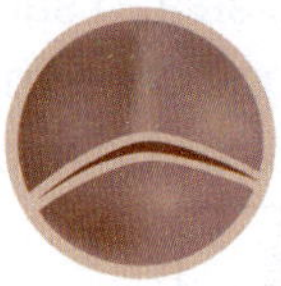

válvula bicúspide com fechamento inadequado (vista de cima)

válvula tricúspide (vista de cima)

Entre os átrios e ventrículos há duas importantes válvulas, chamadas de atrioventriculares. Sopro cardíaco ocorre quando uma das valvas não se fecha adequadamente, como a bicúspide da imagem ao lado. (Cores-fantasia. Ilustrações fora de escala.)

Jogo rápido

Relembre a anatomia do coração e seus principais vasos anexos e identifique as estruturas de A a F na imagem ao lado.

Coronárias

Você poderia pensar que o coração, por fazer parte do sistema circulatório, retira oxigênio e nutrientes para as células a partir do sangue que circula em seu interior. Mas não é assim. Primeiramente, porque a musculatura da parede do coração é muito espessa e não permitiria uma difusão eficiente de oxigênio e nutrientes, já que a difusão é um processo lento. Em segundo lugar, o lado direito do coração trabalha com sangue venoso (pobre em oxigênio).

Descubra você mesmo!

Pesquise o que é e como é feito o chamado cateterismo. Você pode utilizar os livros da biblioteca de sua escola ou mesmo a internet para obter as informações básicas a respeito.

Portanto, o coração, como qualquer órgão do nosso corpo, depende de uma irrigação própria. Essa irrigação é feita por meio de duas artérias, que se originam na artéria aorta e penetram nas paredes do miocárdio. São as artérias **coronárias**. Elas se ramificam por todo o músculo cardíaco suprindo as necessidades desse órgão. Depois de atravessar toda a rede de capilares que irriga o coração, o sangue é recolhido em veias e volta ao coração. Qualquer obstrução (placas de gordura, coágulos) dos vasos coronarianos implica falta de oxigenação do tecido cardíaco e, portanto, morte das células à frente do ponto de obstrução. É o que se chama **infarto do miocárdio**, que, dependendo da extensão, pode ser fatal.

ESTABELECENDO CONEXÕES

Tecnologia

Cirurgia de revascularização cardíaca

Dependendo do grau de obstrução das artérias coronárias, um dos procedimentos recomendados é a cirúrgia popularmente conhecida como "ponte(s) de safena".

Retira-se um segmento da veia safena localizada na perna. Uma extremidade é ligada à artéria aorta e a outra na coronária afetada, abaixo do ponto de obstrução. Ou seja, o sangue passa a fluir por essa ponte, que contorna o local bloqueado e, assim, a irrigação do miocárdio é restabelecida.

Esse tipo de cirurgia está indicado para aqueles pacientes que têm comprometimento da irrigação cardíaca (isquemia) por *obstrução de artérias, com risco de enfarte* (morte do músculo cardíaco por falta total de irrigação sanguínea).

Isquemia: diminuição ou suspensão da irrigação sanguínea (do latim, *ischemia* = que pode deter o sangue).

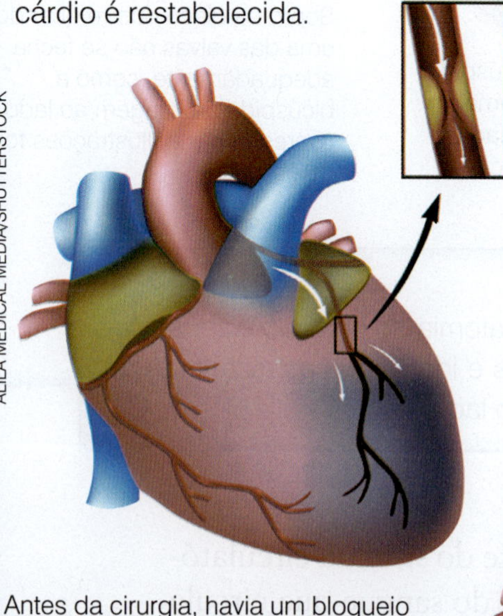

Antes da cirurgia, havia um bloqueio em um dos vasos, fazendo com que o fluxo sanguíneo ficasse prejudicado. Depois da cirurgia, a ponte de safena faz com que o sangue volte a fluir contornando o local bloqueado.

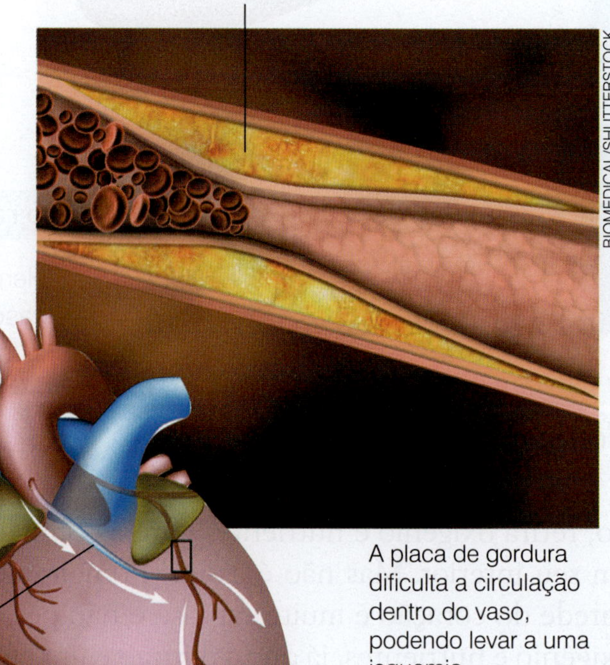

A placa de gordura dificulta a circulação dentro do vaso, podendo levar a uma isquemia.

A doença arterial coronariana é causada pelo acúmulo de *substâncias gordurosas* (ateromas) nas paredes das coronárias. Com o passar do tempo, esse acúmulo causa enrijecimento e estreitamento das *paredes* internas das artérias coronárias, limitando o suprimento de sangue rico em oxigênio para o músculo do coração, o que pode causar dor no peito (angina) ou aumentar o risco de sofrer um ataque cardíaco. Caso seja desenvolvido esse acúmulo de gordura nas artérias coronárias, o médico pode recomendar uma *angioplastia* coronariana ou uma cirurgia de *revascularização do miocárdio*, para *remover o depósito de gordura* ou *substituir as artérias lesadas*.

A angioplastia é outra forma de reperfundir uma artéria obstruída, o que é feito por meio da inserção de um catéter. Na angioplastia utiliza-se um *stent* para promover a reperfusão.

Reperfundir: neste caso, fazer o sangue fluir novamente para tecidos ou órgãos.

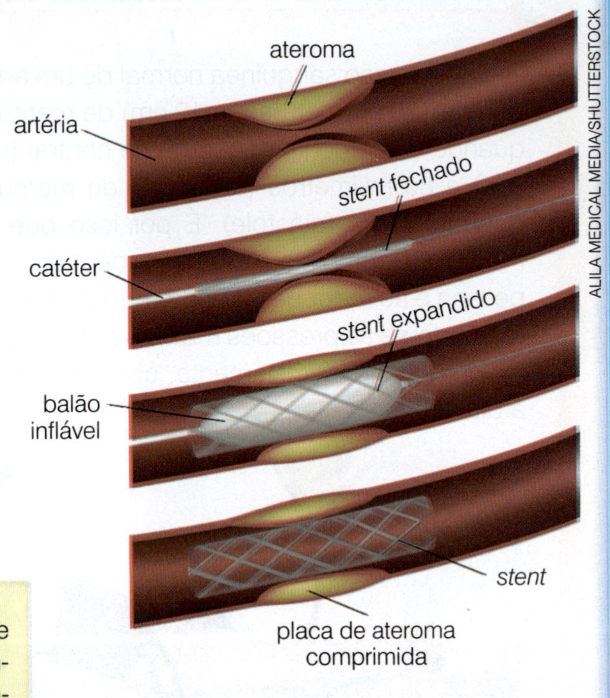

Na angiosplastia, um *stent*, espécie de tubo expansível, é introduzido no local bloqueado. Inflado faz com que a circulação sanguínea seja retomada. Observe que o tubo é fabricado com uma espécie de malha.

Pequena e grande circulação

Veja novamente o esquema da circulação com a participação do coração. O ventrículo direito é responsável pela **pequena circulação** (circulação pulmonar), em que o sangue percorre o caminho **coração** ⟶ **pulmões** ⟶ **coração.** O ventrículo esquerdo garante a grande circulação, em que o caminho do sangue é **coração** ⟶ **tecidos do corpo** ⟶ **coração** (circulação sistêmica).

A espessura da parede do ventrículo esquerdo é maior do que a espessura da parede do ventrículo direito. Afinal, a distância a ser percorrida pelo sangue na grande circulação é bem maior do que a percorrida pelo sangue na pequena circulação. Esse fato justifica a maior espessura da parede do ventrículo esquerdo e a pressão aplicada ao sangue que percorre a grande circulação.

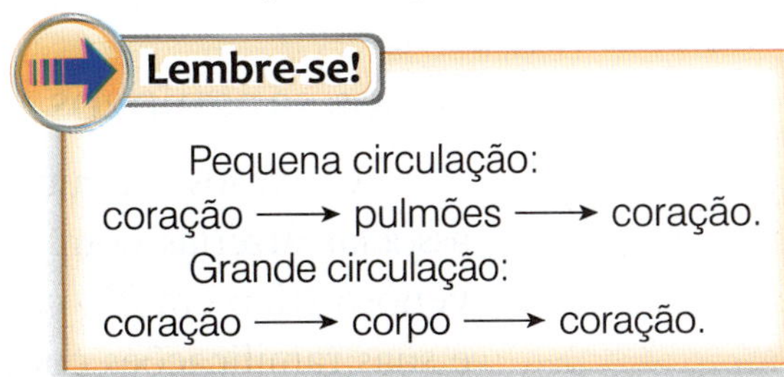

Pressão sanguínea

A pressão sanguínea depende da força de contração do músculo cardíaco, do volume de sangue que sai do coração e da resistência que o sangue encontra no vaso. Quanto maiores esses três fatores, maior deverá ser a pressão do sangue ao circular.

É SEMPRE BOM SABER MAIS!

A pressão sanguínea normal de um adulto é de 120 milímetros (ou 12 cm) de mercúrio quando o ventrículo esquerdo se contrai (sístole) e 80 milímetros (ou 8 cm) de mercúrio quando relaxa (diástole). É por isso que os médicos dizem que a pressão ideal de uma pessoa é ao redor de 12 por 8 (ou 120 por 80), referindo-se às pressões máxima e mínima relacionadas, respectivamente, com a sístole e a diástole.

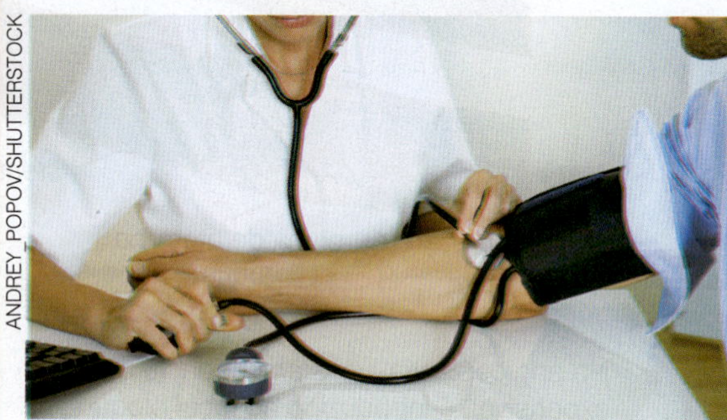
ANDREY_POPOV/SHUTTERSTOCK

Ao "medir" a pressão sanguínea de uma pessoa, o médico utiliza um aparelho denominado de esfigmomanômetro, que consta de uma almofada inflável ("manguito"), uma bomba de ar manual e um manômetro, aparelho que registra a pressão de recipientes fechados (pneus, cilindro de extintores etc.).

A almofada do esfigmomanômetro é colocada ao redor do braço e inflada até que o fluxo de sangue na artéria do braço seja interrompido. Um *estetoscópio* colocado junto ao braço, próximo da articulação com o antebraço, permite monitorar, por meio da propagação do som, o fluxo na artéria do braço. De início, com a interrupção do fluxo nessa artéria, nenhum som é percebido. Mas, à medida que o ar escapa da almofada, a pressão diminui até atingir um valor que coincida com a pressão criada pela contração (sístole) do coração. Neste instante, ouve-se, através do estetoscópio, o primeiro ruído da passagem do sangue que volta a fluir pela artéria. Esta é a *pressão sistólica*, que será registrada pelo ponteiro do manômetro. A pressão na almofada continua a cair até que não mais seja ouvido o ruído das contrações cardíacas ("batidas") ao longo da artéria. O ponteiro do manômetro para de oscilar.

Essa é a *pressão diastólica* e representa a pressão do sangue arterial entre as contrações ("batidas") cardíacas, isto é, nas diástoles.

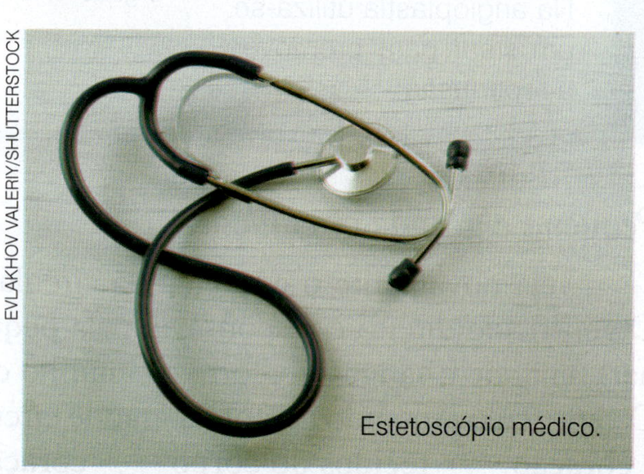
EVLAKHOV VALERIY/SHUTTERSTOCK

Estetoscópio médico.

Vasos sanguíneos

Os vasos sanguíneos são as **artérias**, as **veias** e os **capilares.** É comum associar artérias com sangue arterial (rico em oxigênio) e veias com sangue venoso (rico em gás carbônico). De fato, na grande circulação, a *artéria aorta* e suas ramificações conduzem *sangue arterial* do coração aos tecidos do corpo, enquanto as *veias* cavas trazem *sangue venoso* do corpo para o coração.

Na pequena circulação, porém, as *artérias pulmonares* transportam *sangue venoso* do coração para os pulmões, enquanto as *veias pulmonares* conduzem sangue arterial dos pulmões para o coração.

Portanto, a partir dessas informações, devemos caracterizar as **artérias** como vasos que conduzem sangue que **sai do coração**, seja ele arterial ou venoso. Suportam maior pressão, por isso têm paredes mais espessas, mais resistentes, que ajudam a manter a pressão sanguínea em sua extensão. E as **veias** são os vasos que conduzem qualquer tipo de sangue de **volta ao coração.** As paredes das veias são menos espessas do que as das artérias, adaptadas para suportar pressão menor do sangue que retorna ao coração.

À medida que as artérias percorrem seu trajeto, subdividem-se em vasos de calibre progressivamente menor, são as **arteríolas.** As arteríolas, por sua vez, se ramificam em vasos de parede extremamente fina, revestidos por uma única camada de células achatadas, os **capilares.**

Capilares são os mais finos vasos do sistema circulatório. O diâmetro de um capilar gira em torno de 0,008 milímetro enquanto o diâmetro das grandes artérias chega a 3 centímetros.

Os capilares são os únicos vasos que permitem a passagem de substâncias (gases, nutrientes, excretas) através de suas paredes, por serem formados por apenas uma camada de células achatadas.

É através da parede dos capilares que ocorrem as trocas de materiais com os tecidos. Feitas as trocas, os capilares reúnem-se para formar **vênulas**, que, por sua vez, originam **veias** de calibre progressivamente maior, que conduzem sangue de volta ao coração.

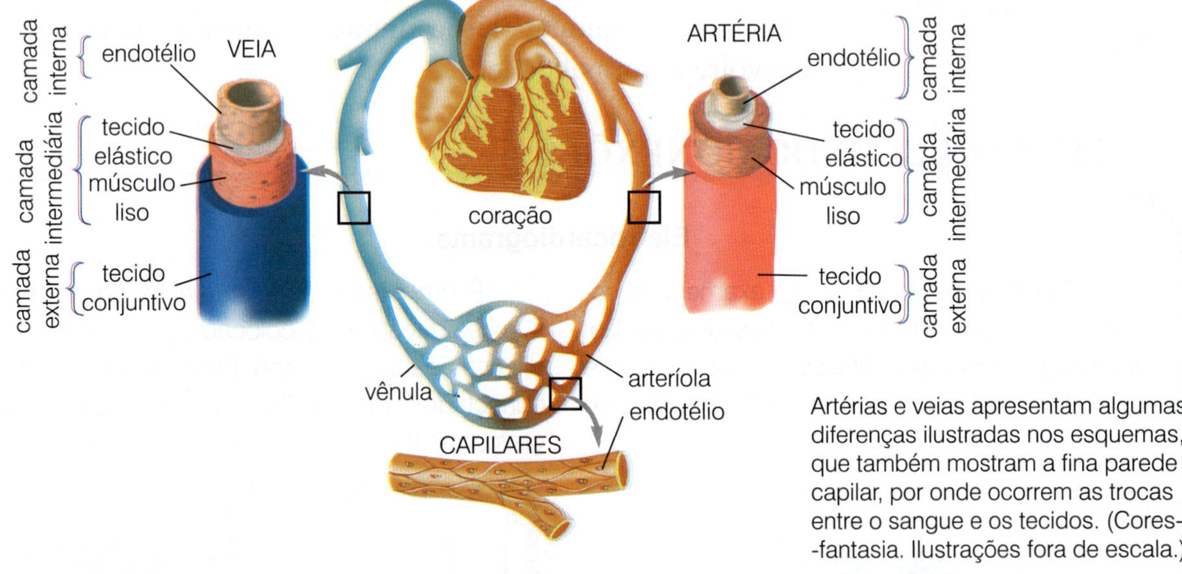

Artérias e veias apresentam algumas diferenças ilustradas nos esquemas, que também mostram a fina parede capilar, por onde ocorrem as trocas entre o sangue e os tecidos. (Cores-fantasia. Ilustrações fora de escala.)

É SEMPRE BOM SABER MAIS!

As veias possuem válvulas em toda sua extensão, que evitam o retorno do sangue. Nas pernas, por exemplo, as contrações dos músculos comprimem as veias e ajudam o sangue a subir.

Profissionais que permanecem muito tempo em pé sem mover os músculos da perna (dentistas, cirurgiões) costumam usar meias elásticas, que fazem o papel desses músculos.

Veias dilatadas e também deformadas, conhecidas como **varizes**, surgem quando essas válvulas funcionam mal. O aumento do volume e da pressão do sangue sobre as paredes do vaso faz com que, com o passar do tempo, ele se deforme.

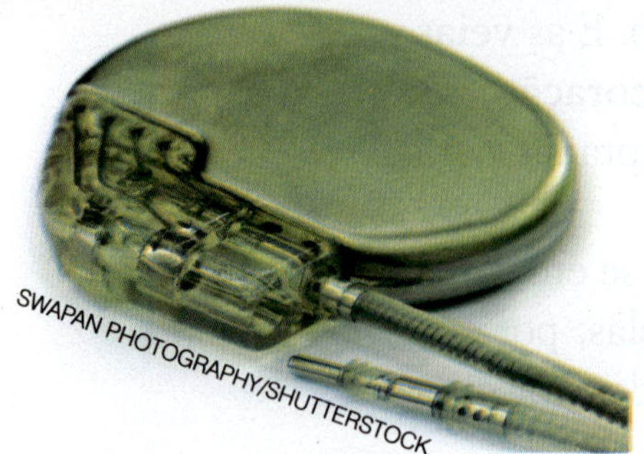
SWAPAN PHOTOGRAPHY/SHUTTERSTOCK

Marca-passo artificial.

O que faz o coração bater?

A maioria dos músculos só se contrai quando estimulada por um nervo. O nervo, por sua vez, origina-se de órgãos do sistema nervoso. Assim, quando você pisca o olho ou quando faz uma careta, por exemplo, nervos conduzem impulsos originados no cérebro até a musculatura do olho ou da face, respectivamente, que se contrai em resposta aos estímulos.

No coração, as coisas são um pouco diferentes. As contrações originam-se no próprio músculo cardíaco, uma vez que na parede do átrio direito existe uma pequena região especial, chamada **nódulo sinoatrial**, que funciona como **marca-passo.**

O marca-passo é formado por um conjunto de células nervosas e musculares que têm a propriedade de gerar impulsos elétricos, que se propagam inicialmente pelos dois átrios e em seguida atingem um segundo marca-passo que comando os ventrículos. Assim, a sístole atrial precede a ventricular.

Os batimentos cardíacos devem-se, portanto, aos marca-passos. Caso não funcionem adequadamente, pode ser implantado um pequeno aparelho eletrônico (marca-passo artificial) que passa a estimular eletricamente o coração, fazendo com que ele volte à normalidade.

Fique por dentro!

Devido à presença dos marca-passos, o coração dos vertebrados continua a bater, por horas, ou até dias, mesmo depois de retirado do corpo, se for mantido em condições de nutrição e oxigenação adequadas.

ESTABELECENDO CONEXÕES

Tecnologia

Eletrocardiograma

Eletrocardiograma é um exame que registra em papel a atividade elétrica do coração. Esse registro forma um gráfico que, devidamente analisado, leva a um diagnóstico de se há ou não problemas com o órgão.

É um exame absolutamente indolor. Para sua realização, são colocados "sensores" em diversas partes do corpo. Esses sensores estão conectados ao aparelho chamado eletrocardiógrafo, que registra os impulsos recebidos.

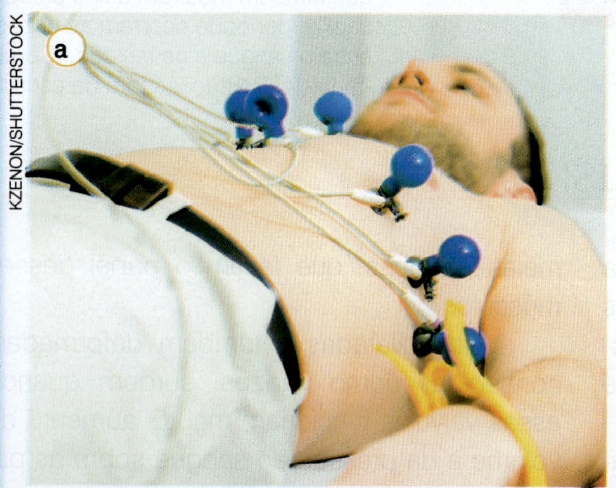

KZENON/SHUTTERSTOCK

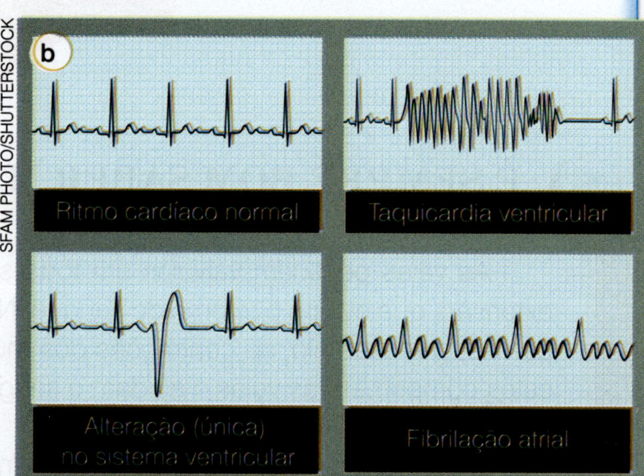

SFAM PHOTO/SHUTTERSTOCK

(a) Sensores colocados no peito de paciente para registro de eletrocardiograma (ECG). (b) Registros indicando atividade elétrica normal e anormal do coração.

Sistema linfático: paralelo e auxiliar da circulação sanguínea

Você já sabe que os capilares sanguíneos são os únicos vasos que permitem a troca de substâncias com os tecidos que irrigam. A solução (água, nutrientes, gases etc.) que atravessa a parede dos capilares e difunde-se nos pequenos espaços entre as células recebe o nome de **líquido intercelular** ou **intersticial**. Dele as células retiram glicose, oxigênio, aminoácidos, vitaminas sais etc. e para ele eliminam gás carbônico e excretas nitrogenadas.

Intersticial: adjetivo derivado de *interstício*, ou seja, o espaço existente entre duas estruturas próximas. O líquido intersticial ocupa o espaço existente entre os capilares sanguíneos e as células pelas quais transita.

Ocorridas as trocas de substâncias, uma parte desse líquido agora com substâncias eliminadas pelas células, retorna aos capilares sanguíneos. O restante é absorvido por outro tipo de finíssimos vasos, os **capilares linfáticos**, componentes do **sistema linfático**. Uma vez dentro desses vasos o líquido passa a ser chamado de **linfa**. A linfa será conduzida por vasos linfáticos de maior calibre até uma grande veia que desemboca no coração, sendo devolvida ao sangue.

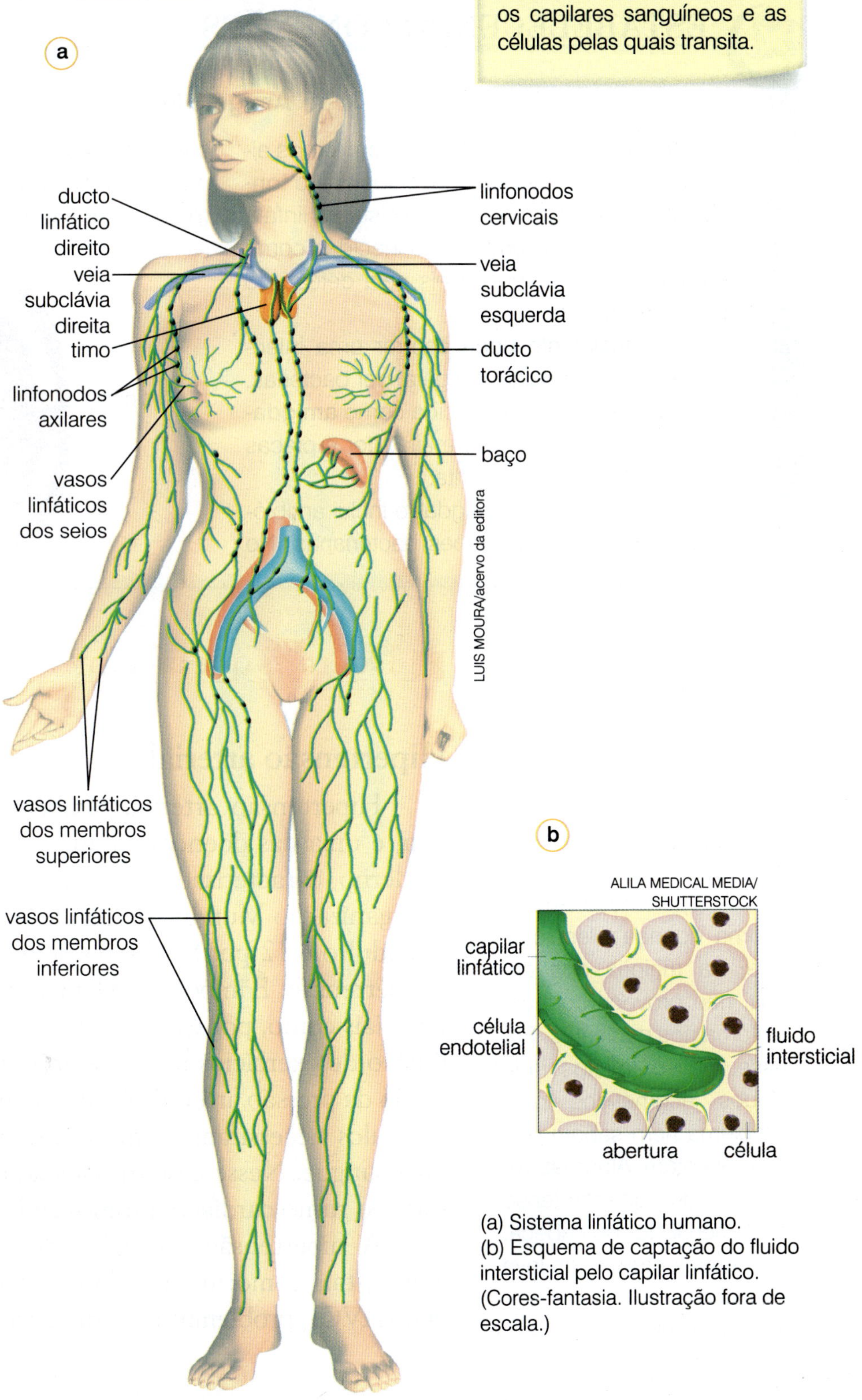

(a) Sistema linfático humano.
(b) Esquema de captação do fluido intersticial pelo capilar linfático.
(Cores-fantasia. Ilustração fora de escala.)

Lembre-se!

Linfa não é sangue, não contém glóbulos vermelhos. É o que restou do líquido intersticial, conduzido por um vaso finfático a caminho da circulação geral (sangue).

Ao longo do seu caminho, os vasos linfáticos passam por **nódulos linfáticos (linfonodos)**, estruturas que se agrupam principalmente no pescoço, nas axilas e nas virilhas. Uma das funções dessas estruturas é atuar como uma espécie de "filtro" da linfa, removendo partículas estranhas, microrganismos e até células cancerosas. Para cumprirem esta função, os linfonodos contêm um tipo de glóbulo branco, os linfócitos. Portanto, o sistema linfático também faz parte do sistema de defesa (imunitário) do nosso organismo.

ESTABELECENDO CONEXÕES

Saúde

Amigdalite

Na garganta, no fundo da boca, temos alguns gânglios linfáticos conhecidos como **tonsilas palatinas**. Como parte do sistema linfático, essas tonsilas, também conhecidas como **amígdalas**, são responsáveis pela defesa do nosso organismo.

Eventualmente pode ocorrer uma infecção dessas amígdalas, em geral por bactérias, causando a doença conhecida como **amigdalite**, caracterizada por febre alta, dor e placas esbranquiçadas na garganta.

O tratamento da amigdalite inclui antibióticos no caso das infecções bacterianas. No caso de infecções virais esses medicamentos não são indicados, mas apenas antitérmicos (para baixar a febre) e analgésicos.

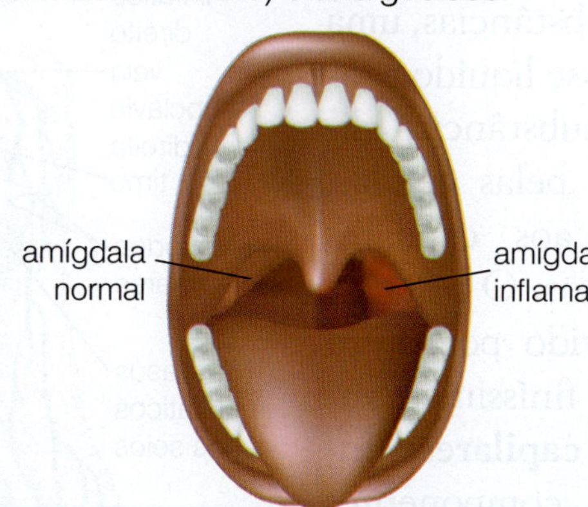

ALILA MEDICAL MEDIA/SHUTTERSTOCK

Doenças que afetam o sistema cardiovascular

Hipertensão arterial

Hipertensão arterial, também conhecida como **pressão alta**, é uma das doenças circulatórias mais comuns no mundo moderno, caracterizada pelo aumento da pressão arterial. Para a Organização Mundial da Saúde (OMS), a pressão normal de um adulto é 12 por 8. Valores acima de 14 por 9 caracterizam a hipertensão. É importante lembrar que, em algumas situações especiais como, por exemplo, nervosismo, preocupação ou realização de exercícios físicos, é absolutamente normal uma elevação da pressão arterial. Assim, quando você está correndo, os músculos necessitam de mais nutrientes e oxigênio, portanto, mais sangue. Nesse caso, o coração aumenta sua força propulsora e o ritmo cardíaco, promovendo um aumento da pressão.

A hipertensão arterial pode trazer complicações muito graves, tais como: infarto do coração, acidente vascular cerebral (AVC), problemas nos rins e na visão.

Lembre-se!

A hipertensão arterial é uma doença silenciosa, que, na maioria dos casos, não provoca nenhum sintoma nos pacientes. Por esse motivo, muitos indivíduos acometidos pelo problema nem sabem que o apresentam. Algumas vezes, o indivíduo hipertenso pode sentir dor de cabeça, náuseas, tontura e um leve cansaço.

Infarto do miocárdio

A causa de um terço de todas as mortes é o **infarto** do miocárdio, também conhecido popularmente como **ataque cardíaco**. O infarto do miocárdio resulta da falta ou da diminuição do fornecimento adequado de sangue a determinadas partes do músculo cardíaco. Isto ocorre quando as artérias *coronárias* ficam obstruídas total ou parcialmente.

O bloqueio das coronárias ocorre lentamente por meio de um processo de nome complicado, a **aterosclerose**, em que gorduras se depositam na parede das artérias coronárias. Os depósitos dessa substância formam uma placa endurecida que, com o passar do tempo, provocam uma doença, a **arteriosclerose**, que significa endurecimento da artéria. O diâmetro da artéria por onde passa o sangue diminui, assim como sua elasticidade, levando a uma redução da oferta de sangue ao músculo cardíaco. Esta condição é muito séria e pode levar o paciente à morte.

Fique por dentro!

Você já deve ter reparado que pessoas com pressão baixa às vezes desmaiam e logo após beberem um pouco de água e sal de cozinha, voltam ao normal. É porque o sal provoca a retenção de água, o que aumenta o volume sanguíneo no interior dos vasos e conduz a pressão arterial a valores normais.

Pelo fato de o sal ter a propriedade de causar o aumento da pressão arterial, é recomendado a redução do sal na alimentação para pessoas hipertensas ou que querem evitar esse problema.

Não use medidas caseiras para resolver problemas de saúde. Procure um médico caso não se sinta bem.

Acidente vascular cerebral (AVC)

O acidente vascular cerebral (AVC) refere-se a um bloqueio ou ruptura dos vasos sanguíneos que irrigam o cérebro. Sem nutrientes e oxigênio, a área afetada perde sua função. Quando o AVC rompe um vaso, ocorre um derrame cerebral e formação de um coágulo no local. Dores de cabeça intensas sem motivo aparente, dificuldade no ato de falar, perda de equilíbrio, perda da força nos braços e nas pernas e perda súbita da visão são alguns sintomas indicativos de que um quadro de AVC vai se instalar ou já se instalou.

Uma lesão nas regiões do cérebro que controlam os movimentos do organismo poderá provocar uma dificuldade ou perda de movimentos. Outras áreas cerebrais atingidas levam à perda da função correspondente a essas áreas (visão, fala, memória, por exemplo) e até mesmo à morte.

PUWADOL JATURAWUTTHICHAI/SHUTTERSTOCK

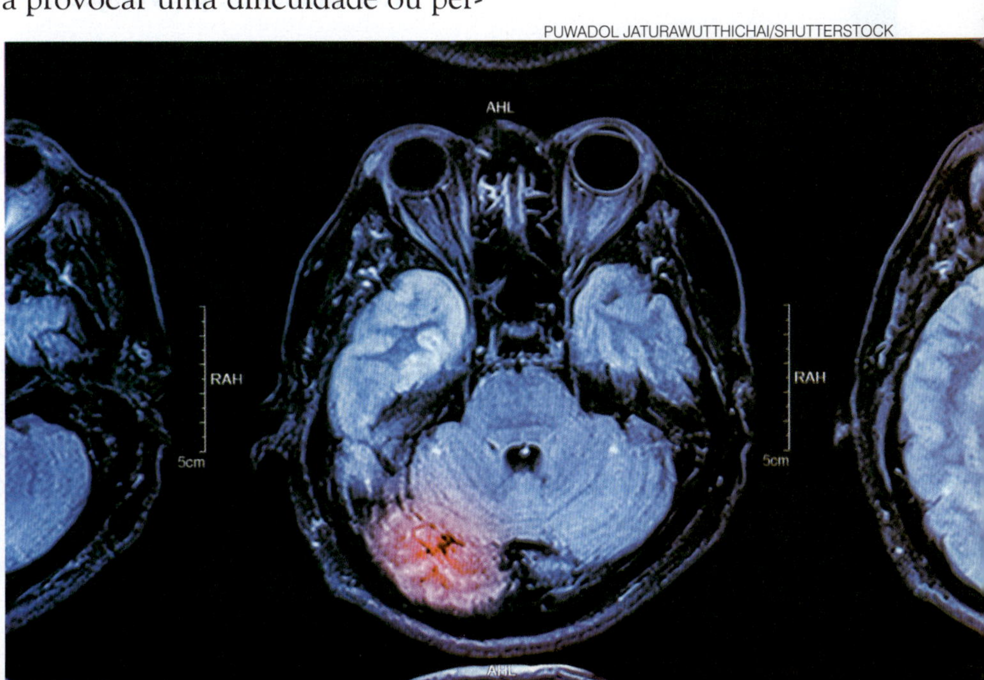

Ressonância magnética de crânio em que pode ser vista uma hemorragia. (Imagem colorida artificialmente.)

Aneurisma

Uma dilatação anormal e permanente de uma artéria ou uma veia caracteriza uma condição muito grave chamada de **aneurisma**. Uma explicação simples para essa doença é a perda de resistência da parede do vaso, facilitando sua dilatação provocada pela pressão sanguínea. Quando não tratado, o vaso se rompe, podendo causar morte súbita por hemorragia incontrolável.

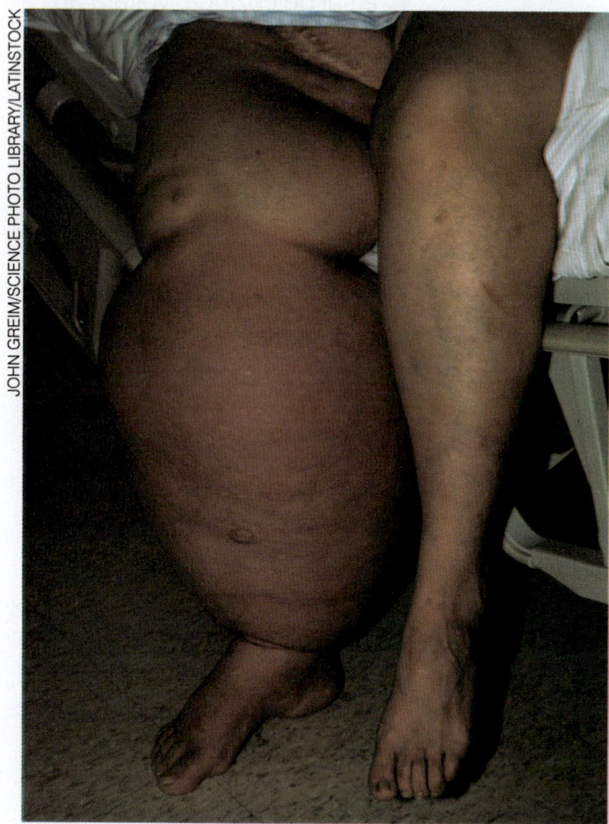

JOHN GREIM/SCIENCE PHOTO LIBRARY/LATINSTOCK

Elefantíase

Quando um vaso linfático de um membro (perna, por exemplo) é bloqueado, rapidamente aparece um inchaço e a pressão local interfere na circulação normal do sangue.

A foto mostra, um caso de elefantíase, doença causada pelo verme *Wuchrereria bancrofti*, que bloqueia vasos linfáticos.

Mulher com inchaço na perna em virtude de elefantíase, infecção dos vasos linfáticos causada pelo parasita *Wuchereria bancrofti*. (Essa doença também pode ser causada menos frequentemente pelo parasita *Brugia malayi*.)

ESTABELECENDO CONEXÕES

Saúde

Vida saudável: prevenção

Para evitar a ocorrência de infarto do miocárdio, AVC e outras ocorrências, alguns cuidados podem ser tomados, principalmente com relação à adoção de hábitos saudáveis de vida como, por exemplo:

- evitar o excesso de peso;
- reduzir a ingestão de gorduras saturadas, de alimentos ricos em mau colesterol, e aumentar a ingestão de alimentos ricos no bom colesterol;
- praticar exercícios físicos regulares, sempre sob a orientação de um profissional e depois de realizar uma avaliação médica;
- não fumar, pois o cigarro acelera o processo de aterosclerose, além de diminuir a oxigenação do sangue. As estatísticas demonstram que o hábito de fumar duplica a chance de morte por problemas cardíacos;
- evitar ingestão excessiva de sal, principalmente em alimentos industrializados, é uma atitude que pode prevenir a ocorrência de hipertensão arterial;
- consultar profissional especializado (cardiologista) rotineiramente é atitude preventiva útil no sentido de evitar problemas cardíacos e circulatórios.

Nosso desafio

Para preencher os quadrinhos de 1 a 10, você deve utilizar as seguintes palavras: artérias, átrio esquerdo, capilares, coração, linfa, linfonodos, pulmões, sangue arterial, veias, ventrículo direito.

À medida que você preencher os quadrinhos, risque a palavra que escolheu para não usá-la novamente.

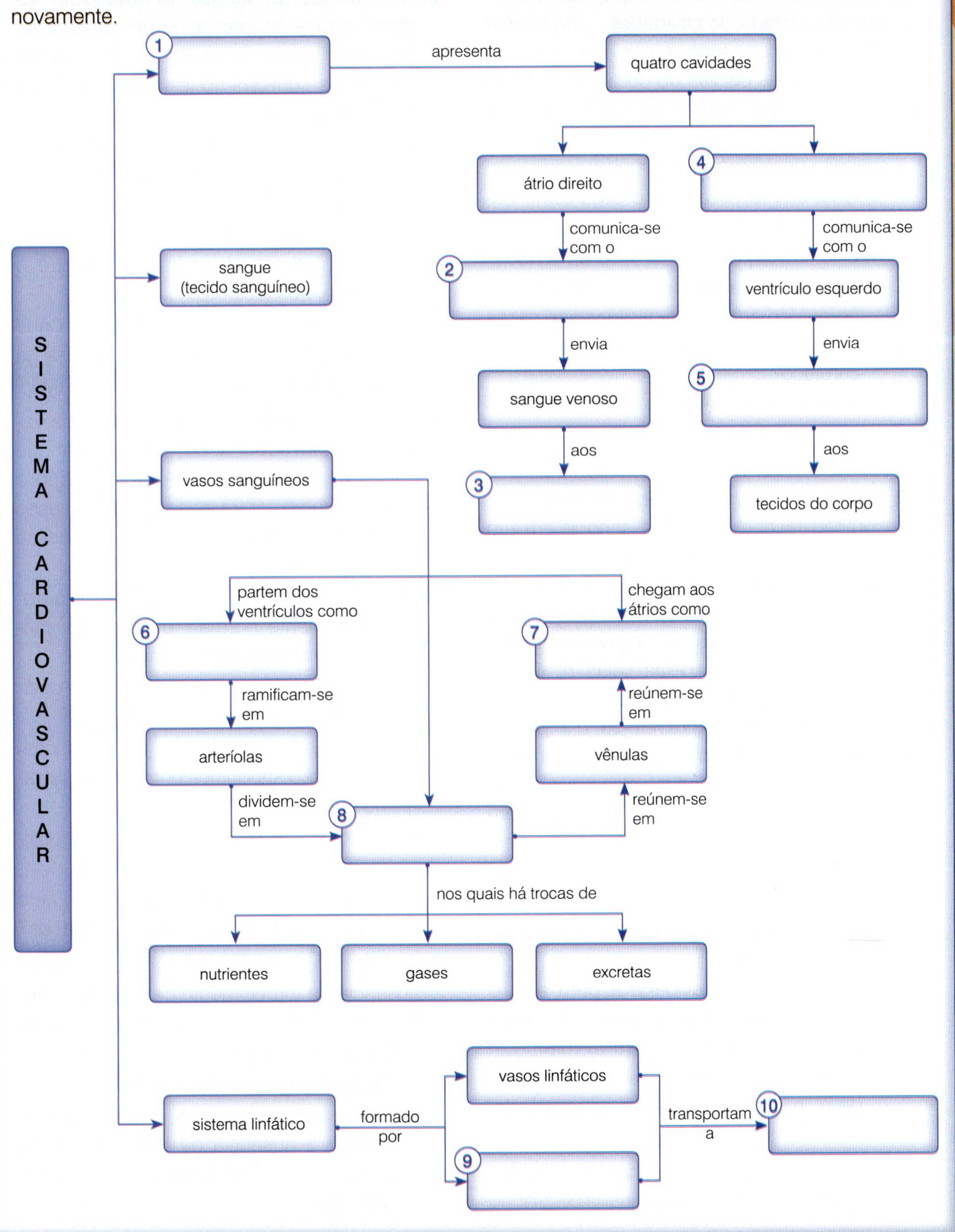

Atividades

1. Cite os principais componentes do sistema circulatório humano.

2. O coração humano é um órgão "cavitário" – ou seja, dotado de cavidades –, no interior do qual circula sangue que será enviado para todas as células do corpo, ao mesmo tempo em que recebe de volta o sangue proveniente de várias regiões do corpo. A respeito desse órgão, responda:

a) Qual sua localização no organismo humano?

b) Quantas e quais são as suas cavidades?

c) Que tipo de sangue (rico em gás carbônico ou rico em oxigênio) atravessa essas cavidades do coração durante o ciclo cardíaco?

d) Ao passarem pelas cavidades do coração os tipos de sangue se misturam? Justifique a resposta.

3. Ao atuar como uma "bomba circulatória", o coração recebe e expulsa sangue em um trabalho rítmico de dar inveja a qualquer bomba propulsora inventada pelo homem. Sangue rico em gás carbônico proveniente de todas as regiões do corpo penetra na cavidade *a*, trazido pelas veias *b*. Dessa cavidade, o sangue passa para a cavidade *c*, cujas paredes, contraindo-se, o impulsionam para a artéria *d*. De volta ao coração, o sangue rico em oxigênio penetra na cavidade *e*, trazido pelas veias *f*, passando em seguida para a cavidade *g*, cujas paredes, contraindo-se, o impulsionam para a artéria *h*. Tendo como base o texto, responda:

a) Quais são as estruturas destacadas no texto, de *a* até *h*?

b) Ao transitar da cavidade *a* para a *c*, o sangue atravessa uma válvula (ou valva) que as separa. Qual é essa válvula?

c) Ao transitar da cavidade *e* para a cavidade *g*, o sangue atravessa outra válvula. Qual é essa válvula?

4. Com relação à circulação sanguínea, descreva o trajeto do sangue na pequena circulação e na grande circulação, referindo-se apenas ao coração, aos pulmões e ao corpo.

5. A circulação do sangue no organismo humano ocorre no interior de um sistema fechado de vasos sanguíneos. Utilize as informações contidas no texto do item *Vasos sanguíneos* e responda:

a) Que vasos são percorridos pelo sangue a partir das artérias até o retorno ao coração?

b) Pelas paredes de quais desses vasos ocorre a troca de substâncias entre o sangue e os tecidos?

c) Qual o tipo (venoso, arterial) e para onde é transportado o sangue nas artérias na pequena circulação?

6. Ao ocorrer a sístole dos ventrículos, os vasos precisam suportar o impacto do sangue contra as suas paredes. A pressão que o sangue exerce contra as paredes dos vasos é a *pressão sanguínea*. A respeito desse tema, responda:

a) Quais são os valores considerados aproximadamente normais da pressão sanguínea em uma pessoa sadia?

b) O que significam os termos sístole e diástole, ao se referirem aos ventrículos?

c) Cite os principais fatores determinantes da pressão sanguínea nornal no organismo humano.

d) Explique, em poucas palavras, o significado do termo *hipertensão arterial*.

e) Que região localizada na parede do átrio direito produz os batimentos cardíacos?

7. O infarto do miocárdio é consequência da ausência de fornecimento de oxigênio e nutrientes às células do coração. A respeito desse tema, responda:

a) Qual o significado de miocárdio?

b) Cite a principal causa circulatória que conduz à ausência de fornecimento de oxigênio e nutrientes para as células do coração.

c) Qual dos dois tipos de compostos de colesterol, o HDL ou o LDL, é normalmente associado a depósitos dessa substância nas paredes das artérias coronárias, conduzindo a um quadro de arteriosclerose?

d) É comum ouvirmos dizer que "hábitos saudáveis de vida" atuam como preventivos da ocorrência de infarto do miocárdio e outros acidentes vasculares. Cite algumas medidas que se enquadram nesse conceito.

8. Uma pequena porção do líquido intersticial ou intercelular, que banha as células após a ocorrência das trocas entre o sangue e os tecidos, não retorna aos capilares sanguíneos, sendo recolhido por outro sistema de vasos. A respeito desse assunto, responda:

a) Que nome recebe o líquido recolhido por esse sistema?

b) Por meio de quais vasos esse liquido é conduzido de volta à circulação sanguínea?

c) Que estruturas são responsáveis pela filtragem de microrganismos e impurezas contidas nessa porção líquida?

9. Houve uma época em que se pensava que o sangue bombeado pelo coração fluísse e refluísse sempre no interior dos mesmos vasos, como as marés dos oceanos. Utilizando os seus conhecimentos sobre o sistema circulatório, explique em poucas palavras por que essa hipótese estava errada.

10. Ao ouvir os batimentos cardíacos de uma pessoa com um instrumento apropriado (estetoscópio), com frequência o médico reconhece a existência de sopros que, para muitas pessoas, é uma ocorrência normal. Na verdade, essa ocorrência é relacionada à atividade das válvulas cardíacas e arteriais que estão presentes no coração. A esse respeito:

a. O que é um sopro cardíaco?

b. Cite quais são as válvulas cardíacas e sua localização.

c. Cite as válvulas arteriais e sua localização.

11. Hábitos saudáveis de vida frequentemente são associados a uma boa saúde e ao bom funcionamento orgânico, notadamente do coração. Em termos de prevenção de ocorrências circulatórias danosas:

a. Cite uma medida preventiva que possa evitar a ocorrência de aterosclerose.

b. Cite uma medida preventiva que possa evitar a ocorrência de hipertensão arterial.

capítulo 7

Sangue

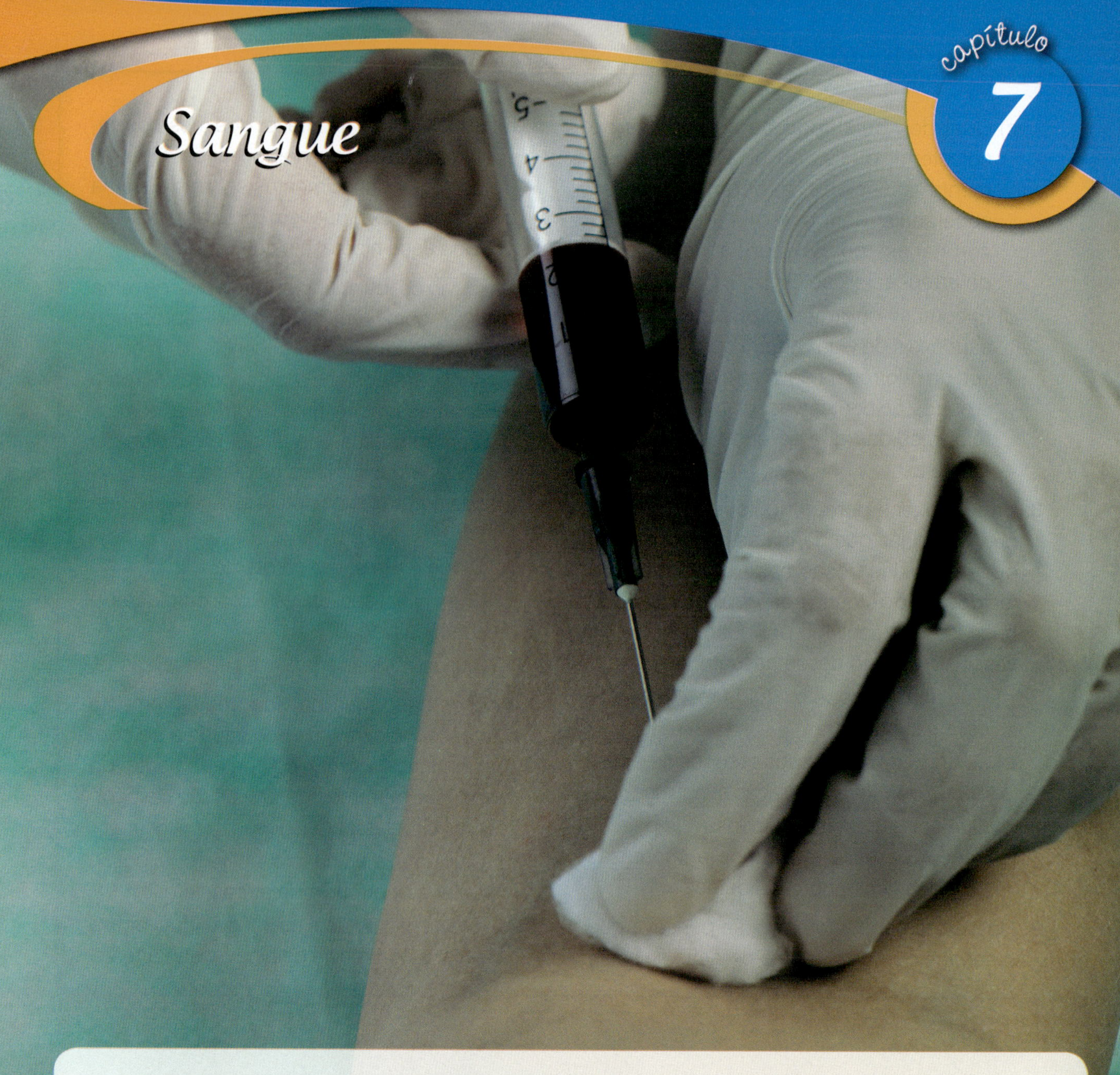

Como vai sua saúde? Um exame de sangue pode responder...

Todos nós, em algum momento da nossa vida, já realizamos um exame de sangue, seja por suspeita de alguma doença ou até mesmo para controle da saúde. Esse exame é um procedimento relativamente tranquilo, em que uma pequena quantidade de sangue de uma veia periférica é coletada e encaminhada para análise.

Um dos principais tipos de exame pedido pelos médicos é o hemograma, em que são avaliadas as três principais linhagens de células presentes no sangue (hemácias, leucócitos e plaquetas). Além desse, outros tipos de exame de sangue também podem ser solicitados pelo médico para determinação, por exemplo, da quantidade de glicose, colesterol, triglicérides, hormônios e outras proteínas presentes no sangue. Os resultados são um bom indicador de como está nossa saúde e se há algo que precise ser analisado mais detalhadamente.

Neste capítulo, iremos aprender um pouco mais sobre o sangue, essencial para a manutenção da vida e da nossa saúde.

PHOTOGRAPHEE.EU/SHUTTERSTOCK

A composição do sangue

O sangue faz parte do sistema circulatório, um sistema de **transporte**, que conduz nutrientes e oxigênio para todas as células e remove produtos de eliminação. Além disso, ele apresenta outras funções como, por exemplo, contribuir para a defesa do organismo, como iremos estudar neste capítulo.

RED ON/SHUTTERSTOCK

O sangue é o único tecido líquido de nosso corpo, constituído por vários tipos de células mergulhadas em uma solução de inúmeras substâncias em água.

Um indivíduo sadio, pesando cerca de 80 quilos, tem em torno de 5,5 litros de sangue. Se um pouco de seu sangue for retirado e colocado em um tubo de ensaio, ele se apresentará com aspecto homogêneo, de cor vermelho-escura. Se esse sangue for centrifugado, duas porções distintas poderão ser vistas. A parte inferior, vermelho-escura, é formada por células (**glóbulos vermelhos** e **glóbulos brancos**) e fragmentos de células (**plaquetas**). Esse conjunto forma os **elementos figurados** do sangue e ocupa 45% de seu volume total. A parte superior, líquida, é uma solução aquosa, amarelo-claro, chamada **plasma** e ocupa 55% do volume total. Cerca de 90% do plasma é constituído de água e os outros 10% são formados por inúmeras substâncias, como água, proteínas, glicose, vitaminas e sais minerais, entre outras.

Centrifugado: submetido a determinado processo de separação dos elementos de uma amostra.

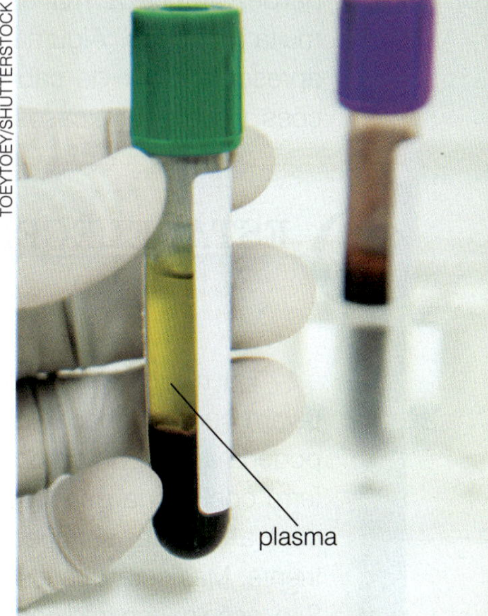

TOEYTOEY/SHUTTERSTOCK

Glóbulos vermelhos

Os **glóbulos vermelhos**, também chamados de **eritrócitos** (do grego, *erythrós* = vermelho + *kytos* = célula) ou **hemácias** (do grego, *haima* = sangue + *lysis* = romper) têm a forma de um disco achatado com as bordas arredondadas. São células muito pequenas, que perdem o núcleo e as organelas durante sua formação, de modo que o seu espaço interno (citoplasma) é ocupado principalmente por moléculas de **hemoglobina**, substância responsável pela cor vermelha do sangue.

A hemoglobina é uma proteína que contém o elemento químico **ferro**. É justamente o ferro que se combina com o oxigênio para que esse gás possa ser conduzido pelo sangue até as células dos tecidos em geral.

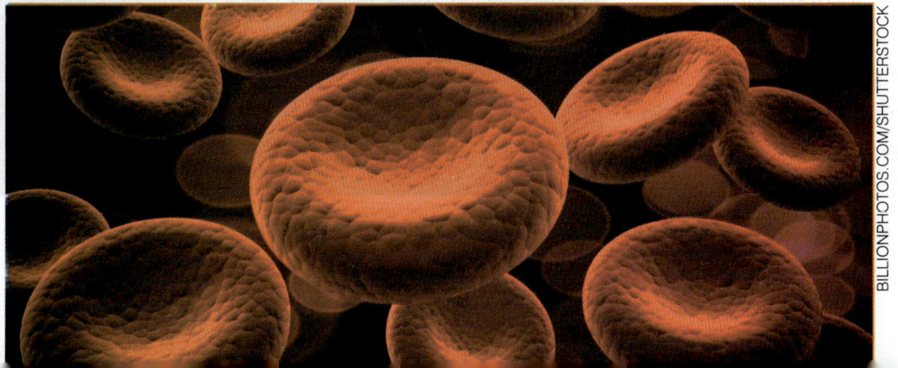

BILLIONPHOTOS.COM/SHUTTERSTOCK

Ilustração de glóbulos vermelhos. Note a forma achatada e bicôncava (os dois lados são concavos) dessas células.

É SEMPRE BOM SABER MAIS!

Anemia ferropriva

Aproximadamente dois terços do ferro do organismo encontra-se nas moléculas de hemoglobina. Uma alimentação pobre em ferro prejudica a formação dessa proteína e, portanto, das hemácias, causando uma doença chamada de **anemia ferropriva**.

Há vários motivos que podem levar à anemia (do grego, *a*(*n*) = negação + *haima* = = sangue), mas o mais comum é a deficiência de alimentos ricos em **ferro**.

Na falta desse elemento, o número de glóbulos vermelhos, às vezes, pode ser quase normal, porém as hemácias tendem a ser menores, pois a quantidade de hemoglobina estará reduzida.

Devido à menor oferta de oxigênio para as células, os indivíduos anêmicos apresentam palidez, fraqueza, mal-estar e se cansam com muita facilidade. Algumas vezes, eles também apresentam dor de cabeça, tonturas e alterações visuais. Em casos mais graves, os sistemas respiratório e circulatório podem ficar comprometidos, acarretando problemas, como insuficiência cardíaca, por exemplo.

Segundo o Programa Nacional de Suplementação de Ferro, do Ministério da Saúde (2013), a anemia ferropriva é considerada um grave problema de saúde pública no Brasil em virtude do elevado número de casos e de como isso afeta o desenvolvimento das crianças. Dados da Pesquisa Nacional de Demografia e Saúde mostram que a incidência dessa anemia entre menores de cinco anos no Brasil é de 20,9%, sendo de 24,1% em crianças menores de dois anos.

Estudos comprovam a estreita relação que existe entre anemia e desenvolvimento das crianças: as que apresentaram anemia durante os primeiros anos de vida, mesmo tendo sido tratadas, ainda assim possuem maior probabilidade de baixo rendimento escolar em idades posteriores.

ESTABELECENDO CONEXÕES

Cotidiano

Panela de ferro é que faz comida boa?

Há muito tempo nossas avós já comentavam que cozinhar utilizando panelas de ferro poderia auxiliar no combate à anemia, já que o ferro contido na panela poderia ser transferido para a comida, enriquecendo-a com esse nutriente. Mas será que isso realmente acontece? Sim, essa é uma tradição que comprovadamente dá certo. O ferro presente na panela consegue migrar para o alimento, tornando-o mais rico nesse mineral. Os adeptos das delícias feitas em panela de ferro garantem que, além do benefício do ferro, o sabor dos alimentos cozidos nesse tipo de panela é ainda melhor.

É importante ressaltar que a quantidade de ferro que pode ser transferida para a comida depende do tipo de alimento que está sendo preparado. De maneira geral, quanto mais ácido for o alimento, maior a transferência de ferro.

Por isso, para quem está precisando de um reforço de ferro, cozinhar, por exemplo, molho de tomate (alimento levemente ácido) em panela de ferro é uma das melhores pedidas.

BITT24/SHUTTERSTOCK

Em um ser humano adulto, há aproximadamente 5 milhões de glóbulos vermelhos por mm^3 (ou mL) de sangue.

O tempo médio de vida de uma hemácia é de 120 dias. Por serem anucleadas, as hemácias não se multiplicam. As células mais velhas são retiradas da circulação pelo fígado e baço. A produção de novas células é feita pela **medula óssea** vermelha ("tutano vermelho"), localizada no interior de alguns ossos, como costelas, esterno, vértebras, clavículas e osso do quadril.

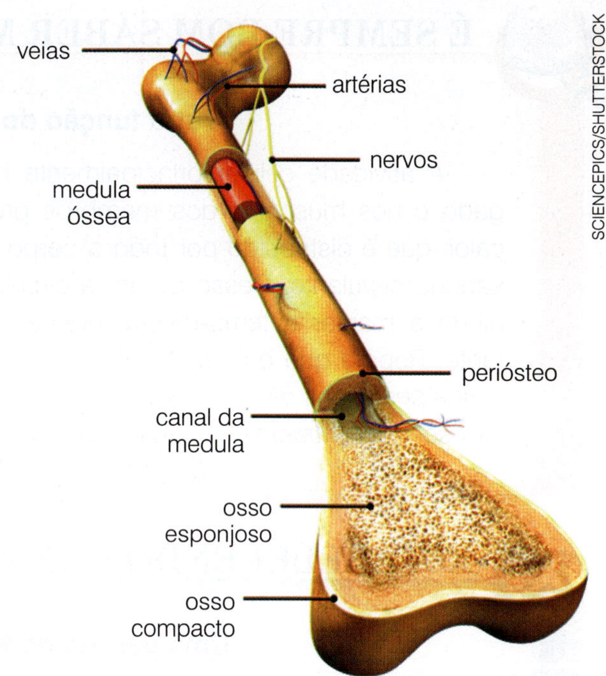

Estrutura de um osso longo com destaque para a medula óssea. (Cores-fantasia. Ilustração fora de escala.)

É SEMPRE BOM SABER MAIS!

A medula óssea trabalha intensamente produzindo hemácias. Para isso, a medula necessita de nutrientes, entre eles o ferro.

Quando da destruição das hemácias, o ferro é, em parte, reaproveitado pela medula óssea. Porém, essa quantidade não é suficiente para produzir toda a hemoglobina que necessitamos. O complemento deverá vir dos alimentos ricos em ferro como, por exemplo, o feijão e a carne vermelha.

Função dos glóbulos vermelhos

A principal função dos glóbulos vermelhos é transportar oxigênio dos pulmões para todas as células do organismo. Para entender melhor a sua função, vamos acompanhar sua trajetória pelo sangue.

Quando uma hemácia passa pelos capilares que envolvem **alvéolos pulmonares**, recebe oxigênio, que se combina com a hemoglobina formando a *oxi-hemoglobina* (hemoglobina + oxigênio). Ao chegar aos tecidos do corpo, o oxigênio desprende-se da hemoglobina, atravessa a parede dos capilares e penetra nas células dos tecidos.

As células, por sua vez, liberam gás carbônico, que será levado aos pulmões por dois caminhos. Uma pequena parte combina-se com a hemoglobina formando a *carboxi-hemoglobina* (gás carbônico + hemoglobina), porém a maior parte do gás carbônico é transportada pelo plasma. Ao chegar aos alvéolos pulmonares, o gás carbônico abandona o sangue e a hemoglobina volta a combinar-se com moléculas de oxigênio.

É SEMPRE BOM SABER MAIS!

Outra função do sangue: regulação térmica

A atividade celular principalmente no fígado e nos músculos dos membros produz calor, que é distribuído por todo o corpo pelo sangue circulante. Desse modo, a circulação ajuda a manter a temperatura interna constante. Repare que os vasos periféricos *dilatam-se* ou *contraem-se*, regulando o fluxo de sangue e as perdas de calor através da superfície do corpo.

Vasos periféricos: veias sob a pele.

Em dias frios, por exemplo, os vasos periféricos contraem-se limitando a irradiação de calor. Em dias quentes ou após atividade física, esses mesmos vasos dilatam-se e, com a evaporação do suor, aumenta a perda de calor para o ambiente, abaixando a temperatura corporal.

ESTABELECENDO CONEXÕES — Geografia

Uma partida de futebol em grandes altitudes

Algumas cidades estão localizadas em grandes altitudes como, por exemplo, La Paz, a 3.650 m acima do nível do mar. Nessa altitude, o ar é mais rarefeito, isto é, existe menos oxigênio quando comparado com o oxigênio atmosférico ao nível do mar (altitude zero).

Um indivíduo que vive ao nível do mar tem um número de hemácias adequado ao transporte de oxigênio disponível nessa altitude. Ao deslocar-se para grandes altitudes, o organismo consegue adaptar-se, produzindo mais glóbulos vermelhos, o que compensa a menor oferta de oxigênio. Entretanto, o aumento do número de hemácias não é instantâneo. Por isso, o ideal é que um time de futebol que deseja disputar uma partida em locais de grande altitude chegue alguns dias antes para poder aclimatar-se, isto é, adaptar-se às condições locais.

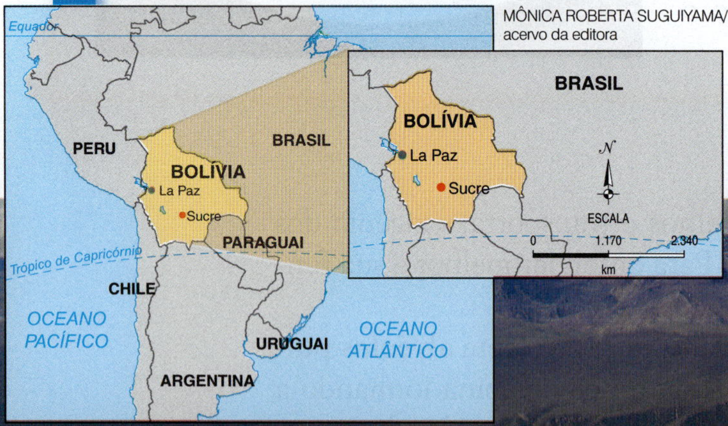

MÔNICA ROBERTA SUGUIYAMA/ acervo da editora

Cerca de 28% do território boliviano situa-se entre ramos da Cordilheira dos Andes, a uma altitude média acima dos 3.000 m, como é o caso de La Paz (na foto), capital administrativa da Bolívia (a capital oficial é Sucre, cidade que se localiza na região centro-sul do país).

SHANTI HESSE/SHUTTERSTOCK

Glóbulos brancos

Os **glóbulos brancos** ou **leucócitos** (do grego, *leuco* = branco + *kytos* = célula) são células de defesa, de cor clara, produzidas pela medula óssea.

Diferentemente dos glóbulos vermelhos, os leucócitos possuem núcleo e organelas citoplasmáticas. Alguns lembram amebas, pois se movimentam por meio da emissão de pseudópodes.

O número de glóbulos brancos é bem menor que o de glóbulos vermelhos. Em cada mililitro de sangue há em torno de 4.500 a 10.000 leucócitos.

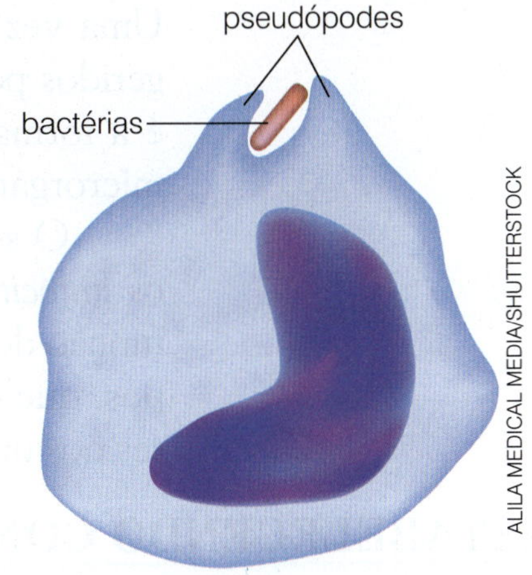

Ilustração de glóbulo branco fagocitando uma bactéria por meio da emissão de pseudópodes. (Cores-fantasia. Ilustração fora de escala.)

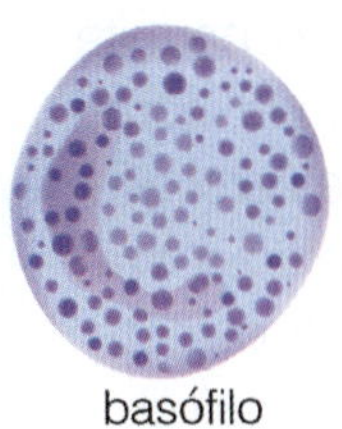

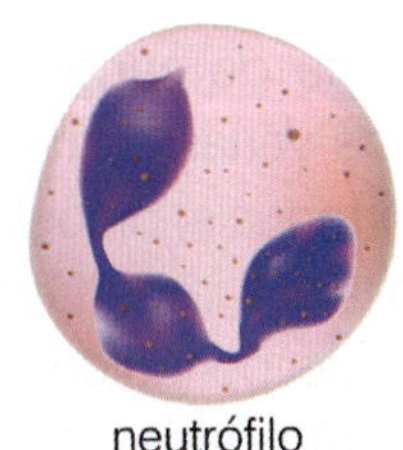

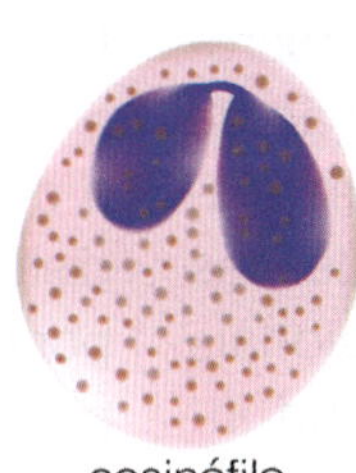

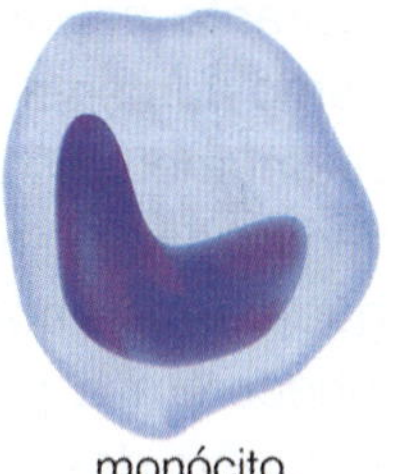

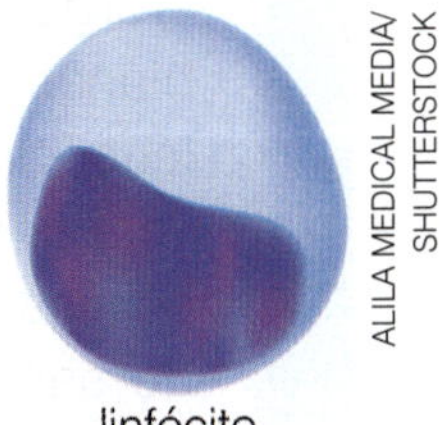

Ilustração dos diferentes tipos de glóbulos brancos. (Cores-fantasia. Ilustração fora de escala.)

Função dos glóbulos brancos

O corpo humano é continuamente exposto a bactérias e outros microrganismos através da boca, vias respiratórias, intestino, vias urinárias, mãos etc. Muitos desses microrganismos podem provocar doenças.

Os glóbulos brancos ou leucócitos combatem os agentes agressores por meio de dois processos: **fagocitose** e **produção de anticorpos**.

A fagocitose é efetuada pelo tipo mais comum e abundante dos glóbulos brancos, os *neutrófilos*. São produzidos pela medula óssea e são capazes de atravessar a parede dos capilares sanguíneos e de migrar para os locais infectados.

NIAID/NATIONAL INSTITUTES OF HEALTH/SPL/LATINSTOCK

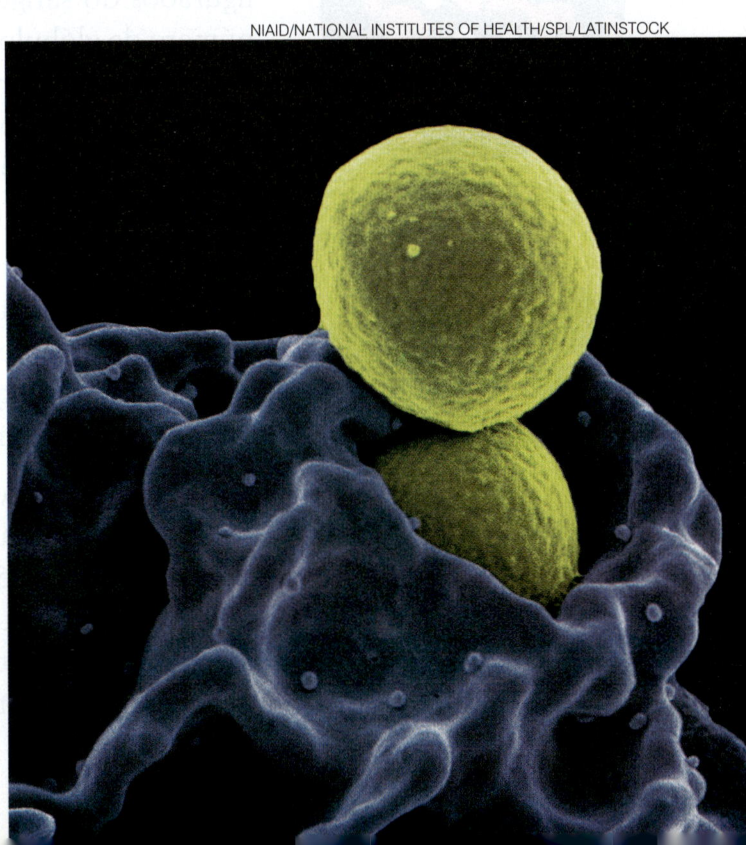

Neutrófilo (corado em roxo) fagocitando bactérias da espécie *Staphylococcus aureus* (em amarelo). Neutrófilos são o tipo mais abundante de glóbulos brancos de nosso organismo. (Microscopia eletrônica; aumento desconhecido.)

Uma vez fagocitados (englobados), os microrganismos são digeridos por enzimas do glóbulo branco. O resultado dessa luta é a formação do **pus** que contém tecidos, glóbulos brancos e microrganismos mortos.

O segundo tipo mais abundante de glóbulos brancos são os *linfócitos*, presentes nos nódulos linfáticos (linfonodos). A função dos linfócitos é produzir proteínas de defesa, os **anticorpos**, que combatem proteínas estranhas, os **antígenos**, presentes nos organismos invasores.

ESTABELECENDO CONEXÕES

Saúde

Exame de sangue

Os neutrófilos capturam e destroem microrganismos. Durante as infecções microbianas, o organismo aumenta a produção de leucócitos e o seu número no sangue se eleva. Por isso, a verificação do número dessas células no sangue permite aos profissionais de saúde reconhecerem a presença de infecções. Já a contagem dos glóbulos vermelhos permite verificar se o indivíduo apresenta anemia.

Um exame de sangue completo permite a detecção de várias outras disfunções, como distúrbios hormonais, diabetes e colesterol alto, por exemplo. Daí a importância de se fazer exames de sangue periódicos, a fim de detectar qualquer anormalidade o mais cedo possível.

Leucemia

É um tipo de câncer que afeta os gânglios linfáticos ou a medula óssea e, portanto, a produção normal dos elementos figurados do sangue. Na leucemia, há um grande aumento do número de glóbulos brancos circulantes. A rápida multiplicação das células cancerígenas termina por ocupar cada vez mais a medula óssea, impedindo a formação normal dos glóbulos vermelhos, glóbulos brancos e plaqueta.

a

sangue normal

b

leucemia

Ilustração de amostra de sangue (a) normal e (b) de portador de leucemia, em que pode ser visto um grande número de glóbulos brancos.

Podem estar presentes os seguintes sintomas na leucemia:

- **redução das hemácias** – cansaço, sonolência, fraqueza, palidez, dores de cabeça, tontura, desmaios, queda dos cabelos;
- infecções e febres;
- **redução de plaquetas** – sangramento em geral, presença de manchas roxas, menstruação excessiva.

O tratamento da leucemia pode ser feito por medicamentos (quimioterapia) ou aplicações de radiações (radioterapia), que destroem as células doentes. Às vezes, o tratamento envolve a realização de transplantes de medula: por esse procedimento a medula doente é inativada e células sadias da medula de um doador são introduzidas.

É SEMPRE BOM SABER MAIS!

A AIDS e os linfócitos

A AIDS (sigla em inglês para Síndrome da Imunodeficiência Adquirida, SIDA em português) é uma doença causada pelo vírus HIV. Esse vírus parasita e destrói os linfócitos, as células de defesa que protegem o organismo por meio da produção de anticorpos, levando os indivíduos acometidos pela doença a desenvolver **infecções oportunistas**, causadas por outros microrganismos.

O desenvolvimento de medicamentos modernos, que auxiliam no controle da quantidade de vírus, oferece melhor qualidade de vida e uma sobrevida maior aos pacientes.

Sobrevida: vida após certo limite.

Uma pessoa com AIDS pode transmitir a doença para outras pessoas por meio do contato com sangue, esperma, muco vaginal e leite materno contaminados pelo HIV. Por isso, é sempre importante lembrar de algumas medidas preventivas, que evitam o contato com o vírus: usar camisinha nas relações sexuais, utilizar agulhas e seringas descartáveis em qualquer situação. Bancos de sangue também devem realizar um rigoroso controle do sangue obtido por doações, evitando a contaminação de outras pessoas não só com o vírus da AIDS, mas com outros vírus causadores de outras doenças. Mulheres portadoras do vírus HIV, podem transmiti-lo aos filhos durante o parto e a amamentação.

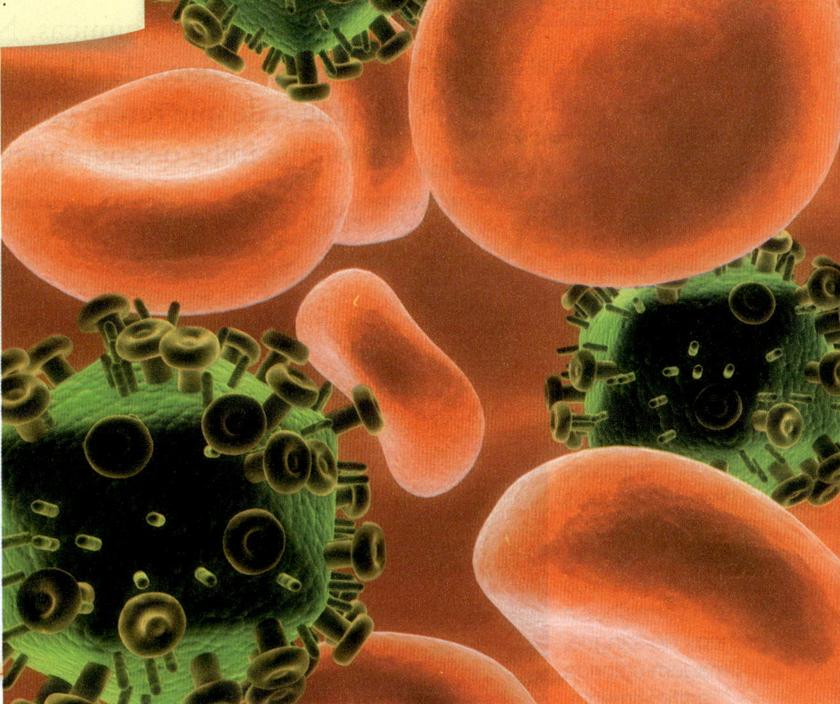

Representação artística de vírus HIV, agente causador da AIDS, em meio a células vermelhas do sangue. As proteínas que envolvem o vírus formam espécies de pontas que servem para liga-lo à célula que será infectada.

SEBASTIAN KAULITZKI/SHUTTERSTOCK

Plaquetas

Sempre que os vasos sanguíneos são rompidos, acontece um sangramento, uma perda de sangue chamada **hemorragia**. Se o ferimento for pequeno, depois de certo tempo a perda de sangue cessa por meio do processo de **coagulação sanguínea**. As plaquetas, pequenos fragmentos de células presentes no nosso sangue, são as responsáveis pelo início do processo da coagulação.

O número de plaquetas por mililitro (mL) ou por milímetro cúbico (mm^3) de sangue é bem maior do que o de glóbulos brancos, porém bem menor que o de glóbulos vermelhos, estando entre 150.000 e 400.000. Elas também são produzidas a partir de células da medula óssea vermelha.

É SEMPRE BOM SABER MAIS!

Heparina, um anticoagulante natural

Em condições normais a coagulação não se verifica dentro de vasos intactos. Porém, algumas vezes, os coágulos podem formar-se no interior de um vaso e deslocar-se, *interrompendo a circulação* em áreas vitais do organismo. Uma substância produzida pelo fígado e outros órgãos, chamada **heparina**, um *anticoagulante*, impede a coagulação espontânea.

A heparina é usada em laboratórios quando se quer evitar a coagulação do sangue para análises ou transfusões.

Função das plaquetas

A coagulação sanguínea é um processo complexo do qual participam pelo menos 15 substâncias químicas especiais, chamadas de **fatores de coagulação**. O fator que inicia esse processo encontra-se nas plaquetas.

Quando um vaso se rompe, as plaquetas iniciam uma série de reações químicas. Nesse processo há a formação de uma proteína chamada **fibrina**. A fibrina apresenta-se na forma de uma rede que retém glóbulos e plaquetas, formando um **coágulo**, que inibe o sangramento.

Jogo rápido

Em que local do organismo são produzidas as células do sangue?

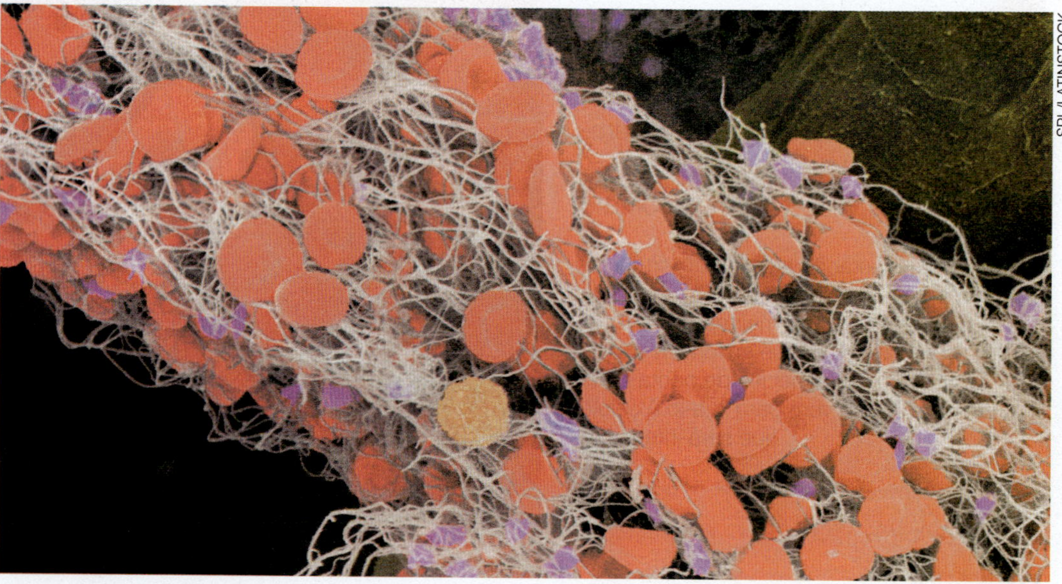

SPL/LATINSTOCK

Microscopia eletrônica de coágulo sanguíneo. Uma rede de fibrina (cor creme) se forma como resposta às substâncias químicas secretadas pelas plaquetas (em rosa). Essa rede retém os glóbulos vermelhos e brancos do sangue. (Imagem colorida artificialmente. Aumento desconhecido.)

É SEMPRE BOM SABER MAIS!

Hemofilia

A hemofilia, doença hereditária, que afeta o processo de coagulação do sangue, deve-se principalmente à não produção de uma proteína, que é um dos fatores de coagulação citados anteriormente. O sangue das pessoas hemofílicas não coagula normalmente, de modo que mesmo ferimentos leves podem ter consequências graves.

Os hemofílicos podem ser tratados por transfusões de sangue, pois assim receberão o fator que está faltando.

Plasma

Aprendemos, no início deste capítulo, que pouco mais da metade do volume sanguíneo (55%) é plasma. O plasma é formado por muitas substâncias químicas e tem inúmeras funções, como mostra o quadro a seguir:

Água	A sua função é dissolver as substâncias transportadas. Cerca de 90% do plasma é formado por água.
Nutrientes	Dissolvidos no plasma existem nutrientes que abastecem as células, como glicose, vitaminas, aminoácidos etc. Esses nutrientes são provenientes do sistema digestório.
Gases	Dissolvidos no plasma existem apenas 2% de oxigênio e a maior parte (cerca de 80%) do gás carbônico, que será transportado até o pulmão para ser eliminado.
Excretas	Os resíduos das células, como, por exemplo, a ureia, serão transportados pelo plasma até o rim, de onde serão eliminados.
Proteínas	Têm várias funções, entre elas a defesa do organismo (anticorpos). Outra função das proteínas plasmáticas é participar do processo da coagulação.
Sais minerais	Os elementos minerais, como sódio, cloro, fósforo, potássio, cálcio, exercem inúmeras funções no organismo. O cálcio, por exemplo, é importante na formação dos ossos e no processo de coagulação sanguínea.
Hormônios	Substâncias químicas que controlam a atividade dos diferentes órgãos e chegam a eles através do plasma.

Imunização

Talvez você não saiba, mas indivíduos que tiveram sarampo quando crianças nunca mais terão essa doença. Qual a explicação para isso?

Para responder à pergunta, precisamos voltar aos linfócitos. Quando os vírus causadores da doença entraram em contato com a criança, antígenos dos vírus também o fizeram. Assim que isso aconteceu, os linfócitos reagiram e produziram anticorpos específicos para os antígenos e, portanto, para os vírus. Esses anticorpos neutralizaram os antígenos, eliminando os vírus. Assim, a criança curou-se da doença.

Fique por dentro!

A palavra **imunidade** vem do latim *immunis*, que significa livre, isento.

Nesse processo, linfócitos que permanecem no corpo por vários anos, desenvolvem uma espécie de "memória", guardando as características dos antígenos dos vírus do sarampo. Caso eles voltem a aparecer, haverá um rápido reconhecimento, e, portanto, um **combate imediato e eficiente** a eles. O indivíduo não desenvolverá novamente a doença, pois está *imunizado* contra esse microrganismo.

Outras doenças como caxumba e catapora também só se manifestam uma vez, pois "células de memória" (linfócitos) reconhecem os antígenos causadores dessas doenças.

Vacinas: prevenção contra doenças

Podemos ficar imunizados contra uma doença sem tê-la contraído? Sim, isso é possível por meio da **vacinação**. Nesse processo, um tipo de microrganismo enfraquecido (atenuado), isto é, incapaz de se reproduzir, ou morto é inoculado por meio de vacinas em nosso corpo. Quando isso acontece, esse microrganismo não provoca a doença, porém ele possui o antígeno que estimula os linfócitos a produzirem os anticorpos específicos para combatê-lo. Dessa maneira, o micróbio ativo, ao entrar em contato com o indivíduo vacinado, será combatido por anticorpos previamente desenvolvidos, impedindo que a doença se manifeste.

ESTABELECENDO CONEXÕES

Saúde

Dependendo do tipo de agente invasor, a imunização pode ser temporária ou para toda a vida.

A produção de anticorpos por meio da vacinação é lenta. Por isso, as vacinas são usadas para evitar que o organismo adquira certa doença e não para curá-lo caso já esteja doente. Como o organismo participa ativamente da produção dos anticorpos, toda vacinação é considerada *imunização ativa*.

As campanhas de vacinação promovidas pelo governo federal são importantíssimas, pois previnem a ocorrência de algumas doenças, como poliomielite, sarampo, catapora, rubéola, gripe, hepatite B, entre outras, na maioria da população.

Soro: outro grande aliado do sistema de defesa

Imagine agora uma outra situação. Alguém estava andando por uma região rural e foi, acidentalmente, picado por uma cobra venenosa. Será que, nesse caso, a solução para o tratamento dessa pessoa seria uma vacina? Neste caso, a resposta é não. Os antígenos presentes no veneno da cobra são muito agressivos e agem rapidamente. E como a produção de anticorpos é lenta, a solução é injetar os **anticorpos específicos** já prontos, pois assim o veneno será combatido imediatamente. Esses anticorpos estão contidos em uma solução chamada **soro terapêutico**. Para picadas de cobra, o soro específico é chamado de *antiofídico*.

Os soros são fabricados em laboratórios. O renomado Instituto Butantan, em São Paulo, fabrica um número muito grande de medicamentos, entre eles os soros que combatem veneno de aracnídeos e de cobras. Na aplicação de soros, os indivíduos que os recebem não participaram da produção dos anticorpos. Trata-se, portanto, de uma *imunização passiva*. Veja o esquema abaixo mostrando a produção de soros.

Descubra você mesmo!

Pesquise como é produzido o soro antiofídico (contra picada de cobras).

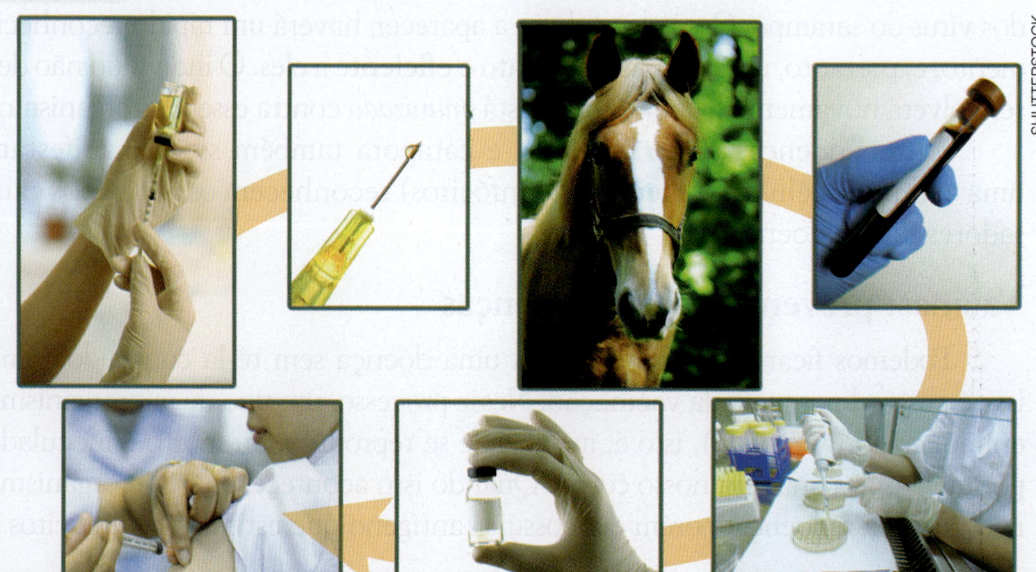

SHUTTERSTOCK

Os soros são produzidos a partir do sangue de animais (cavalos, por exemplo) previamente inoculados com doses não letais dos antígenos. Depois de certo tempo retira-se certa quantidade do sangue desses animais e isolam-se do plasma os anticorpos que esse animal produziu. A partir desse material, prepara-se em laboratório o soro para ser administrado às pessoas.

ESTABELECENDO CONEXÕES

Saúde

Outra situação semelhante ocorre quando nos ferimos com objetos (pregos, arames, cacos de vidro) contaminados pela bactéria *Clostridium tetani*, que causa o tétano. As toxinas bacterianas são tão agressivas que o remédio é administrar o *soro antitetânico*. Porém, se o caso for apenas de evitar o tétano, deve-se recorrer à *vacina antitetânica*.

Sistema sanguíneo ABO

Houve uma época em que transfusões sanguíneas levaram várias pessoas à morte. Em 1910, Karl Landsteiner, cientista austríaco, descobriu que o motivo das mortes era uma reação do tipo antígeno-anticorpo. Como já sabemos, antígeno é uma proteína estranha que provoca a formação de um anticorpo específico.

Na superfície dos glóbulos vermelhos existem dois **antígenos naturais**, chamados **A** e **B**, ou nenhum deles. No plasma, existem dois **anticorpos naturais**, isto é, produzidos sem estímulos de antígenos, chamados de **anti-A** e **anti- B**.

A presença ou não desses antígenos e anticorpos é determinada hereditariamente, isto é, depende do material genético (genes) recebido dos pais.

Lembre-se!

Há outros sistemas de tipagem sanguínea além do sistema ABO.

Grupos sanguíneos do sistema ABO

De acordo com os antígenos presentes nas hemácias, a população humana está distribuída em quatro grupos sanguíneos: A, B, AB ou O.

Um indivíduo do **grupo A** tem nas membranas de suas hemácias o *antígeno natural* **A** e em seu plasma está presente o *anticorpo natural* **anti-B**. Note que o anticorpo não poderia ser anti-A, pois ele combateria o antígeno A, provocando a aglutinação dos glóbulos vermelhos, isto é, a aglomeração dessas células em pequenos grumos que impediriam a circulação.

Grumos: grânulos.

Distribuição ilustrativa dos antígenos na superfície das hemácias dos diferentes grupos sanguíneos do sistema ABO.

Um indivíduo do **grupo B** tem em suas hemácias o *antígeno natural* B e, no plasma, o *anticorpo natural* **anti-A**.

Um indívíduo do **grupo AB** tem os dois *antígenos naturais*, **A** e **B**; portanto, não possui anticorpos anti-A e anti-B em seu plasma.

Finalmente, indivíduos do **grupo O** não possuem nenhum antígeno em suas hemácias, mas apresentam os *anticorpos* **anti-A** e **anti-B**.

Resumindo:

Grupos sanguíneos do sistema ABO

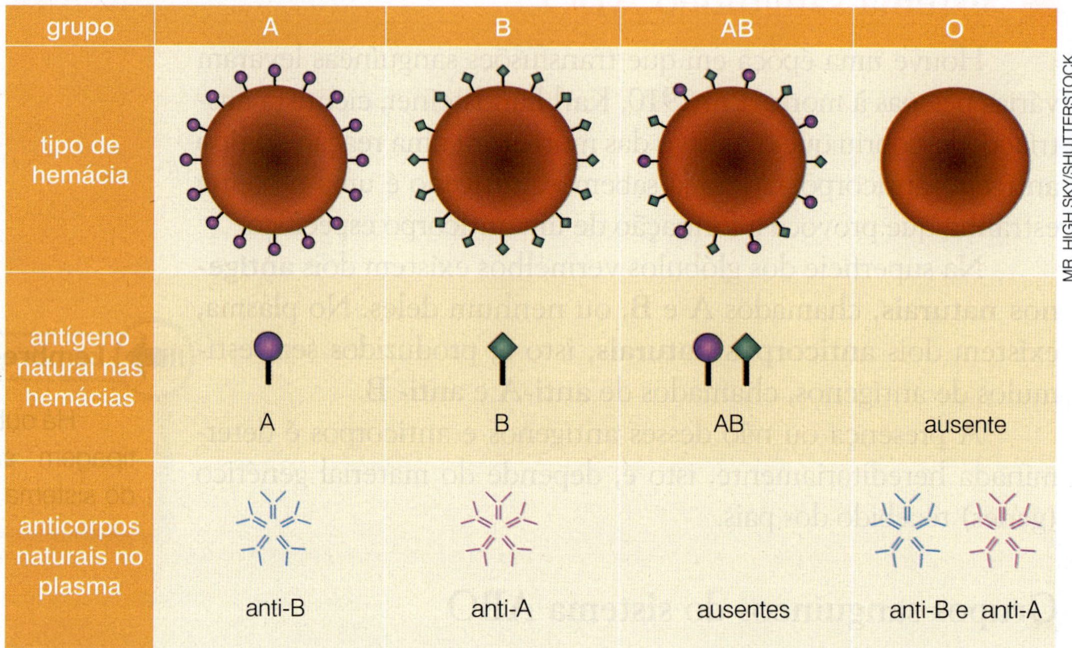

Transfusões sanguíneas

Um indivíduo do grupo A perdeu sangue, necessitando de uma transfusão. Um colega dessa pessoa doou sangue para ajudar, mas seu sangue era tipo B. Essa transfusão é recomendável?

Acompanhe o esquema abaixo:

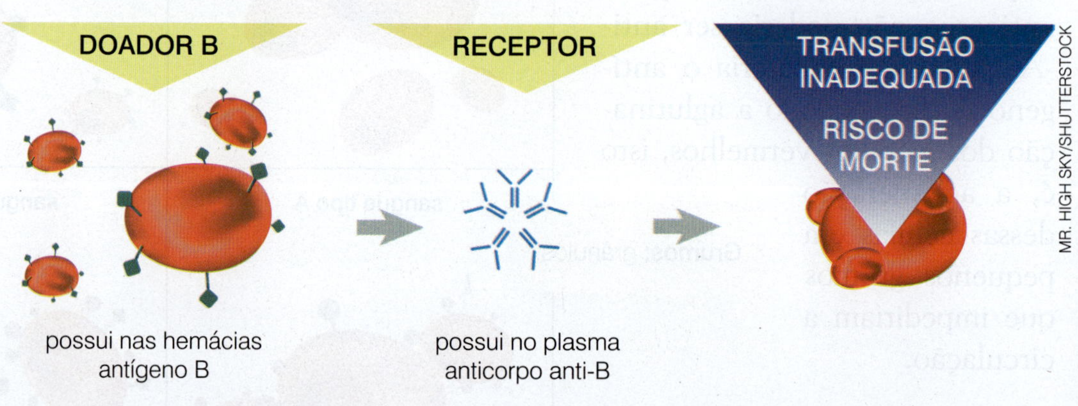

Uma transfusão impossível. Diagrama mostrando hemácias de um doador do grupo B "atacadas" por anticorpos anti-B do receptor do grupo A.

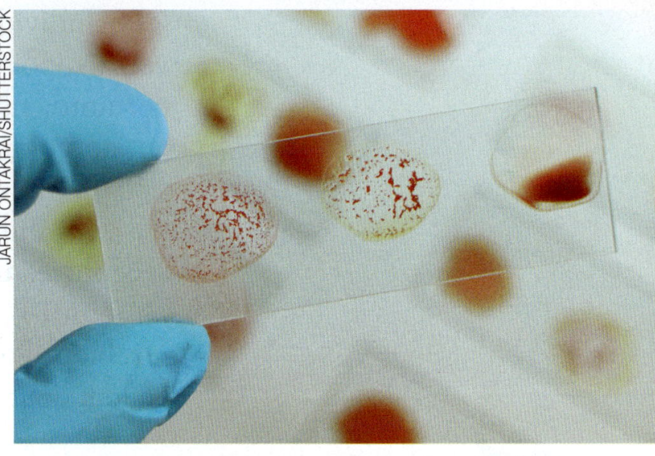

Observe a aglutinação sanguínea nas duas amostras centrais da lâmina de teste mostrada na foto.

Ao receber os glóbulos vermelhos com o antígeno B, os anticorpos anti-B, em grande quantidade no plasma do receptor de grupo sanguíneo A, irão aglutinar as hemácias do doador com as do receptor, podendo ocasionar problemas, como a interrupção do fluxo sanguíneo.

Nesse caso, você poderia argumentar que os anticorpos *anti-A*, presentes no *doador B* iriam confrontar-se com os *antígenos* A do receptor A, não é? É perfeitamente lógico. Porém, cabe aqui uma informação importante: em geral o volume de sangue doado não é muito grande e os anticorpos presentes no sangue do doador diluem-se no sangue do receptor, e não aglutinam suas hemácias.

No caso de doações que envolvem volumes maiores de sangue, a única transfusão segura é a que usa o mesmo tipo de sangue.

Acompanhe no diagrama a seguir, as transfusões que podem ser feitas de maneira segura, sem trazer maiores problemas para os receptores.

Jogo rápido

Em que elementos do sangue são encontrados os antígenos? e os anticorpos?

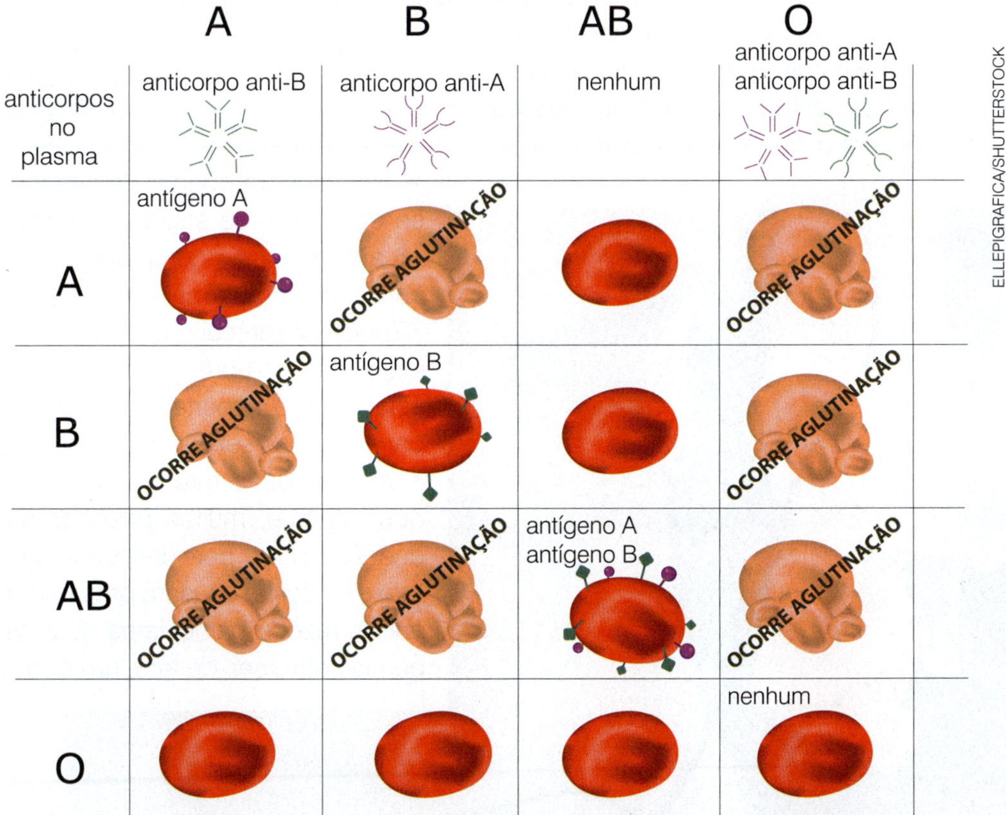

Diagrama que mostra as possibilidades de transfusões sanguíneas no sistema ABO.
Lembre-se que os anticorpos (anti-A e anti-B) dos doadores diluem-se no sangue dos receptores e, por isso, não acarretam problemas em transfusões que envolvem pequenos volumes de sangue.

Indivíduos do grupo O são chamados de **doadores universais**, pois não apresentam antígenos em suas hemácias que, portanto, não podem ser aglutinadas. Como eles apresentam anticorpos anti-A e anti-B, só podem receber sangue do mesmo tipo O, isto é, sem antígenos A e B.

Os indivíduos com sangue do tipo AB são chamados de **receptores universais**, pois não apresentam os anticorpos anti-A e anti-B, ou seja, não aglutinam nenhum tipo de hemácia recebido. Porém, por possuírem os dois antígenos (A e B), só podem doar para pessoas com o mesmo tipo sanguíneo (AB).

DE OLHO NO PLANETA

Ética & Cidadania

Precisamos aumentar o número de doadores de sangue

Ninguém está livre de sofrer um acidente, de passar por uma cirurgia ou por um procedimento médico em que a transfusão de sangue seja absolutamente indispensável.

Quem precisa de transfusão tem de contar com a boa vontade de doadores; nada como o sangue verdadeiro retirado das veias de outro ser humano.

Todos sabemos que é importante doar sangue. Mas, quando chega a nossa vez, sempre encontramos uma desculpa: "Hoje está frio" ou "não estou disposto" ou "nesses últimos dias tenho trabalhado muito e ando cansado; será que esse sangue não me vai fazer falta?..." e vamos adiando a doação que poderia salvar a vida de uma pessoa.

Sempre é bom frisar que o sangue doado não faz a menor falta para o doador, pois será reposto em pouco tempo pela medula óssea. Consequentemente, nada justifica que as pessoas saudáveis deixem de doá-lo. O processo é simples, rápido e seguro.

Adaptado de: <http://drauziovarella.com.br/drauzio/doacao-de-sangue> *Acesso em:* 6 ago. 2015.

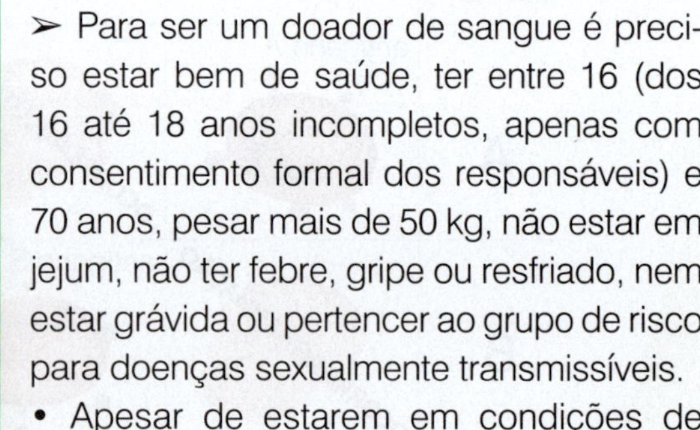

OLEKSANDR BEREZKO/SHUTTERSTOCK

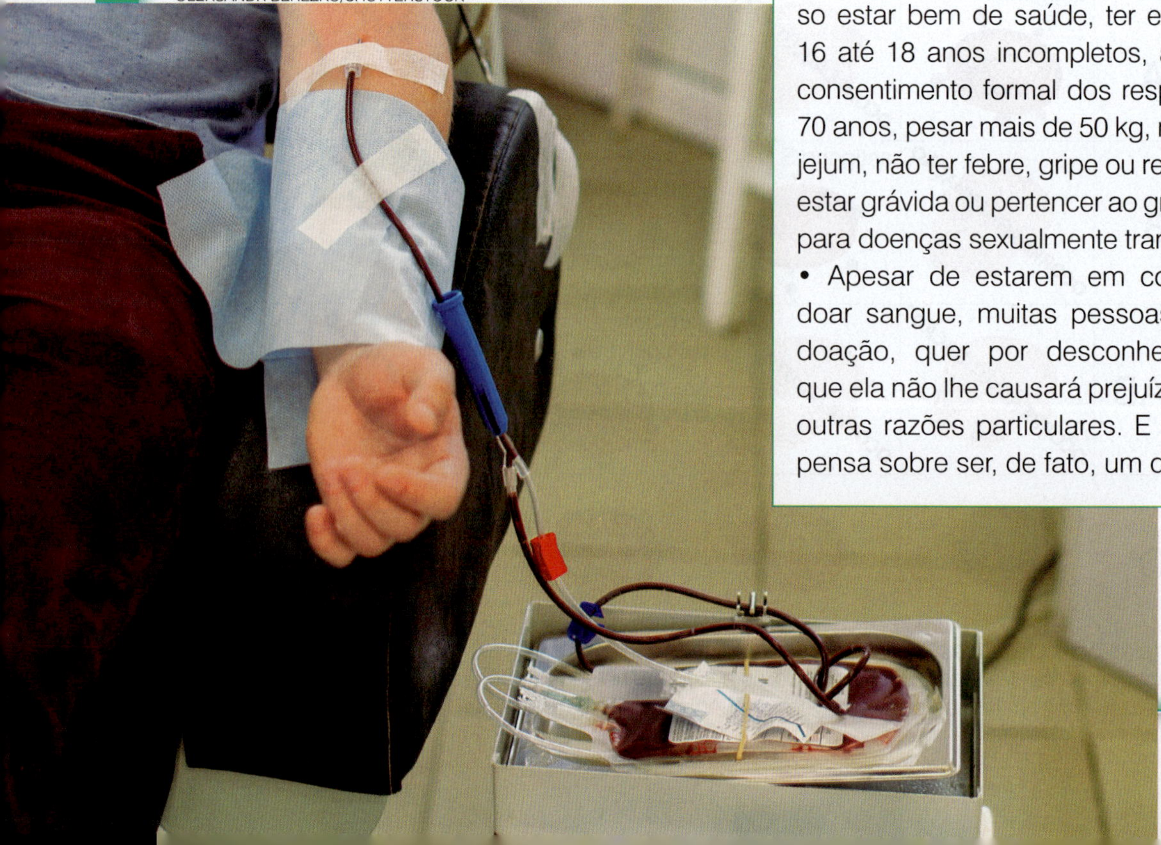

➢ Para ser um doador de sangue é preciso estar bem de saúde, ter entre 16 (dos 16 até 18 anos incompletos, apenas com consentimento formal dos responsáveis) e 70 anos, pesar mais de 50 kg, não estar em jejum, não ter febre, gripe ou resfriado, nem estar grávida ou pertencer ao grupo de risco para doenças sexualmente transmissíveis.

• Apesar de estarem em condições de doar sangue, muitas pessoas receiam a doação, quer por desconhecimento de que ela não lhe causará prejuízos, quer por outras razões particulares. E você, o que pensa sobre ser, de fato, um doador?

Nosso desafio

Para preencher os quadrinhos de 1 a 11, você deve utilizar as seguintes palavras: anticorpos, coagulação, fagocitose, ferro, gases, hemácias, leucócitos, linfócitos, medula óssea, plaquetas, plasma.

À medida que você preencher os quadrinhos, risque a palavra que escolheu para não usá-la novamente.

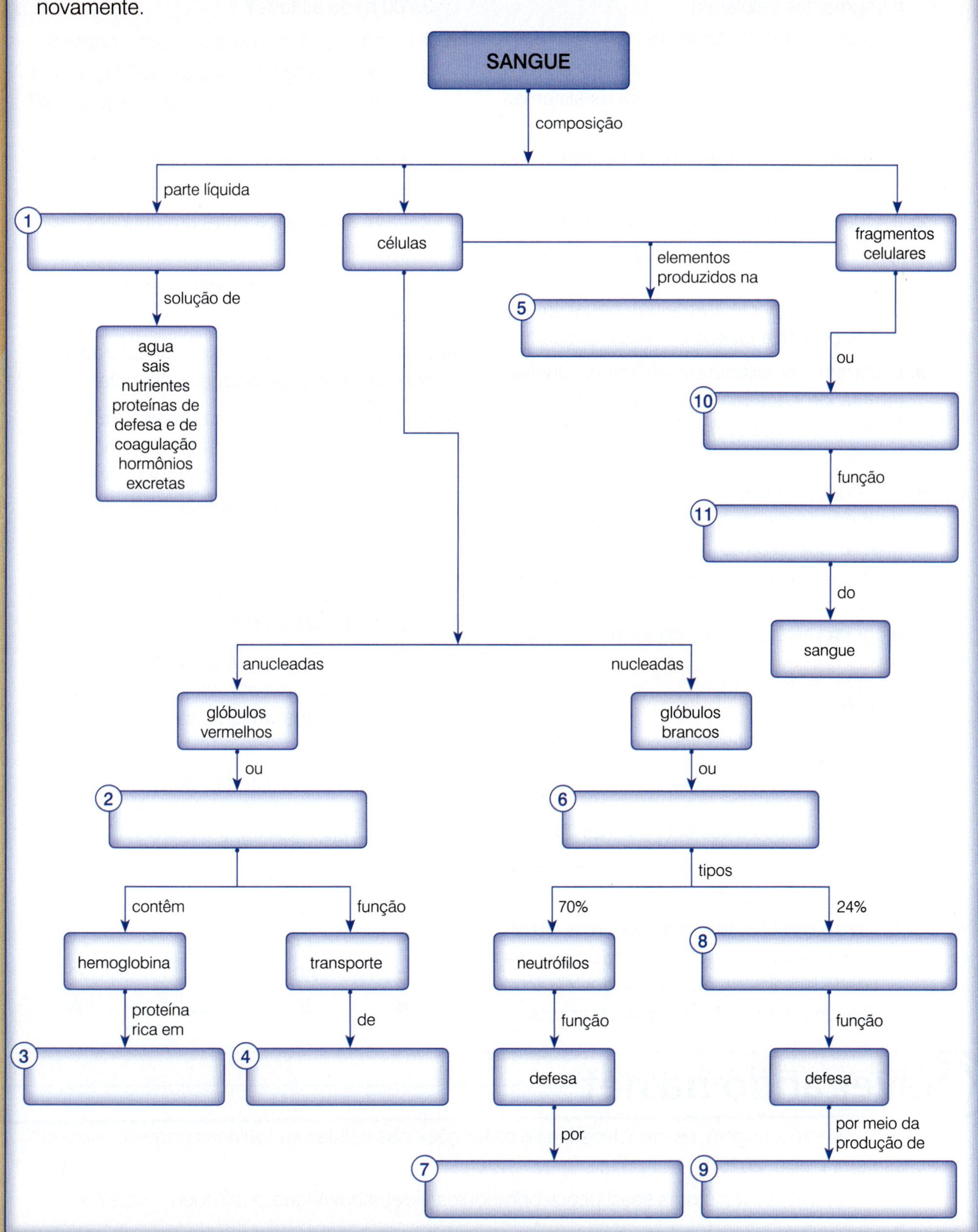

Atividades

1. O sangue é um tecido formado por uma parte líquida em que se encontram imersos os chamados elementos figurados (células e fragmentos celulares).

a. Qual o nome da parte líquida?

b. Que associação pode ser feita entre a composição do sangue com os sistemas digestório e imunitário?

c. Quais são os elementos figurados do sangue?

2. a. Quais são as células sanguíneas responsáveis pelo transporte de gases da respiração?

b. Que substância (proteína) capacita essas células a exercerem essa função?

3. É comum os indivíduos anêmicos queixarem-se de cansaço e de certa falta de ar. Explique por que uma alimentação rica em ferro pode reverter o quadro de anemia.

4. Um indivíduo do sexo masculino foi submetido a um exame de sangue chamado hemograma, que informa o número de glóbulos vermelhos, glóbulos brancos e plaquetas por mL (ou mm³) de sangue. O resultado do hemograma está apresentado na tabela abaixo:

Tipos celulares	Valores de referência	Valores obtidos
glóbulos vermelhos	5 a 5,5 milhões	5,3 milhões
glóbulos brancos	6.000 a 9.000	8.000
plaquetas	250.000 a 400.000	25.000

a. Que tipo de problema esse indivíduo pode apresentar?

b. Com base nesse resultado, podemos afirmar que o paciente está produzindo uma quantidade elevada de anticorpos que caracteriza uma infecção? Justifique a resposta.

5. Explique por que convém à seleção brasileira de futebol embarcar alguns dias antes de um jogo na cidade de La Paz, situada a 3.700 m de altitude?

6. A respeito dos glóbulos brancos, responda:

a. Qual o nome das células que fagocitam elementos estranhos ao organismo? Onde são produzidos?

b. Qual o nome dos leucócitos que fabricam anticorpos? Onde são fabricados?

c. Qual a diferença entre um antígeno e um anticorpo?

7. Como se pode relacionar imunização com vacinação?

8. Soro antiofídico pode ser considerado um tipo de vacina? Justifique a resposta.

9. Embolia pulmonar é uma doença muito grave que pode ser causada pela formação ou deslocamento de um coágulo sanguíneo que obstrui capilares sanguíneos pulmonares. Pergunta-se:

a. O que é um coágulo?

b. Por que o coágulo, às vezes, é uma ameaça à nossa saúde?

10. Nos grupos sanguíneos do sistema ABO, há antígenos e anticorpos naturais. Onde se localizam esses antígenos e anticorpos no sangue?

11. Das transfusões citadas abaixo, quais são as que podem ser realizadas e quais devem ser evitadas? Justifique a resposta.

	DOADOR		**RECEPTOR**
a.	A	→	O
b.	O	→	AB
c.	AB	→	O
d.	B	→	A

Navegando na net

Vídeo sobre a origem, as características e as funções das células sanguíneas pode ser visto em (*acesso em:* 6 ago. 2015):

<http://www.biologia.seed.pr.gov.br/modules/video/showVideo.php?video=12397>

capítulo

8 Sistema urinário (excretor)

ERIC GEVAERT/PANTHERMEDIA/KEYDISC

Urina transformada em água potável!

A tripulação a bordo da Estação Espacial Internacional (EEI) dependia de voos enviados da Terra para manter o suprimento de água a bordo. A necessidade de um sistema que reciclasse a água se mostrou ainda mais importante quando uma aeronave contendo suprimentos vitais foi incapaz de chegar à Estação.

A solução para o problema da autossuficiência de água a bordo da EEI veio em 2003, quando um sistema de destilação acoplado a filtros foi capaz de transformar a urina e o suor dos astronautas em água potável. Com esse sistema, é possível "produzir" cerca de 2,7 kg de água diariamente, o que possibilita que a Estação possa ter a bordo seis astronautas em lugar de três.

Muitos poderão fazer careta só de pensar em beber esse tipo de água reciclada, mas sua qualidade é melhor do que a oferecida por muitos municípios a suas populações – o único problema é superar o aspecto psicológico de saber a origem do líquido.

Fonte: ANDREW, D. American Astronauts Drink Their Pee – But Russians Refuse. *Disponível em:* <http://www.iflscience.com/space/american-astronauts-drink-eachother-pee-russians-refuse>. *Acesso em:* 15 ago. 2015.

Neste capítulo, vamos conhecer a fisiologia do sistema urinário, incluindo como se forma a urina, precioso líquido para os astronautas a bordo da EEI.

NASA TV

Desde quando começamos a enviar seres humanos ao espaço e lá permaneceram por meses, entre várias adaptações foi preciso equipá-los com alimentos e água potável, pensando sempre no exíguo espaço disponível nos veículos espaciais. A partir daí, grandes avanços ocorreram na indústria de alimentos liofilizados. Além de frutas, sopas, leite em pó, café, se conservarem por mais tempo, muitos, como as frutas secas, podiam ser consumidos dessa forma e outros, como sopas, leite e café, precisavam ser reidratados para consumo.

Liofilizados: desidratados.

Uma das soluções foi o aproveitamento da água eliminada pela urina dos astronautas. A urina coletada passa por um tratamento que retira os sais e a ureia excretados. A água sai dos equipamentos transformadores cristalina, inodora, insípida como toda água tratada deve ser, e pronta para beber ou para preparar uma boa refeição.

Quando se fala em tratamento e reutilização de água, os seres humanos há tempos fazem isso, a partir do esgoto produzido nas grandes cidades. O esgoto é submetido a um rigoroso tratamento em estações apropriadas e, em seguida, a "água de reúso" pode ser empregada na lavagem de ruas, jardinagem e tantos outros fins que não precisam de água potável. Rigorosamente falando, é isso o que nosso sistema urinário faz ao "tratar" os resíduos ou excretas nitrogenadas produzidas pelas nossas células. O sangue coleta esses resíduos e, ao circular pelos rins, sofre um processo de filtragem. Os resíduos nitrogenados são excretados pela urina, enquanto a água e alguns nutrientes úteis retornam para o sangue, para reutilização pelas nossas células. Por isso, neste capítulo, estudaremos os órgãos do sistema urinário humano, dando uma atenção especial para a estrutura e o funcionamento dos rins, à formação e composição da urina e à importância da excreção urinária na manutenção do equilíbrio do meio interno do nosso corpo.

Homeostase: em equilíbrio

A capacidade de um organismo manter o seu ambiente interno estável, apesar de todas as mudanças do ambiente externo, é chamada **homeostase** (do grego, *homoios* = igual, constante + *stasis* = equilíbrio).

Essa capacidade depende da atividade conjunta de todos os sistemas que compõem o nosso corpo. Assim, por meio do *sistema digestório* absorvemos os nutrientes celulares; o sistema respiratório é reponsável pelo abastecimento de oxigênio e eliminação do gás carbônico; o *circulatório*, em contato com todos os outros sistemas, transporta nutrientes, gases, substâncias de excreção e inúmeras outras substâncias, além de distribuir o calor gerado pelo *sistema muscular*; o *excretor* elimina excretas por meio da urina. Finalmente, os *sistemas nervoso* e *hormonal* (endócrino) regulam o funcionamento de todos os outros sistemas. Somente dessa forma é possível manter um meio favorável para o trabalho (metabolismo) de nossas células e, por extensão, dos tecidos, órgãos, sistemas, e do organismo como um todo, mantendo-o em um estado de "equilíbrio dinâmico". Homeostase, portanto, é sinal de saúde, de vida em equilíbrio.

Os resíduos celulares

Como acontece em qualquer fábrica, as células, ao processarem substâncias químicas, produzem **resíduos**. Os dois principais resíduos provenientes do metabolismo celular são o **gás carbônico** (CO_2) e a **amônia** (NH_3).

Você já aprendeu que as células "quebram" açúcares para liberar energia. O gás carbônico é o resíduo desse processo e é eliminado para o ambiente através dos pulmões e das vias aéreas. A amônia é um resíduo nitrogenado resultante principalmente do metabolismo de proteínas ou de seus componentes, os aminoácidos. É, porém, muito tóxica e exige grandes volumes de água para sua eliminação. No homem e na maioria dos mamíferos, esse problema é resolvido pela *transformação da amônia* em **ureia**, resíduo que tem a vantagem de ser menos tóxico do que a amônia e, por isso, exige menores volumes de água para a sua eliminação.

A transformação de amônia em ureia ocorre no fígado, que é, portanto, uma importante "estação de tratamento de resíduos". Assim que é produzida, a ureia é lançada no sangue. E por meio do sangue alcança os rins, que são os órgãos do sistema urinário responsáveis pela sua eliminação.

A transformação de amônia em ureia nas células do fígado gasta energia. Mas vale a pena, pois reduzindo a toxicidade da excreta é possível ao organismo tê-la em maior concentração no sangue e eliminá-la pela urina com economia de água. Economizar água é um dos fatores importantes na adaptação de diversos grupos de seres vivos ao ambiente terrestre.

No fígado, a amônia é também transformada em ácido úrico, mas em uma quantidade bem menor do que a de ureia. O ácido úrico é bem menos tóxico e exige pequeníssima quantidade de água para a sua eliminação. Infelizmente, nos seres humanos, o excesso de ácido úrico indica alterações do metabolismo e pode causar uma doença popularmente chamada de "gota", em que cristais de ácido úrico depositam-se nas articulações ósseas causando inflamações e dor.

O sistema urinário

Observe a figura ao lado, que mostra os órgãos e as estruturas que fazem parte do sistema urinário humano, formado por:

- **dois rins** – apresentam o formato de feijões, de cor vermelho-escura, pesam em torno de 150 g cada um, com cerca de 10 cm de comprimento, 5 a 7 cm de largura. Localizam-se na parte posterior da cavidade abdominal, em cada lado da coluna vertebral. Sua principal função é filtrar o sangue e *formar a urina*;
- **dois ureteres** – são tubos cuja função é *conduzir a urina produzida nos rins até a bexiga urinária*;
- **bexiga urinária** – é uma bolsa elástica localizada na parte inferior do abdômen. Sua função é *receber e acumular a urina conduzida pelos ureteres*. A bexiga pode armazenar de 400 a 700 cm^3 ou mais de urina;

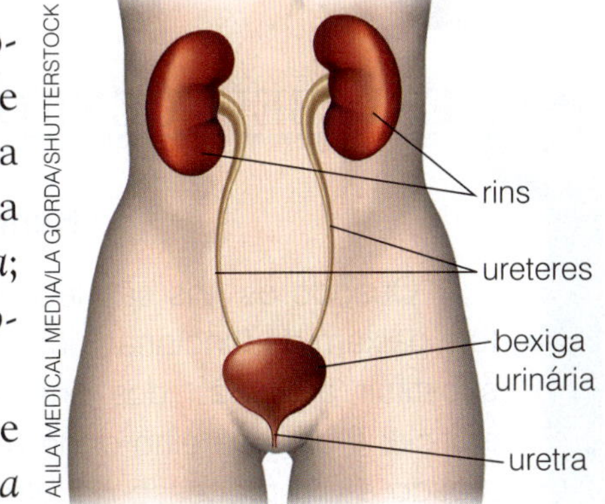

Representação ilustrativa do sistema urinário humano. (Cores-fantasia.)

Jogo rápido

Cite os principais órgãos que fazem parte do sistema urinário humano.

- **uretra** – é o canal da bexiga urinária que se abre para o meio externo. No homem, é um canal longo e atravessa o pênis que, além da urina, também conduz o esperma. Na mulher é um canal muito curto, não mais do que 3 cm, e serve apenas à passagem da urina.

A saída da urina da bexiga urinária é controlada por um esfíncter situado no começo da uretra. Nos bebês, o esfíncter é controlado involuntariamente e obedece a um estímulo provocado pela dilatação da parede da bexiga. Somente por volta dos dois anos de idade, o esfíncter pode ser controlado voluntariamente.

Esfíncter: um anel muscular com capacidade de contração e relaxamento.

O mau funcionamento do esfíncter causa incontinência urinária.

A relação dos rins com o sistema circulatório

Cada rim é irrigado por uma **artéria renal**, ramo da *artéria aorta dorsal*. As artérias renais, além de conduzirem sangue com nutrientes e oxigênio (sangue arterial) para abastecer as células do rim, levam também excretas nitrogenadas, que deverão ser filtradas por esse órgão.

Após a filtração renal, o sangue que sai de cada rim é conduzido por uma **veia renal** até a veia cava inferior, que se dirige ao coração. As veias renais carregam sangue com menor quantidade de nutrientes e de oxigênio, e com maior quantidade de gás carbônico (sangue venoso), porém livre da maior pate das excretas nitrogenadas tóxicas.

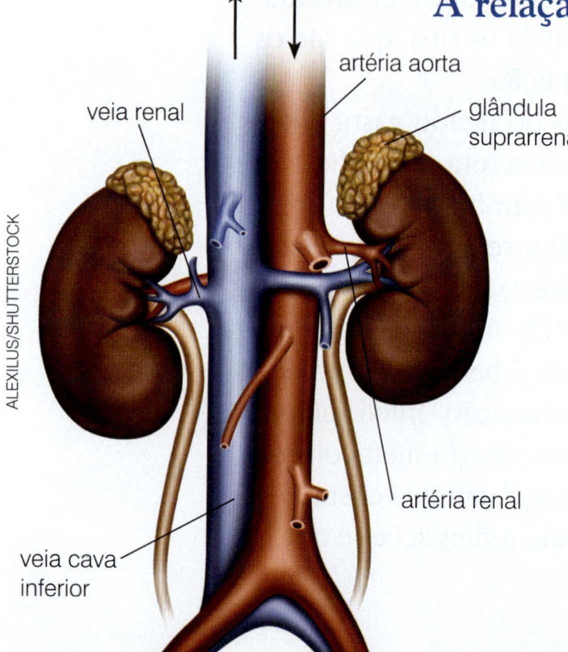

Principais vasos relacionados ao sistema urinário. A estrutura que se apóia na parte superior dos rins é a glândula suprarrenal, que não faz parte do sistema urinário. (Cores-fantasia. Ilustração fora de escala.)

ESTABELECENDO CONEXÕES

Hemodiálise e a perda da função renal

Quando os rins são lesados severamente e deixam de funcionar, um *rim artificial* pode substituir a função dos rins naturais. O rim artificial é um aparelho onde o sangue é submetido a um processo de filtração, chamado **hemodiálise**.

O indivíduo com severa injúria renal deve se submeter a uma rotina semanal de, em geral, três sessões de hemodiálise, cada uma com duração de quatro horas, além de restringir a ingestão de líquidos, sais e proteínas.

Embora a hemodiálise seja um processo seguro, ela tem seus riscos, como qualquer tipo de tratamento. Podem surgir complicações como, por exemplo, hipertensão arterial e anemia, entre outros.

Uma solução quase definitiva para superar a deficiência renal é o **transplante renal**, cuja técnica está tão avançada que oferece praticamente 100% de sobrevivência aos transplantados.

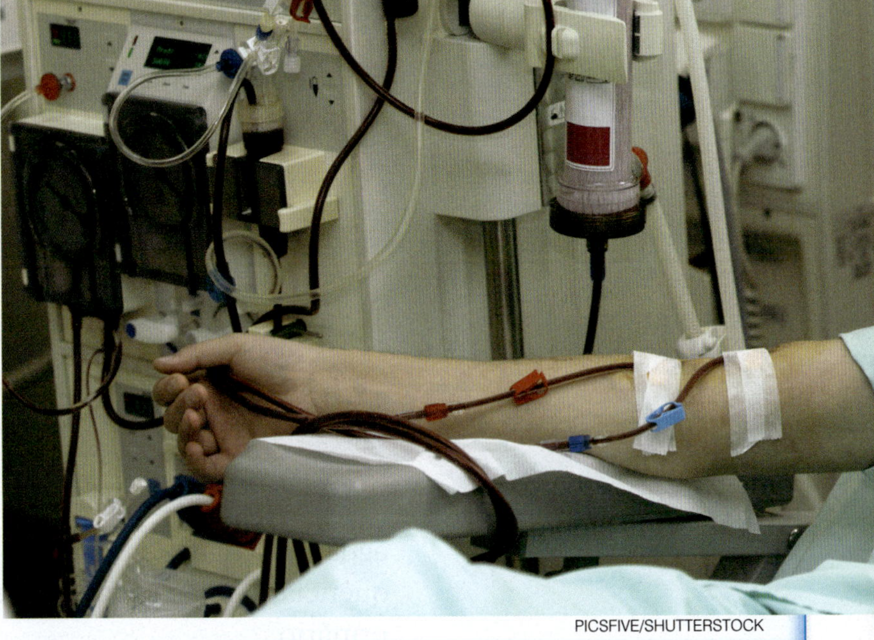

A máquina de diálise trabalha como se fosse um rim artificial. O sangue do paciente passa por uma membrana semipermeável do equipamento, em que ficam retidos os produtos de excreção. O sangue "tratado" retorna ao paciente também por via endovenosa.

PICSFIVE/SHUTTERSTOCK

Os rins e a formação da urina

A função dos rins é "limpar" o plasma sanguíneo e o resultado desse processo de purificação é a formação da urina. A maior parte da urina é composta de **água** (95%); o restante é formado por substâncias tóxicas resultantes do metabolismo celular, como a **ureia** e o **ácido úrico**, e substâncias não tóxicas, como os **sais minerais**.

Os sais minerais e a água são úteis ao organismo, desde que presentes em uma concentração adequada no plasma. Porém, algumas vezes, os ingerimos mais do que o necessário, o que pode prejudicar a função do sangue (alternando, por exemplo, a pressão arterial) e o estado de equilíbrio do organismo. Os rins, eliminando o excesso de água e de sais minerais, conseguem manter o sangue em uma condição de equilíbrio, ou seja, em homeostase.

Lembre-se!

Os rins desempenham um papel importante na homeostase do corpo, isto é, ajudam a regular a composição do meio interno, por meio da eliminação de substâncias tóxicas (ureia, ácido úrico) e dos excessos de água e sais, mantendo a composição química do plasma relativamente constante.

Urina com mais ou menos água: o que controla esse processo?

Normalmente, eliminamos 1,5 L de urina por dia. Porém, às vezes, o volume diário é de apenas 0,5 L, que é a quantidade mínima necessária para a remoção dos resíduos. Em outras ocasiões, eliminamos volumes maiores (vários litros por dia). O que controla a quantidade de urina?

KAZOKA/SHUTTERSTOCK

Hipófise: glândula endócrina situada na base do encéfalo.

No encéfalo existe uma região, o hipotálamo, que "percebe" a falta ou o excesso de água no sangue. O hipotálamo induz a hipófise a liberar no sangue o hormônio **hormônio antidiurético (HAD ou ADH)**. Esse hormônio atua nos túbulos renais e nos coletores de urina, promovendo a reabsorção de água.

Caso a quantidade de água no sangue esteja abaixo do normal, a hipófise libera o (ADH), que promove maior reabsorção de água. Dessa forma, o volume de urina será menor.

Ao contrário, caso haja muita água no sangue, a produção de ADH é inibida e, como consequência, menos água será reabsorvida, aumentando o volume urinário.

É SEMPRE BOM SABER MAIS!

Glândulas sudoríparas e a excreção do suor

As glândulas sudoríparas se encontram em grande quantidade na pele (em torno de 2 milhões), principalmente na fronte, nas axilas, na palma das mãos e na planta dos pés. Elas produzem o suor, que é formado por água, ureia, ácido úrico e alguns sais, muito semelhante à composição da urina. Essas substâncias são retiradas do sangue por essas glândulas e são eliminadas através do poro excretor de cada glândula na superfície do corpo.

A principal função das glândulas sudoríparas é regular a temperatura corporal, embora contribuam com a eliminação de excretas. Ao transpirar, a evaporação da água do suor "rouba calor", mantendo constante a temperatura corporal.

MARIDAV/SHUTTERSTOCK

ESTABELECENDO CONEXÕES

Cotidiano

No inverno, normalmente, urinamos mais do que no verão. Uma das explicações é que no inverno transpiramos menos do que no verão. Então, no inverno "sobra" mais água no sangue; como consequência, o ADH age menos no inverno do que no verão. Assim, no inverno, a urina terá mais água e será mais clara do que no verão, quando se apresenta com cor mais escura.

STEPHEN MCSWEENY/SHUTTERSTOCK

DE OLHO NO PLANETA

Ética & Cidadania

Troféu "Babaca do Ano"

Se você prestar atenção no funcionamento do seu corpo, vai perceber que a ingestão excessiva de líquidos nos leva a uma maior produção de urina. No caso de bebidas alcoólicas, como a cerveja, por exemplo, o álcool presente em sua composição tem a propriedade de inibir a produção de ADH. Com isso, menos água será reabsorvida e, consequentemente, haverá maior produção de urina.

O problema fica constrangedor quando pessoas deixam de lado as noções de cidadania e higiene e passam a urinar em espaços públicos, como ruas, praças, postes, ou até mesmo nos muros das residências particulares, em lugar de buscar banheiros, que são os locais apropriados para isso.

O ato de urinar em público pode ser considerado uma contravenção penal ou até mesmo um ato obsceno, ambos passíveis de pena segundo nosso Código Penal (como ato obsceno, a pena é de três meses a um ano de detenção).

Apesar da norma, ainda assim muitos continuam a ignorá-la, emporcalhando nossas vias públicas. São os babacas da cidade, porque chamá-los de porcos seria ofender aos quadrúpedes!

➢ O que você acredita que poderia ser feito no sentido de modificar a conduta de quem urina em público?

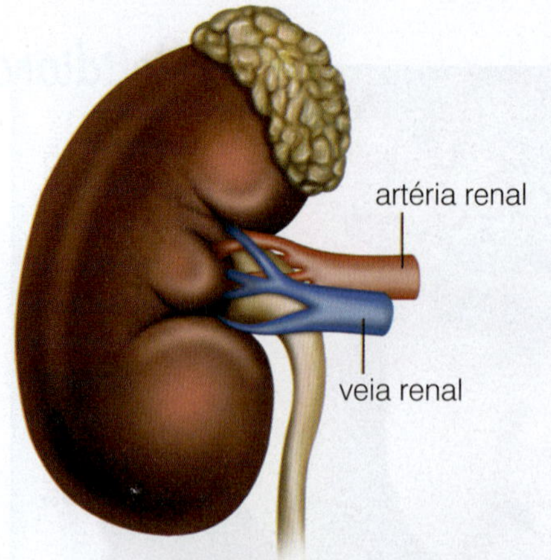

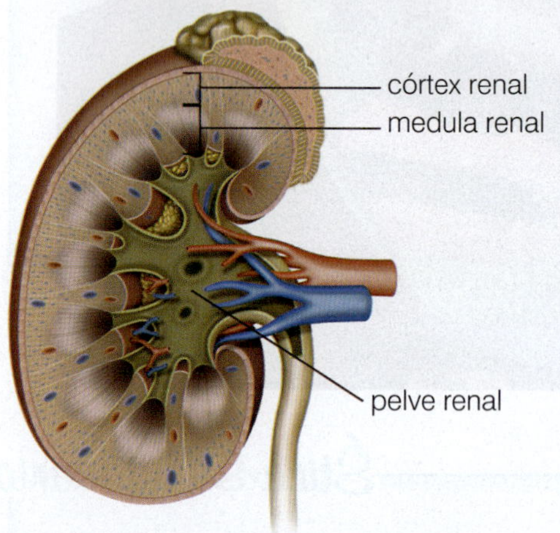

Rim em corte longitudinal, evidenciando o córtex e a medula renal. (Cores-fantasia. Ilustração fora de escala.)

Os rins e os néfrons

Cada rim é formado por uma extensa rede de capilares e finos tubos reunidos. Se um rim for cortado no sentido do comprimento, nota-se uma região mais externa, de cor vermelho-escura, chamada **córtex renal** e uma região interna, mais clara, a **medula renal**. O córtex e a medula abrigam cerca de 1 milhão de unidades filtradoras de sangue. Esses filtros microscópicos são os **néfrons** (do grego, *nephros* = rim).

Néfron: a unidade funcional dos rins

Para entender o funcionamento dos rins, devemos inicialmente estudar o **néfron**, que é a unidade funcional desses importantes órgãos. Repare na figura da página seguinte que o néfron é uma estrutura em forma de tubo, em que a porção inicial é dilatada e lembra uma taça, chamada **cápsula glomerular** (ou de Bowman).

Após a cápsula vem o **túbulo contorcido proximal**, seguido de uma região mais fina, em forma de "U", a **alça** do néfron. Na sequência, temos o **túbulo contorcido distal**, que termina em um **ducto coletor**, que recolhe a urina produzida pelos néfrons.

A urina corre pelos ductos coletores em direção à **pelve renal**, uma câmara em forma de funil, e dela para o **ureter**, canal que liga o rim à bexiga urinária.

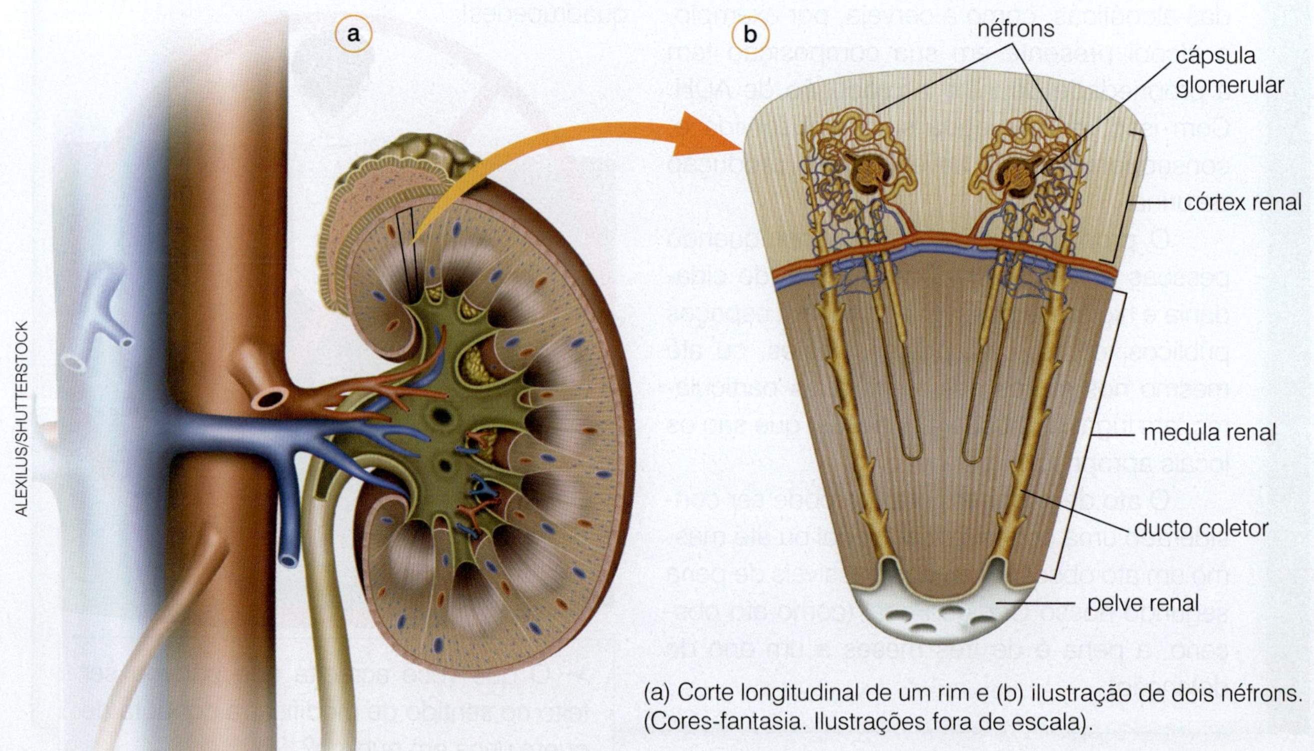

(a) Corte longitudinal de um rim e (b) ilustração de dois néfrons. (Cores-fantasia. Ilustrações fora de escala).

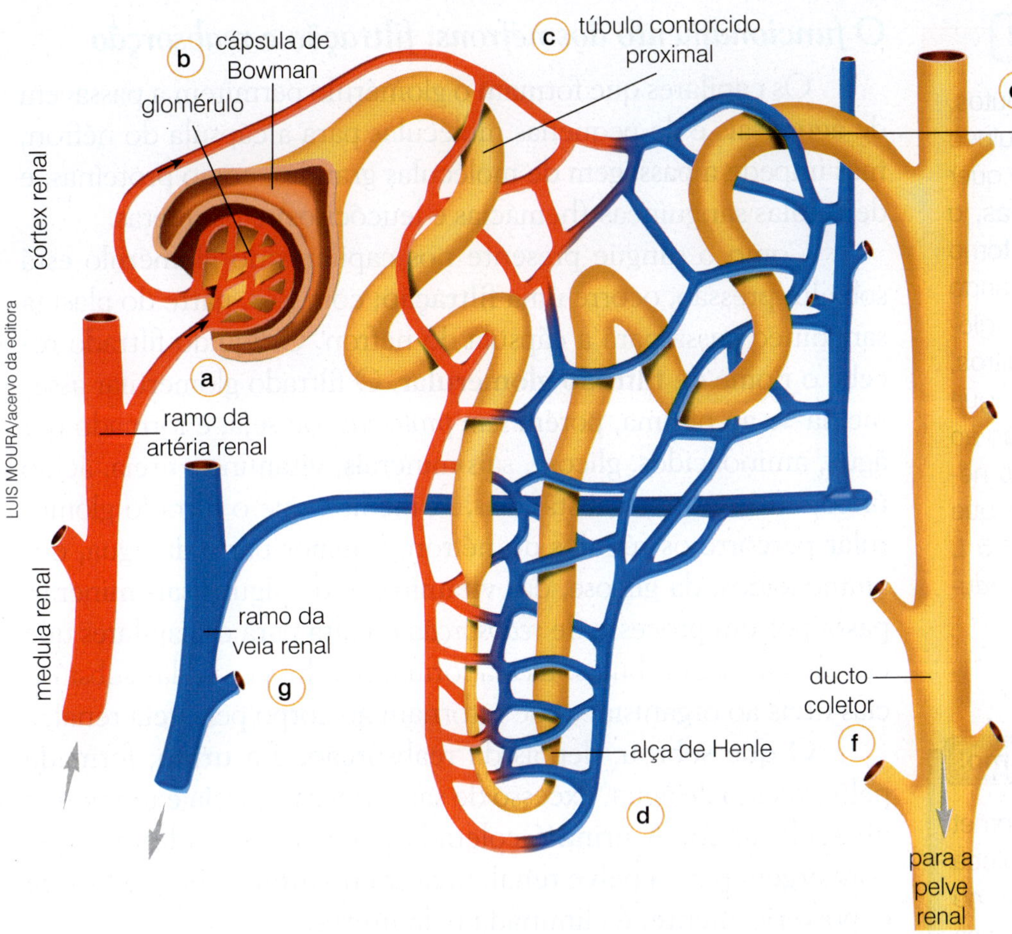

córtex renal
medula renal
(b) cápsula de Bowman
glomérulo
(c) túbulo contorcido proximal
(e) túbulo contorcido distal
(a) ramo da artéria renal
ramo da veia renal (g)
ducto coletor (f)
alça de Henle
(d)
para a pelve renal

LUIS MOURA/acervo da editora

Néfron de rim humano. A (a) artéria renal entra no rim humano e sofre modificações até formar glomérulos que serão envolvidos por (b) cápsulas de Bowman. De cada cápsula emerge um longo tubo formado por uma porção (c) proximal, uma (d) alça de Henle e (e) uma porção distal, que desemboca em (f) um ducto coletor. A veia renal (g) encaminha para o corpo o sangue "depurado". (Cores-fantasia. Ilustração fora de escala.)

Glomérulo: o filtro do néfron

Observe no esquema do néfron que uma arteríola penetra na cápsula e forma um novelo de capilares sanguíneos, o **glomérulo renal**. A seguir, note que os capilares voltam a se reunir e formam uma arteríola que abandona a cápsula glomerular. Ou seja, há uma arteríola de ingresso, o glomérulo e uma arteríola de saída.

Na passagem pelos capilares do glomérulo, o sangue será filtrado. Essa filtração do sangue é a primeira etapa da formação da urina, como você verá a seguir.

Jogo rápido

Cite o nome do vaso sanguíneo que conduz sangue ao rim e o vaso que leva o sangue já filtrado pelo rim de volta ao corpo.

ESTABELECENDO CONEXÕES

Saúde

Nefrite: a infecção do rim

A nefrite é uma doença muito comum, provocada por toxinas de certos tipos de bactérias. Nessa doença, os glomérulos dos néfrons ficam inflamados, inchados e tornam-se extremamente permeáveis, permitindo que glóbulos vermelhos e proteínas do plasma saiam do sangue, dirijam-se aos túbulos renais e apareçam na urina.

Com tratamento médico, a nefrite regride rapidamente, mas a doença pode destruir permanentemente um grande número de néfrons, comprometendo a função renal.

Fique por dentro!

A cada 25 minutos, todo o volume sanguíneo passa pelos rins. Isso quer dizer que, em 24 horas, o plasma é filtrado em torno de 60 vezes, totalizando 180 litros de filtrado glomerular. Desses 180 litros, 99% retornam ao sangue por meio da reabsorção ao longo dos túbulos dos néfrons. Isso quer dizer que pouco mais do que 1,5 L de urina é, de fato, produzida em um dia.

O funcionamento dos néfrons: filtração e reabsorção

Os capilares que formam o glomérulo permitem a passagem de água, sais e de pequenas moléculas para a cápsula do néfron, mas impede a passagem de moléculas grandes, como proteínas, e de células sanguíneas (hemácias e leucócitos) e plaquetas.

Como o sangue presente nos capilares do glomérulo está sob alta pressão, ocorre uma **filtração**; com isso, parte do plasma sanguíneo passa para a cápsula do néfron. O líquido filtrado recebe o nome de **filtrado glomerular**. O filtrado glomerular assemelha-se ao plasma, porém *sem proteínas*, ou seja, é formado por água, aminoácidos, glicose, sais minerais, vitaminas, ureia, ácido úrico, entre outras substâncias. À medida que o filtrado glomerular percorre os túbulos do néfron, a maior parte da água, dos aminoácidos, da glicose, das vitaminas e de alguns sais minerais passa por um processo de *reabsorção* e volta para os capilares que envolvem esses túbulos. Dessa forma, não há perda das substâncias úteis ao organismo, que retornam ao corpo pela veia renal.

O que sobrou, depois da reabsorção, é a **urina**, formada pelo excesso de água, excesso de sais minerais, ureia e um pouco de ácido úrico. A urina é coletada pelos ductos coletores que convergem para a pelve renal, penetra no ureter, chega à bexiga e, posteriormente, é eliminada pela uretra.

Nos ductos coletores, ainda há reabsorção de água, estimulada pela ação de um hormônio, o ADH ou HAD, que ajuda a reduzir o volume de urina produzido, o que contribui para a economia de água para o organismo.

Descubra você mesmo!

Pesquise na internet ou em livros da biblioteca por que uma parada no funcionamento dos rins pode causar sérios danos ao indivíduo.

É SEMPRE BOM SABER MAIS!

Por que a água do mar não é potável?

Se ingerirmos água salgada, o excesso de sais deve ser eliminado pelos rins. Porém, nossos rins não são capazes de filtrar uma solução salina tão concentrada quanto a água do mar.

Para excretarmos o sal existente em uma solução tão concentrada quanto a água do mar, devemos retirar das células uma quantidade de água maior, levando a uma severa desidratação das células e tecidos, o que pode levar à morte.

Alguns animais (tartarugas e aves marinhas) ingerem água salgada e conseguem eliminar o excesso de sal por meio das glândulas lacrimais ou de glândulas nasais.

EM CONJUNTO COM A TURMA!

Com seu grupo de trabalho, pesquise a respeito da desidratação no organismo humano.

1. O que é desidratação?
2. Como ocorrem as perdas de água pelo organismo humano?
3. Quais os cuidados que se deve ter durante os exercícios físicos para não se desidratar?

É SEMPRE BOM SABER MAIS!

Pedras no rim: você já ouviu falar delas?

Os **cálculos**, popularmente conhecidos como pedras, podem aparecer em qualquer parte do sistema urinário. O cálculo renal é um aglomerado de diversas substâncias, como sais minerais (sais de cálcio, fosfato, magnésio etc.) e ácido úrico, que, em excesso, podem dar início à formação das pedras.

Uma das recomendações para prevenir a formação de pedras no rim é a ingestão de 2 a 3 L de água por dia.

Os cálculos pequenos podem sair espontaneamente durante a micção (ato de urinar). Caso o tamanho da pedra seja grande, ela pode ser removida cirurgicamente ou quebrada em pedaços menores, que serão expelidos espontaneamente.

Veja, na figura ao lado, uma pedra na pelve renal. Essa situação provoca, muitas vezes, dores intensas, chamadas cólicas renais, além de ocasionar a presença de sangue na urina.

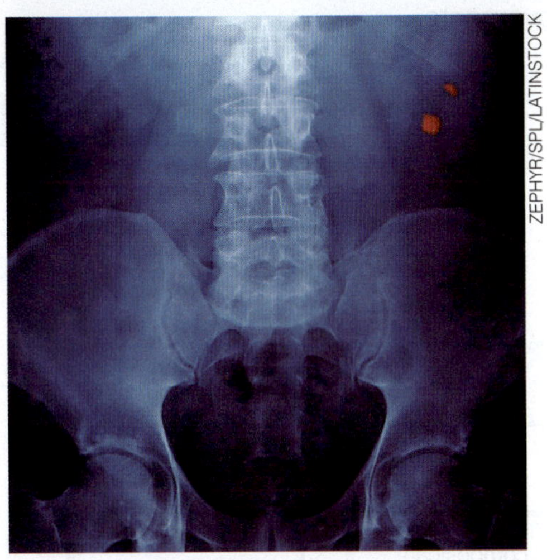

ZEPHYR/SPL/LATINSTOCK

Radiografia, colorida artificialmente, de abdômen de senhor de 70 anos de idade, em que podem ser vistas pedras (em vermelho) no rim esquerdo.

ENTRANDO EM AÇÃO!

Excreção

Nesta atividade, vamos examinar a estrutura de um rim. Para isso, você vai precisar de um rim de boi ou de porco, que pode ser obtido em açougues, supermercados ou matadouros.

Como proceder

➢ *Observação externa*

- Disponha o rim sobre uma superfície limpa, de modo que a região da chanfradura fique para o lado direito.
- Observe as divisões existentes externamente, conhecidas como lobos renais.
- Reconheça o local de origem do ureter e os vasos que emergem e entram no rim.

➢ *Observação interna*

- Com uma faca de boa qualidade, abra o rim no sentido longitudinal, expondo suas duas metades.
- Procure identificar as regiões do córtex renal, medula renal e o local de origem do ureter.

1. Quais foram as dimensões (comprimento e largura) do rim que você analisou?
2. Como era a consistência (amolecida ou endurecida) do rim analisado?
3. Descreva a aparência externa (lisa, pregueada) e a cor do rim que você analisou.
4. Se o rim que você analisou possuía os vasos sanguíneos a ele associados, qual a posição ocupada pela artéria renal em relação à veia renal?
5. Junto à região dos grandes vasos do rim (artéria e veia renal) nota-se uma região amarelada de consistência firme. A que tecido principal corresponde essa região?
6. Após cortar o rim, quais as duas regiões nitidamente distinguíveis que você observou? Quais eram as colorações dessas duas regiões?

Nosso desafio

Para preencher os quadrinhos de 1 a 9, você deve utilizar as seguintes palavras: amônia, bexiga urinária, estado de equilíbrio, néfrons, sais minerais, sangue, ureteres, uretra, urina.

À medida que você preencher os quadrinhos, risque a palavra que escolheu para não usá-la novamente.

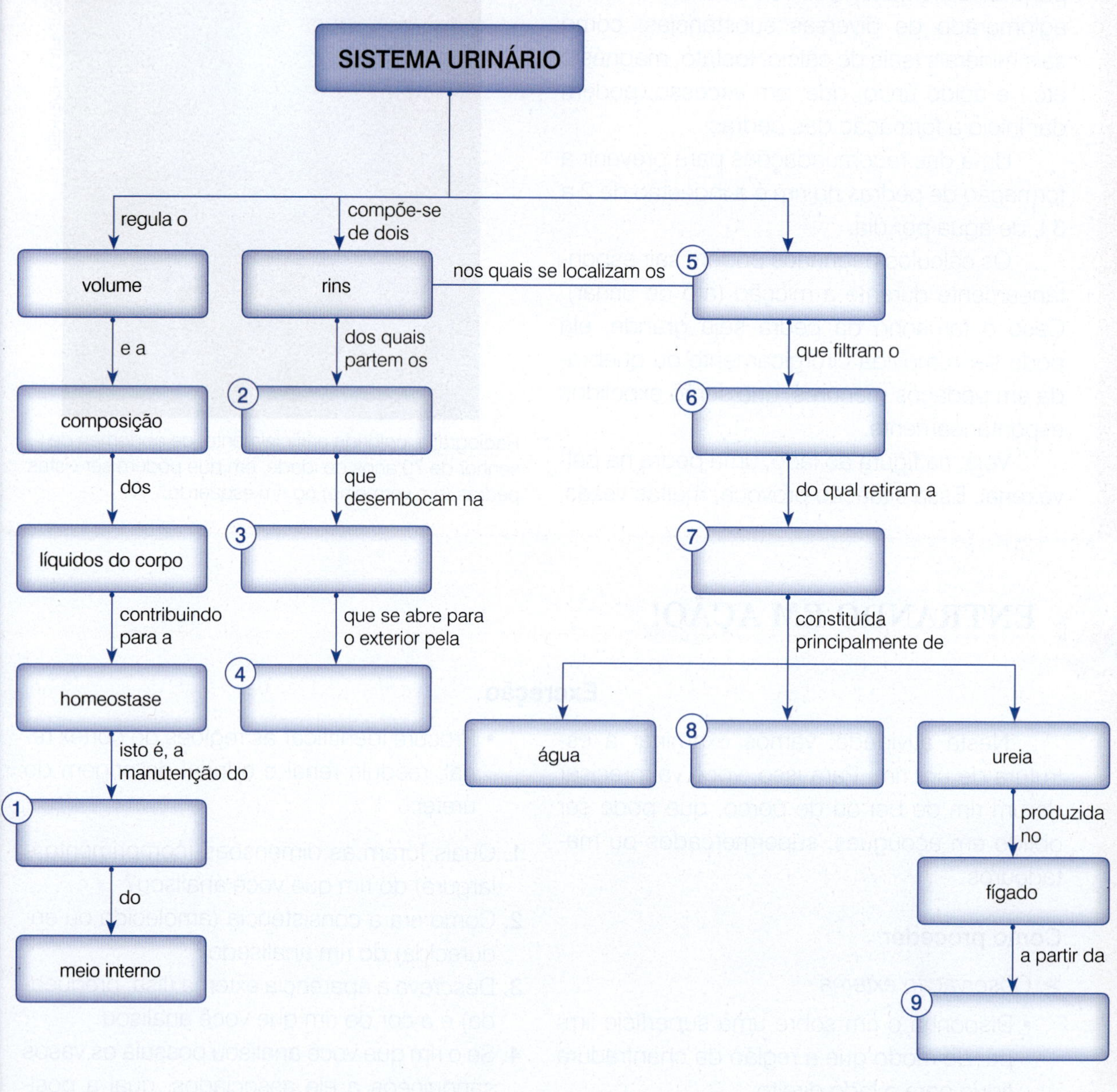

Atividades

1. Com relação aos resíduos metabólicos produzidos pelo ser humano, responda:

a. Quais são os dois principais resíduos do metabolismo celular, sendo um deles resultante da respiração celular, e o outro, nitrogenado, extremamente tóxico e caso o eliminássemos na forma como é produzido exigiria grande volume de água para ser excretado?

b. Qual é a origem desses dois resíduos?

c. Qual desses dois resíduos sofre transformação, originando o principal resíduo nitrogenado da nossa urina, menos tóxico, que exige menor volume de água para a sua eliminação?

d. Em nosso organismo, um terceiro resíduo é produzido. Qual é esse resíduo e em que órgão é produzido?

2. O que são néfrons, onde se encontram e qual é sua função?

3. No esquema de um néfron, ilustrado a seguir, reconheça as estruturas indicadas por setas.

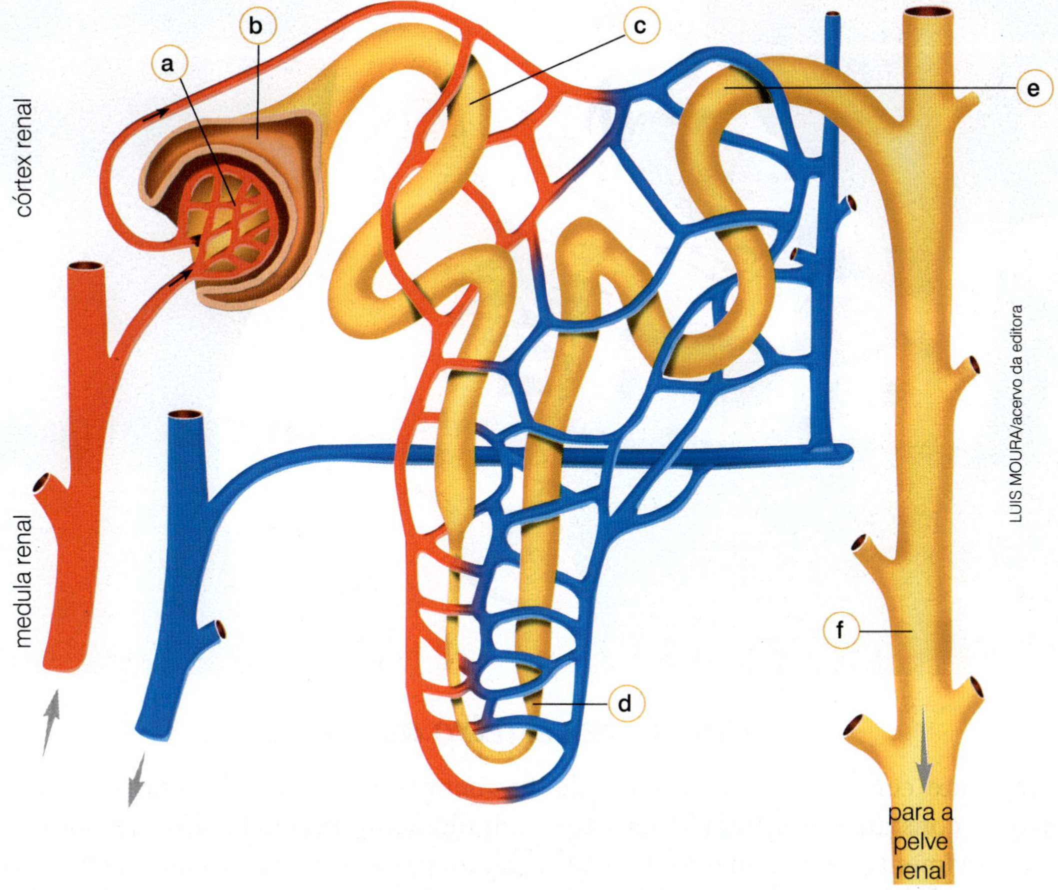

4. É correto afirmar que o filtrado glomerular corresponde ao plasma sanguíneo? Justifique a resposta.

5. Qual é a diferença entre filtrado glomerular e urina?

6. No néfron ocorrem basicamente dois eventos: filtração e reabsorção. Cite o local onde esses eventos ocorrem.

7. É correto afirmar que a nefrite prejudica o processo de filtração do néfron? Justifique a resposta.

8. Qual é a relação entre o hormônio ADH produzido pelo hipotálamo (região do encéfalo) e a atividade renal?

9. Por que a ingestão de 2 a 3 litros de água por dia pode evitar a formação de pedras no rim?

Sistemas esquelético e muscular

NATURSPORTS/SHUTTERSTOCK

Um chute certeiro ao gol

Um chute certeiro ao gol depende de treinamento constante e agilidade na execução do movimento. No momento do arremate, os órgãos dos sentidos, especialmente a visão, e a coordenação nervosa entram em ação; afinal, é preciso enxergar o gol e saber em que direção chutar. E, evidentemente, ser bem-sucedido depende da ação do sistema muscular, que aciona os ossos do esqueleto envolvidos no ato de chutar. Do sistema esquelético fazem parte os ossos, as cartilagens e as articulações relacionados aos movimentos da cabeça, dos braços e das pernas no momento do chute. Do sistema muscular fazem parte os músculos que acionam ossos e musculatura respiratória e cardíaca, que garantem o suprimento constante de oxigênio e nutrientes, necessários à execução de toda essa atividade.

Neste capítulo, você entenderá como o esqueleto e a musculatura, sob a coordenação eficiente do sistema nervoso, poderão, se bem utilizados, manter a postura e o andar corretos, evitando problemas locomotores futuros.

O sistema esquelético humano e suas funções

O esqueleto humano é interno (**endoesqueleto**), constituído de elementos rígidos, os ossos e as cartilagens.

Ossos são órgãos vivos, ricos em colágeno (uma proteína fibrosa) e fosfato de cálcio. Observe na figura ao lado, um exemplo de osso longo humano. Note a camada de **osso compacto**, circundada por uma *fina capa de tecido conjuntivo* (periósteo). O interior do osso é esponjoso e ocupado pela **medula óssea**, popularmente chamada de *tutano*, que pode ter coloração amarelada ou avermelhada. A medula óssea amarela é rica em gordura. A medula óssea vermelha possui as células-tronco das quais se originam as células do sangue.

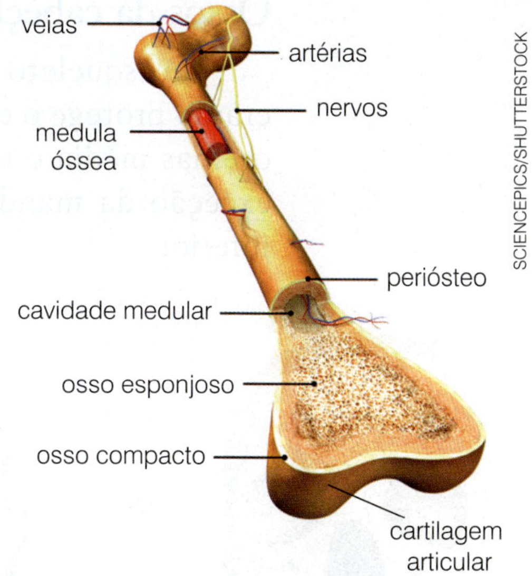

Representação ilustrativa dos componentes de um osso longo. (Cores-fantasia. Ilustração fora de escala.)

Todo osso é percorrido por nervos e vasos sanguíneos, o que justifica a dor e a ocorrência de hemorragias quando há fraturas ósseas. Nas extremidades do osso nota-se a existência de cartilagens articulares, essenciais na proteção de ossos cujas extremidades se articulam.

O crescimento do esqueleto é contínuo e acompanha o desenvolvimento do organismo até certo limite.

Dentre suas várias funções, podemos destacar:

- atua como uma armação, que suporta órgãos formados por tecidos moles, e ergue o corpo contra a ação gravitacional;
- protege órgãos internos, tais como o encéfalo, a medula espinhal, os pulmões, o coração, entre outros;
- serve para a fixação dos músculos que acionam os ossos durante os movimentos corporais;
- armazena e libera minerais, como o cálcio e o fósforo;
- aloja a medula óssea vermelha, onde são produzidas células do sangue.

Principais ossos do esqueleto humano

O sistema esquelético humano adulto é constituído de 206 ossos. De diferentes formatos, alguns deles são *ossos longos* (por exemplo, o fêmur), outros são *chatos* (por exemplo, os do crânio), há os *curtos* (por exemplo, a patela) e ainda os *irregulares* (por exemplo, as vértebras).

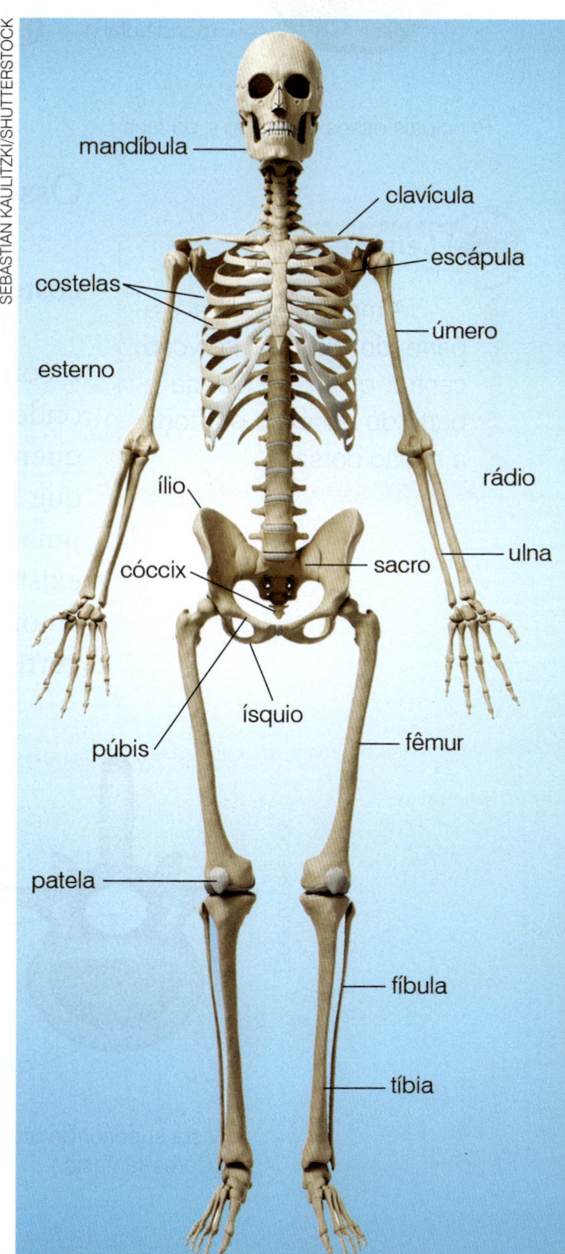

Ossos da cabeça

O esqueleto da cabeça compreende os ossos do crânio e da face. O crânio protege o encéfalo, parte superior do sistema nervoso central e as orelhas média e interna. Os ossos do crânio e da face são *imóveis*, com exceção da mandíbula, onde se inserem os dentes da arcada dentária inferior.

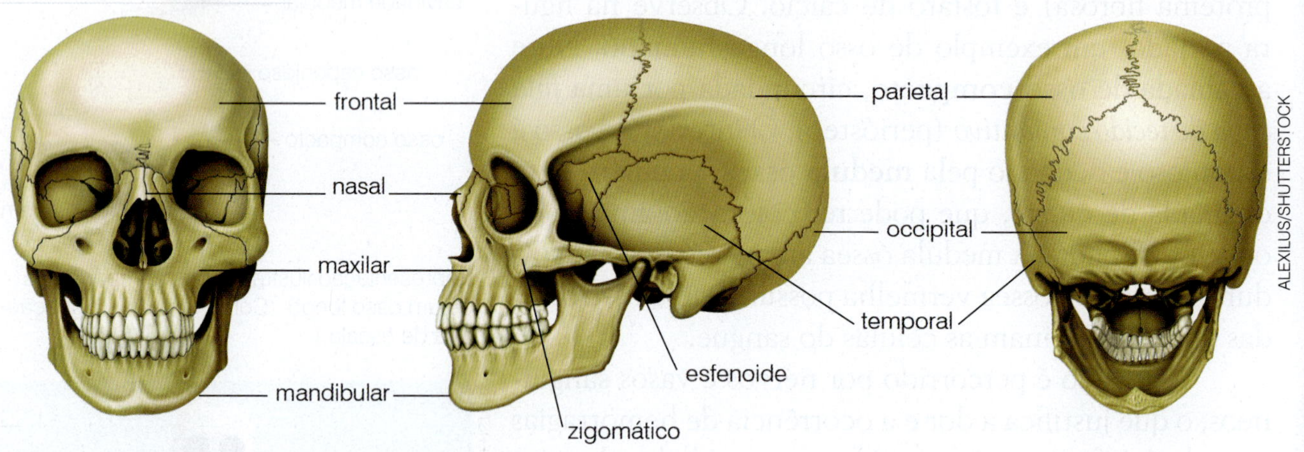

Principais ossos do crânio e da face.

Lembre-se!

A medula espinhal é a parte do sistema nervoso central que se prolonga a partir do encéfalo por toda a região dorsal.

Ossos do tronco

Coluna vertebral, formada por **vértebras**, osso **esterno** e **costelas** formam o chamado **tronco**.

Cada vértebra contém um **corpo vertebral** e um **orifício**; o conjunto dos orifícios vertebrais forma o *canal vertebral*, por onde passa a medula espinhal. Entre as vértebras existem pequenas aberturas bilaterais que permitem a passagem de nervos que ligam a medula espinhal às várias partes do corpo. Entre uma vértebra e outra (exceto a primeira e a segunda cervicais) existem *discos intervertebrais*, cartilaginosos, que atuam como amortecedores, possibilitando vários movimentos da coluna vertebral e absorvendo choques verticais.

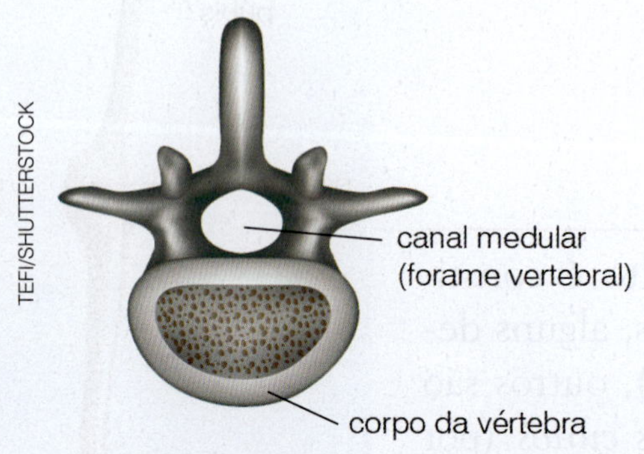

Vista superior de uma vértebra torácica.
(Cores-fantasia.)

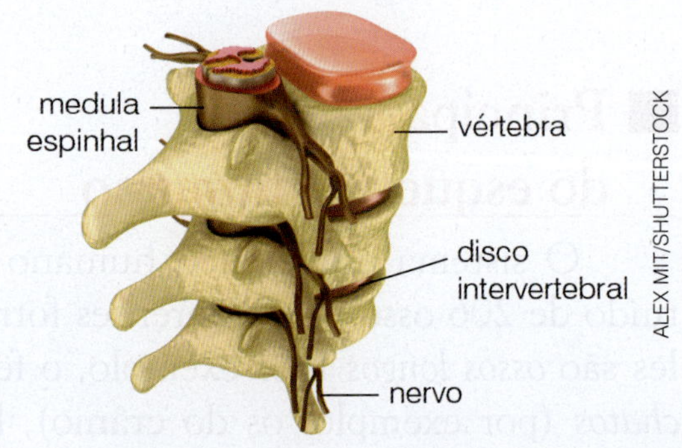

Detalhe da coluna vertebral.
(Cores-fantasia. Ilustração fora de escala.)

Dos 12 pares de costelas humanas, os 7 primeiros (costelas verdadeiras) ligam-se diretamente ao esterno por meio de cartilagens; os pares seguintes são denominados de **falsas costelas**, pois não estão diretamente ligadas ao osso esterno, mas sim à cartilagem da última costela verdadeira. Os últimos dois pares são chamados **flutuantes**, pois não se prendem ao esterno.

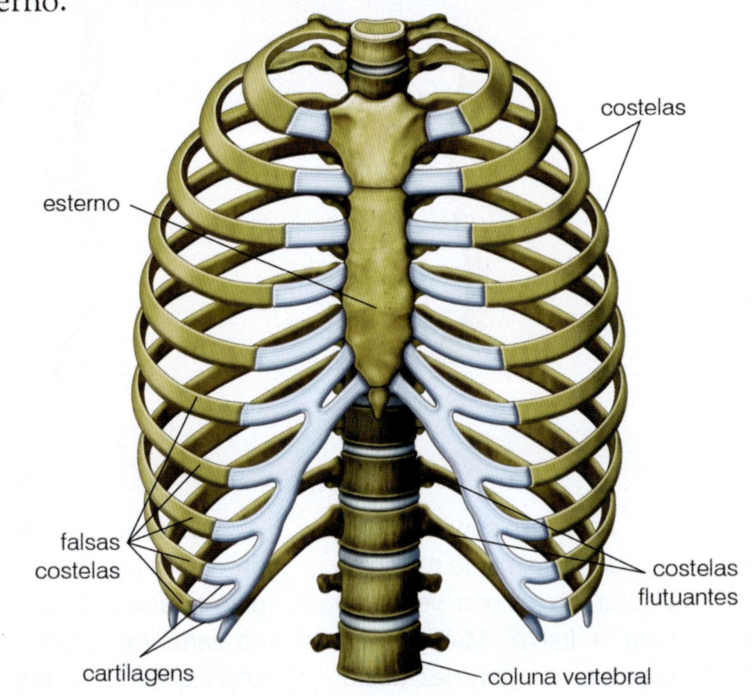

As vértebras torácicas, as costelas e o osso esterno formam a **caixa torácica**, que protege os órgãos localizados no tórax (esôfago, traqueia, pulmões e coração).

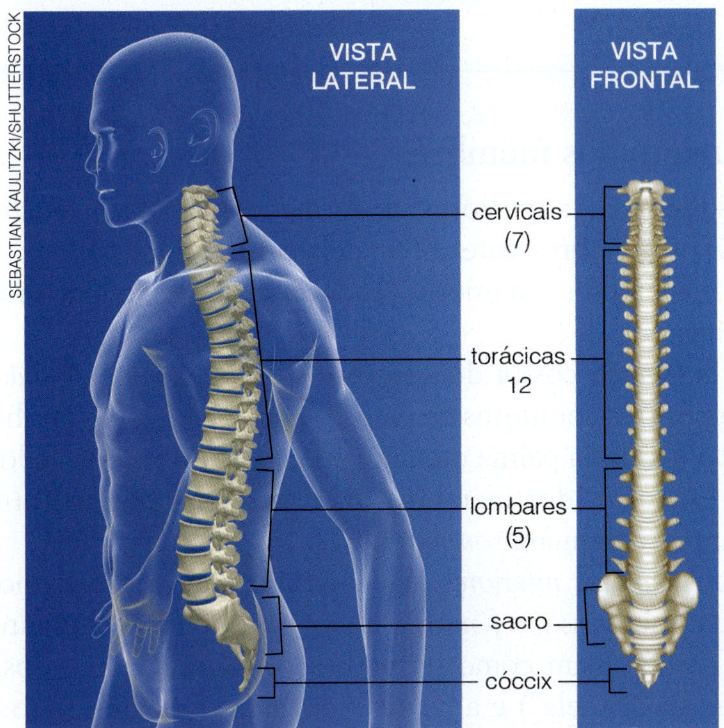

Tipos de vértebras da coluna.

Fique por dentro!

Nas hérnias de disco, ocorre uma ruptura do disco intervertebral, que pode comprimir a medula espinhal ou nervos que dela emergem. Pode ocorrer dor no local ou irradiar-se para coxas e pernas, sintoma típico, por exemplo, da conhecida dor ciática (quando há compressão do nervo *ciático*, que parte da medula e inerva a panturrilha).

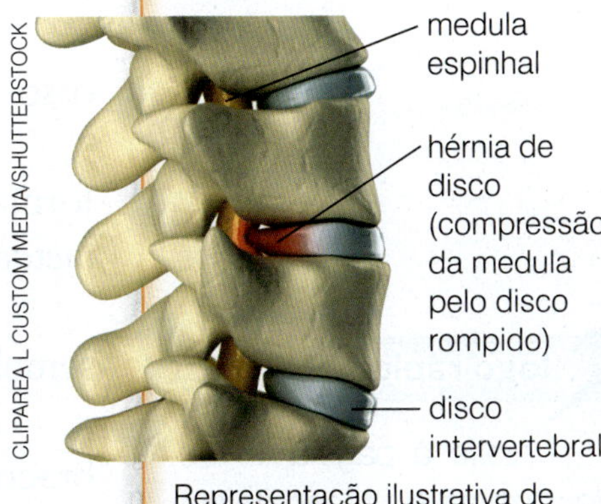

Representação ilustrativa de uma hérnia de disco. (Cores-fantasia. Ilustração fora de escala.)

ESTABELECENDO CONEXÕES

Saúde

Desvios da coluna vertebral

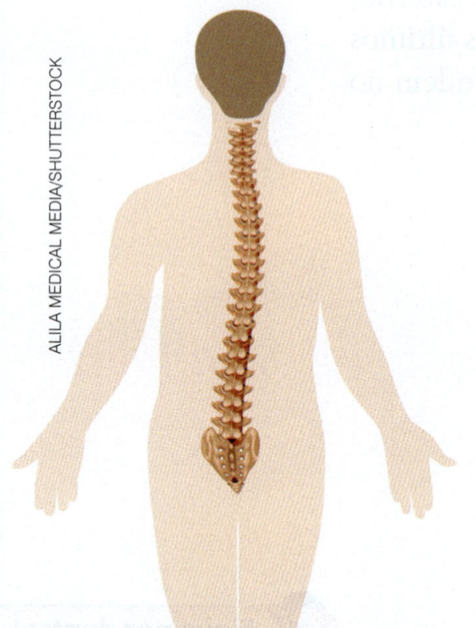

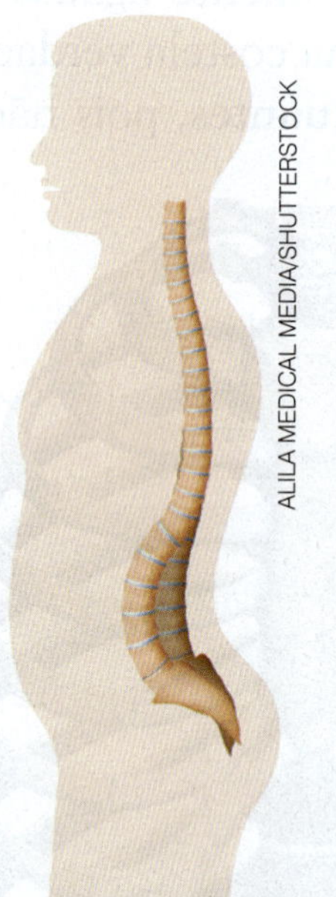

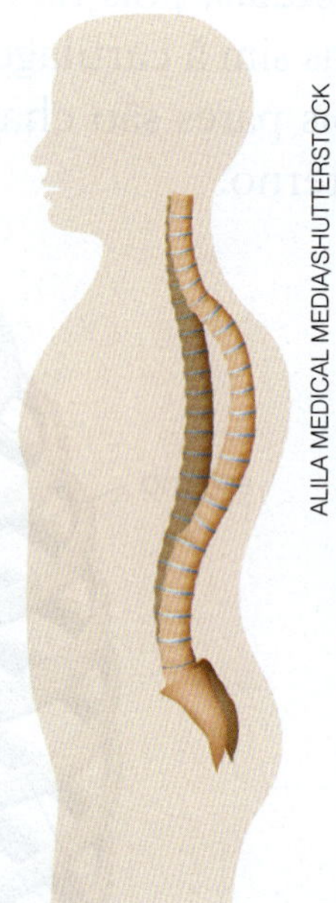

Escoliose: curvatura lateral da coluna vertebral. Pode ser consequência de paralisia acentuada ou de fibrose da musculatura dorsal. A causa mais frequente é a ocorrência de alguma interferência durante o crescimento, que produz uma permanente curvatura anormal da coluna vertebral.

Lordose: curvatura exagerada (geralmente na região lombar da coluna vertebral) para a frente. Mulheres na fase final da gravidez costumam apresentar lordose. O excesso de peso abdominal também pode levar a essa condição.

Cifose: exagero da curvatura da região torácica da coluna vertebral, situação popularmente caracterizada como *corcunda*. Pode ser devida a raquitismo e deficiências posturais.

O esqueleto dos membros

Os **membros superiores** são formados pelo *braço*, *antebraço* e *mão*; os **membros inferiores**, pela *coxa*, *perna* e *pé*.

Nos membros superiores, cada *braço* contém um único osso, o *úmero*.

O *antebraço* possui dois ossos, o *rádio* e a *ulna*. A *mão* é formada por três conjuntos de ossos: *carpo* (os ossos do punho), *metacarpo* (ossos da palma da mão) e *falanges* (ossos dos dedos).

O esqueleto dos membros inferiores tem uma estrutura semelhante à dos membros superiores.

Nos *membros inferiores*, cada *coxa* possui, assim como o braço, um único osso, o *fêmur*, o maior osso do corpo humano.

A perna, assim como o antebraço, contém dois ossos, a *tíbia* (osso da “canela”) e a *fíbula*. Acima da tíbia, na região do joelho, está a *patela*, um osso em forma de disco.

Jogo rápido

Volte à página 147 e localize na ilustração do esqueleto os ossos dos membros superiores e inferiores.

Os ossos do pé, assim como os ossos da mão, distribuem-se em três regiões: *tarso* (ossos do calcanhar), metatarso (ossos da planta) e *falanges* (ossos dos artelhos, como são chamados os dedos dos pés).

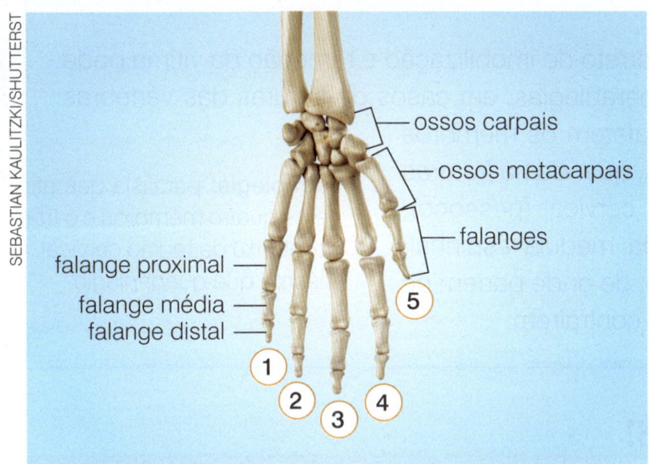

Ossos da mão. Dedos (1) mínimo, (2) anular, (3) médio, (4) indicador e (5) polegar.

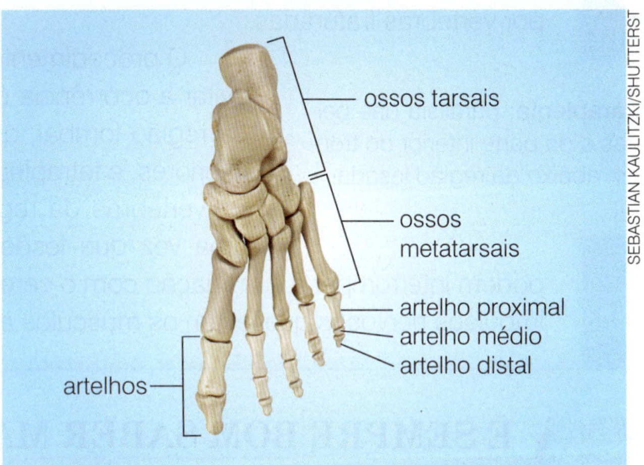

Ossos do pé. Hálux é o nome do popular "dedão".

ESTABELECENDO CONEXÕES

Cotidiano

Fraturas e luxações

Atividades físicas são mais do que recomendadas, mas, algumas vezes, principalmente em jogos mais intensos, estamos sujeitos a **fraturas** e **luxações ósseas**.

A *fratura* é a quebra do osso e após algum tempo ocorre sua consolidação, isto é, ocorre a regeneração do osso no local fraturado, o que pode ser constatado pela formação de um calo ósseo. Algumas vezes, em função do tipo da fratura e do osso quebrado, é preciso uma intervenção cirúrgica para que o osso possa ser reparado. Já *luxação* é a separação de ossos na região de uma articulação (local em que os ossos se encontram).

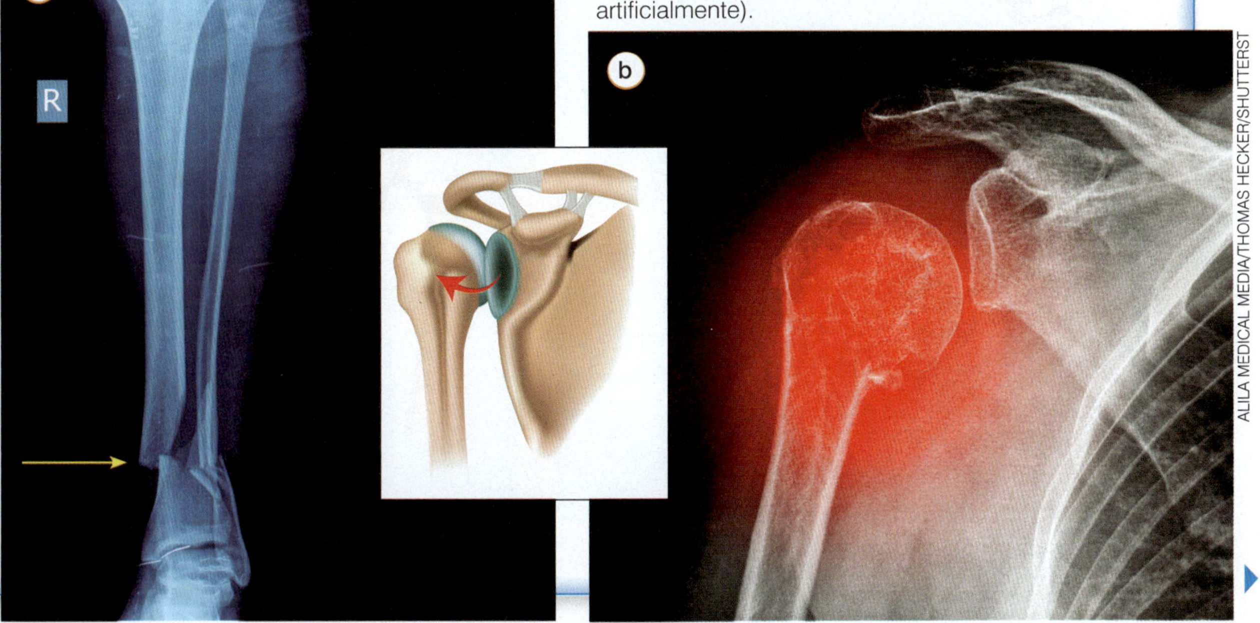

Raio-X de (a) perna direita, evidenciando a fratura da tíbia (seta amarela), e (b) luxação no ombro (colorida artificialmente).

Em ocasiões de acidentes de trânsito ou quedas, é possível ocorrerem fraturas da coluna vertebral. *A remoção da vítima deve ser feita com todo o cuidado por profissionais médicos ou paramédicos especializados*. É necessário imobilizar a vítima, uma vez que qualquer movimento pode acarretar sérias lesões na medula espinhal ou em nervos que dela emergem, provocadas por vértebras fraturadas.

O procedimento correto de imobilização e remoção da vítima pode evitar a ocorrência de paraplegias, em casos de fraturas das vértebras da região lombar, que afetam os membros inferiores, e tetraplegias, quando há fraturas de vértebras da região cervical (pescoço), uma vez que lesões da medula espinhal, podem interromper a sua ligação com o cérebro, de onde partem os impulsos nervosos que levam os músculos a se contraírem.

Paraplegia: paralisia das pernas e da parte inferior do tronco, abaixo da região lesada.

Tetraplegia: paralisia que atinge os quatro membros e o tronco, abaixo da região cervical. O mesmo que quadriplegia.

É SEMPRE BOM SABER MAIS!

Cinturas escapular e pélvica

Seria impossível fazer exercícios de flexão no solo com os membros superiores se não estivessem firmemente conectados ao esqueleto. A ligação do úmero ao esqueleto faz-se por meio dos ossos do ombro: a *clavícula* na região anterior, ligada ao esterno, e a *escápula* na região dorsal. As duas clavículas e as duas escápulas formam, em conjunto, uma espécie de cintura ao redor do esqueleto, a chamada **cintura escapular** – o esqueleto dos ombros –, que liga os membros superiores à coluna vertebral.

A ligação do *fêmur* ao esqueleto axial faz-se por meio de um conjunto de ossos fortemente soldados, que formam a **cintura pélvica** ou ossos do quadril (*ílio*, *ísquio* e *púbis*). Como os seres humanos são bípedes (apoiam-se em duas pernas) os quadris e a parte inferior da coluna vertebral suportam a maior parte do peso do corpo. Assim, essa região da coluna e a cintura pélvica são mais rígidas e menos flexíveis do que a cintura escapular (ombros) e a parte superior da coluna.

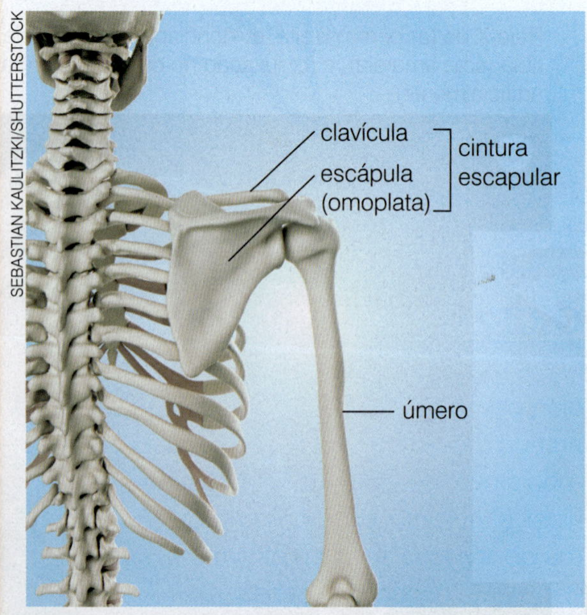

Ossos da cintura escapular.

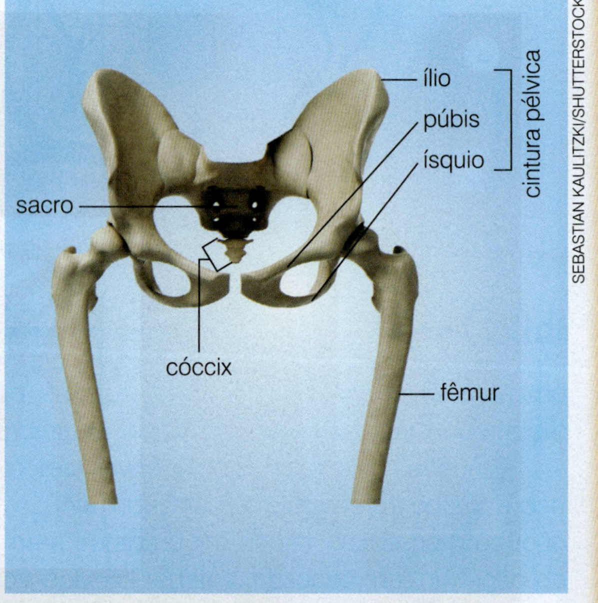

Ossos da cintura pélvica.

Os ossos dos quadris, em conjunto com as vértebras fundidas da extremidade inferior da coluna, que formam os ossos sacro e cóccix, constituem a *pelve*, *bacia pélvica* ou *cintura pélvica*, mais arredondada e larga na mulher, característica que permite a acomodação dos bebês e sua passagem durante o parto.

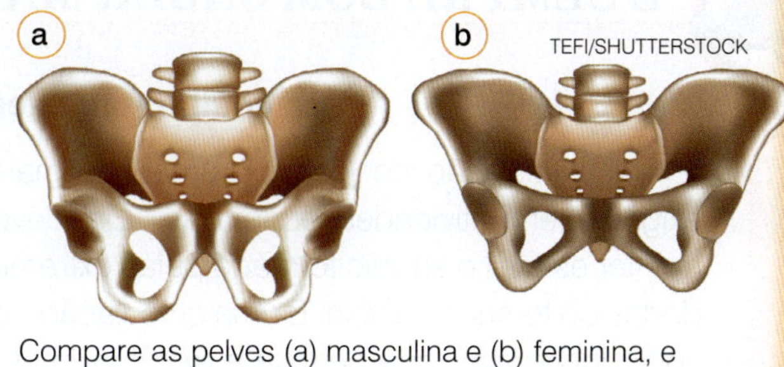

Compare as pelves (a) masculina e (b) feminina, e perceba que a feminina é mais larga do que a masculina.

Articulações

Os ossos estão ligados por meio de **articulações** (ou **juntas**), que podem ser **imóveis**, **semimóveis** e **móveis**.

No esqueleto humano, muitos ossos se unem por meio de articulações *imóveis*, fixas (as articulações imóveis também são chamadas de *suturas*). É o caso do crânio, por exemplo. Nos recém-nascidos, os ossos do crânio estão separados, constituindo as moleiras ou fontanelas. Essa disposição é útil durante o trabalho de parto, em que o volume craniano se ajusta e permite a passagem do bebê ao longo do canal do parto. Após o nascimento, progressivamente os ossos se unem por meio de suturas, como se estivessem costurados. Outro exemplo de articulação fixa é o da união das costelas com o osso esterno.

Articulações **semimóveis** existem entre as vértebras e permitem alguma flexibilidade ao tronco, enquanto as **móveis** são aquelas que permitem a realização de movimentos mais amplos, como as existentes entre as diversas partes dos membros anteriores e posteriores e deles com as respectivas cinturas.

As articulações entre os ossos do crânio são do tipo sutura.

Tipos de articulação do esqueleto humano. (Cores-fantasia. Ilustração fora de escala.)

É SEMPRE BOM SABER MAIS!

Joelho: um exemplo de articulação

A articulação do joelho é uma das mais exigidas em atividades esportivas. Ela deve manter estável o arranjo formado pelas extremidades do fêmur e da tíbia. É uma articulação do tipo "dobradiça", que permite a livre movimentação da perna durante um chute, por exemplo.

A manutenção da estabilidade da articulação do joelho é obtida graças à existência de ligamentos, como se pode notar no esquema ao lado. Observe que as extremidades dos dois ossos não se tocam diretamente. Entre elas existem as cartilagens articulares e os *meniscos*, pequenas extensões cartilaginosas bilaterais. A existência de um líquido sinovial, secretado por células especiais localizadas na parede da cápsula articular, garante a lubrificação das superfícies, evitando a ocorrência de atritos nos ossos que entram em contato.

A ruptura dos ligamentos em consequência de um movimento mais brusco, chamado de **entorse**, e o deslocamento dos meniscos das articulações dos joelhos são ocorrências comuns nos praticantes de esportes de alto risco.

O tecido cartilaginoso é pouco irrigado por sangue; por isso os meniscos, quando lesados, dificilmente se recuperam espontaneamente.

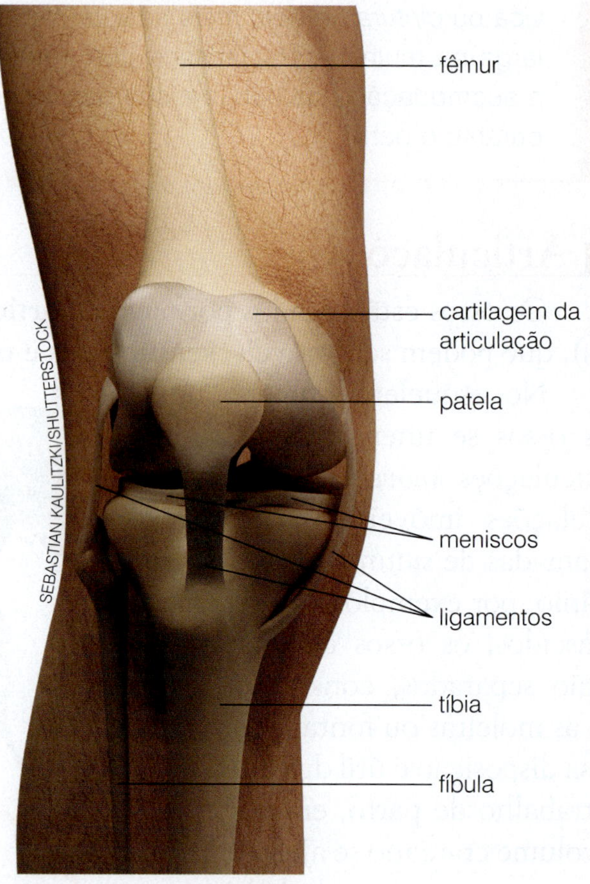

Estrutura da articulação do joelho.

ESTABELECENDO CONEXÕES

Saúde

É verdade que andar, correr, auxilia no retardamento da osteoporose?

A resposta é sim. Antes de explicar a relação entre o exercício físico que utiliza o peso do corpo e a osteoporose, é importante caracterizar o que é essa doença que provoca 100.000 fraturas por ano no Brasil.

A osteoporose significa redução da quantidade de massa óssea, qualquer que seja a causa, e aparece em quase todos os idosos. A fragilidade óssea é a marca registrada da osteoporose, sendo mais frequente no pulso, na coluna e nos quadris, podendo levar a fraturas.

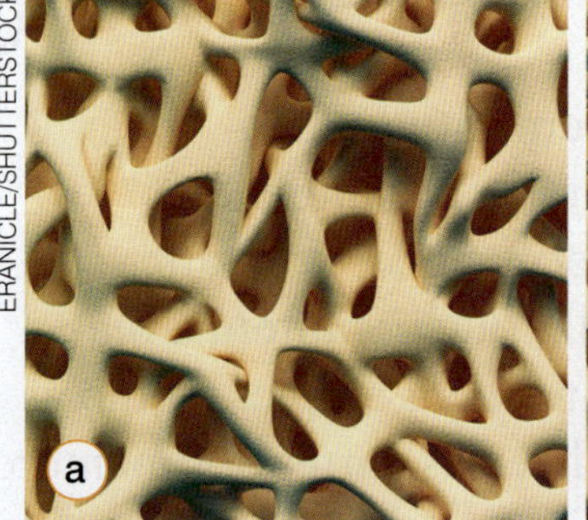

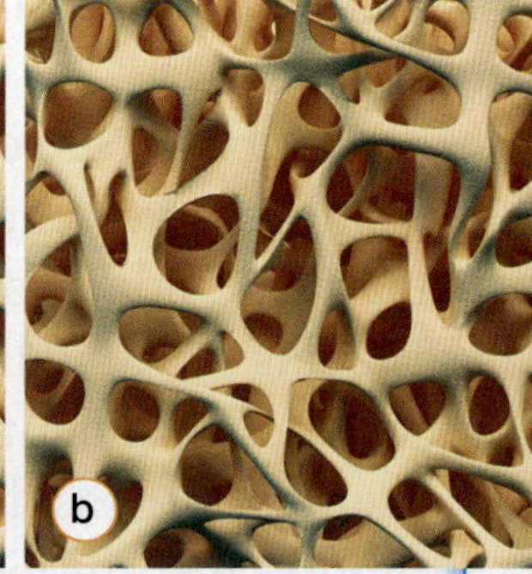

Ilustração de (a) osso normal e (b) com osteoporose, situação em que os ossos ficam mais frágeis em virtude da diminuição da densidade óssea.

Aos 80 anos, uma em cada três mulheres e um em cada cinco homens têm a possibilidade de fraturar o quadril. A idade crítica para as mulheres, com relação à osteoporose, é a menopausa, e para os homens, os 80 anos. Nas mulheres, a perda óssea começa aos 35 anos e progride 1% ao ano até a menopausa; no período pós-menopausa, a perda aumenta de 2% a 4% ao ano nos primeiros 5 anos e depois retorna aos níveis de perda em torno de 1% ao ano. Nos homens, a perda começa aos 45 anos e é de cerca de 0,5% ao ano, continuamente.

O exercício físico é uma medida preventiva contra a osteoporose em qualquer idade e pode aumentar a massa óssea especialmente em crianças e adolescentes.

Em pessoas idosas, o exercício pode desacelerar as perdas ósseas. Assim, uma caminhada vigorosa por cerca de 30 minutos, duas ou três vezes por semana, pode reduzir a perda óssea na coluna e nos quadris em mulheres idosas. A natação não traz benefícios para a massa óssea porque não utiliza o peso do corpo, o que ocorre, por exemplo, em uma caminhada.

Mas qual a relação entre o exercício físico que utiliza o peso do corpo com a osteoporose? Ocorre que o impacto físico produz microlesões; os osteoclastos, células ósseas que atuam na remodelação dos ossos e no reparo de fraturas, removem as estruturas lesadas; os *osteoblastos*, células ósseas jovens, repõem a matriz calcificada *em maior quantidade do que a que foi removida*.

É preciso chamar atenção para o fato de que um excesso de destruição, devido à prática de exercício físico inadequado, levaria ao enfraquecimento do osso em virtude da incapacidade de os osteoblastos repararem as microlesões. Então, o exercício físico deve ser monitorado por um profissional qualificado.

Uma estrutura óssea adequada também depende de fatores genéticos, nutricionais, hormonais e da prática de exercícios físicos desde a infância, considerada uma medida profilática para essa doença.

EM CONJUNTO COM A TURMA!

A coluna vertebral possui muitos músculos a ela associados e que a mantêm em posição correta. Posturas inadequadas e levantamentos de objetos de maneira incorreta podem ocasionar estiramentos e lesões musculares.

Com seu grupo de trabalho discutam quais as nossas atitudes e posturas que podem prejudicar nossa coluna, não se esquecendo de procurar saber qual seria a correta posição para que nossa coluna vertebral não venha a ser prejudicada. Abaixo seguem alguns exemplos que podem ser analisados pelo grupo – sugiram sua correção.

JEHSOMWANG/SHUTTERSTOCK

O sistema muscular humano e suas funções

As funções do sistema muscular estão associadas às características dos três tipos de músculos existentes no corpo humano: os **músculos estriados**, os **músculos lisos** e o **músculo cardíaco**.

- A *musculatura estriada esquelética* ou *periférica*, situada sob a pele, geralmente presa aos ossos por meio de tendões, é responsável pelos *movimentos voluntários* do corpo ao andar, mastigar, falar, tocar um instrumento, por exemplo. As fibras (células) que formam o tecido muscular esquelético contraem-se *rapidamente* e são controladas por nervos que partem do sistema nervoso central, sob o comando da nossa vontade, isto é, têm *contração voluntária*.
- A *musculatura lisa*, formada por fibras (células) de *contração lenta* e *involuntária*, encontra-se, por exemplo, na parede das artérias, dos órgãos do sistema digestório, da bexiga urinária, do útero, na base dos pelos etc.
- A *musculatura cardíaca* (miocárdio), presente exclusivamente nas paredes do coração, também é formada por fibras estriadas. De *contração rítmica* e *involuntária*, essa musculatura é responsável pelo contínuo bombeamento do sangue.

Lembre-se!

Quando se diz que um músculo é de contração involuntária, significa que seu controle é realizado por regiões do sistema nervoso cuja ação independe de nossa vontade.

Dentre as muitas funções do sistema muscular, podemos citar:

- mover o esqueleto, produzindo todos os movimentos voluntários do nosso corpo;
- produzir os movimentos respiratórios; a inspiração e a expiração dependem das contrações e relaxamentos do diafragma e dos músculos que unem as costelas (músculos intercostais). O diafragma situa-se na base dos pulmões, separando as cavidades torácica e abdominal;
- produzir a circulação do sangue por meio dos batimentos cardíacos;
- alterar o calibre dos vasos sanguíneos (artérias e veias), regulando o volume e a pressão do sangue conduzido por esses vasos em situações de estresse, frio e calor, por exemplo;
- conduzir alimentos e fezes ao longo do tubo digestório por meio dos movimentos peristálticos;
- provocar o trabalho de parto, isto é, a contração da parede uterina e a saída dos bebês;
- liberar calor por meio da contração da musculatura estriada esquelética.

Alguns músculos do corpo humano

O movimento é uma função essencial do corpo, resultante de contrações e relaxamentos musculares. O tecido muscular representa de 40% a 50% do peso corporal total e é composto de células altamente especializadas.

Observe na ilustração abaixo, alguns músculos esqueléticos do corpo humano.

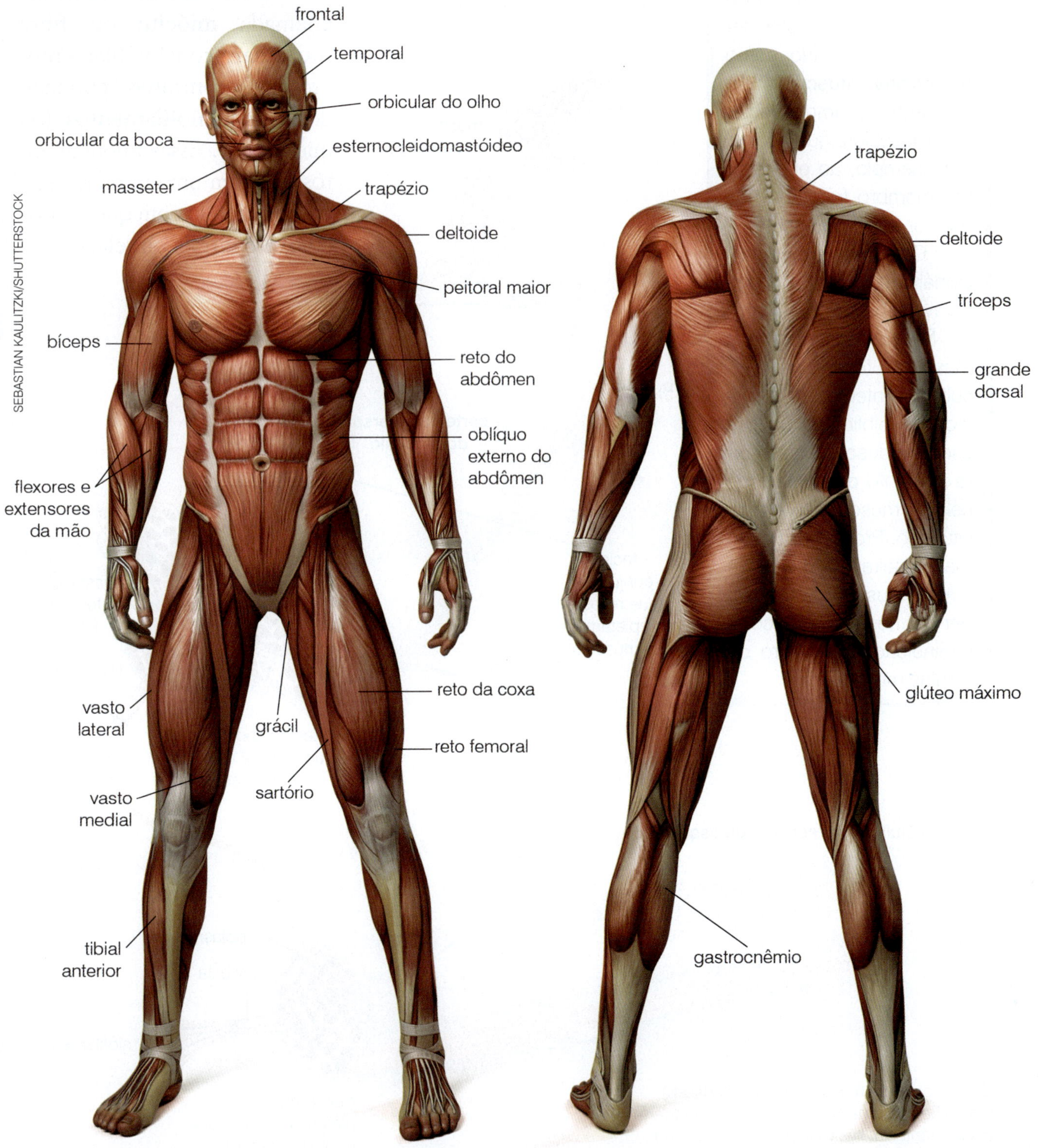

SEBASTIAN KAULITZKI/SHUTTERSTOCK

O tecido muscular estriado esquelético

Descubra você mesmo!

Exercícios de reforço muscular, obtidos com o exercício muscular intenso por meio da utilização de aparelhos de musculação, conduzem ao aumento do tamanho dos músculos, fenômeno conhecido como **hipertrofia muscular**. Ao contrário, a imobilização dos músculos, que ocorre, por exemplo, ao engessar um membro fraturado, faz ocorrer **atrofia muscular**.

Consulte em um dicionário o significado das palavras hipertrofia e atrofia. No caso da hipertrofia muscular, faça uma consulta na internet ou em livros da biblioteca da sua escola e descubra se ocorre aumento do número de células musculares em tal situação. Proceda da mesma maneira em relação à atrofia muscular, para saber se, neste caso, ocorre diminuição do número de células musculares.

O *tecido muscular estriado esquelético* é aquele presente nos músculos ligados aos ossos e que movimentam o esqueleto. Ele é denominado estriado porque, quando visto ao microscópio, apresenta estriações – bandas ou faixas transversais – em sua estrutura. É uma musculatura voluntária, já que pode ser comandada conscientemente pelo sistema nervoso

Toda célula muscular, chamada **miócito** ou **fibra muscular**, contém filamentos proteicos contráteis, conhecidos como **miofilamentos** (ou miofibrilas). Esses miofilamentos deslizam um em relação ao outro, fazendo com que o músculo se contraia ou relaxe.

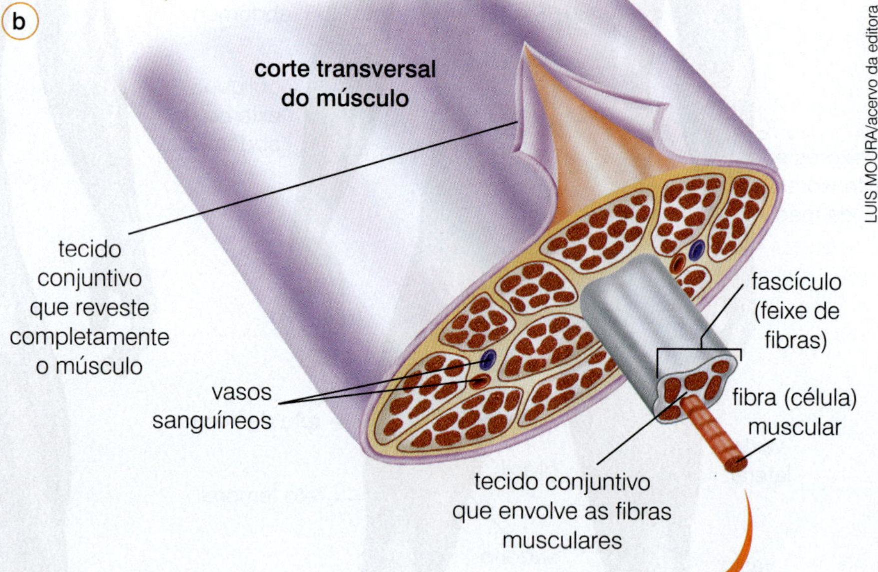

LUIS MOURA/acervo da editora

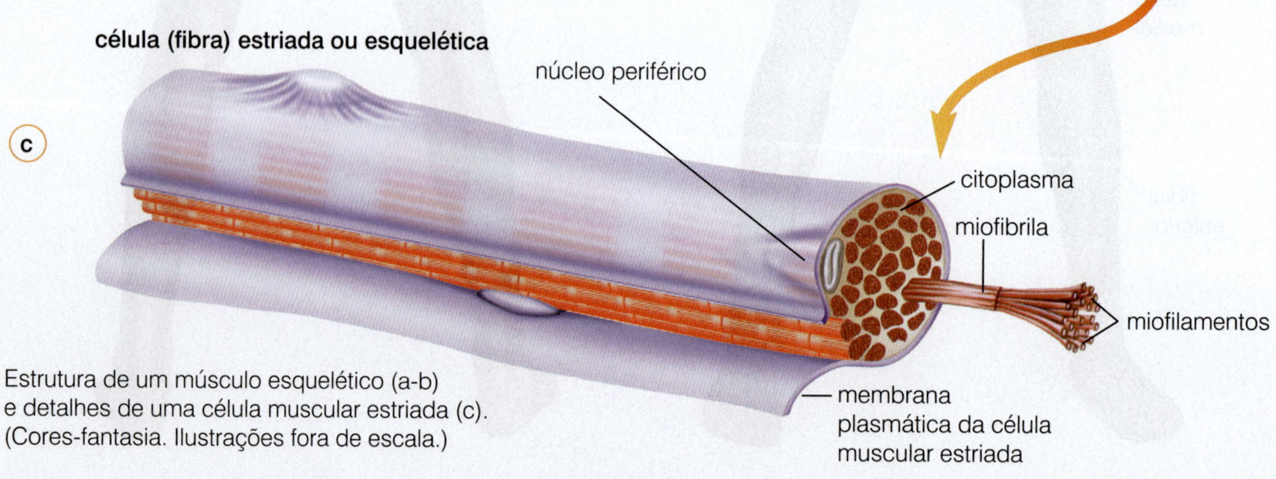

Estrutura de um músculo esquelético (a-b) e detalhes de uma célula muscular estriada (c). (Cores-fantasia. Ilustrações fora de escala.)

ESTABELECENDO CONEXÕES

Esportes

Fadiga muscular

Após a realização de uma atividade física intensa como, por exemplo, um jogo de futebol muito disputado ou uma partida de vôlei de praia, é comum ocorrer **fadiga muscular**, de modo geral acompanhada de dor. Lembre-se que a atividade dos músculos estriados esqueléticos depende do fornecimento contínuo de nutrientes (glicose) e oxigênio para a execução de *respiração celular aeróbia*.

Ocorre que, dependendo da intensidade do exercício, o fornecimento de oxigênio não é suficiente para a liberação de toda a energia necessária à contração muscular. Nessas condições, as células musculares realizam, simultaneamente, a *fermentação láctica*, que fornece energia adicional à atividade muscular. Esse tipo de metabolismo anaeróbio (que ocorre *na ausência de oxigênio*) produz ácido láctico, substância que é responsável pela dor que você sente ao final de uma atividade muscular muito intensa. Após certo tempo, o ácido láctico é removido da circulação e, lentamente, tudo volta ao normal.

OLIVEROMG/SHUTTERSTOCK

Os músculos estriados esqueléticos são responsáveis por inúmeros movimentos voluntários, como andar, manter-se ereto, chutar, dançar, nadar, entre tantos outros.

LINDA BUCKLIN/SHUTTERSTOCK

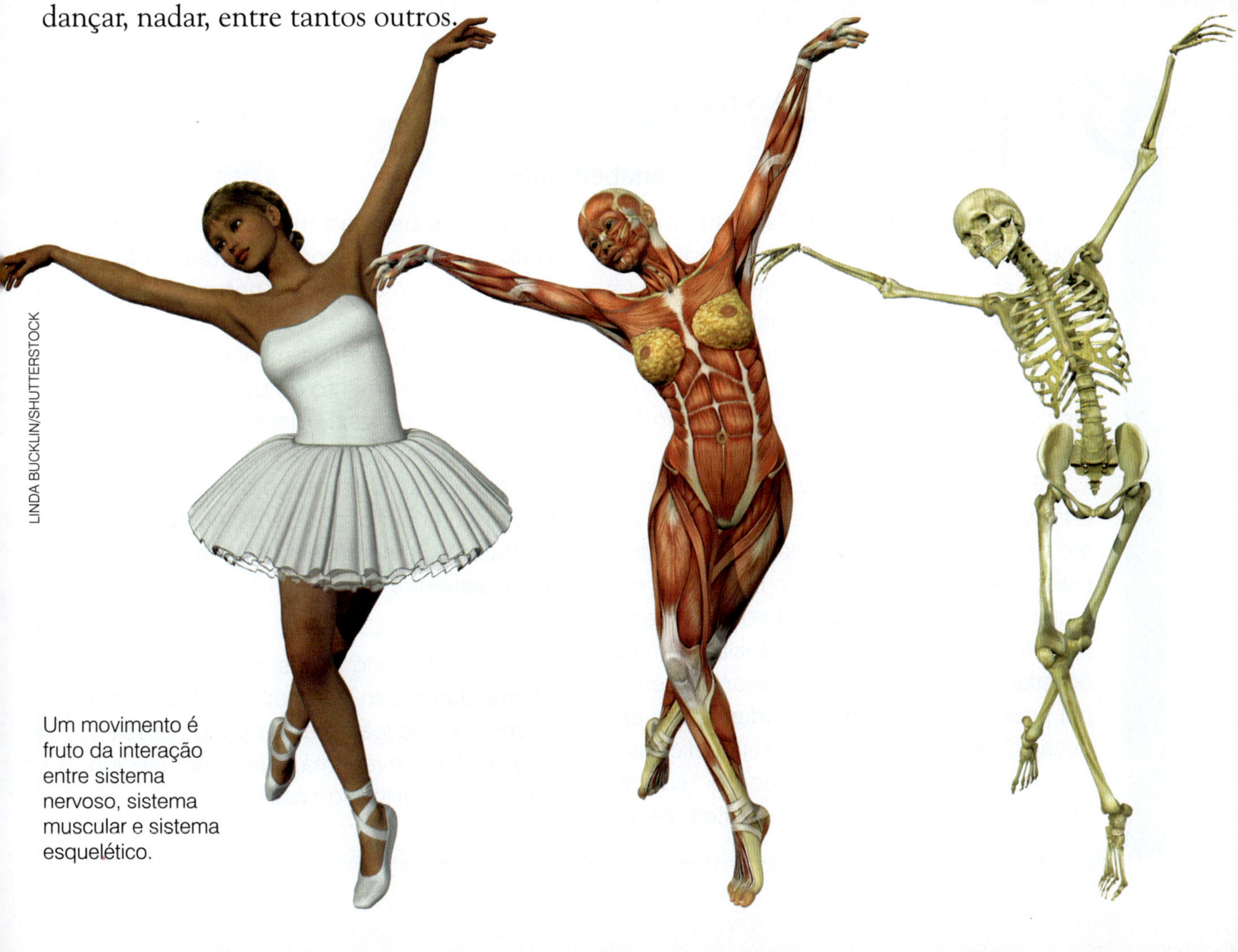

Um movimento é fruto da interação entre sistema nervoso, sistema muscular e sistema esquelético.

Descubra você mesmo!

Você pode sentir o estado de contração e de relaxamento de músculos antagônicos fazendo o seguinte: estique fortemente uma perna e apalpe o músculo da parte anterior e o da parte posterior da coxa. Qual deles apresenta maior rigidez? Em seguida, flexione a perna sobre a coxa e repita a palpação. Qual dos músculos se contrai? Qual deles relaxa?

A maioria dos movimentos é coordenada por vários músculos esqueléticos atuando em grupos e de maneira oposta. Assim, em uma articulação, por exemplo, os músculos que flexionam (os flexores) estão do lado oposto ao dos músculos que estendem (os extensores): quando um grupo contrai, o outro grupo relaxa. A esse tipo de ação chamamos de **antagonismo.**

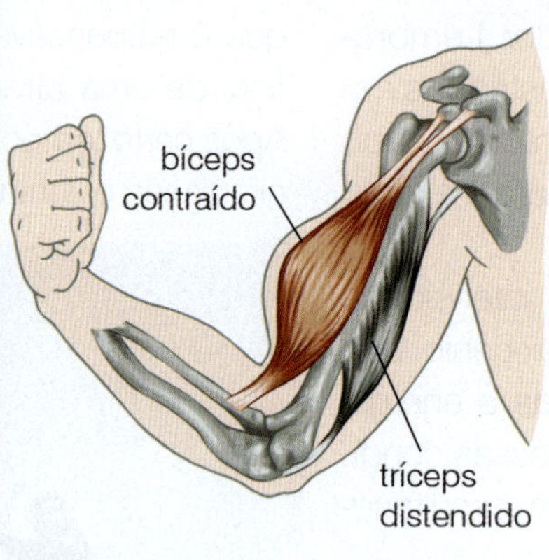

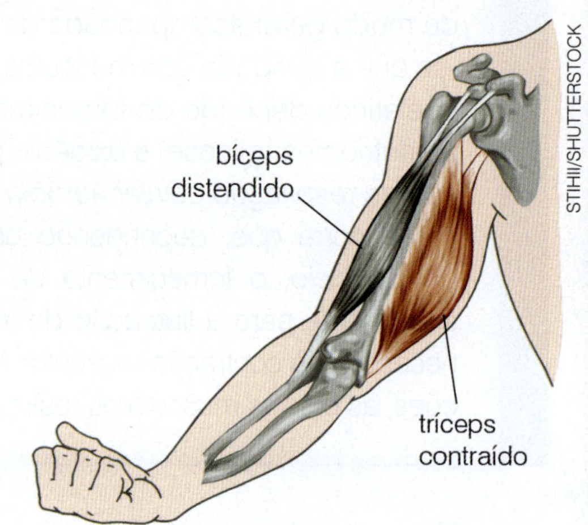

Ao flexionarmos o antebraço, o músculo bíceps contrai ao mesmo tempo em que o músculo tríceps relaxa. O contrário ocorre quando relaxamos o braço: o tríceps contrai e o músculo bíceps relaxa.

DE OLHO NO PLANETA

Ética & Cidadania

Anabolizantes

A procura de um corpo "sarado", musculoso e atlético, tem levado muitas pessoas a utilizar, abusivamente e sem critérios, as substâncias denominadas de **anabolizantes**. O nome deriva de anabolismo, que possui o significado de "construção" do corpo. São substâncias sintéticas relacionadas ao hormônio sexual masculino, a testosterona.

Realmente, os anabolizantes promovem o crescimento dos músculos esqueléticos e atuam também no desenvolvimento das características sexuais masculinas – o conhecido efeito androgênico (do grego, *andros* = masculino). Na verdade, essas substâncias somente deveriam ser utilizadas com indicação médica, por pessoas em que comprovadamente a produção de testosterona natural seja deficiente.

A ilusão de obter um corpo "sarado" tem provocado lamentáveis efeitos secundários, entre os quais: nervosismo, irritação, agressividade, ginecomastia (aumento do tamanho das mamas nos homens), problemas cardiovasculares (aumento do LDL, o mau colesterol), efeitos masculinizantes em mulheres (crescimento de pelos na face, engrossamento da voz), diminuição da produção de espermatozoides e problemas hepáticos (tumores). O emprego de anabolizantes de uso veterinário por seres humanos tem acarretado, lamentavelmente, a morte de muitos usuários.

➢ Considerando todos os efeitos colaterais que o uso de anabolizantes sem a correta prescrição médica pode causar, o que poderia levar uma pessoa esclarecida a continuar utilizando essas drogas?

Nosso desafio

Para preencher os quadrinhos de 1 a 8, você deve utilizar as seguintes palavras: articulações, caixa torácica, cinturas, coluna vertebral, crânio, medula óssea vermelha, pélvica, sustentação do corpo.

À medida que você preencher os quadrinhos, risque a palavra que você escolheu para não usá-la novamente.

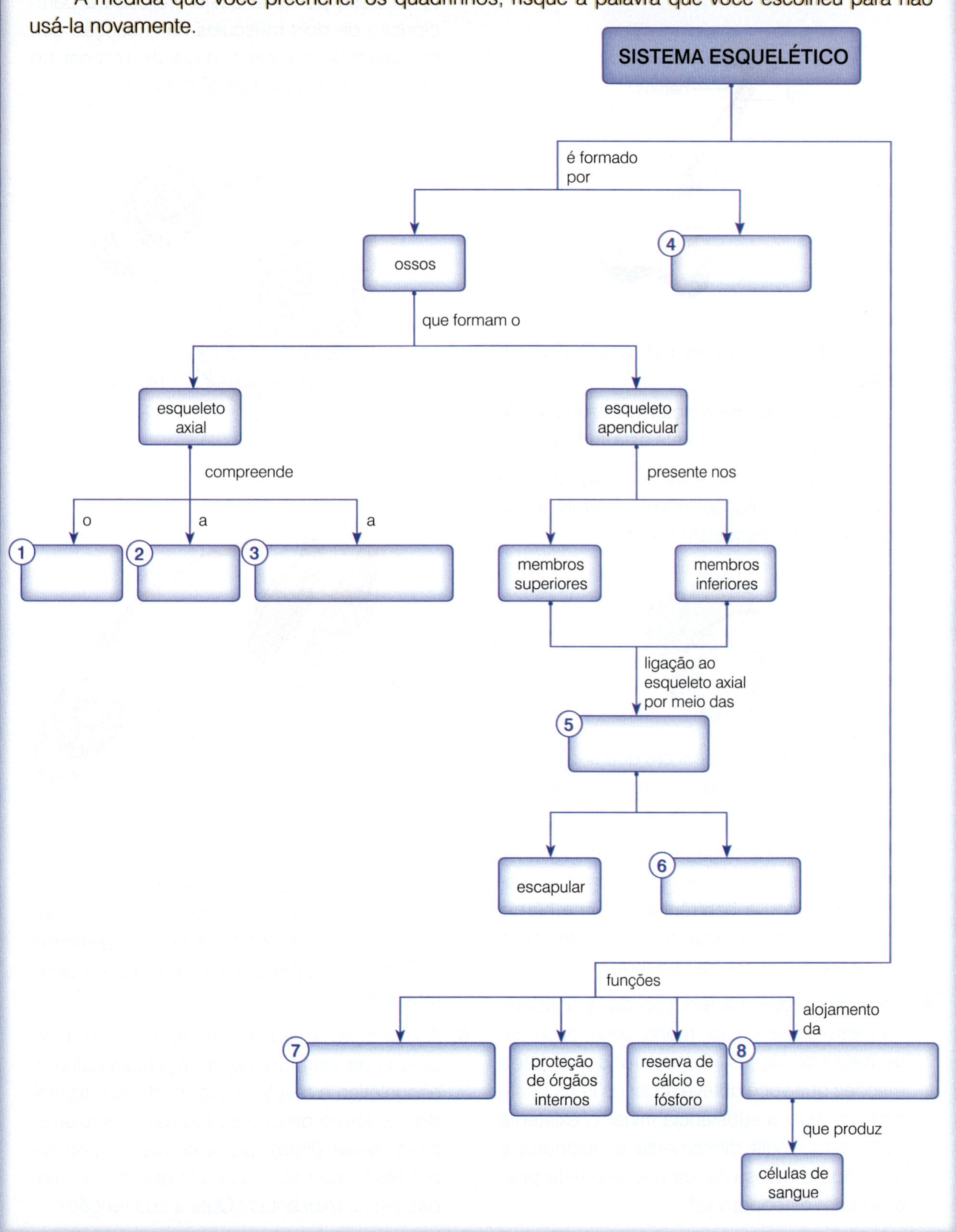

Atividades

1. A ilustração abaixo é o esquema de um osso longo do esqueleto humano.

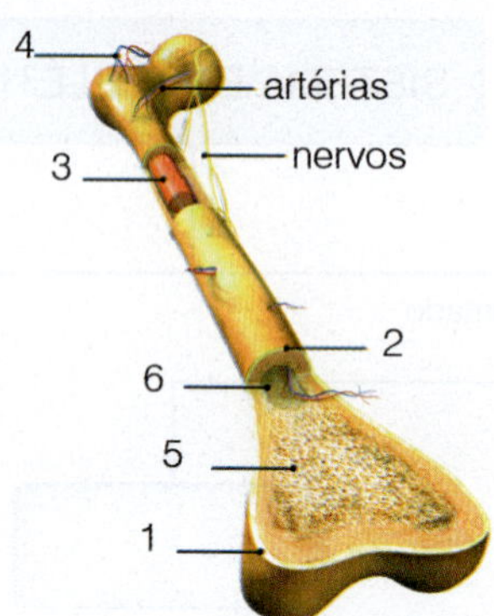

a. Reconheça as regiões indicadas pelas setas.

b. Cite a importante função desempenhada pela região indicada pela estrutura **3**.

2. A ilustração a seguir mostra o esquema de um tipo de articulação móvel, em dobradiça, encontrada no esqueleto humano.

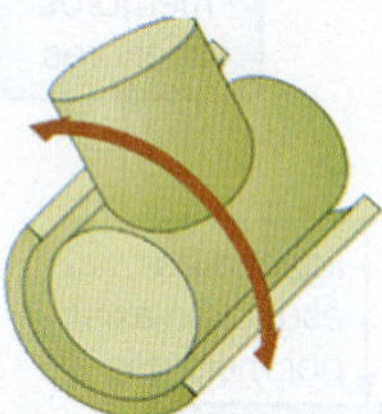

Cite pelo menos um local em que são encontradas articulações como a representada no esquema acima.

3. Senhor Francisco tinha dor na região lombar da coluna vertebral e seu médico ortopedista diagnosticou a ocorrência de uma hérnia de disco. Como justificar a dor que ele sentia nessa região da coluna vertebral?

4. Na osteoporose, há redução da quantidade de massa óssea e, de modo geral, acomete as pessoas idosas. Considerando as informações que você obteve ao ler os itens deste capítulo, qual a substância mineral, existente nos ossos, mais diretamente relacionada à redução da massa óssea que acomete pessoas com osteoporose?

5. A ilustração abaixo é um esquema que mostra os eventos envolvidos em um levantamento de peso por uma atleta. Perceba a participação de dois músculos na execução dos movimentos: o bíceps, na parte anterior do braço e o tríceps, na parte posterior.

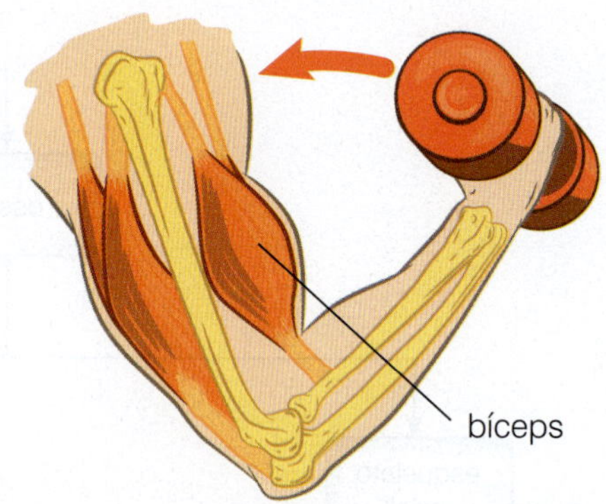

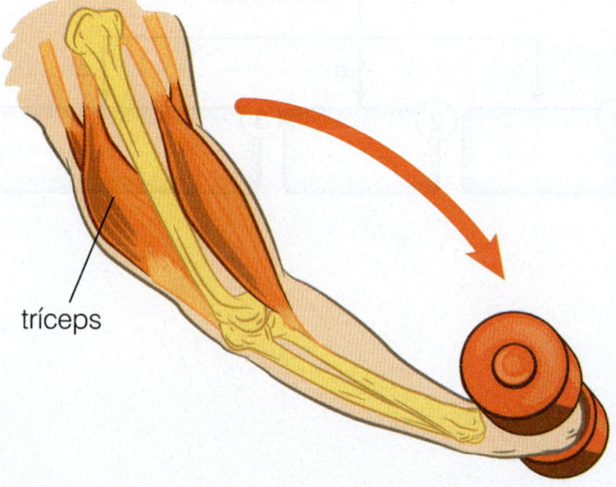

A respeito do esquema e dos seus conhecimentos sobre a atividade muscular, responda: o trabalho executado por esses dois músculos é antagônico? Explique o significado do termo antagônico, relacionado à atividade muscular.

6. A ilustração a seguir corresponde a um esquema da estrutura de um músculo estriado esquelético e revela que o músculo é formado por feixes de células (fibras) musculares; cada célula (fibra), por sua vez, é formada por feixes de miofibrilas. De que são formadas essas miofibrilas? Qual a sua função?

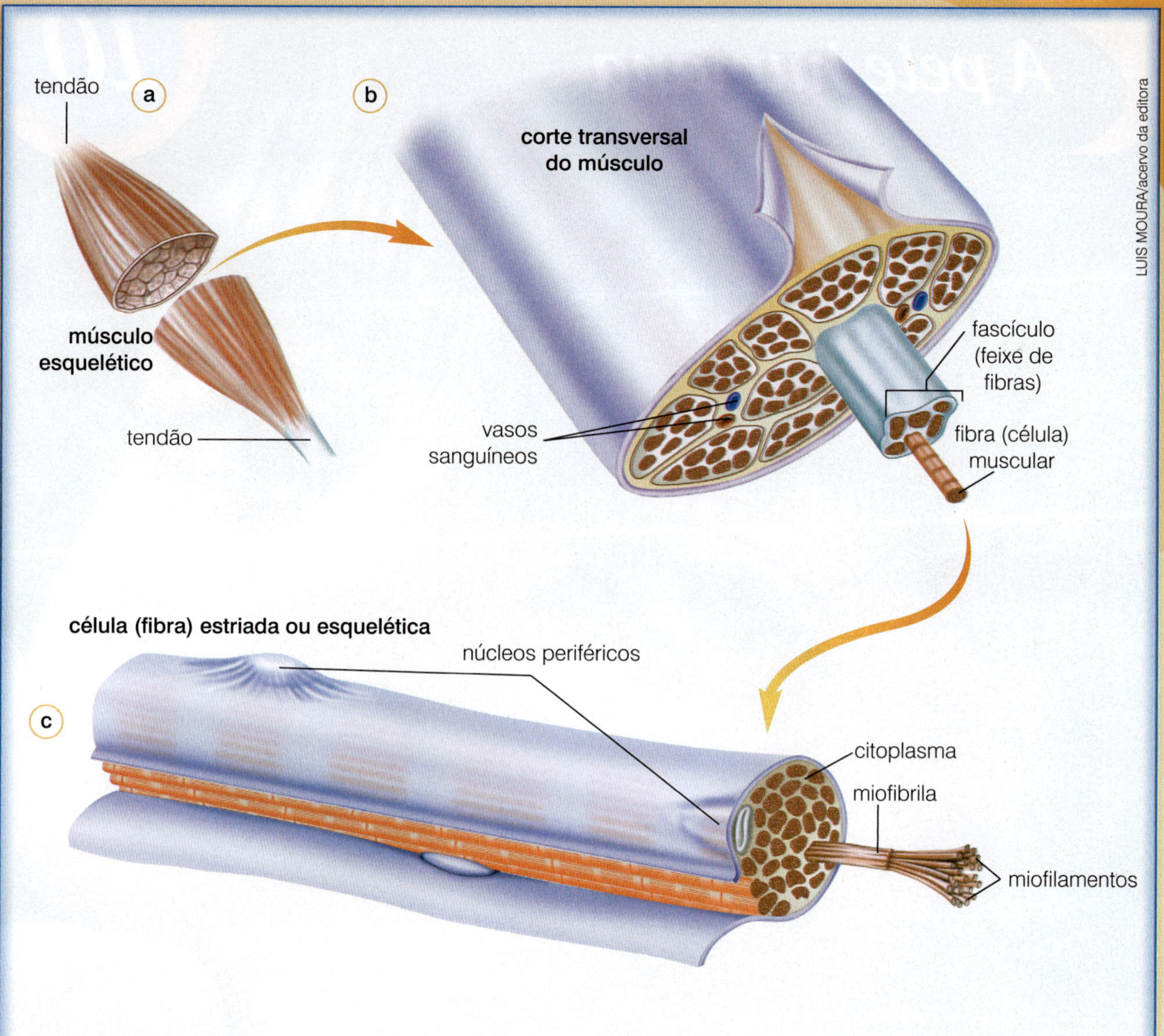

7. Esportistas em geral estão sujeitos a fraturas e luxações ósseas. Qual a diferença entre elas?

8. É correto afirmar que o aumento da massa muscular com exercícios físicos diminui o risco de obesidade? Justifique a resposta.

capítulo 10

A pele humana

Acne, cravos e espinhas

Em geral, a adolescência é uma época marcada por diversas mudanças no nosso corpo. Uma delas é a presença de acne, que acontece em maior ou menor grau, tanto em meninos como em meninas.

A acne é uma doença inflamatória da pele, tema deste nosso capítulo, caracterizada pela presença de cravos ou espinhas. Em geral, ela é causada pelo aumento da produção de oleosidade, obstruindo a via de secreção das glândulas sebáceas, levando a uma inflamação local. Essa inflamação local pode se manifestar na forma de cravos, pontos claros ou escurecidos, ou espinhas, quando os poros ficam obstruídos e infeccionam, formando pus.

Não se deve "espremer" e tirar cravos e espinhas, atividade que pode resultar em infecções e cicatrizes que acabam "marcando" a pele para sempre.

FRESNEL/SHUTTERSTOCK

Pele: estrutura e funções

A pele é um órgão extenso, que envolve externamente o corpo. A área coberta pela pele de um ser humano adulto é de, aproximadamente, 2 m^2; por isso, é considerada o maior órgão do nosso corpo. Sua importância está ligada aos processos de:

- **evitar** a perda excessiva de água (**desidratação**) por ser impermeável na superfície;
- atuar na manutenção da **temperatura do corpo** em níveis adequados, por meio da secreção e evaporação do suor e da dilatação ou contração dos vasos sanguíneos que a irrigam;
- proteger contra **agressões** leves e moderadas;
- dificultar a **entrada** de **microrganismos patogênicos**;
- desempenhar importante **papel sensitivo**, graças à existência de terminações nervosas sensoriais responsáveis pelo sentido do *tato* (calor, frio, toque, pressão, dor);
- ser o local de produção da **vitamina D**, quando exposta à radiação benéfica do Sol.

A estrutura da pele mostra duas camadas, a **epiderme** e a **derme**, cada uma formada por um tipo de tecido.

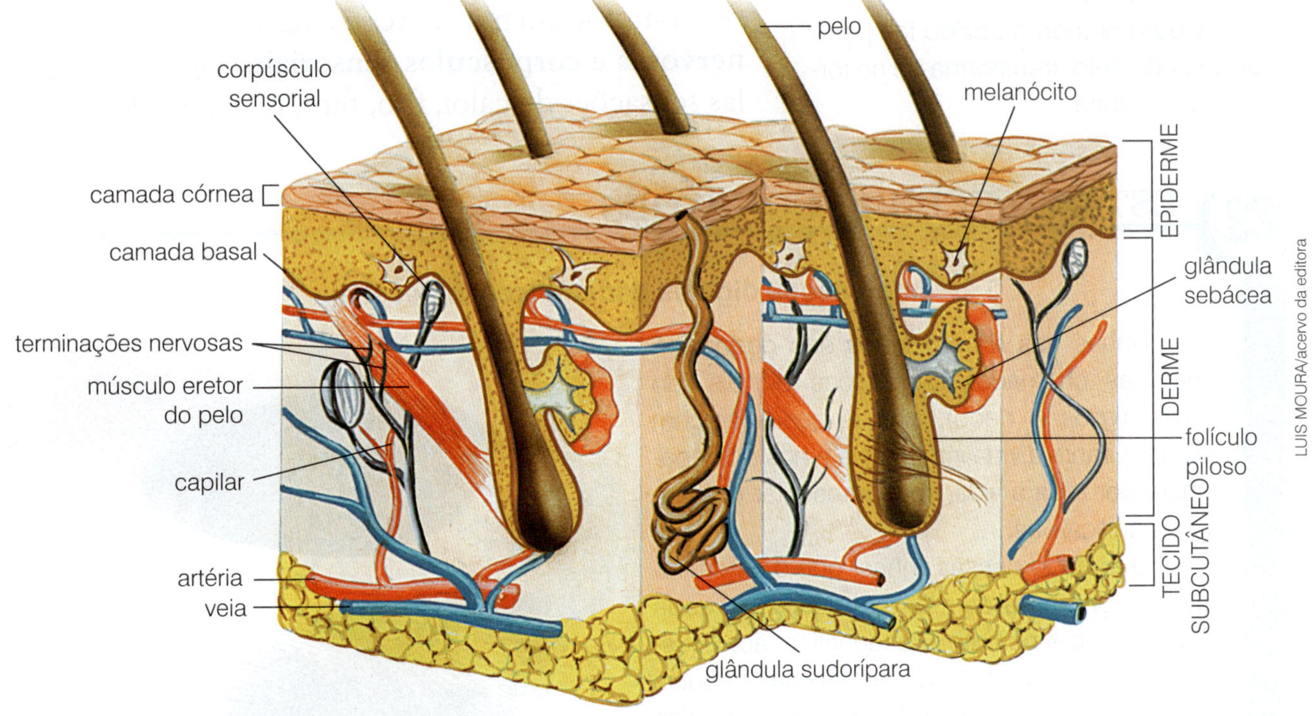

Estrutura da pele humana, formada pelas camadas epiderme e derme. Na imagem, abaixo da derme está localizado o tecido subcutâneo, que não faz parte da pele. (Cores-fantasia. Ilustração fora de escala.)

A epiderme é o componente da pele que fica em contato direto com o meio externo. É formada por várias camadas de células de **tecido epitelial de revestimento**. A camada mais interna da epiderme, aquela que fica logo acima da derme, produz, constantemente, por meio de divisões celulares, novas células epiteliais que empurram para cima as células mais velhas.

As células mais velhas produzem e acumulam **queratina**, proteína responsável pela **impermeabilização da pele**, que limita a perda de água por evaporação. Essas células impermeabilizadas morrem e formam a chamada **camada córnea**.

Lembre-se!

Chamamos de sistema tegumentar ao conjunto formado pela pele e seus anexos.

É SEMPRE BOM SABER MAIS!

Apesar de ser formada por muitas camadas de células, a epiderme é extremamente fina, não mais do que 0,1 mm de espessura. Sempre que você raspar superficialmente a pele e houver sangramento, por pequeno que seja, você removeu a epiderme e atingiu a derme. Capilares sanguíneos ficam restritos à derme, de modo que as células vivas da epiderme recebem oxigênio e nutrientes desses capilares por difusão.

Fique por dentro!

A derme é o que se costuma chamar de **couro**. Submetida a tratamentos especiais nos curtumes, a derme de certos animais é utilizada no revestimento de estofados e na confecção de artefatos de couro: bolsas, sapatos, cintos, carteiras, casacos etc.

Couro de porco cozido faz parte da feijoada; frito, transforma-se no torresmo pururuca.

Localizada abaixo da epiderme, a **derme** é a camada mais espessa da pele, formada por *tecido conjuntivo*. O espaço entre as células é preenchido por uma rede de fibras resistentes de uma proteína, o **colágeno**, e por fibras mais finas e elásticas. Esse tecido confere sustentação, elasticidade, forma e firmeza à pele. Além disso, na derme existem **vasos sanguíneos** (transportam nutrientes e oxigênio), **terminações nervosas** e **corpúsculos sensoriais** responsáveis pelas sensações de calor, frio, tato, pressão e dor.

ESTABELECENDO CONEXÕES — Cotidiano

Impressões digitais e identificação pessoal

Linhas nas extremidades dos dedos formam as chamadas impressões digitais (do latim, *digitus* = dedo), marcas que aparecem ainda durante a vida intrauterina e nos acompanham por toda a vida, sem apresentar mudanças significativas.

O traçado dessas linhas, que é o resultado de dobras da derme, é exclusivo de cada ser humano e permite sua identificação. É justamente por isso que na emissão das cédulas de identidade faz-se também o cadastro das impressões digitais.

DJTAYLOR/SHUTTERSTOCK

ESTABELECENDO CONEXÕES — Saúde

Celulite

Sob a derme há uma camada de tecido conjuntivo frouxo, a **tela subcutânea** ou **hipoderme** (sob a pele). Essa camada está ligada à pele mas *não faz parte dela*. Dependendo de sua localização nas diversas regiões do corpo, a hipoderme pode ter espessuras diferentes por apresentar quantidades variáveis de tecido adiposo.

Celulite em mulher jovem.

VLADIMIR GJORGIEV/ SHUTTERSTOCK

As células do tecido adiposo são preenchidas com grandes depósitos de gordura em seu citoplasma e constituem uma reserva de energia que pode ser usada na falta de açúcares ou quando queremos emagrecer (lembre-se que engordamos ou emagrecemos na hipoderme). Além disso, o tecido adiposo subcutâneo funciona como um agasalho natural (isolante térmico), evitando grandes perdas de calor para o ambiente, e ainda protege algumas partes do corpo contra choques mecânicos.

A celulite é uma inflamação do tecido celular subcutâneo, que afeta veias, capilares sanguíneos e linfáticos, levando à formação de edemas (inchaços) nos locais onde há maior acúmulo de gordura.

O tecido gorduroso forma depressões, saliências e ondulações, principalmente nos quadris, nádegas, coxas e abdômen. Hoje a celulite é considerada uma doença e não somente um problema estético.

Como medida preventiva, podemos citar a realização de atividade física regular e uma alimentação saudável. Se ainda assim aparecerem os primeiros sinais de celulite, é recomendável procurar um médico especializado nessa área, pois os tratamentos atuais têm-se tornado cada vez mais eficientes.

Anexos da pele

Embora alguns estejam mergulhados na derme, é a epiderme que origina os anexos cutâneos: pelos, unhas, glândulas sebáceas e glândulas sudoríparas.

Os **pelos** são estruturas exclusivas dos mamíferos. Sua função natural é proteger o organismo contra o frio, uma vez que entre eles há retenção de uma camada de ar, favorecendo o isolamento térmico. A pelagem espessa também evita alguns tipos de agressão à pele, causados pelo atrito mais intenso.

Na espécie humana, porém, os pelos se concentram em poucas regiões do corpo, mais densamente no couro cabeludo. Então, a proteção contra o frio depende de vestuário e moradias.

Cada pelo projeta-se de um **folículo piloso**, região em cuja base as células se dividem constantemente e empurram as mais antigas para fora. É dessa forma que os pelos e os cabelos crescem. À medida que as células vão subindo, começam a morrer, restando uma estrutura rica em queratina, a proteína que constitui o fio.

Nas extremidades dos dedos possuímos as **unhas**, estruturas formadas por camadas de células queratinizadas, semirrígidas, que protegem a extremidade de nossos dedos.

Lembre-se!

Pelos são encontrados apenas nos mamíferos.

As **glândulas sebáceas** localizam-se geralmente junto aos pelos, mergulhadas na derme, abrindo-se nos folículos pilosos. Elas secretam um produto oleoso, o **sebo**, que lubrifica e hidrata os pelos e a superfície da pele, a mantém impermeável à água, além de apresentar características bactericidas.

É SEMPRE BOM SABER MAIS!

Seborreia é o nome do processo caracterizado pela secreção excessiva das glândulas sebáceas.

Quando o indivíduo entra na puberdade, as alterações hormonais, principalmente o aumento da produção dos hormônios sexuais, provocam grandes modificações no corpo. As glândulas sebáceas, por exemplo, passam a trabalhar muito, principalmente no rosto, nas costas, na parte central do tórax e no couro cabeludo.

A seborreia pode persistir na idade adulta e os principais motivos são os de natureza hormonal, alimentar e emocional.

Jogo rápido

Por que se diz que a melanina da pele atua como filtro solar natural?

As **glândulas sudoríparas** são túbulos finos e enovelados que se abrem em minúsculos poros na superfície da pele. Elas produzem o **suor**, formado por água e resíduos idênticos aos da urina (sais e ureia), porém muito mais diluídos.

A principal função das glândulas sudoríparas é atuar na regulação da temperatura do organismo. A evaporação de água da superfície da pele "rouba" calor da pele, diminuindo a temperatura do sangue que circula perifericamente.

Perifericamente: que se encontra afastado de um centro.

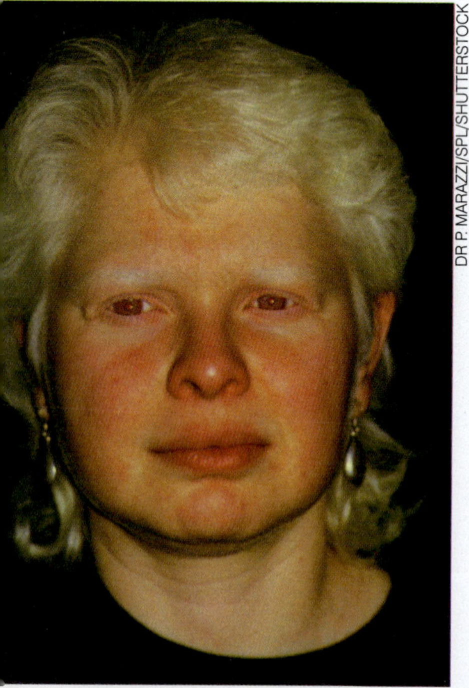
DR P. MARAZZI/SPL/SHUTTERSTOCK

Mulher de 37 anos, portadora de albinismo. Os albinos têm a pele muito clara, os pelos são brancos e o fotoenvelhecimento é precoce, porque a pele não conta com nenhuma proteção contra as radiações solares.

Melanócitos e a cor da pele

Na parte inferior da epiderme, formada por células mais jovens, encontram-se células denominadas **melanócitos** (do grego, *melanós* = negro + *kytos* = célula), que compõem 13% das células da epiderme. Os melanócitos produzem um pigmento escuro, a **melanina**, que basicamente tem duas funções: conferir cor à pele e protegê-la contra a ação dos raios ultravioletas do Sol, atuando como um filtro solar natural.

A cor da pele, mais escura ou mais clara, depende da quantidade de melanina produzida. A produção de melanina depende de vários fatores, sendo os principais o fator **hereditário** (material genético) e o fator **ambiental** (a luz solar estimula a produção de melanina, uma resposta adaptativa do organismo, que o protege dos malefícios da radiação solar).

Nas pessoas ou animais portadores de albinismo, uma alteração do material genético (DNA) que orienta a produção de melanina, impede a produção desse pigmento nos melanócitos.

ESTABELECENDO CONEXÕES

Cotidiano

Por que os pelos vão ficando brancos quando envelhecemos?

A melanina, que confere cor à pele, também é responsável pela cor dos cabelos. Assim, uma produção maior de melanina conduz a cabelos mais escuros; quantidades menores desse pigmento produzem cabelos mais claros e a ausência de melanina leva à ocorrência de cabelos brancos.

É frequente notar que, em crianças pequenas, o cabelo vai escurecendo, pois a produção de melanina aumenta com o passar do tempo. Quando o indivíduo atinge uma idade mais avançada, a produção de melanina começa a diminuir e aparecem, inicialmente, de forma tímida, os fios brancos, que progressivamente vão aumentando. Às vezes, o branqueamento dos fios começa bem antes da idade madura e o principal motivo é hereditário (herança genética).

Envelhecimento da pele

O **fotoenvelhecimento** é o resultado de lesões causadas pela radiação ultravioleta acumulada ao longo de muitos anos de exposição ao Sol. Células e estruturas da epiderme e derme se deterioram de forma irreversível. Assim, por exemplo, proteínas importantes da pele, como o colágeno e a elastina presentes na derme, são lesadas e a pele torna-se mais seca, áspera, espessa e perde sua elasticidade natural. Esse processo tem como consequência o aparecimento das rugas. Finalmente, os melanócitos afetados pela radiação ultravioleta param de funcionar de maneira adequada, prejudicando a produção de melanina, o que resulta no aparecimento de manchas de diferentes tonalidades, que variam de amareladas a marrons.

Lembre-se!

A produção de vitamina D começa na pele, com a formação da pró-vitamina D. A seguir, essa substância é conduzida ao fígado e, após sofrer modificações, aos rins, onde a forma ativa da vitamina D é produzida. Na verdade, atualmente a vitamina D é considerada um verdadeiro hormônio por atuar em diversos tecidos e órgãos do corpo, e não apenas na fixação de cálcio nos ossos.

ESTABELECENDO CONEXÕES

Cotidiano

Sol: mocinho ou bandido?

A radiação solar não é "inimiga" dos seres vivos, afinal, sem a luz solar não existiria vida. Basta pensar na importância da energia luminosa para a fotossíntese e na energia calorífica que aquece nosso planeta. Não há visão na escuridão total; é a luz visível refletida pela superfície dos objetos que nos permite enxergá-los.

A radiação solar é essencial para a síntese da vitamina D, na pele. A vitamina D favorece a absorção do cálcio no intestino e a sua fixação nos ossos, fortalecendo-os.

Em excesso, os raios ultravioleta (UV) prejudicam a saúde da pele, podendo provocar queimaduras, envelhecimento precoce e câncer de pele.

As seguintes medidas protetoras podem ajudar a prevenir problemas de saúde:

- evite exposição ao Sol entre 10 e 16 horas, pois a maior incidência de raios ultravioleta acontece nesse horário;
- use protetores solares todos os dias e reaplique-os a cada duas horas;
- use bonés ou chapéus para proteger o couro cabeludo, o rosto e a nuca;
- se o Sol estiver "muito forte", use uma camiseta para impedir que seus raios atinjam diretamente a pele.

Fique por dentro!

O fotoenvelhecimento assim como o câncer de pele afetam menos as pessoas de pele escura. Nas pessoas de pele clara, a quantidade de melanina é insuficiente para proteger contra os danos que a radiação UV pode causar ao material genético (DNA). Por isso, correm um alto risco de desenvolver câncer de pele expondo-se excessivamente ao Sol.

LAPINA/SHUTTERSTOCK

Use protetor solar diariamente, mesmo que você não vá a uma praia ou piscina.

Câncer de pele

O *carcinoma* e o *melanoma*, assim como a maioria dos cânceres, são devidos a uma alteração no DNA, que é o material genético das células. Esse desarranjo pode fazer com que células anormais se reproduzam rapidamente, promovendo um crescimento excessivo no número de células malignas. A **radiação ultravioleta**, um dos componentes da luz solar, é o principal agente causador de lesões no material genético das células da pele, especialmente em pessoas de pele clara que se expõem ao sol forte.

O **carcinoma** é a forma mais comum e menos agressiva de câncer de pele, pois afeta somente as células superficiais (epiderme). Essas lesões crescem lentamente, formando pequenos caroços, com maior frequência na face, no pescoço, no ombro ou nas costas. O tratamento para o carcinoma envolve a aplicação de uma substância que mata as células cancerosas ou pré-cancerosas. Em outros casos, é necessária uma remoção cirúrgica.

O **melanoma maligno** é bem menos frequente que o carcinoma, porém é um dos tipos de câncer mais agressivos. Nesse tipo de câncer, as células afetadas são os melanócitos, que se multiplicam exageradamente e se exteriorizam na pele na forma de "pintas", que continuam crescendo irregularmente, tornando-se cada vez mais escuras. O melanoma maligno é responsável por 75% de todas as mortes causadas por câncer de pele. O tratamento é quase exclusivamente cirúrgico para a remoção da região afetada. Porém, o melanoma pode estar localizado nas regiões profundas da pele, havendo a possibilidade de invadir outros órgãos. Por isso, o melanoma maligno é mais perigoso do que o carcinoma. De qualquer modo, o reconhecimento de um carcinoma ou de um melanoma maligno deve ser feito por um profissional médico especializado, que saberá indicar o procedimento correto em cada caso.

DE OLHO NO PLANETA

Meio Ambiente

Camada de ozônio e câncer de pele

Na atmosfera existe uma camada de gás ozônio (formado a partir do oxigênio), que atua como um "filtro solar natural", absorvendo parte dos raios ultravioleta provenientes do Sol. Caso essa camada não existisse, a radiação ultravioleta aumentaria ainda mais a probabilidade de queimaduras, fotoenvelhecimento e câncer.

Durante muitos anos foram utilizados na fabricação de aerossóis e também para a refrigeração de alguns aparelhos, como geladeiras, por exemplo, clorofluorcabonetos (CFC), gases que em sua molécula apresentam os elementos cloro, flúor e carbono. Não foi de imediato que se percebeu que esses gases afetavam a camada de ozônio, que nos protege das radiações UV, o que levou a intensificar o *buraco na camada de ozônio* (principalmente sobre o polo Sul), como ficaram conhecidos os danos a essa camada.

Atualmente, vários países já proibiram o uso de CFC, o que, aliado a outras medidas que visam reduzir a emissão de gases de efeito estufa, tem contribuído para uma redução no buraco na camada de ozônio.

Descubra você mesmo!

Consulte a internet ou livros de sua escola, e descubra como se dá o mecanismo de síntese do ozônio na estratosfera terrestre.

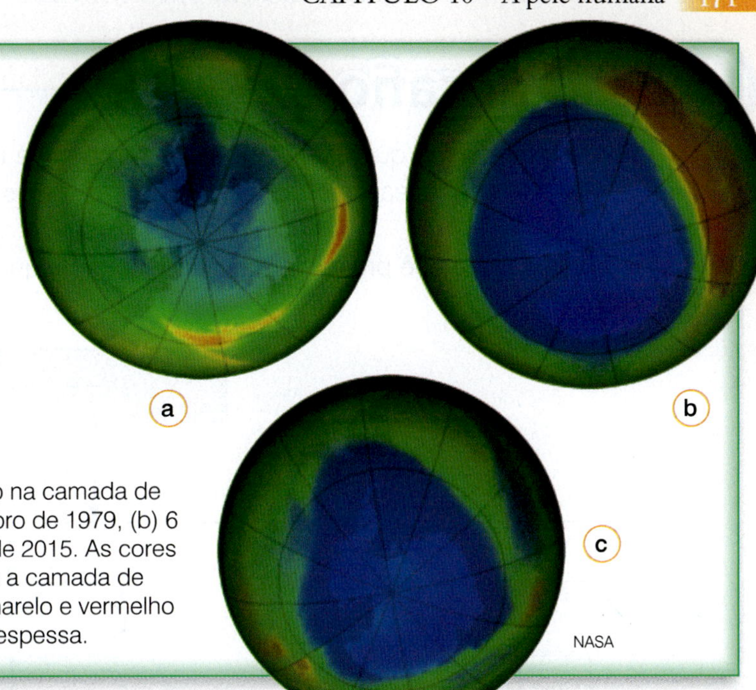

Imagens, coloridas artificialmente, do buraco na camada de ozônio sobre o polo Sul em (a) 17 de setembro de 1979, (b) 6 de setembro de 2000 e (c) 13 de setembro de 2015. As cores roxo e azul-escuro indicam os locais em que a camada de ozônio está mais fina, enquanto as cores amarelo e vermelho indicam locais em que a camada está mais espessa.

ESTABELECENDO CONEXÕES

Saúde

Além do câncer de pele, celulite e da acne, há algumas outras doenças de pele que merecem ser citadas em função de sua frequência entre os seres humanos. Conheça algumas delas na tabela abaixo.

Nome da doença e agente causador	Como se adquire	Sintomas	Tratamento	Prevenção
Escabiose ou sarna (ácaro)	Contato direto com pessoa contaminada.	Surgem pequenas vesículas com água que coçam muito, principalmente à noite.	Medicamentos de uso local para combater o agente causador (*Sarcoptes scabiei*).	Evitar o contato com pessoas contaminadas e adotar hábitos de higiene.
Micose (fungo)	Os fungos são encontrados em praticamente todos os lugares. As micoses podem ser contraídas, principalmente, a partir de lugares quentes e úmidos.	Manchas ou até mesmo lesões nas unhas e pele. Prurido (coceira) intenso.	Antimicóticos, sempre prescritos por médicos.	Adotar hábitos de higiene, secando-se muito bem após o banho. Evitar andar descalço em locais públicos úmidos, como vestiários, por exemplo. Ter o seu próprio material para cuidado das unhas.
Pediculose (piolho)	Contato direto com pessoa contaminada.	Coceira intensa. Pequenas pápulas (bolinhas) com sangue. Além disso, os parasitas são visíveis tanto no couro cabeludo como nas outras partes do corpo contaminadas.	Em geral, são usados os mesmos medicamentos prescritos para a sarna. É fundamental tratar as pessoas próximas ao doente também.	Evitar o contato com pessoas contaminadas. Não compartilhar roupas e/ou objetos pessoais.

Nosso desafio

Para preencher os quadrinhos de 1 a 8, você deve utilizar as seguintes palavras: derme, epiderme, glândulas sebáceas, glândulas sudoríparas, pelos, queratina, regulação térmica, vasos sanguíneos.

À medida que você preencher os quadrinhos, risque a palavra que escolheu para não usá-la novamente.

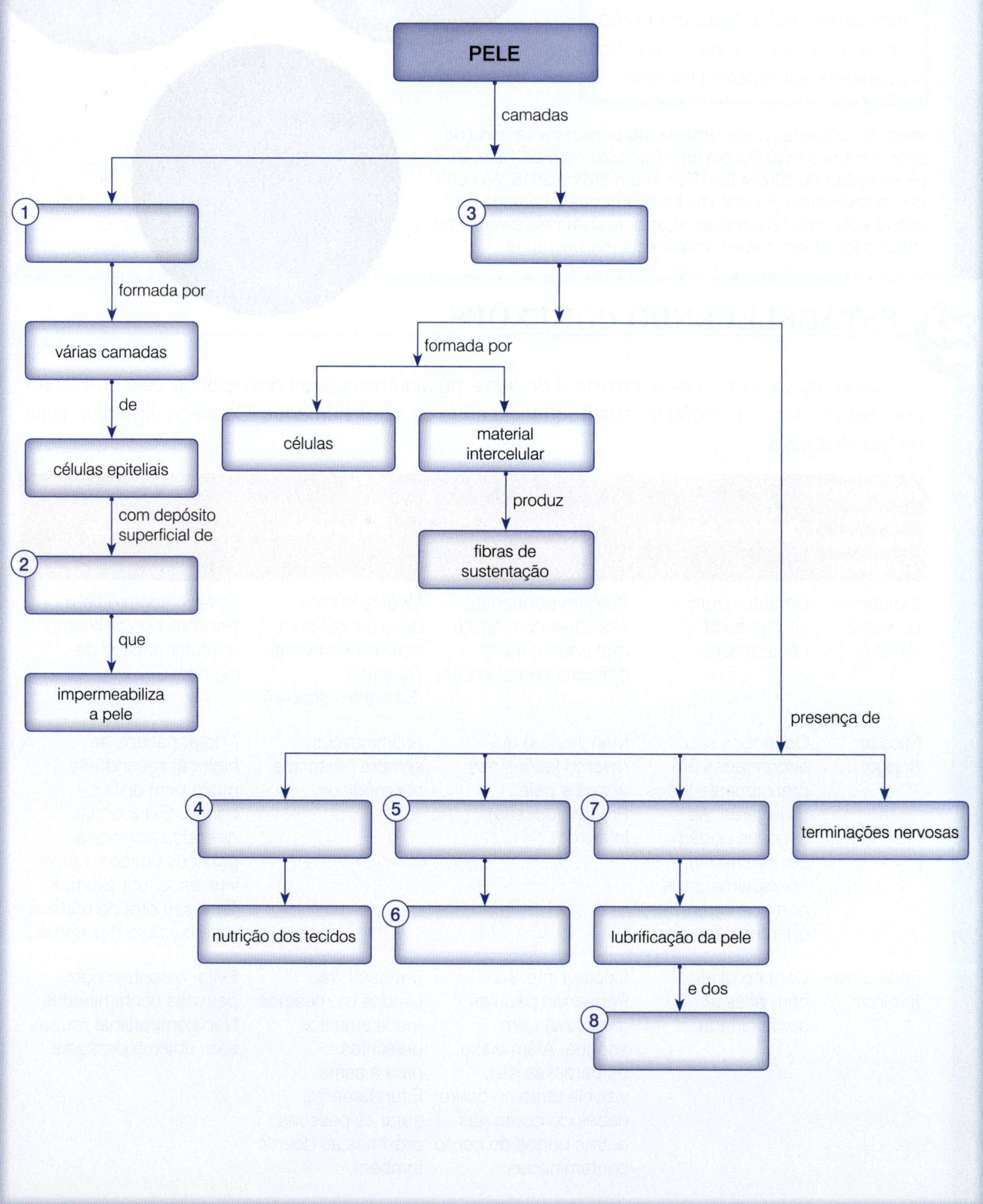

Atividades

1. Quais são as camadas que formam a pele humana?
2. Todas as células da epiderme são mortas? Justifique a resposta.
3. Qual a importância da queratina na pele humana?
4. O que são melanócitos e qual a sua importância na pele das pessoas?
5. Em que camada da pele estão localizados os vasos sanguíneos, nervos e suas terminações, glândulas sebáceas, sudoríparas e folículos pilosos?
6. A tela subcutânea ou hipoderme é formada por tecido conjuntivo contendo quantidades variáveis de células adiposas.
   a. Qual o tipo de substância armazenada nessas células?
   b. Que funções essa reserva desempenha no corpo dos mamíferos em geral?
7. Qual a função das glândulas sebáceas?
8. Explique por que é importante suar.
9. É correto afirmar que os pelos são encontrados em todos os vertebrados? Justifique sua resposta.
10. Qual a principal função dos pelos?
11. Cite alguns benefícios diretos da luz solar para o ser humano.
12. Qual é o principal componente da radiação solar que pode provocar na pele o fotoenvelhecimento, o carcinoma e o melanoma?
13. Por que os albinos, quando em contato prolongado com a luz solar, têm maior probabilidade de desenvolver um câncer de pele do que os indivíduos de pele mais pigmentada?
14. Escabiose, micose e pediculose são nomes de três "doenças" que podem afetar a pele das pessoas. A respeito dessas "doenças":
    a. Cite os agentes causadores de cada uma.
    b. Cite o procedimento usual que conduz ao tratamento dessas doenças.
15. A camada de ozônio da estratosfera possui uma extraordinária importância ecológica, além de ser útil na prevenção de danos ao material genético de muitas espécies de seres vivos e dos seres humanos. A respeito dessa substância e considerando os conhecimentos que você obteve ao ler o item *De Olho no Planeta*, na página 170:
    a. Como é formado esse gás na estratosfera terrestre?
    b. Por que é possível afirmar que a camada de ozônio é útil na prevenção de danos ao material genético, sobretudo na pele das pessoas?
    c. Qual a substância que muitos países deixaram de utilizar e que era considerada a destruidora do ozônio da estratosfera, provocando a formação do chamado *buraco na camada de ozônio*?
16. Embora o excesso de exposição à luz do Sol possa prejudicar a pele das pessoas, é preciso reconhecer que uma discreta exposição à radiação ultravioleta do tipo B (UVB) em certos horários do dia também é benéfica à saúde humana. Nesse sentido:
    a. Qual o prejuízo que pode ser causado pela exposição excessiva da pele desprotegida à luz do Sol?
    b. Por que uma exposição discreta, controlada e apenas em alguns horários, é benéfica à saúde humana?

Você, *desvendando* a Ciência

Ômega-3: vale a pena!

As gorduras insaturadas, como o ômega-3, são mais saudáveis do que as gorduras saturadas. Alimentos ricos em gordura insaturada, como abacate, peixes e frutos do mar, óleo de oliva, óleo de canola, entre outros, elevam o nível de HDL (colesterol "bom") e diminuem o LDL (colesterol "ruim"). Isso reduz a probabilidade de incidência de hipertensão arterial, infarto e derrame cerebral. Além disso, melhora o desempenho cognitivo, é bom para a visão, combate a depressão, alivia os sintomas da artrite reumatoide e também está associado à menor incidência de diabetes.

Um estudo recente, publicado pelos pesquisadores dos Departamentos de Nutrição e de Saúde Ambiental da Harvard School of Public Health, em Boston, descobriram outro possível benefício do ômega-3. Os pesquisadores examinaram a relação entre a ingestão de gorduras saturadas e insaturadas com a "qualidade" do sêmen ou esperma. O esperma é formado por espermatozoides produzidos pelos testículos e plasma seminal, produzido pela vesícula seminal, próstata e glândulas bulbouretrais.

Dados de 99 homens, com idade média de 36,4 anos, foram estudados. Homens que ingeriram uma maior quantidade de gordura saturada tiveram uma contagem 43% mais baixa de espermatozoides. Uma refeição rica em ômega-3 foi relacionada a uma morfologia espermática mais favorável para a fertilização.

NEWS. MED. BR, 2012. *Dieta rica em gordura saturada pode diminuir contagem de espermatozoides. Ômega-3 ajuda a melhorar morfologia espermática. Disponível em:* <http://www.news.med.br/p/saude/292330/dieta-rica-em-gordura-saturada-pode-diminuir-contagem-de-espermatozoides-omega-3-ajuda-a-melhorar-morfologia-espermatica.htm>. *Acesso em:* 19 jun. 2015.

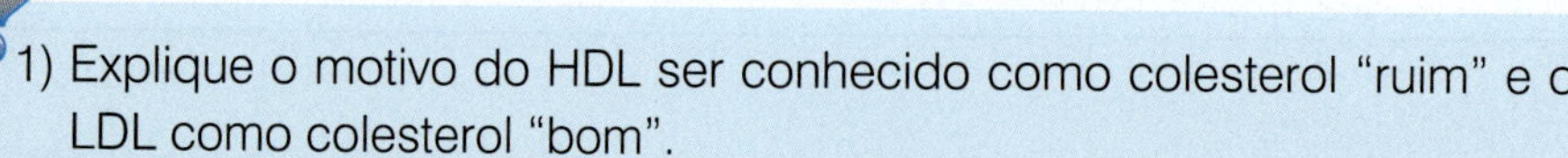

1) Explique o motivo do HDL ser conhecido como colesterol "ruim" e o LDL como colesterol "bom".
2) Faça um levantamento de alguns alimentos ricos em gorduras saturadas e que, portanto, aumentam o colesterol "ruim".

TecNews

O que há de mais moderno no mundo da Ciência!

Poderíamos viver sem elas?

Para a grande maioria das pessoas é comum associar bactérias com doenças infecciosas, como tétano, febre tifoide, pneumonia, sífilis, cólera etc. Mas é preciso lembrar a importância das bactérias na indústria alimentar (queijo, iogurtes, vinho etc.), na ecologia (transformação do nitrogênio do ar em fertilizantes para as plantas), na indústria farmacêutica (produção de hormônios, como a insulina, por meio das técnicas da engenharia genética).

O que é praticamente desconhecido da maioria das pessoas é a resposta à pergunta: Poderíamos viver sem bactérias no corpo? A resposta é não! As bactérias vivem em diferentes órgãos, como a pele, o nariz, a garganta, a boca, o intestino, a vagina, entre outros. Comem nossa comida sem causar prejuízo e oferecem muitos benefícios. Na pele, as bactérias ajudam a degradar as células mortas e a destruir os resíduos eliminados por poros e microglândulas. Nos intestinos, as bactérias participam da produção de compostos químicos essenciais à vida, como as vitaminas D e K e alguns anti-inflamatórios. Favorecem a digestão de fibras vegetais, transformando resíduos complexos que normalmente não são digeridos em substâncias simples.

Devido à importância cada vez maior das bactérias no nosso corpo, recentemente foi instalado o Projeto Microbioma Humano, do qual participaram quase 80 instituições de pesquisa multidisciplinar que trabalharam durante 5 anos tendo como objetivo descobrir quais comunidades estão presentes em diferentes partes do corpo humano, por meio do estudo do DNA. Ao estudar geneticamente as bactérias, os cientistas passaram a entender melhor como elas interagem com nosso corpo de forma saudável e como elas mudam com a ocorrência de doenças. Os resultados foram publicados em vários artigos nas revistas Nature e Public Library of Sciences.

Fontes: FERNANDES, T. *As bactérias da sua pele. Disponível em:* <http://cienciahoje.uol.com.br/noticias/microbiologia/as-bacterias-da-sua-pele/?searchterm=bact%C3%A9rias%20da%20sua%20pele>. *Acesso em:* 19 jun. 2015.

Estudo identifica os trilhões de bactérias que habitam nosso corpo. Disponível em: <http://noticias.terra.com.br/ciencia/pesquisa/estudo-identifica-as-trilhoes-de-bacterias-que-habitam-nosso-corpo,7b1b00beca2da310VgnCLD200000bbcceb0aRCRD.html>. *Acesso em:* 19 jun. 2015.

CLICK E ABASTEÇA AS IDEIAS

Veja nossa sugestão de *links* sobre o assunto e abasteça suas ideias!

- http://drauziovarella.com.br/audios-videos/drauzio-entrevista/o-mundo-das bacterias/
- http://cienciahoje.uol.com.br/colunas/deriva-genetica/nos-as-bacterias

INVESTIGANDO...

Com seu grupo de trabalho, pesquisem sobre a possível relação entre bactérias que estão normalmente presentes em nossa boca e a ocorrência de endocardite bacteriana, doença na qual esses organismos proliferam nas válvulas do coração.

Unidade 3

COORDENAÇÃO e sentidos

Movimentos, sensações, equilíbrio, raciocínio, memória, são alguns dos importantes atributos relacionados a dois importantes sistemas de nosso organismo: o sistema nervoso e o sistema endócrino.

Nesta unidade, veremos que o sistema nervoso coordena todo tipo de movimento executado pelo nosso corpo. Nossos órgãos do sentido, que captam informações do meio, as enviam para nosso sistema nervoso central, que as decodifica e encaminha a resposta aos efetuadores de resposta, músculos e glândulas, estas ligadas ao nosso sistema endócrino.

KARNIZZ/SHUTTERSTOCK

capítulo 11

Sistema nervoso

SHUTTERSTOCK

Pura emoção!

Você e seu amigo estão prontos para um tempo de diversão e emoção. Vai começar uma nova partida de tênis de mesa no *videogame*. O controle do *videogame* é sensível aos movimentos que o jogador faz ao movê-lo (funciona como uma espécie de *mouse* aéreo). O pequeno alto-falante já começa a emitir o ruído que revela a batida da bolinha. A regra é simples: vence o jogo quem levar a melhor em 3 tempos. Cada tempo é vencido por quem chegar primeiro a 21 pontos. No caso de empate em 20 pontos, o vencedor será aquele que fizer 2 pontos consecutivos. Dois dos tempos já foram jogados e aconteceu um empate em 1×1!

O jogo recomeça no terceiro tempo, que é decisivo. O placar avança até 20×16 e você está na frente! Seu amigo empata o jogo em 20×20 e você precisa se concentrar, "voltar" ao jogo! Finalmente, por 26×24, você vence!

Todos os estímulos que você recebeu durante o jogo foram processados pelo seu sistema nervoso. Na verdade, todas as suas ações e reações, os olhos fixos e arregalados no movimento da bolinha, a coordenação dos movimentos das mãos e pernas, a expectativa da vitória ou derrota, o coração acelerado e a transpiração, por exemplo, estão sendo controlados por esse sistema de comando.

Este capítulo é dedicado ao estudo do sistema nervoso. Você entenderá como a participação desse sistema faz o organismo enfrentar de modo adequado os problemas e os desafios que você tem pela frente.

A vida depende de organização e equilíbrio

O corpo humano é constituído por milhões de células que formam tecidos, órgãos e sistemas que devem trabalhar harmoniosamente e garantir uma vida saudável.

Você "sabe" como dirigir uma ação que depende de sua vontade, como, por exemplo, pegar uma caneta; "sabe" quando necessita de algumas horas de sono; assim como o seu organismo "sabe" qual é o momento de aumentar os batimentos cardíacos e os movimentos respiratórios ou secretar o suco gástrico para a digestão. Mas como organizar todas essas atividades humanas com tanta harmonia? Esse papel é desempenhado pelo **sistema nervoso** e pelo **sistema endócrino** (hormonal), que integram, coordenam e regulam as atividades dos outros sistemas, mantendo o estado de equilíbrio (homeostase) do organismo.

O *sistema nervoso* executa sua função por meio de impulsos nervosos (sinais elétricos) que percorrem os **neurônios**, células especializadas na condução desses impulsos.

O *sistema endócrino* ou *hormonal*, por sua vez, controla as funções do organismo por meio de substâncias químicas, os **hormônios**. Essas substâncias são produzidas pelas **glândulas endócrinas** e transportadas pelo sangue aos órgãos sobre os quais atuam, os chamados *órgãos-alvo*.

LAZYLLAMA/SHUTTERSTOCK

Andar de bicicleta é uma ação que depende de nossa vontade.

Impulsos nervosos propagam-se mais rapidamente ao longo dos neurônios do que os hormônios pelo sangue. Por isso as respostas que dependem do sistema nervoso são mais rápidas do que aquelas que dependem do sistema endócrino. Em relação ao sistema nervoso em geral, cessado um estímulo, cessa a resposta. No caso do sistema endócrino, a resposta tarda um pouco mais a desaparecer, porque depende da retirada do hormônio da corrente sanguínea e de sua decomposição pelo fígado.

Jogo rápido

Qual a diferença entre neurônios e hormônios?

Neurônio: corpo celular e prolongamentos

A unidade funcional do sistema nervoso é o **neurônio**, célula especializada em receber estímulos, gerar e conduzir impulsos nervosos. A porção mais "dilatada" do neurônio, aquela em que se localiza o núcleo e a maior parte do citoplasma, recebe o nome de **corpo celular**. Embora existam neurônios de várias formas, todos apresentam **ramificações** ou **prolongamentos**. Esses prolongamentos estão associados às principais características dos neurônios: a *condução do impulso nervoso* e a *conexão com outras células nervosas, musculares* e *glândulas*.

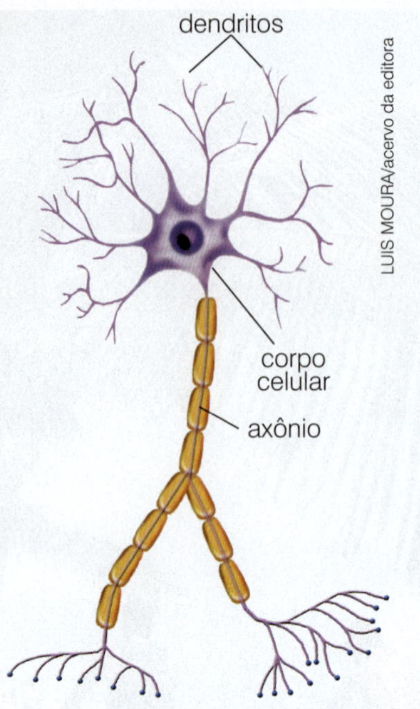

Um tipo de neurônio. (Cores-fantasia. Ilustração fora de escala.)

Veja na representação ao lado um tipo comum de neurônio, no qual se veem dois tipos de prolongamentos. Os mais curtos e numerosos são os **dendritos**, que lembram os galhos de uma árvore (*dendron*, em grego, significa *árvore*). O segundo tipo de prolongamento, mais longo, é o **axônio** (*axon*, em grego, significa *eixo*), em cuja extremidade existem várias ramificações menores, que estabelecem contatos com outras células. Axônios e dendritos são também chamados **fibras nervosas** ou **neurofibras**.

O que caracteriza um dendrito ou um axônio não é propriamente o seu comprimento, mas o sentido da propagação do impulso nessas fibras. Os dendritos sempre conduzem impulsos para o corpo celular enquanto o axônio conduz impulsos do corpo celular para outra célula nervosa, muscular ou glandular:

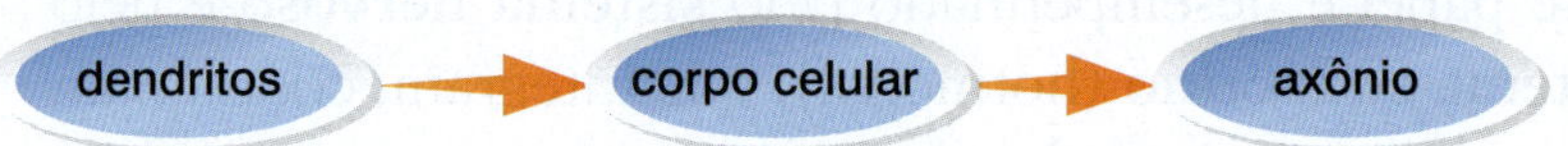

Fique por dentro!

Existem nervos formados por centenas e até milhares de axônios ou dendritos, cada qual transmitindo impulsos separadamente.

Nervos: feixes de "fios" condutores

Os **nervos** são filamentos brancos, visíveis, formados por feixes de axônios, de dendritos ou de ambos, envolvidos por uma capa de tecido conjuntivo. Os corpos celulares dos neurônios não fazem parte dos nervos, situando-se geralmente nas partes centrais do sistema nervoso. Os nervos são percorridos por vasos sanguíneos, que liberam nutrientes e oxigênio para os nervos e retiram resíduos metabólicos.

Jogo rápido

Nervo é sinônimo de neurônio? Justifique sua resposta.

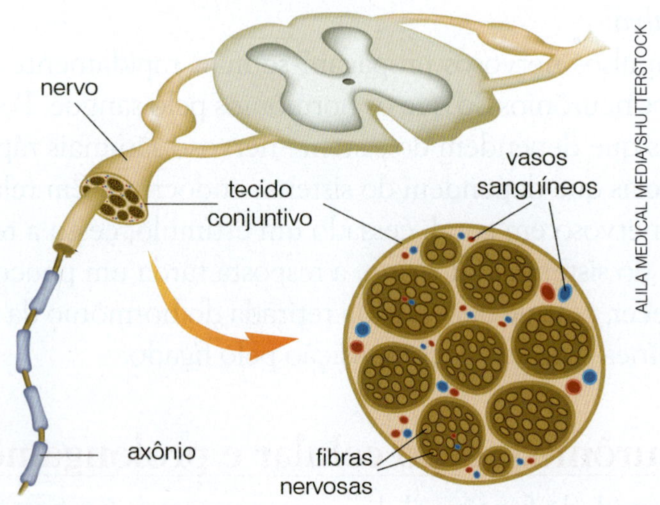

Estrutura de um nervo. (Cores-fantasia. Ilustrações fora de escala.)

Bainha de mielina

Repare na figura a seguir que o axônio é envolvido por uma bainha, como se fosse um "rocambole", cujo "recheio" é uma substância gordurosa chamada **mielina**. Por isso, esse envoltório recebe o nome de **bainha de mielina**.

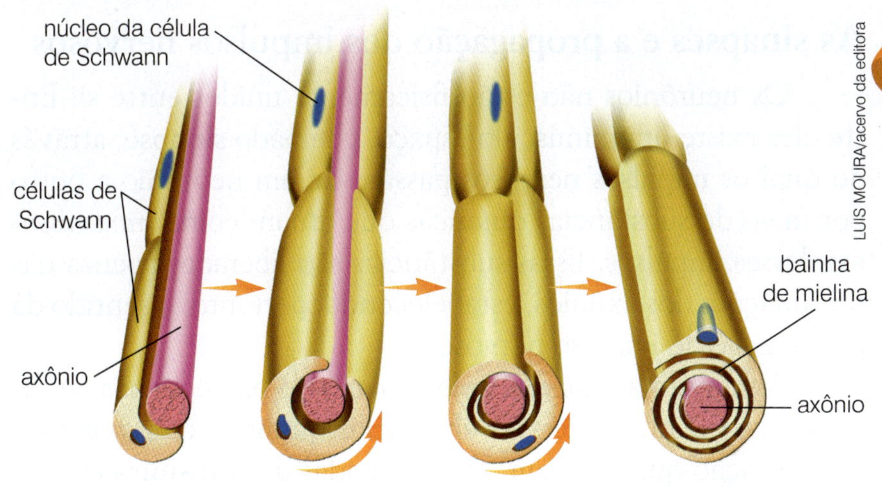

Fique por dentro!

A bainha de mielina, rica em lipídios, é resultado do enrolamento de uma célula, a célula de Schwann, ao redor do axônio.

Bainha de mielina envolvendo um axônio. (Cores-fantasia. Ilustração fora de escala.)

Neurônios mielinizados conduzem impulsos mais rapidamente do que os que não têm a bainha de mielina. Controlam, por exemplo, a atividade muscular rápida que move o corpo (membros, cabeça etc.)

Neurônios amielínicos atuam na condução menos rápida de impulsos, relacionados a estruturas que podem responder com maior lentidão, como, por exemplo, a contração da camada muscular na parede dos vasos sanguíneos (artérias e veias).

Amielínicos: sem bainha de mielina.

É SEMPRE BOM SABER MAIS!

Quando os bebês nascem, um dos motivos que impedem que se mantenham em pé e consigam caminhar é a ausência da bainha de mielina em torno dos prolongamentos dos seus neurônios. Não é o que acontece, por exemplo, com os recém-nascidos de equinos, bovinos e caprinos. Mal acabam de nascer, são capazes de erguer-se e caminhar, ainda que com alguma dificuldade. Ao nascerem, seus neurônios já são mielinizados.

ESTABELECENDO CONEXÕES

Saúde

Esclerose múltipla: a bainha de mielina é desfeita

A esclerose múltipla é uma doença autoimune, isto é, o sistema imunitário ataca as próprias células do organismo, porque as "confunde" com microrganismos invasores estranhos. No caso, a bainha de mielina é destruída "por engano". Com isso, a comunicação entre os centros nervosos e os músculos periféricos, que movem o esqueleto, fica progressivamente prejudicada.

Os sintomas e consequências variam desde dificuldades de movimentação dos membros inferiores até paralisia, perda da visão, dificuldades para falar, tremores e coma.

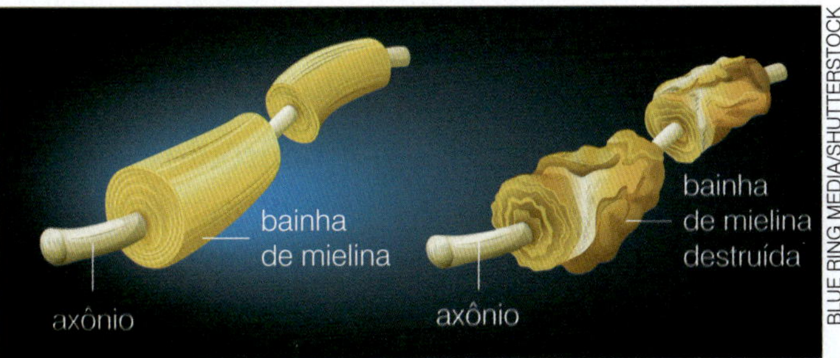

Neurônio com bainha de mielina (a) intacta e (b) danificada em consequência de esclerose múltipla.

Descubra você mesmo!

Durante uma atividade física praticada com prazer é comum a liberação de um neurotransmissor. Pesquise nos livros da biblioteca de sua escola ou na internet qual o nome desse neurotransmissor e que efeito ele provoca no organismo.

As sinapses e a propagação dos impulsos nervosos

Os neurônios não estão fisicamente unidos entre si. Entre eles existe um minúsculo espaço, chamado **sinapse**, através do qual os impulsos nervosos passam de um neurônio a outro por meio de substâncias químicas que atuam como *transmissoras* desses impulsos. Essas substâncias são liberadas apenas nas terminações dos axônios, estabelecendo, portanto, o sentido da propagação do impulso nervoso.

Somente nas extremidades do axônio há pequenas bolsas (vesículas) contendo essas substâncias químicas que, por causa da função que exercem, são chamadas de **transmissores** ou **mediadores químicos**, **neurotransmissores** ou **neurormônios**.

Quando um impulso nervoso atinge as extremidades de um axônio, provoca a liberação dos mediadores químicos na região da sinapse. Os mediadores químicos cruzam esse espaço, ligam-se a receptores existentes na membrana do neurônio seguinte, estimulando-o a gerar e conduzir um novo impulso.

A região da sinapse não existe apenas entre dois neurônios; também pode ser encontrada entre um neurônio e as células dos órgãos efetuadores de respostas, isto é, células de um músculo ou de uma glândula.

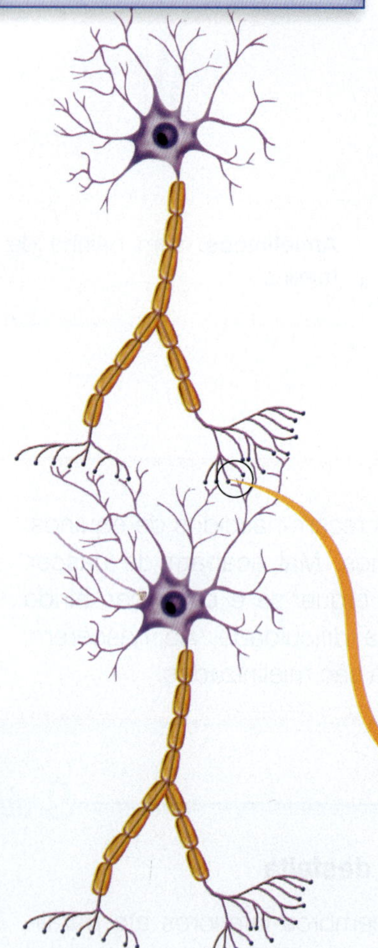

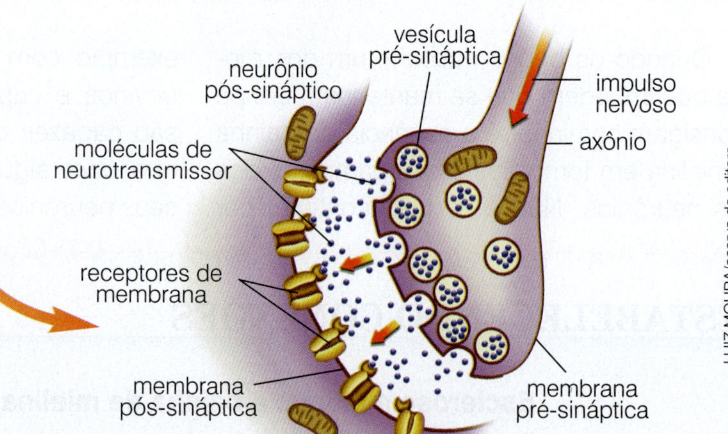

Na sinapse, uma diminuta fenda permite a liberação e a ação de mediadores químicos do axônio de um neurônio sobre o corpo celular ou dendritos de outro. (Cores-fantasia. Ilustrações fora de escala.)

Fique por dentro!

A dopamina, a serotonina, a noradrenalina e a acetilcolina são exemplos de neurotransmissores.

Tipos de neurônio

Três tipos de neurônio podem ser reconhecidos com relação à atividade que desempenham:

- **neurônios sensoriais** – transmitem impulsos dos receptores sensoriais (por exemplo, nos órgãos dos sentidos) aos outros neurônios do percurso;
- **neurônios de associação (interneurônios)** – recebem a mensagem dos neurônios sensoriais, processam-na e transferem um comando para as células nervosas seguintes do circuito. Alguns circuitos nervosos podem não ter esse tipo de neurônio;

- **neurônios efetores** (ou **motores**) – são os que transmitem a mensagem para as células efetuadoras de resposta, isto é, células musculares ou glandulares que respondem por meio de contração ou de secreção, respectivamente.

Lembre-se!

Músculos e glândulas são órgãos efetuadores de respostas (contração e secreção).

Observe a figura a seguir que representa, de modo simplificado, o percurso de impulsos nervosos nos três tipos de neurônios que conectam a ponta de um dedo da mão com a medula (parte do sistema nervoso central) e com um músculo do braço.

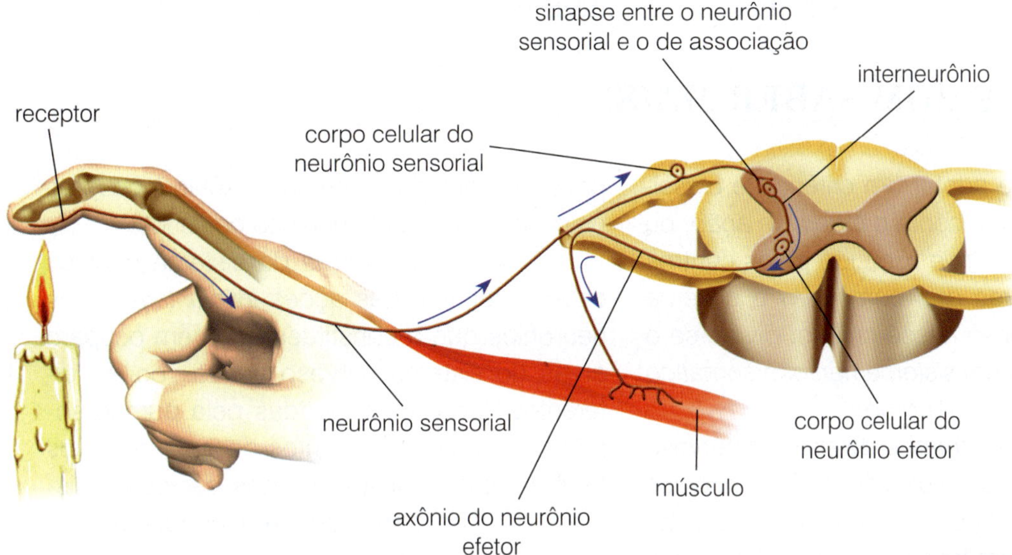

Integração dos neurônios sensorial, de associação e motor. A mensagem de calor enviada pelos neurônios ao sistema nervoso central faz com que uma resposta seja enviada, neste caso a determinado músculo, para que o dedo seja retirado da chama.

A organização do sistema nervoso

Levando-se em conta a *localização* dos órgãos que fazem parte do sistema nervoso no corpo humano, esse sistema pode ser dividido em duas partes: o **sistema nervoso central** e o **sistema nervoso periférico**.

Sistema nervoso	
Central	**Periférico**
• encéfalo • medula espinhal	• nervos • gânglios nervosos

O *sistema nervoso central* é formado pelo *encéfalo* e pela *medula espinhal*, situados ao longo do eixo dorsal mediano do corpo, protegidos, respectivamente, pelos ossos do crânio e da coluna vertebral.

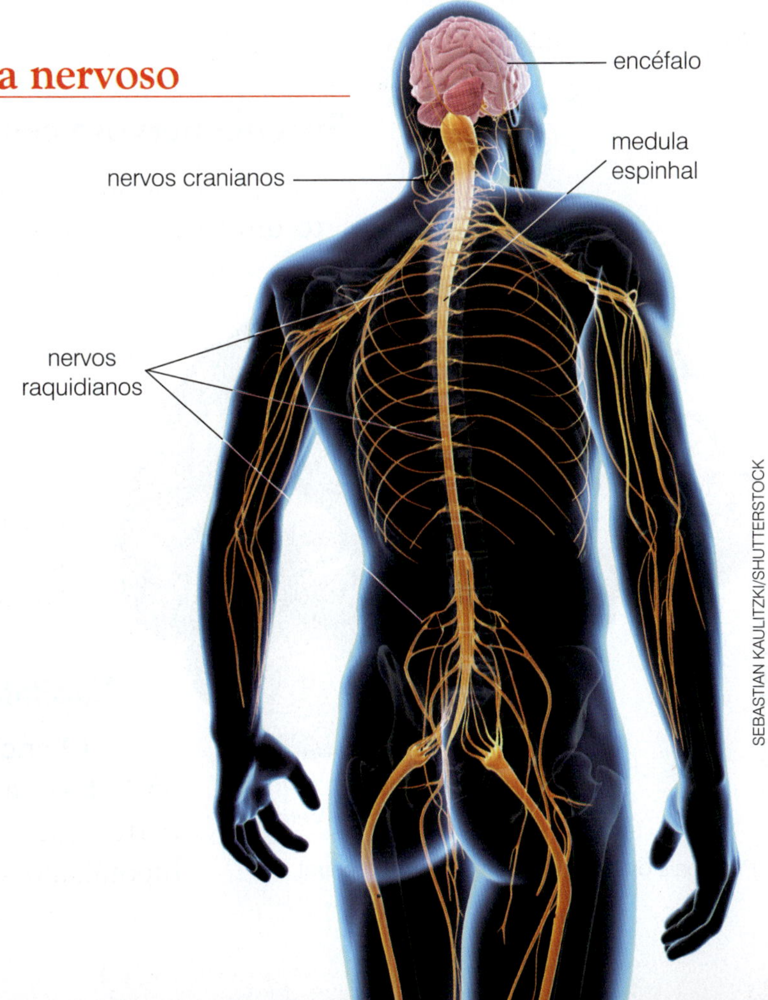

Lembre-se!

Gânglio é agrupamento de corpos celulares de neurônios no sistema nervoso periférico.

O *sistema nervoso periférico* é formado pelos *nervos* que partem do encéfalo (nervos cranianos) ou da medula (nervos medulares), conectando-os aos órgãos dos sentidos, vísceras (órgãos internos), vasos sanguíneos, ossos, músculos e glândulas, além dos *gânglios nervosos*.

Tanto o sistema nervoso central quanto o sistema nervoso periférico controlam *ações voluntárias*, como, por exemplo, andar e falar, e *ações involuntárias*, como os movimentos peristálticos, as frequências respiratória e cardíaca e o funcionamento dos demais órgãos internos.

É SEMPRE BOM SABER MAIS!

Costuma-se adotar um critério de classificação levando em conta o *modo de ação*, ou seja, o *tipo de controle* exercido pelos centros nervosos e nervos que compõem o sistema nervoso. Com base nesse critério, divide-se o sistema nervoso em *sistema nervoso somático* e *sistema nervoso autônomo*.

Cabe à parte *somática* do sistema nervoso o controle das *ações voluntárias*. Os neurônios envolvidos nesse papel ocupam áreas do sistema nervoso central (encéfalo e medula) e seus prolongamentos (dendritos e axônios) ocupam os nervos do sistema nervoso periférico.

À porção *autônoma* do sistema nervoso cabe o controle das *ações involuntárias* e os neurônios que a constituem também ocupam áreas do sistema nervoso central, porém diferentes daquelas ocupadas pela porção somática. Os prolongamentos desses neurônios também são constituintes dos nervos do sistema nervoso periférico para chegarem aos órgãos por eles inervados.

Sistema nervoso central

Os ossos do crânio e as vértebras não estão em contato direto com o encéfalo e a medula. Entre eles existem as **meninges**, três membranas protetoras que envolvem os órgãos do sistema nervoso central. No espaço ocupado pela membrana intermediária, corre um líquido chamado **líquor**. Amostras desse líquido são colhidas para exames que podem evidenciar lesões ou infecções do sistema nervoso central ou das próprias meninges. A meningite é uma inflamação das meninges.

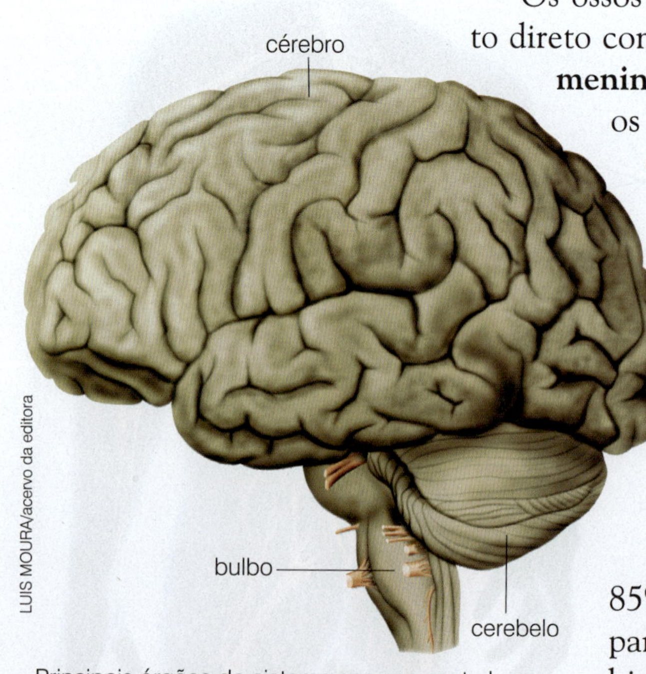

Principais órgãos do sistema nervoso central.

Encéfalo

O encéfalo humano pesa cerca de 1,5 kg e 85% dessa massa é constituída de água. Entre as partes que o compõem destacaremos o cérebro, o hipotálamo, o cerebelo e o bulbo.

Cérebro

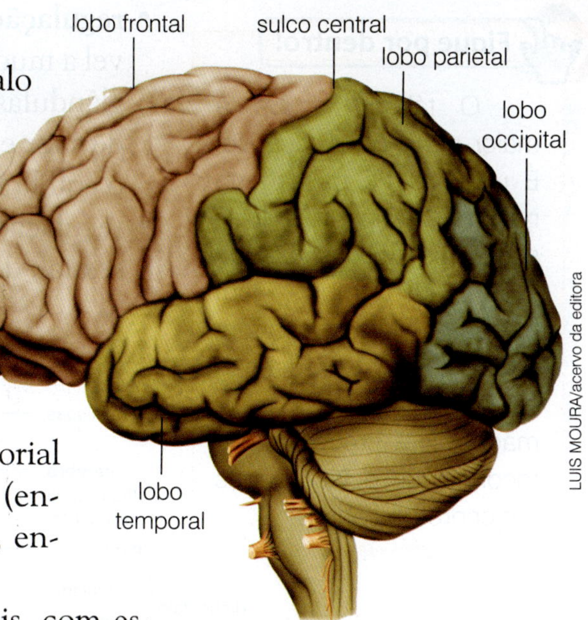

As divisões topográficas do cérebro humano. (Cores-fantasia.)

O *cérebro* constitui a maior parte do encéfalo (cerca de 80%) e é formado por *dois hemisférios*, o *direito* e o *esquerdo*.

Seu aspecto externo lembra a parte comestível de uma noz, pois apresenta sulcos e dobras, o que aumenta muito a sua superfície, a maior entre todos os animais mamíferos. Sulcos mais profundos dividem cada hemisfério em quatro regiões chamadas lobos, onde se encontram áreas encarregadas da percepção sensorial (visão, olfato, gosto, audição, tato), áreas motoras (encarregadas das contrações musculares voluntárias), entre outras, que veremos a seguir.

A camada superficial dos hemisférios cerebrais, com espessura de 3 a 5 mm, é o chamado **córtex cerebral**, formado por milhões de corpos celulares de neurônios, dando a essa região uma coloração acinzentada, conhecida como **substância cinzenta**. Os dendritos e axônios, que são os prolongamentos dos corpos celulares, estão localizados abaixo do córtex em uma segunda camada, a **substância branca**, coloração que se deve à existência da bainha de mielina.

O córtex cerebral é responsável por boa parte das manifestações humanas. Os impulsos nervosos que atingem o cérebro são todos iguais, isto é, têm a mesma natureza elétrica, quer partam do ouvido, do nariz, dos olhos ou de qualquer outra região do corpo. Regiões diferentes do córtex cerebral é que traduzem esses impulsos em sensações sonoras, olfativas, luminosas etc. E é claro que o reconhecimento e a interpretação dos estímulos que geram esses impulsos dependem de aprendizado e memorização anteriores, funções também associadas a áreas específicas do córtex cerebral – afinal, não se pode reconhecer um som, um objeto, o sabor ou odor de um fruto sem experiências anteriores com os estímulos provocados por eles.

> **Fique por dentro!**
>
> O diencéfalo é uma região na qual se encontram o tálamo e o hipotálamo, além da glândula hipófise.

Hipotálamo

Abaixo da estreita área que mantém os hemisférios cerebrais unidos, situa-se uma região, o **hipotálamo**, localizado no diencéfalo. O hipotálamo é responsável por algumas atividades fundamentais para a nossa saúde. Dentre elas, podemos destacar:

- **produção de ADH** – como já foi estudado no capítulo dedicado ao sistema urinário, o ADH é o hormônio que atua nos néfrons, promovendo reabsorção de água, diminuindo o volume da urina formada;

> **Lembre-se!**
>
> ADH é o hormônio antidiurético.

Fique por dentro!

O tálamo ocupa a maior parte do diencéfalo. É uma via de passagem, na qual chegam fibras sensoriais ópticas e auditivas, por exemplo. Além disso, do tálamo partem fibras motoras em direção ao cérebro, onde a informação será processada e reconhecida pelos centros superiores cerebrais.

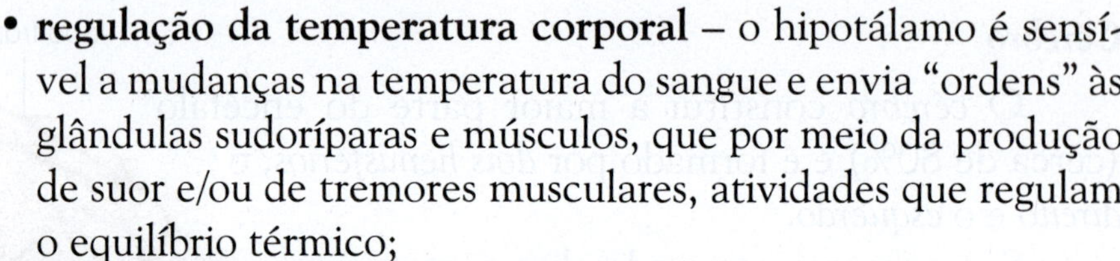

- **regulação da temperatura corporal** – o hipotálamo é sensível a mudanças na temperatura do sangue e envia "ordens" às glândulas sudoríparas e músculos, que por meio da produção de suor e/ou de tremores musculares, atividades que regulam o equilíbrio térmico;
- regulação da fome, da sede, do sono, manifestação do instinto sexual, do prazer, da dor, do choro, do riso e da raiva.

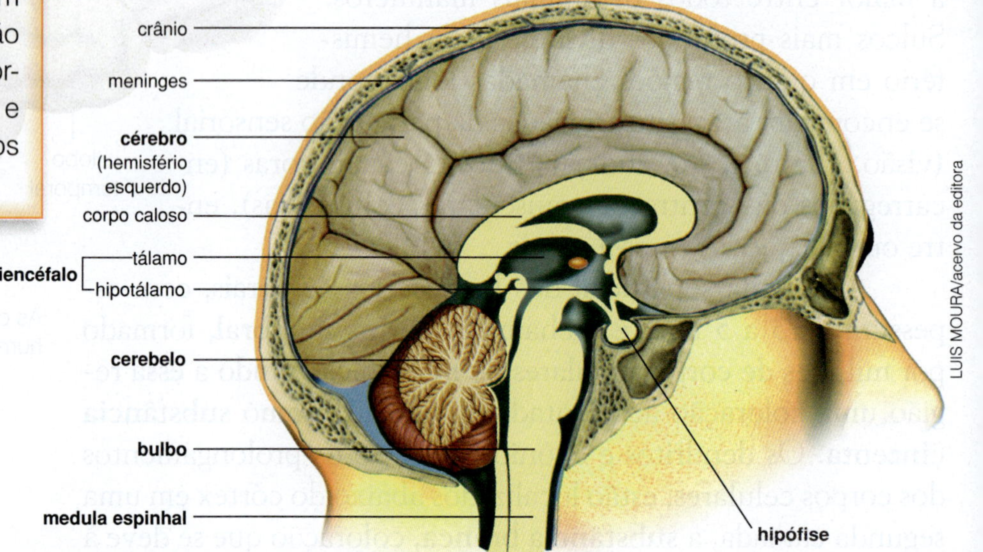

Observe a localização do hpotálamo e das demais estruturas do sistema nervoso central. A hipófise é uma glândula que pertence ao sistema hormonal. (Cores-fantasia. Ilustração fora de escala.)

Cerebelo

Localizado logo abaixo do cérebro, o **cerebelo** tem duas funções: coordenar e conferir harmonia aos movimentos do corpo e manter o equilíbrio do organismo em postura ereta.

Sem o cerebelo, seria impossível andar em linha reta, dirigir um automóvel, escrever ou tocar um instrumento musical, por exemplo.

A bebida alcoólica retarda os movimentos voluntários e as respostas automáticas (reflexos) necessárias a quem dirige um veículo. O álcool afeta o cerebelo e, em consequência, o motorista perde a coordenação dos movimentos. Por isso, não se deve dirigir ou operar instrumentos que exijam coordenação mais precisa depois de beber.

Jogo rápido

Cite as partes que constituem o encéfalo.

Bulbo (ou medula oblonga)

O **bulbo** é o órgão do encéfalo ligado diretamente à medula espinhal. É uma via de passagem de fibras nervosas que percorrem a medula, ligando-a a órgãos do encéfalo localizados mais acima, como, por exemplo, o cérebro.

Está relacionado ao controle dos batimentos cardíacos, do ritmo respiratório, da secreção de sucos digestivos e da pressão sanguínea, entre outras funções.

Medula espinhal (ou medula espinal)

A medula espinhal é a região mais inferior do sistema nervoso central. Fazendo-se um corte transversal na medula, vê-se uma região interna com a forma aproximada de um H maiúsculo, de coloração acinzentada. Trata-se da **substância cinzenta**, onde se encontram corpos celulares de neurônios. Ao redor do "H" de substância cinzenta, encontra-se a **substância branca**, que contém apenas prolongamentos (dendritos e axônios) dos neurônios.

A medula é um *centro de transmissão de informações*: impulsos nervosos gerados por estímulos periféricos, provenientes do tronco e membros, chegam ao encéfalo passando pela medula, assim como passam por ela as "ordens" cerebrais para os músculos do tronco e dos membros superiores e inferiores.

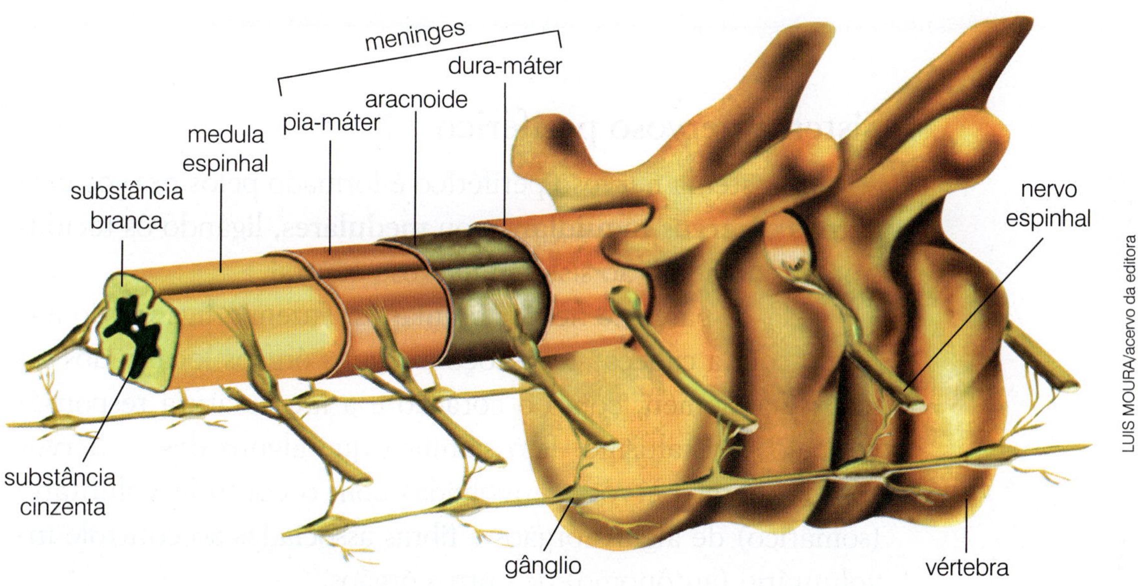

Medula espinhal: note o H da medula, formado pela substância cinzenta. As meninges (pia-máter, aracnoide e dura-máter) protegem a medula espinhal. No espaço da aracnoide corre o líquor. (Cores-fantasia. Ilustração fora de escala.)

Corte transversal da coluna vertebral em que pode ser vista a medula espinhal. (Para visualização da medula foi usada a técnica da impregnação pela prata.)

ESTABELECENDO CONEXÕES

Cotidiano

Cuidado com a medula espinhal

A medula espinhal é protegida pela coluna vertebral. Apesar disso, acidentes podem afetar as vértebras e lesionar a medula. As lesões da medula provocam a perda de sensibilidade e dos movimentos (paralisia) nas áreas situadas abaixo da lesão, porque seccionam as fibras nervosas medulares, impedindo a propagação dos impulsos nervosos entre essas áreas e as regiões sensoriais e motoras do cérebro.

As principais causas de lesão na medula são acidentes de trânsito, quedas, mergulhos em águas rasas ou lugares pedregosos e também ferimentos em decorrência de armas de fogo. Para minimizar os problemas causados pelos acidentes de trânsito, o uso de cinto de segurança e o apoio para cabeça já reduzem a probabilidade de lesões em caso de choques ou freadas muito bruscas.

Sistema nervoso periférico

O sistema nervoso periférico é formado pelos **nervos cranianos** e **nervos raquidianos** ou **medulares**, ligando os tecidos e órgãos do corpo ao sistema nervoso central.

Há 12 pares de nervos cranianos. Fazem a ligação do encéfalo com a cabeça, o pescoço e alguns órgãos localizados no tórax e abdômen, como o coração e a musculatura responsável pelo peristaltismo. Isto significa que alguns desses nervos contêm fibras nervosas envolvidas com o controle voluntário (somático) de alguns órgãos e fibras associadas ao controle involuntário (autônomo) de outros órgãos.

Os nervos cranianos são de três tipos: **sensitivos**, **motores** e **mistos**:

- *nervos sensitivos* contêm apenas fibras nervosas sensoriais, que conduzem os impulsos nervosos para o encéfalo. O nervo óptico, por exemplo, que conduz impulsos dos olhos até a área visual localizada no córtex cerebral, é um nervo sensitivo. O *nervo auditivo*, que conduz impulsos da orelha interna até o centro da audição, localizado no córtex cerebral, também é um nervo sensitivo;
- *nervos motores* contêm apenas fibras motoras e conduzem impulsos no sentido inverso, isto é, do encéfalo para os músculos ou glândulas;
- *nervos mistos* contêm fibras nervosas sensoriais e motoras.

Há 31 pares de nervos raquidianos ou medulares, todos *mistos*, isto é, formados por feixes de fibras nervosas sensoriais e motoras, que comunicam a medula espinhal com os membros superiores e inferiores, tórax e abdômen.

Fique por dentro!

Alguns nervos são formados por axônios ou dendritos que podem ter até 1 m de comprimento. Pense, por exemplo, nos nervos que partem da região inferior da medula espinhal e inervam a planta dos pés.

ESTABELECENDO CONEXÕES

Saúde

Como agem os anestésicos

Os anestésicos bloqueiam a passagem de impulsos nervosos nas fibras nervosas que, desse modo, não atingem as áreas sensoriais do cérebro. É o que ocorre nas anestesias locais ou regionais empregadas em procedimentos odontológicos ou médicos, que envolvam apenas uma região do corpo. Já a anestesia geral age diretamente no cérebro, de modo a impedir qualquer registro de sensações.

Arco reflexo

Um **ato reflexo** ou, simplesmente, **reflexo** é uma resposta automática que acontece, por exemplo, quando se dá uma leve pancada no tendão abaixo do osso do joelho (a patela) e a perna se move para frente, independentemente da nossa vontade.

A grande maioria dos atos reflexos é comandada pela medula. O caminho percorrido pelos impulsos nervosos nos neurônios que participam da atividade reflexa recebe o nome de **arco reflexo**. Vejamos como é esse caminho em forma de arco.

Observe a figura a seguir. Repare que a batida no tendão abaixo do joelho estimula um *receptor* que está ligado a um *neurônio sensorial*. O neurônio sensorial estabelece uma sinapse medular com um *neurônio motor*, ligado ao músculo efetuador da resposta, situado na parte anterior da coxa, que ao se contrair movimenta a perna, esticando-a.

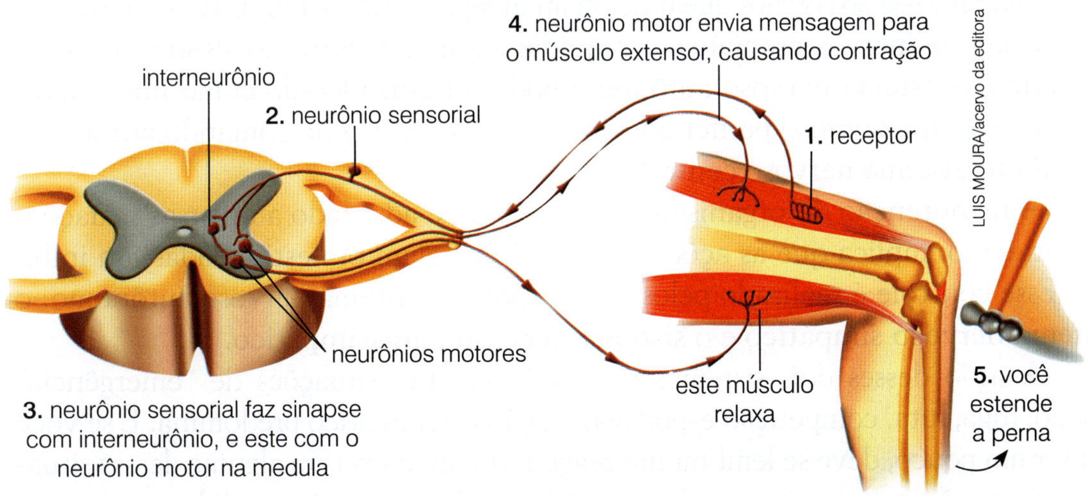

Esquema de arco reflexo. Dele participam receptor, neurônio sensorial, interneurônio e neurônios motores. Note que, para ocorrer o movimento da perna, há participação de músculos antagônicos, o que relaxa e o que contrai. (Cores-fantasia. Ilustrações fora de escala.)

Em outros atos reflexos pode não haver participação de neurônio *associativo* ou *interneurônio*, situado na substância cinzenta da medula.

É SEMPRE BOM SABER MAIS!

Reflexos inatos e adquiridos

Há dois tipos de reflexos, o **inato** e o **adquirido**. O inato já nasce com o indivíduo; o adquirido deve-se a um aprendizado, treinamento e condicionamento.

Ao colocarmos um dedo indicador na mãozinha de um bebê, ele de imediato a fechará fortemente ao redor do nosso dedo. Essa resposta não depende de aprendizado; o bebê já nasce com essa capacidade. Trata-se, portanto, de um reflexo inato.

Para dirigir um automóvel, um indivíduo é treinado no uso correto dos pés nos pedais, na mudança de marcha, ao mesmo tempo em que conversa e presta atenção ao que ocorre ao seu redor. Envolve estímulos e respostas que passaram obrigatoriamente por uma fase de aprendizado e treinamento até que, finalmente as respostas se tornaram automáticas. São, portanto, reflexos adquiridos.

Sistema nervoso autônomo

Estudamos até aqui o papel do sistema nervoso no controle das ações voluntárias (aquelas que estão sob o controle da nossa vontade), além dos atos reflexos.

Todavia, o sistema nervoso tem outra função extremamente importante, que é o controle das *ações involuntárias* desempenhadas pelos órgãos dos outros sistemas. Essa regulação é feita automática e inconscientemente por uma parte do sistema nervoso conhecida como **sistema nervoso autônomo** (do grego, *autos* = próprio + *nomos* = lei).

Os centros de comando do sistema nervoso autônomo localizam-se também no sistema nervoso central, isto é, no encéfalo e na medula espinhal.

As fibras nervosas do sistema nervoso autônomo, ao emergirem do sistema nervoso central, também percorrem alguns nervos cranianos e nervos raquidianos (medulares), dirigindo-se aos órgãos que funcionam independentemente da nossa vontade.

Como os nervos cranianos e raquidianos fazem parte do sistema nervoso periférico, o sistema nervoso autônomo pode ser considerado como uma subdivisão do sistema nervoso periférico, ainda que os centros de comando autônomo estejam no sistema nervoso central.

A manutenção do organismo em equilíbrio e adaptado a diversas situações do cotidiano implica que as ações involuntárias sejam ora estimuladas ora inibidas. Esse controle é realizado pelos dois setores do sistema nervoso autônomo: o **sistema nervoso simpático** e o **sistema nervoso parassimpático**.

A ação desses dois sistemas é antagônica. Em situações de "emergência" (medo, fuga, luta, competição esportiva) a ação do simpático predomina. E se você pensar um pouco, deve se lembrar das reações do seu corpo em alguma dessas situações: o coração e os movimentos respiratórios aceleram, você empalidece, a pressão arterial aumenta.

Na ausência de estresse, especialmente nos estados de repouso, predomina a ação do parassimpático e, com isso, as frequências respiratória e cardíaca adaptam o organismo a essa situação em que o gasto de energia é menor.

A figura a seguir indica as ações do sistema simpático e do parassimpático em alguns órgãos.

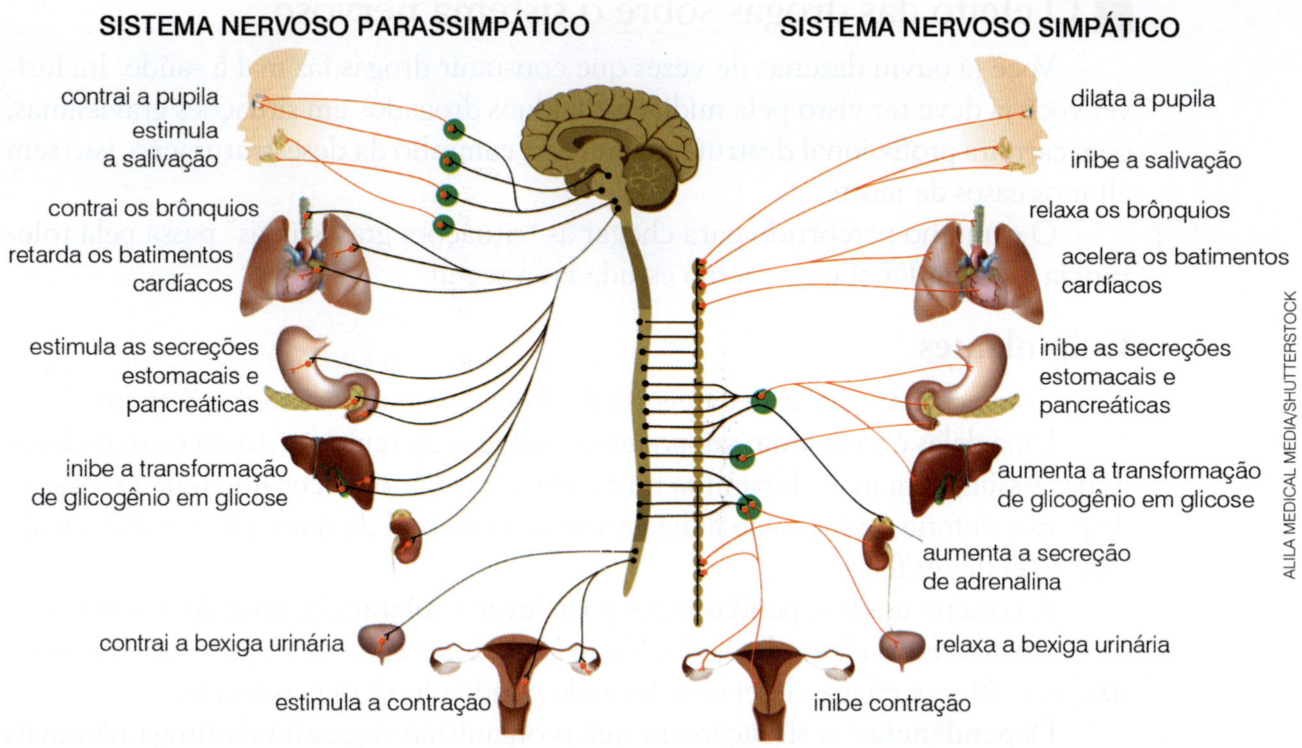

Ação do sistema nervoso simpático e do parassimpático sobre alguns órgãos. (Cores-fantasia. Ilustrações fora de escala.)

ESTABELECENDO CONEXÕES

Saúde

Algumas doenças relacionadas ao sistema nervoso

Entre as várias doenças relacionadas ao sistema nervoso, o acidente vascular cerebral (AVC), os traumatismos cranianos e as lesões de medula, a demência e o delírio são algumas das mais mencionadas.

- Hemorragias intracerebrais podem causar falta de oxigênio em algumas células do cérebro ou mesmo à sua volta. O AVC pode causar diversos tipos de incapacidade. Os fatores de risco de AVC mais frequentes são aterosclerose (depósito de gordura nas paredes dos vasos) e hipertensão arterial. A prevenção da doença vascular cerebral passa pelo controle dos níveis de colesterol no sangue e da pressão arterial.
- Tanto o cérebro como a medula estão protegidos por ossos do crânio e da coluna vertebral, respectivamente. Apesar dessa proteção, os traumatismos cranianos causam sérias incapacidades e até mesmo a morte. Uma pancada forte ou uma súbita desaceleração pode causar rompimento nos vasos cerebrais ou mesmo no tecido nervoso, podendo causar edemas ou hemorragias.
- Lesões na coluna podem seccionar a medula espinhal, levando à paralisia do local afetado para baixo. Se a lesão ocorrer na altura das vértebras cervicais, pode ocorrer paralisia dos membros superiores e inferiores, situação descrita como tetraplegia. Já a lesão na altura das vértebras torácicas ou lombares pode levar à paralisia dos membros inferiores, a chamada paraplegia.
- A perda progressiva de memória e das funções mentais, de caráter irreversível, caracteriza a *demência*. Já o *delírio* é uma condição em que a pessoa apresenta confusão mental, desorientação, incapacidade de pensar com clareza; muitas vezes aparece de maneira súbita e pode ser reversível.

O efeito das drogas sobre o sistema nervoso

Você já ouviu dezenas de vezes que consumir drogas faz mal à saúde. Inclusive, você já deve ter visto pela mídia, indivíduos drogados em situações gravíssimas, com carreira profissional destruída, famílias a caminho da desestruturação, isso sem citar os casos de morte.

O caminho percorrido para chegar às "situações gravíssimas" passa pela **tolerância** e **dependência**, que serão estudadas a seguir.

Estimulantes

Como o nome diz, essa categoria de drogas estimula o sistema nervoso.

Uma delas é a cocaína, um poderoso inibidor da remoção do excesso de dopamina. Assim, com mais dopamina no cérebro, o usuário de cocaína tem a sensação de prazer, euforia, redução de fadiga e sensação mental de que tudo que é desejado é possível de ser feito.

A cocaína usada repetidas vezes pode levar à **tolerância**, quando o número de doses não produz o efeito desejado. Nesse caso, doses cada vez maiores são necessárias para obter os efeitos desejados, levando o indivíduo à dependência.

Dependência é a situação em que o organismo necessita da droga não mais para buscar a euforia e sim para evitar as consequências da abstinência, fase de reações psicológicas e fisiológicas bastante severas, que acontece quando o indivíduo para subitamente de consumir a droga.

Então, para evitar o efeito da abstinência, o indivíduo passa a usar doses cada vez maiores de cocaína, com efeitos tremendamente perigosos para a saúde humana: tremor, inquietação, irritabilidade, pânico, paranoia. Em doses ainda mais altas acontecem alucinações, hipertensão, taquicardia, problemas com a respiração. Nos casos de superdosagem ("overdose"), a cocaína provoca falência do coração, convulsão, acidente vascular cerebral (AVC) e até a morte.

Taquicardia: aceleração cardíaca.

Você deve estar se perguntando: há solução para esses casos? Sim, pois o indivíduo pode passar por um processo de **desintoxicação**, isto é, redução lenta e progressiva no organismo da droga que causa a dependência, diminuindo com isso seus efeitos. Assim, com o passar do tempo, o corpo vai se adaptando a não mais necessitar da droga.

Alucinógenos

O uso de alucinógeno leva o indivíduo a ter ilusões visuais; sensação de que as cores são ouvidas e os sons são vistos; euforia, desorientação, despersonalização, perda da ambição de realizar algum projeto. Todos esses efeitos acontecem enquanto o indivíduo está acordado. Além disso, é frequente os consumidores de alucinógenos terem mudanças no julgamento, ansiedade, náusea, taquicardia, aumento da pressão sanguínea e da temperatura do corpo.

O alucinógeno mais conhecido é o **LSD** (dietilamina do ácido lisérgico). Mais recentemente, foram desenvolvidos pelo homem novos alucinógenos, como o **ecstasy**, por exemplo. Os alucinógenos, ao que tudo indica, são poderosos liberadores de serotonina, podendo até destruir a parte final do axônio onde é liberado esse neurotransmissor.

A tolerância para o consumo de alucinógenos é incrivelmente rápida, bastando apenas poucas doses para que ela aconteça.

Opioides (drogas depressoras)

A **heroína** e a **morfina** são derivadas do ópio (extraído da planta *Papaver somniferum*, a papoula) e por isso são chamadas de opioides. Atuam em vários receptores do cérebro, inibindo a atividade neuronal e, assim, aliviam a dor. Por essa razão, os opioides também são chamados de depressores da atividade do sistema nervoso central. A morfina, por exemplo, é utilizada, quando necessário, no alívio da dor.

O consumo de heroína induz a uma euforia muito intensa e rápida, seguida de sonolência, confusão mental, mudança rápida de humor e apatia. A heroína provoca uma rápida tolerância e dependência; com isso, o indivíduo passa a ingerir doses cada vez maiores para aliviar a dor ou ter o efeito desejado. Nesse caso, corre-se o risco de chegar a uma superdosagem, prejudicando o funcionamento do aparelho respiratório, podendo levar o indivíduo a um estado de coma.

Coma: estado de alteração da consciência, em que o indivíduo é incapaz de reagir a qualquer estímulo do ambiente.

Nas pessoas dependentes, a abstinência é bastante severa, podendo desencadear irritabilidade, taquicardia, tremor e sudorese intensa (excesso de transpiração). Como já vimos anteriormente, a desintoxicação é o caminho para a cura.

DE OLHO NO PLANETA

Ética & Cidadania

É preciso pensar com a própria cabeça

Muito se tem falado a respeito do efeito das drogas no organismo, a maior parte das vezes no intuito de alertar sobre as consequências de seu uso. Em primeiro lugar, vamos estabelecer em que contexto estamos considerando a palavra "droga". Ela tanto pode ser um princípio ativo, ou seja, uma substância que acarreta uma reação orgânica benéfica – como o componente de um remédio, por exemplo –, como pode se referir a uma substância que provoca o entorpecimento da consciência e dos sentidos. E é neste sentido que estamos usando essa palavra.

Ao lado da violência, da conduta sem limites para conseguir dinheiro para comprar as drogas, da dependência, do sofrimento que advém quando passa o seu efeito e da escravidão que gera no usuário, é preciso raciocinar, enquanto a droga ainda não tomou conta de nosso cérebro e inutilizou nossa capacidade de pensar.

É bom lembrar que um usuário de droga é um indivíduo que precisa de ajuda profissional e há várias clínicas especializadas que fazem um bom trabalho no sentido de recuperá-lo e afastá-lo definitivamente do caminho das drogas. Acreditar que dominamos a droga e que não nos tornaremos dependentes dela é como acreditar em contos de fadas: o final soa feliz, mas é bem pouco verdadeiro...

É compreensível que o grupo exerça pressão, e durante toda a nossa vida isso acontece. Mas ninguém pode nos forçar a fazer algo que, de fato, não queremos fazer.

Na vida, cada um escolhe o caminho que quer trilhar – e é responsável por ele!

➢ Releia o texto sobre drogas desta seção e analise os efeitos mencionados. Observe se as sensações que produzem são agradáveis ou desagradáveis. Agora, responda: você se operaria com um médico sob efeito de cocaína? Voaria com um piloto sob os efeitos do *crack*? Andaria de carro com um motorista "viajando" com LSD? Por quê?

Nosso desafio

Para preencher os quadrinhos de 1 a 10, você deve utilizar as seguintes palavras: axônio, central, cérebro, coluna vertebral, crânio, medula espinhal, nervos, neurônios, periférico, sinapses.

À medida que você preencher os quadrinhos, risque a palavra que escolheu para não usá-la novamente.

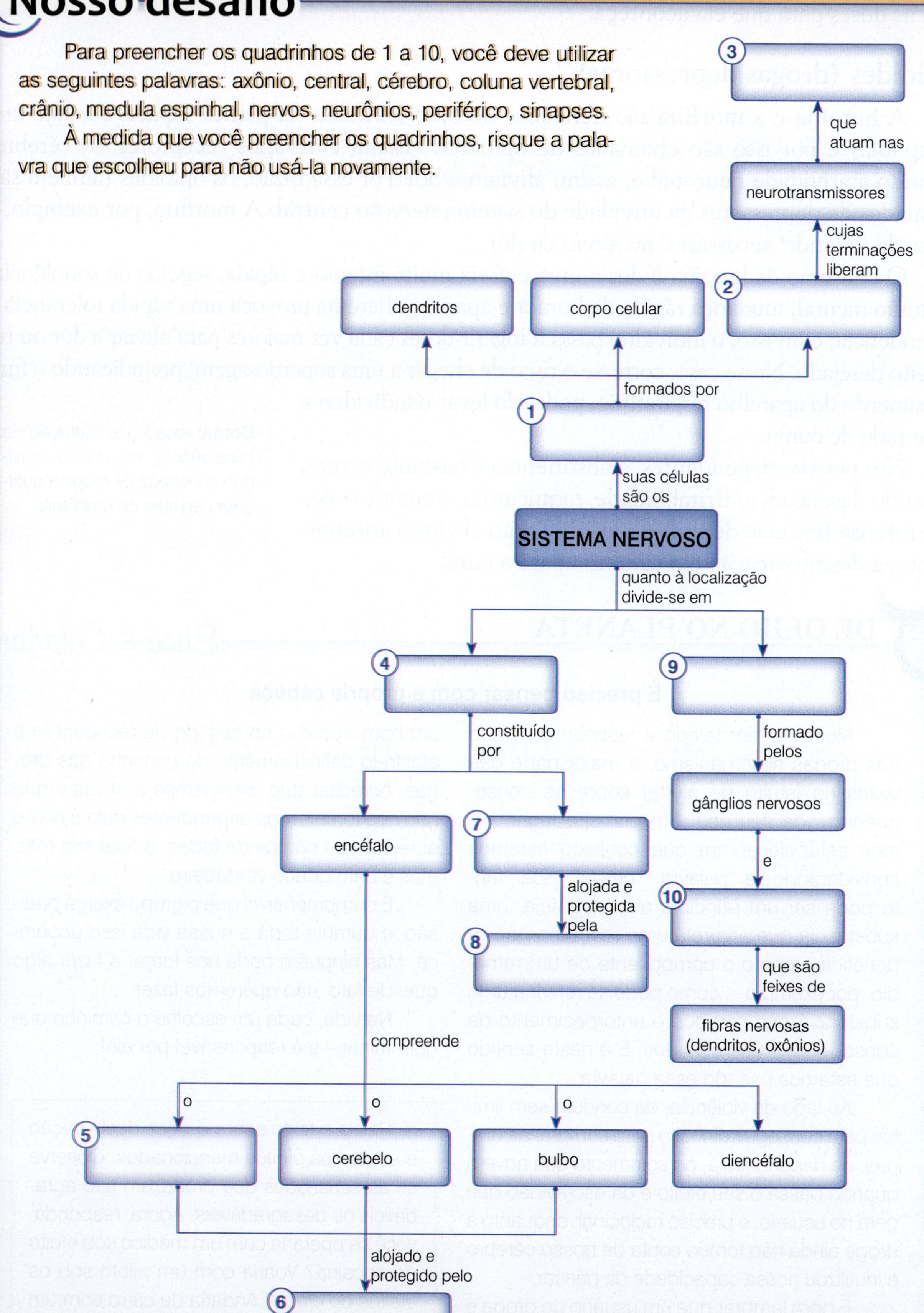

Atividades

1. Qual o papel dos sistemas nervoso e hormonal no corpo humano?

2. O esquema ao lado representa um neurônio. Reconheça as estruturas indicadas por setas.

LUIS MOURA/acervo da editora

3. No nosso organismo, é correto afirmar que o impulso nervoso se propaga em um único sentido? Justifique sua resposta

4. Com relação à sinapse, responda:

a. O que é sinapse?

b. Qual a sua importância?

5. No desenho abaixo, dê o nome das estruturas apontadas pelas setas

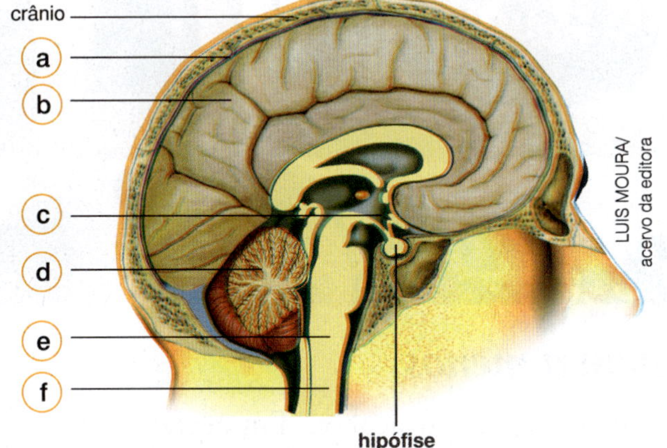

6. O que são e onde se encontram as meninges?

7. Os olhos são os órgãos da visão; os ouvidos, da audição. Mas as sensações visuais e auditivas não se realizam nos olhos e nos ouvidos. Que órgão as percebe e interpreta?

8. Caso você queira chutar uma bola, os impulsos nervosos para executar essa ação são gerados em determinadas áreas motoras do córtex cerebral. Qual o órgão encefálico responsável pela manutenção do equilíbrio corporal necessário para que o chute seja bem-sucedido?

9. Os músculos que movem sua perna são controlados voluntariamente, a não ser que esse movimento seja decorrente de um ato reflexo. Independem de nossa vontade e sobre as quais não temos nenhum controle a produção de suor, a ereção dos pelos durante um arrepio (de frio, de medo), a dilatação ou contração dos vasos sanguíneos. Analisando todas as informações acima, responda:

a. Que divisões e que órgãos do sistema nervoso estão envolvidos na contração voluntária de um músculo de sua perna?

b. Qual o caminho percorrido pelos impulsos nervosos a partir do estímulo produzido por uma pancada leve no tendão abaixo da patela?

c. Que nome recebe a porção do sistema nervoso e suas subdivisões, que controlam as glândulas sudoríparas, os músculos eretores dos pelos e o calibre dos vasos da perna?

10. Por que a bebida alcoólica prejudica o equilíbrio das pessoas, como, por exemplo, andar em linha reta?

11. Enquanto a fala, a rotação da cabeça e o movimento do tronco dependem do cérebro, os batimentos cardíacos, o ritmo respiratório e a pressão sanguínea não dependem dele e sim de outro órgão do encéfalo. Cite o nome desse órgão. Qual a vantagem de determinadas ações não dependerem do cérebro?

12. É possível movimentar a perna sem a participação do cérebro? Justifique sua resposta.

Navegando na net

Conheça um pouco mais sobre o sistema nervoso assistindo ao vídeo disponível no endereço eletrônico abaixo (*acesso em:* 25 set. 2015):

<https://www.youtube.com/watch?v=6_vTpxPuB2w>

capítulo 12

Sistema endócrino

Nem a mais, nem a menos

A Sra. Inga reside em um apartamento muito organizado e controlado por ela.

No apartamento da Sra. Inga há uma despensa onde os alimentos não perecíveis são guardados, ficando o arroz, o feijão, o açúcar etc., cada um em uma divisória. Porém, a despensa não é grande; por isso, o que pode ser armazenado tem um limite. Por exemplo, na divisória do açúcar cabem no máximo três pacotes de 2 kg cada um.

Quando a Sra. Inga nota, por exemplo, que a despensa contém apenas um pacote de açúcar, imediatamente compra outros dois, e não mais do que dois. Dessa forma, ela garante que não vai ter a desagradável surpresa de notar que o açúcar acabou. Em outras palavras, a despensa da Sra. Inga funciona muito bem, pois nunca há falta ou excesso de açúcar, feijão, arroz etc.

O funcionamento do corpo humano lembra a despensa da Sra. Inga, ou seja, nele não deve haver falta ou excesso das substâncias químicas que nutrem ou estimulam nossas células. Como exemplo podemos citar a taxa de glicose no sangue, que deve ser mantida em níveis adequados. As glândulas endócrinas e os hormônios que elas produzem fazem em nosso corpo um papel semelhante ao da Sra. Inga, controlando o nível de substâncias importantes para o seu correto funcionamento.

FOTOGRAFICHE/SHUTTERSTOCK

Integração, coordenação e controle

O funcionamento do nosso corpo é um excelente exemplo de como os diversos sistemas que o constituem trabalham de maneira integrada, e de como esse trabalho é coordenado e controlado pelos **sistemas nervoso** e **endócrino** (*hormonal*). O equilíbrio das diversas funções desempenhadas por todos os sistemas é fundamental para a nossa sobrevivência.

Glândulas exócrinas e endócrinas

Glândulas são órgãos cujas células são especializadas em produzir e eliminar substâncias, em um processo conhecido como *secreção*. Há dois tipos de glândulas: as **exócrinas** e as **endócrinas**.

As *glândulas exócrinas* ou *glândulas de secreção externa* apresentam ductos ou canais que lançam suas secreções diretamente na superfície do corpo (glândulas sudoríparas, sebáceas e mamárias) ou em cavidades, como a do tubo digestório (glândulas salivares, fígado, pâncreas exócrino).

As *glândulas endócrinas* ou *glândulas de secreção interna* são os componentes do sistema endócrino. Elas não têm ductos e suas secreções, os **hormônios**, são lançadas diretamente na corrente sanguínea, que as conduz aos tecidos ou órgãos sensíveis à sua ação. A hipófise, a glândula tireóidea, o pâncreas endócrino, os ovários e testículos são exemplos de glândulas endócrinas. A figura ao lado mostra as principais glândulas endócrinas encontradas no organismo humano.

Lembre-se!

O pâncreas é uma **glândula mista**. Isso significa que ele apresenta uma porção endócrina, que secreta hormônios para o sangue, e uma porção exócrina, que secreta o suco pancreático para o duodeno.

Fique por dentro!

Endocrinologia é o estudo das glândulas produtoras de hormônios.

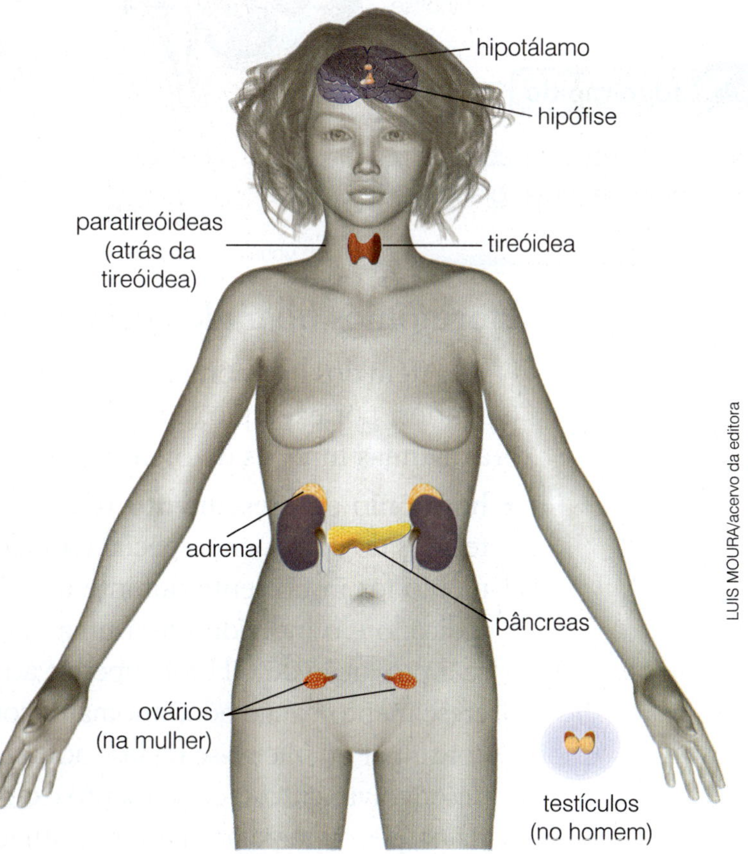

As glândulas endócrinas humanas na mulher; no homem, os ovários são substituídos pelos testículos. (Cores-fantasia. Ilustrações fora de escala.)

Hormônios: os "mensageiros" do sistema endócrino

O sistema endócrino produz substâncias químicas chamadas hormônios, que através da corrente sanguínea são conduzidos do local em que são produzidos – as *glândulas endócrinas* –, para os órgãos sobre os quais atuam, os chamados **órgãos-alvo**. A palavra *hormônio* vem do grego e significa "excitar", "estimular". Hoje, porém, sabe-se que muitos hormônios também podem atuar como inibidores. Os hormônios, portanto, *estimulam* (aceleram) ou *inibem* (retardam) as funções dos órgãos-alvo. Ao passarem pelo fígado, os hormônios são decompostos e, posteriormente, excretados na urina.

Hipófise: regular o trabalho das outras glândulas é com ela

Fique por dentro!

Os hormônios hipofisários que estimulam a produção hormonal de outras glândulas endócrinas são denominados, genericamente, *trofinas* (*trofo* = = alimento) ou *tropinas*.

A maioria parte das nossas glândulas endócrinas não apresenta um funcionamento independente. Elas agem sob o controle de uma pequena glândula endócrina chamada **hipófise**. A maioria dos hormônios hipofisários estimula a produção hormonal de outras glândulas, como veremos mais adiante. Por esse motivo, a hipófise é considerada a *glândula-mestra* dos vertebrados.

A hipófise prende-se à base do encéfalo, encaixada em uma depressão óssea acima da cavidade nasal. Ela tem o tamanho de um grão de ervilha e pesa aproximadamente 0,5 g.

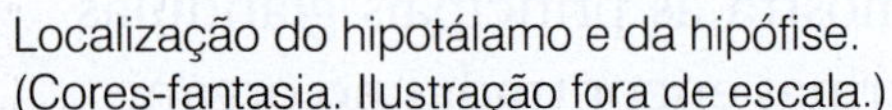
Localização do hipotálamo e da hipófise. (Cores-fantasia. Ilustração fora de escala.)

Jogo rápido

Por que se considera a hipófise uma glândula-mestra?

Hormônios liberados pela hipófise

Além dos hormônios estimuladores de outras glândulas, como testículos e ovários, por exemplo, a hipófise libera hormônios que têm efeito direto sobre algumas funções do organismo:

- **hormônio do crescimento** (GH) – estimula o desenvolvimento de todos os tecidos do corpo, em especial esqueleto e músculos. Se a produção desse hormônio for insuficiente durante a infância, o desenvolvimento físico será prejudicado e o indivíduo terá uma anomalia chamada **nanismo**. Ao contrário, se a produção de GH for superior ao normal na infância, o indivíduo terá um crescimento exagerado, anomalia conhecida como **gigantismo**. Se o excesso continuar ou iniciar-se na fase adulta, em que os ossos já alcançaram seu pleno desenvolvimento, o crescimento exagerado ocorre somente nas extremidades – mãos, pés ou maxilar inferior –, situação conhecida como **acromegalia**;

- **prolactina** (hormônio lactogênico) – estimula o crescimento das mamas e a produção de leite durante a gravidez;
- **oxitocina** (ou **citosina**) – promove a ejeção do leite das glândulas mamárias no período de amamentação e as contrações da musculatura uterina durante o parto;
- **hormônio antidiurético** (ADH) – atua sobre os túbulos dos néfrons, intensificando a reabsorção de água para o sangue (reduz o volume urinário). Quantidades insuficientes desse hormônio aumentam o volume de urina eliminado e causam muita sede.

Ejeção: liberação.

A oxitocina e o ADH são produzidos em uma região do encéfalo, o *hipotálamo*, ao qual a hipófise está ligada por um pedúnculo. Esses hormônios são apenas armazenados e liberados pela hipófise.

EM CONJUNTO COM A TURMA!

Reúna seu grupo de trabalho e enfrentem o desafio a seguir. Vocês devem preencher corretamente as lacunas, utilizando as palavras a seguir: acromegalia, ADH, contrações uterinas durante o parto, GH, gigantismo, nanismo, oxitocina, produção de leite, trofinas.

À medida que preencherem os quadrinhos, lembrem-se de riscar a palavra escolhida para não usá-la novamente.

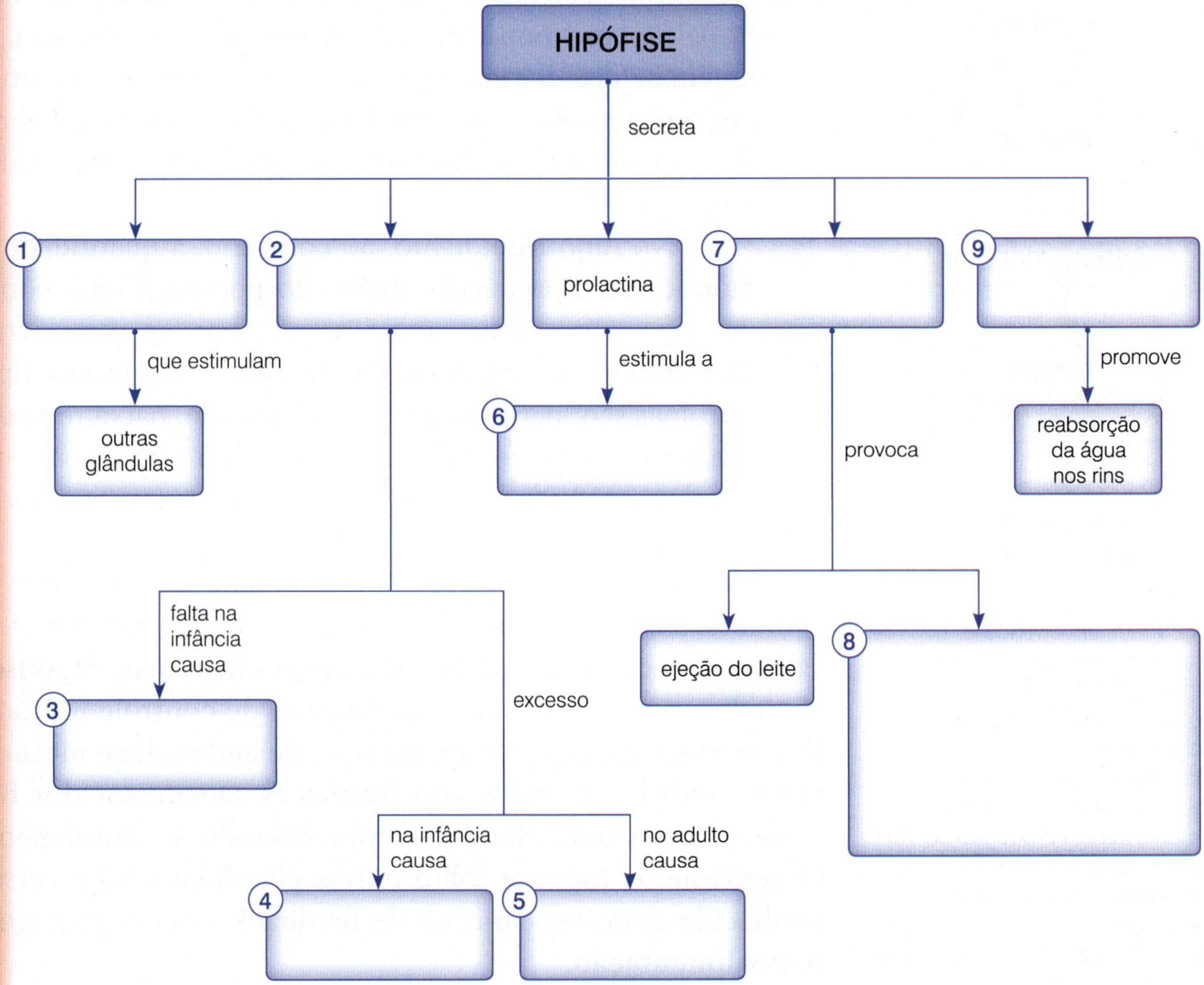

HIPÓFISE

secreta

1 [ ] que estimulam → outras glândulas

2 [ ]
falta na infância causa → 3 [ ]
excesso → na infância causa → 4 [ ]
excesso → no adulto causa → 5 [ ]

prolactina estimula a → 6 [ ]

7 [ ] provoca → ejeção do leite; 8 [ ]

9 [ ] promove → reabsorção da água nos rins

Glândula tireóidea e a regulação do metabolismo celular

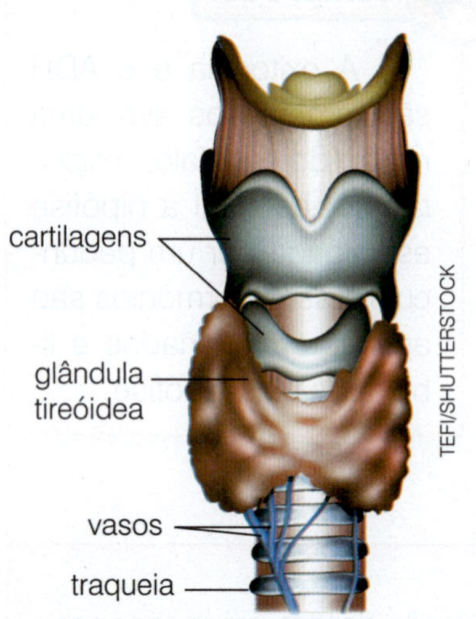

Localização da glândula tireóidea. (Cores-fantasia. Ilustração fora de escala.)

A **tireóidea** é uma glândula localizada no pescoço, logo à frente da laringe e da traqueia. É formada por dois lobos (direito e esquerdo), apresenta o formato de uma letra H e pesa, aproximadamente, 20 g a 30 g.

Os hormônios produzidos pela tireóidea são a **tiroxina**, também chamada de **tetraiodotironina**, e a **tri-iodotironina**; ambos necessitam do elemento químico **iodo** para serem produzidos. Esses hormônios atuam regulando o ritmo do metabolismo celular. Logo, o desenvolvimento normal do organismo depende desses hormônios.

Quando o funcionamento da glândula tireóidea não é perfeito, as consequências podem ser muito graves para o organismo. No **hipertireoidismo**, a tireóidea produz hormônios em excesso. Assim, mesmo em repouso, o metabolismo celular torna-se muito acelerado. Os sintomas mais comuns do hipertireoidismo são: tendência a perder peso (apesar do bom apetite), nervosismo, insônia, aumento da temperatura, da frequência dos batimentos cardíacos e dos movimentos respiratórios. Às vezes, também pode ocorrer *exoftalmia*, situação em que os olhos salientes parecem querer "saltar para fora".

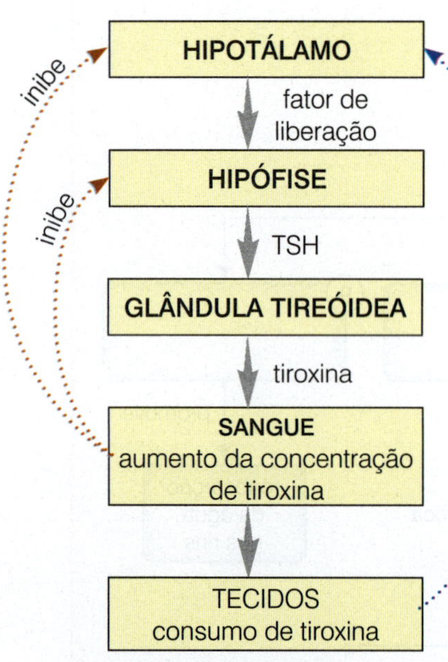

Esquema do mecanismo de *feedback* envolvendo o controle do hormônio TSH no sangue. O TSH, produzido pela hipófise, estimula a tireóidea a produzir tiroxina, que acelera o metabolismo celular. Quando o nível de tiroxina se eleva, esse hormônio inibe a produção do TSH e, em consequência, a produção de tiroxina diminui. A hipófise, então, volta a produzir TSH, e assim por diante. Esse mecanismo de controle mútuo entre as duas glândulas mantém o equilíbrio da produção hormonal de ambas.

No **hipotireoidismo**, ao contrário, a quantidade de hormônios é produzida abaixo do normal. Como consequência, o organismo passa a trabalhar em ritmo lento, abaixo das necessidades normais. Nesse caso, os principais sintomas são: perda de apetite, obesidade, baixa temperatura, redução das frequências respiratória e cardíacas, apatia, reflexos retardados, às vezes falhas na memória e raciocínio lento.

A tireóidea, assim como outras glândulas, depende do estímulo da hipófise (a glândula-mestra) para funcionarem. Então, é necessário que se estabeleça entre elas, hipófise e tireóidea, por exemplo, um mecanismo de controle mútuo, a fim de assegurar o equilíbrio na ação de ambas. Esse mecanismo é estabelecido pelas concentrações sanguíneas dos hormônios dessas duas glândulas influenciando-se mutuamente. O controle da hipófise sobre outras glândulas e vice-versa é conhecido como mecanismo de **feedback** ou, em português, **retroalimentação**.

Outro hormônio produzido pela tireóidea é a **calcitonina**, que favorece a fixação de cálcio nos ossos.

É SEMPRE BOM SABER MAIS!

A deficiência da glândula tireóidea nos recém-nascidos pode causar um retardamento severo no desenvolvimento físico e mental, conhecido por **cretinismo**, que pode ser corrigido, desde que precocemente diagnosticado, por administração de tiroxina.

Adultos que precisam, por alguma razão, remover a tireóidea ou corrigir os efeitos do hipotiroidismo devem ingerir diariamente comprimidos de hormônio tireoidiano sintético. Nesse caso, o hormônio não é digerido e passa para a corrente sanguínea.

ESTABELECENDO CONEXÕES

Saúde

A falta de iodo e o bócio endêmico

O iodo é um elemento químico fundamental para a produção dos hormônios tireoidianos, sendo encontrado no mar e nos alimentos dele provenientes. Em regiões em que o solo é pobre em iodo (principalmente as mais afastadas do litoral), os indivíduos podem ter uma alimentação pobre nesse elemento químico. Como consequência, haverá produção deficiente dos hormônios tireoidianos e as pessoas poderão apresentar um aumento da glândula tireóidea, denominado **bócio endêmico**. Para resolver o problema, a legislação brasileira obriga as empresas produtoras de sal a acrescentar pequenas quantidades de iodeto de potássio ao sal de cozinha, para evitar a ocorrência de novos casos de bócio endêmico.

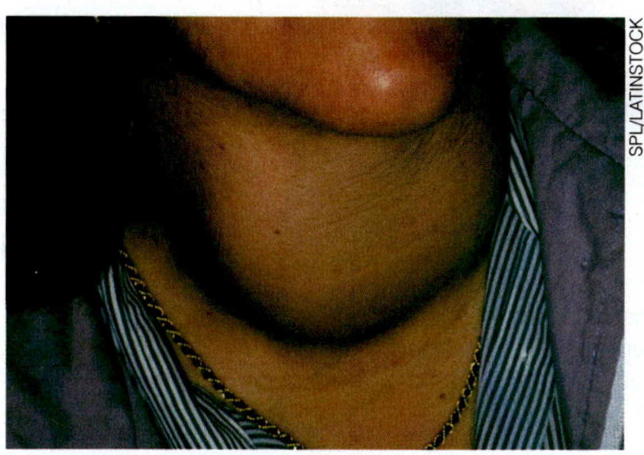

SPL/LATINSTOCK

Bócio endêmico: glândula tireóidea hipertrofiada.

Glândulas paratireóideas: reguladoras da taxa de cálcio no sangue

As glândulas **paratireóideas** são pequenas glândulas localizadas atrás da tireóidea, com cerca de 5 mm de diâmetro cada uma. Elas produzem **paratormônio**, cuja função é regular o nível de sais de cálcio no sangue.

O elemento químico cálcio é essencial para a formação dos ossos e dos dentes, para a perfeita ação dos nervos e dos músculos, além de atuar no processo da coagulação do sangue.

A maior parte do cálcio está fixada nos ossos. Quando a taxa de cálcio no sangue diminui, as glândulas paratireóideas secretam o paratormônio, que promove a remoção de cálcio dos ossos para o sangue. Quando a taxa de cálcio atinge a normalidade, as glândulas paratireóideas são inibidas.

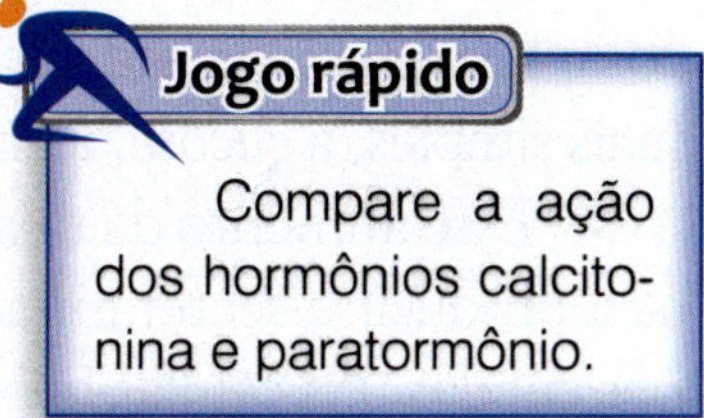

Compare a ação dos hormônios calcitonina e paratormônio.

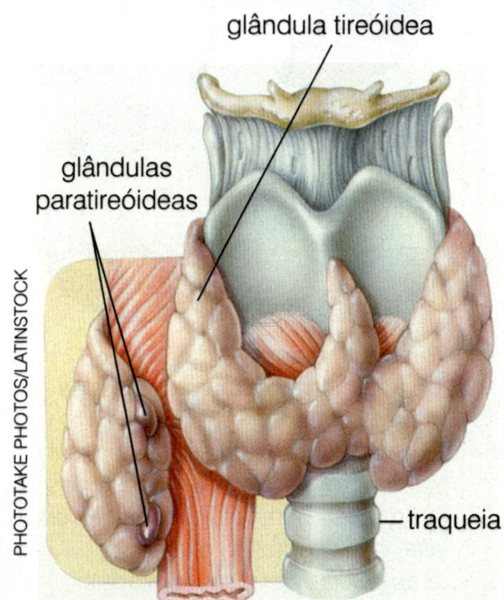

PHOTOTAKE PHOTOS/LATINSTOCK

As glândulas paratireóideas estão localizadas na parte posterior da glândula tireóidea.

Fique por dentro!

Os hormônios produzidos pelo córtex das suprarrenais são genericamente chamados de **corticosteroides**.

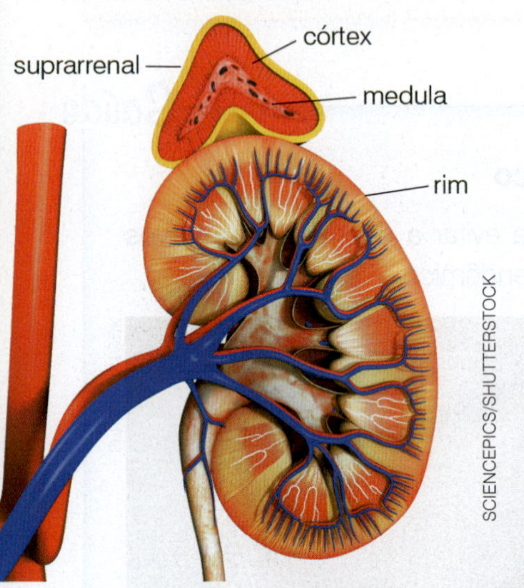

Ilustração de rim e glândula suprarrenal em corte. (Cores-fantasia. Ilustração fora de escala.)

Glândulas suprarrenais

As glândulas **suprarrenais** ou **adrenais** são duas glândulas apoiadas sobre os rins. Em corte, cada glândula mostra duas partes: uma parte periférica, chamada **córtex**, e uma parte central, a **medula**.

O córtex das suprarrenais produz vários hormônios. Um deles, a **cortisona** (ou **cortisol**) tem ação anti-inflamatória e antialérgica. Atua no metabolismo da glicose e das gorduras.

Outros hormônios das adrenais, como a **aldosterona**, atuam na regulação hídrica e de sais no organismo.

A medula das suprarrenais produz o hormônio **adrenalina**. A adrenalina é benéfica para o indivíduo quando exposto a situações de medo, raiva, ansiedade e esforços físicos exagerados. Nas situações citadas, a adrenalina acelera os batimentos cardíacos e os movimentos respiratórios. Com isso, o sangue circula mais rapidamente e o cérebro e os músculos recebem mais glicose e oxigênio. Além disso, os vasos da pele se contraem (você fica pálido) e o sangue é desviado da pele, assim como dos órgãos digestivos, para o cérebro e os músculos. Tudo isso adapta o indivíduo às situações de emergência ou de intenso trabalho do organismo.

Pâncreas: regulação da taxa de glicose no sangue

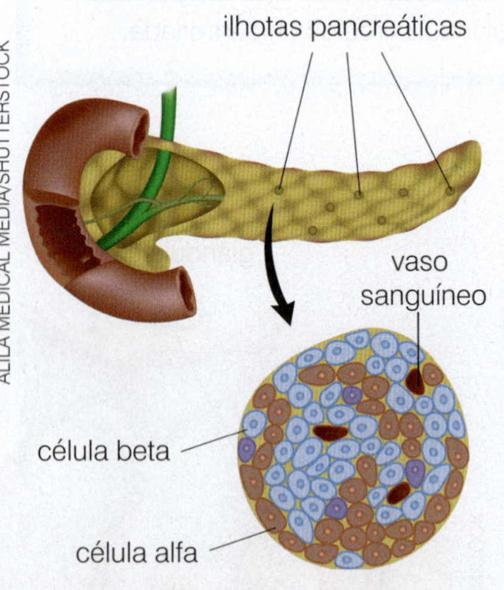

Pâncreas e detalhe das ilhotas pancreáticas, também chamadas de ilhotas de Langerhans. Em cada ilhota, dois tipos de célula são responsáveis pela síntese dos hormônios pancreáticos: as *células alfa*, que produzem *glucagon*, e as *células beta*, responsáveis pela síntese de insulina.

O **pâncreas** é uma glândula mista, pois apresenta uma porção exócrina e outra endócrina. Na porção exócrina, secreta **suco pancreático**, cujas enzimas atuam na digestão de alimentos no duodeno; na porção endócrina, as **ilhotas pancreáticas (de Langerhans)** – nome dado aos conjuntos de células endócrinas do pâncreas – secretam dois hormônios diretamente para o sangue, a **insulina** e o **glucagon**.

Insulina e glucagon: o equilíbrio da taxa de glicose no sangue

Um exemplo do papel regulador desempenhado pelos hormônios pode ser dado pela **insulina**, hormônio produzido pelo pâncreas. Toda vez que nos alimentamos de massas, doces ou pães, aumenta a taxa de glicose no sangue, porque a digestão dos açúcares mais complexos (amido, sacarose, lactose) origina moléculas desse açúcar mais simples, a *glicose*, fonte de energia para o trabalho celular.

Esse aumento da taxa de glicose no sangue estimula o pâncreas a produzir e secretar **insulina**, que favorece a entrada de glicose nas células. As células hepáticas (do fígado) e musculares são capazes de armazenar moléculas de glicose, transformando-as em glicogênio. Quando necessário, o glicogênio converte-se em glicose, que é liberada e distribuída pela corrente sanguínea a fim de atender às necessidades energéticas do organismo. Agora, pense no seguinte: o que aconteceria se o pâncreas deixasse de produzir insulina ou produzisse esse hormônio em quantidade abaixo do normal?

Esse fato é muito importante, pois, entre as refeições, durante o sono e em situações que exigem esforço, as células do organismo continuam necessitando de glicose; então, o fígado disponibiliza esse açúcar para o resto do corpo, a partir da reserva de glicogênio.

Assim, toda vez que há uma diminuição da taxa de glicose no sangue (hipoglicemia), o pâncreas secreta **glucagon**, que tem efeito oposto ao da insulina, ou seja, aumenta a taxa de glicose no sangue. O glucagon age no fígado promovendo a quebra das moléculas de glicogênio, disponibilizando glicose até normalizar a glicemia.

Descubra você mesmo!

Pesquise na internet ou em livros da biblioteca da sua escola como deve ser a alimentação de uma pessoa diabética.

Glicemia: é o nome utilizado para se referir à taxa de glicose no sangue de uma pessoa.

ESTABELECENDO CONEXÕES

Saúde

Diabetes melito

Diabetes melito é a doença provocada pelo excesso de glicose no sangue. Ocorre quando o indivíduo não consegue produzir insulina ou quando a quantidade produzida não é suficiente (diabetes tipo 1), ou, ainda, quando as células tornam-se insensíveis à insulina (diabetes tipo 2).

O tratamento para o diabetes do tipo 1 é feito pela reposição de insulina através de injeções diárias. A insulina é uma proteína e, portanto, se fosse administrada por via oral seria digerida por enzimas antes de chegar à corrente sanguínea. Já no diabetes tipo 2, o diabético não faz uso de insulina, mas de um medicamento que ajuda a manter equilibrado o nível de açúcar no sangue.

Os principais sintomas do diabetes melito são: excesso de glicose na urina, produção de grande volume urinário, sede intensa, fome exagerada e emagrecimento. A fome exagerada ocorre porque a glicose, apesar de estar presente em grande quantidade no sangue, não consegue ser aproveitada pelas células. Nesse caso, as células passam a utilizar gorduras como fonte de energia, levando ao emagrecimento.

Nunca é demais lembrar que uma dieta alimentar adequada, o controle de peso, entre outras atitudes, ajudam o diabético a levar uma vida normal.

Jogo rápido

Após uma refeição, normalmente acontece uma elevação na concentração de glicose no sangue, seguida de uma queda gradual. As curvas representadas no gráfico ao lado registram esse fenômeno em duas pessoas, uma saudável e uma diabética. Qual dessas curvas (*A* ou *B*) representa o que ocorre na pessoa diabética? Justifique a sua escolha, levando em consideração a deficiência de insulina verificada no diabetes do tipo 2.

Adaptado de: PUC-SP Vestibular 2011, p. 24.

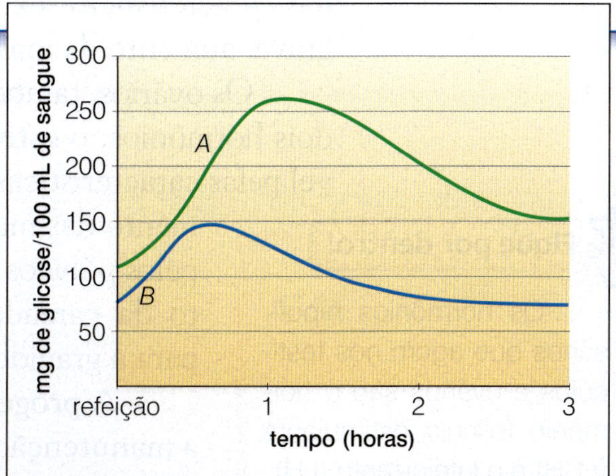

DE OLHO NO PLANETA

Número de pessoas com diabetes aumenta 40% em seis anos

"A pesquisa Vigilância de Fatores de Risco e Proteção para Doenças Crônicas por Inquérito Telefônico (Vigitel 2012) revelou aumento de 40% entre 2006, primeiro ano do levantamento, e o ano passado [2012]. O percentual de pessoas que se declararam diabéticas passou de 5,3% para 7,4% no período.

O avanço do diabetes está relacionado ao excesso de peso, à falta de exercícios físicos, à má alimentação e ao envelhecimento da população. O Vigitel aponta que 75% do grupo de brasileiros convivendo com o diabetes estão acima do peso. Em 2012, pela primeira vez na história, o número de pessoas com sobrepeso superou a metade da população, chegando a 51%."

Os dados acima mostram que o diabetes é um problema de saúde pública no Brasil e os problemas advindos dessa doença não se limitam à sede excessiva, perda de peso, micção frequente, cansaço e vista embaçada. Vai muito além: com o passar do tempo, surgem problemas circulatórios, nos rins, na pressão arterial e até cegueira!

Por isso, é importantíssimo realizar campanhas permanentes de esclarecimento, no sentido de estimular as pessoas a procurarem um serviço médico e realizar, pelo menos, uma dosagem sanguínea de glicose. A descoberta precoce do diabetes permite que o paciente controle a doença com relativa facilidade e tenha uma vida absolutamente normal. Assim como ocorre com a hipertensão arterial, a prevenção é o melhor remédio contra o diabetes.

➢ Segunda a Sociedade Brasileira de Diabetes, aproximadamente 12 milhões de brasileiros tinha diabete em 2015 (equivalente à população da Finlândia e da Dinamarca juntas!). Que tipo de campanha lhe sensibilizaria mais para adotar hábitos que pudessem evitar o diabetes?

Testículos e ovários

São órgãos pertencentes ao sistemas reprodutores masculino e feminino, produtores de células sexuais ou gametas (espermatozoides e óvulos, respectivamente). Também são glândulas endócrinas, pois produzem hormônios que atuam no amadurecimento sexual e na reprodução.

Estimulados por hormônios hipofisários, os testículos produzem **testosterona**, hormônio sexual masculino que promove o desenvolvimento das características sexuais secundárias, como barba, pelos pubianos, voz grave, aumento da massa muscular etc.

Os ovários, também sob efeito de hormônios da hipófise, produzem dois hormônios: o **estrogênio** e a **progesterona**. O primeiro é responsável pelas características sexuais secundárias femininas, como desenvolvimento das mamas, voz menos grave, alongamento dos quadris, pelos púbicos etc. Além disso, o estrogênio inicia o espessamento da camada interna do útero (endométrio), preparando-o para a gravidez.

A **progesterona** também contribui com o espessamento e a manutenção do endométrio, criando condições para a fixação do embrião durante a gravidez.

Fique por dentro!

Os hormônios hipofisários que agem nos testículos e ovários são o hormônio folículo estimulante (FSH) e o luteinizante (LH).

Nosso desafio

Para preencher os quadrinhos de 1 a 13, você deve utilizar as seguintes palavras: bócio, cálcio, estrogênio, hipertireoidismo, hipófise, hipotireoidismo, hormônios, insulina, iodo, pâncreas, progesterona, testosterona, tireóidea.

À medida que você preencher os quadrinhos, risque a palavra que escolheu para não usá-la novamente.

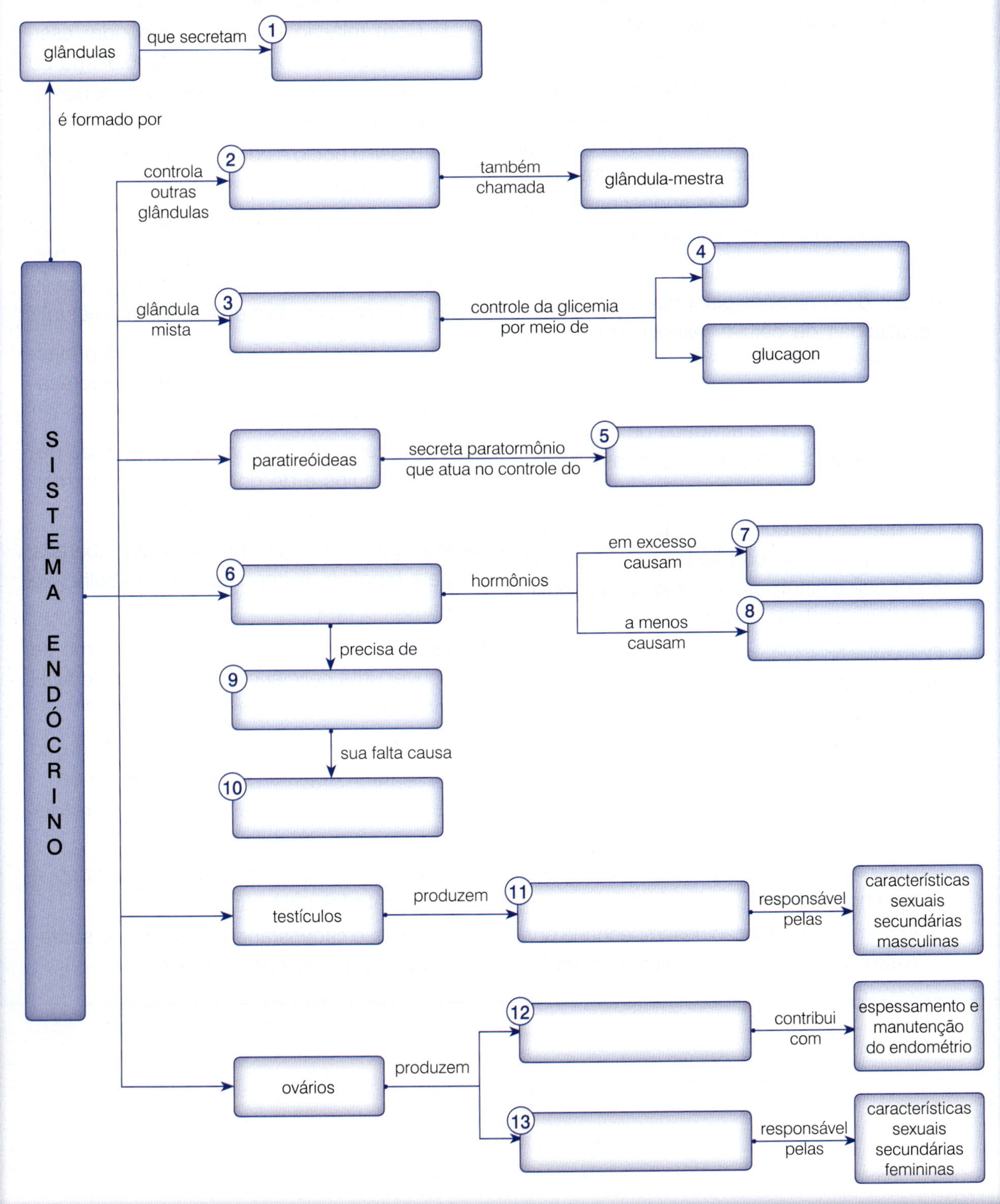

Atividades

1. Ao compararem a atividade do sistema nervoso e do sistema endócrino na coordenação das atividades do organismo humano, os estudantes Paula e Roberto escreveram as seguintes frases:

Paula – Em ambos os sistemas são enviadas mensagens às células. A diferença entre um e outro consiste no fato de que no sistema nervoso as mensagens são transmitidas por meio de impulsos nervosos e neurotransmissores, enquanto no sistema endócrino os mensageiros são hormônios, produzidos por glândulas endócrinas e distribuídos pela corrente sanguínea.

Roberto – Em ambos os sistemas existem órgãos denominados glândulas endócrinas, constituídas de células especializadas, os neurônios.

Qual dos dois estudantes acertou e qual errou ao caracterizar a atividade de coordenação e integração dos dois sistemas? Justifique a sua resposta.

2. Por que as glândulas sudoríparas, sebáceas e salivares são chamadas de exócrinas? E por que a hipófise e a tireóidea são consideradas glândulas endócrinas?

3. Com relação à glândula tireóidea e a função desempenhada pelos hormônios por ela produzidos, responda:

a. Qual a sua localização no organismo humano?

b. Quais são os dois principais hormônios por ela produzidos e qual o elemento químico que faz parte das moléculas desses dois hormônios?

c. Qual a principal função desempenhada por esses hormônios no organismo humano?

4. A glândula tireóidea depende de outra glândula para o seu funcionamento. Qual é essa glândula e como ela é influenciada pelos hormônios tireoidianos?

5. a. Cite alguns sintomas do hipotireoidismo e do hipertireodismo.

b. Com relação ao bócio, responda: esse distúrbio é devido ao hipotireoidismo ou hipertireodismo? Justifique sua resposta.

c. Por que em determinadas regiões do Brasil o bócio é considerado uma doença endêmica?

6. Qual a glândula e o hormônio relacionado ao nanismo (produção insuficiente do hormônio) e ao gigantismo e à acromegalia (produção excessiva do referido hormônio)?

7. Qual a principal ação do hormônio prolactina no organismo de uma mulher que acabou de dar à luz?

8. Cite o nome de um hormônio produzido pelos testículos e de dois hormônios normalmente produzidos pelos ovários.

9. Por que a atuação da oxitocina, liberada pela hipófise, é importante no trabalho de parto?

10. Qual a consequência para o organismo se houver uma deficiência na liberação de ADH (hormônio antidiurético) pela hipófise?

11. Com relação ao pâncreas, importante órgão do sistema digestório humano, responda:

a. Explique por que esse órgão é considerado uma glândula mista.

b. Quais são os hormônios produzidos e secretados pelo pâncreas?

c. Em que circunstâncias o pâncreas secreta os seus dois hormônios?

Órgãos dos sentidos

Ver o que é visível, ouvir o que é audível

A afirmação acima parece óbvia, mas o exemplo seguinte revela que a maneira de perceber o mundo ao redor pode variar. Muitos morcegos dependem, em grande parte, dos ecos dos sons muito agudos (ultrassons) que eles produzem e, assim, se orientar no ambiente, evitando colidir com objetos, por exemplo. Um cientista provou que morcegos, com sua visão noturna prejudicada, podiam voar em um quarto com arames esticados sem se chocar com eles. Não podiam fazê-lo, contudo, com suas orelhas tampadas ou suas bocas fechadas. Esse exemplo mostra que os morcegos conseguem se orientar por meio dos sons que imitem durante o período noturno. Portanto, o que ouvimos é muito diferente do que os morcegos ouvem. O planeta é o mesmo, porém o contato com ele pode ser bem diferente, dependendo da espécie de organismo considerada.

Nosso relacionamento com o meio externo ocorre graças aos "receptores sensoriais", que possuímos em nosso corpo. Eles representam um conjunto de equipamentos semelhantes a radares, por meio dos quais fazemos contato com o mundo exterior. Reconhecer o papel desempenhado por esse conjunto de equipamentos, representado pelos órgãos dos sentidos, é o assunto deste capítulo.

PANDA 3800/SHUTTERSTOCK

Receptores sensoriais

Lembre-se!

A gustação e a olfação são chamados de sentidos químicos, porque ambas são estimuladas por substâncias químicas dissolvidas em um meio líquido (saliva, umidade das fossas nasais).

O tato, a visão e a audição são sentidos físicos, porque seus receptores sensoriais são estimulados por agentes físicos, como, por exemplo, o calor, a luz e o som.

Entramos em contato com o mundo exterior por meio dos sentidos da visão, da audição, da olfação, da gustação e do tato.

Os órgãos dos sentidos possuem receptores específicos, chamados de **receptores sensoriais**. Esses receptores são formados por células especializadas em captar estímulos provenientes do meio ambiente. Os diferentes tipos de receptores sensoriais captam estímulos *luminosos*, *sonoros*, *térmicos*, *químicos* (sabores e odores) e de *pressão* ou *toque suave* na pele, além dos estímulos que causam as sensações de *equilíbrio* e de *movimento do corpo*.

Os receptores sensoriais, presentes nos órgãos dos sentidos são estruturas especializadas (neurônios modificados ou células conectadas a neurônios) em receber estímulos do meio que nos rodeia. Os receptores estão intimamente associados a neurônios sensoriais, cuja função é conduzir as informações, sob a forma de impulsos nervosos, até a parte central do sistema nervoso, onde serão reconhecidas e processadas.

A pele e o tato

Você já reparou que qualquer tipo de contato com a pele provoca alguma sensação? Na pele existem vários tipos de receptores sensoriais, que captam estímulos responsáveis pela sensação de toque suave, pressão, dor, frio e calor.

A figura a seguir mostra esquema de alguns desses receptores na forma de corpúsculos ou de terminações nervosas livres, situados em diferentes profundidades na pele.

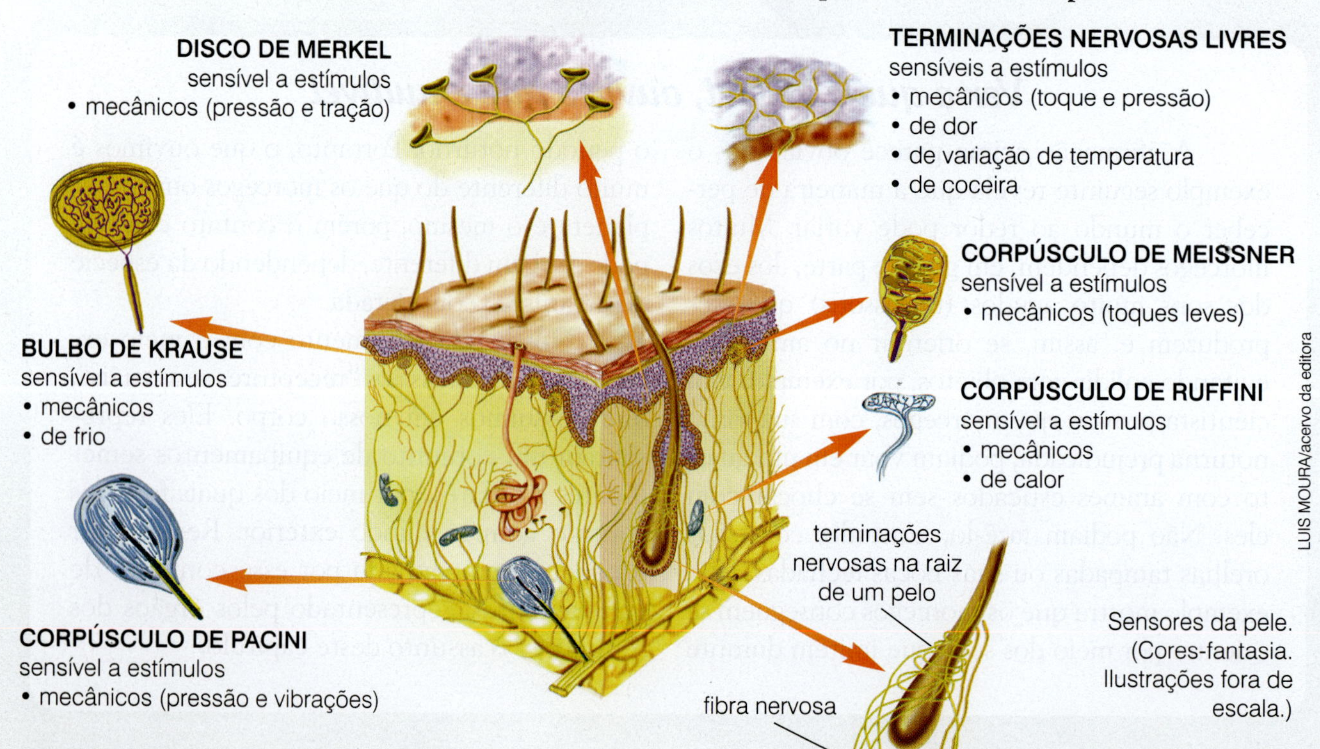

Sensores da pele. (Cores-fantasia. Ilustrações fora de escala.)

Na pele, a distribuição dos corpúsculos que recebem os estímulos que causam as sensações do tato não é regular; sua concentração varia em diferentes regiões do corpo: as mãos, por exemplo, concentram uma grande quantidade de receptores do tato.

Jogo rápido

Quais são, respectivamente, os receptores térmicos (frio, calor) e de dor, localizados na pele?

É SEMPRE BOM SABER MAIS!

O código Braille

Louis Braille (1809-1852) nasceu em 1809 e perdeu a visão aos três anos. Hoje ele é mais conhecido como o criador do sistema de leitura para deficientes visuais, que leva seu nome. Na verdade, tudo começou com um fato curioso: naquela época, as mensagens recebidas pelos oficiais das forças armadas francesas não podiam ser lidas à noite, pois acender a luz seria perigoso. Um oficial francês, sabendo disso, inventou um sistema de pontos e buracos que permitia que a mensagem fosse decifrada, no escuro, por meio do tato.

Louis Braille tomou conhecimento desse método e fez algumas adaptações, simplificando-o. Em 1829, Braille publicou o seu "código", que foi adotado no mundo inteiro a partir de 1852. A ideia do método é muito simples: o conjunto de estruturas sensoriais para o tato permite captar até seis sensações táteis. Então, o alfabeto Braille é composto por 6 pontos. A letra A corresponde a um ponto saliente em cima à esquerda, a letra C dois pontos salientes lado a lado. Esse "código" é tão eficiente que um deficiente visual experiente pode "ler" até duzentas palavras por minuto!

Da próxima vez em que você entrar em um elevador, repare que abaixo ou ao lado do número que indica o andar, está representado o mesmo "número" em Braille. Esse é apenas um exemplo de como o código Braille pode ajudar o deficiente visual em seu dia a dia.

ALSU/SHUTTERSTOCK

Criança lendo livro escrito em alfabeto Braille.

A língua e o sabor dos alimentos

Seguramente, a gustação é um dos principais sentidos que podem proporcionar momentos de prazer. Na **língua** existem vários tipos de pequenas elevações, as **papilas gustativas** (ou **gustatórias**). Nas papilas encontramos **botões gustativos** nos quais há conjuntos de células receptoras de estímulos químicos. Todas essas células estão conectadas a um nervo craniano que conduz impulsos nervosos a uma região cerebral, onde são identificadas.

Fique por dentro!

Muitas vezes emprega-se a palavra *paladar* como sinônimo de *gustação*. Na realidade, o paladar depende da associação do sabor ao odor dos alimentos, isto é, dos receptores gustativos e olfativos agindo simultaneamente.

Os receptores gustativos são sensíveis a quatro sabores básicos: doce, salgado, azedo, amargo. A língua é sensível ao doce, principalmente na ponta, ao azedo nas bordas, ao amargo na base e ao salgado na ponta e nas bordas.

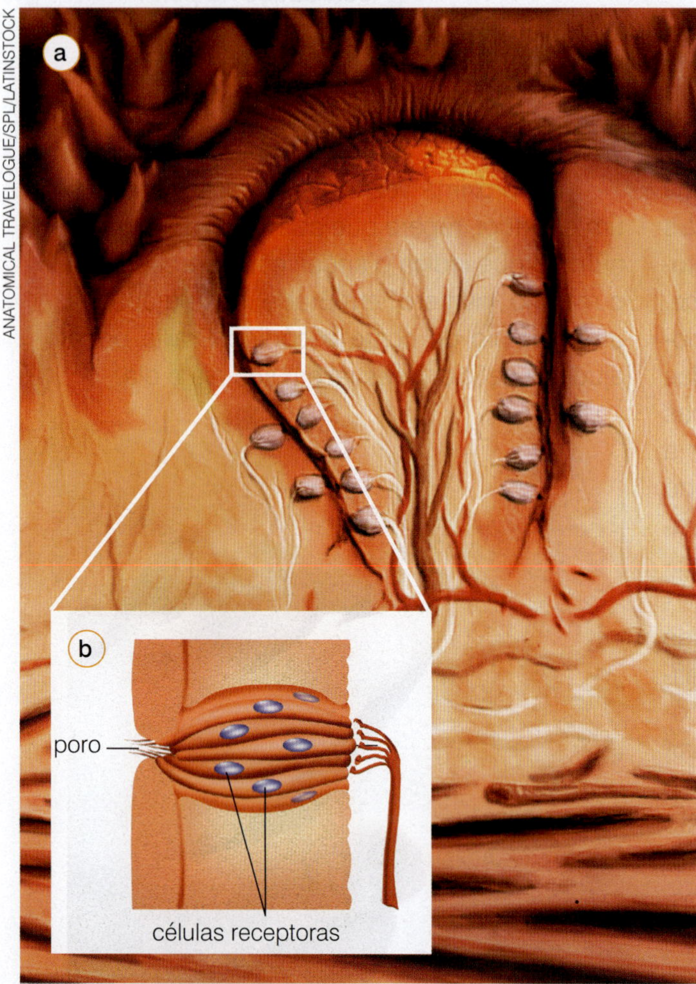

(a) A parte superior da língua é recoberta por minúsculas papilas gustativas nas quais há células que atuam como receptores sensoriais para os sabores. (b) Detalhe ampliado de um tipo de papila lingual.

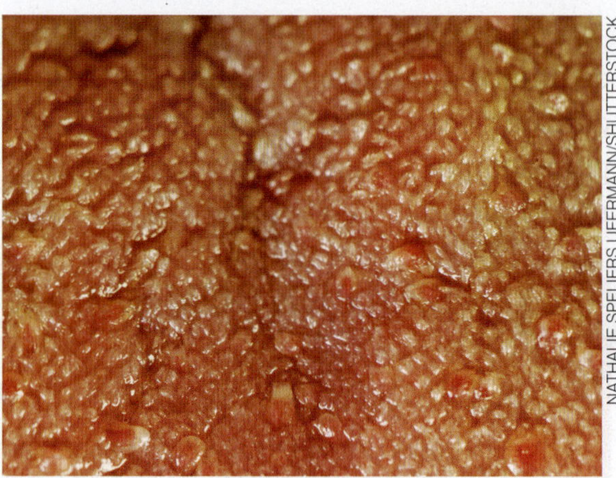

Vista superior da íngua, em que podem ser vistas as papilas gustativas.

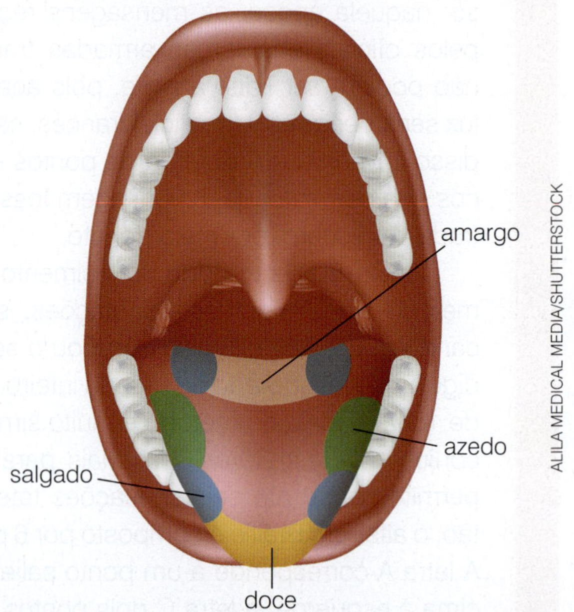

Mapeamento da língua para os sabores fundamentais: doce, salgado, amargo e azedo (ácido).

ENTRANDO EM AÇÃO!

A língua, além de receptores para os sabores, tem, como a pele, receptores para o calor, frio, dor e pressão. Assim podemos avaliar a temperatura e a consistência dos alimentos e evitar algum tipo de ferimento.

Você poderá, com cuidado, fazer uma verificação que comprova que a língua e a cavidade bucal são menos sensíveis a altas temperaturas do que as mãos.

Prepare uma xícara de chá. Ao ingeri-lo, ainda quente, perceberá que enquanto a boca suporta o líquido em uma temperatura elevada, ao tentar mergulhar um dedo no recipiente, dificilmente conseguirá suportar a sensação térmica.

Atenção: não continue a tomar o chá depois de ter colocado o dedo dentro dele...

ESTABELECENDO CONEXÕES

Cotidiano

O quinto sabor

Essa história de existirem apenas quatro sabores básicos sempre foi contra a intuição de que sentimos mais do que isso. De fato, os japoneses bem que sabiam, há quase cem anos, que existe um quinto sabor, além dos tradicionais doce, salgado, azedo e amargo. Um gosto tão especial que o nome em japonês, de difícil tradução, acabou vingando também nas outras línguas: é o sabor "umami", que pode significar tanto "delicioso" como "pungente", "saboroso", "essencial" ou "de carne".

Mas existe uma tradução mais simples. Trata-se do gosto do glutamato, um sal encontrado nas prateleiras dos supermercados e nas mesas dos restaurantes orientais, adicionado ao tempero de macarrão instantâneo e a salgadinhos em geral. Está presente também no molho de soja e em vários alimentos, como queijo parmesão, tomate, leite, atum, frutos do mar e... no cérebro.

Sim, o cérebro não só é comestível (as versões bovina e ovina são encontradas no seu açougue favorito sob o nome pouco convidativo de "miolos", iguaria, aliás, muito apreciada pelos franceses), como também é um dos alimentos que mais contém glutamato. Por uma razão muito simples: o glutamato é o principal neurotransmissor do cérebro, a "moeda" mais usada na troca de sinais entre neurônios.

Foi o japonês Kikunae Ikeda, da Universidade Imperial de Tóquio, quem, no início do século XX, caracterizou o sabor umami como inimitável por qualquer combinação dos quatro sabores básicos. (...)

Disponível em: <http://www.sbneurociencia.com.br/html/a15.htm>. *Acesso em:* 11 set. 2015.

O nariz e a captação dos odores

Os receptores sensoriais do olfato têm algo em comum com os receptores gustativos, pois também respondem a estímulos produzidos por substâncias dissolvidas em um meio líquido; neste caso, na umidade que recobre a superfície das fossas nasais. Os receptores do olfato estão localizados no teto das cavidades nasais. Esses receptores são formados por células especiais, as **células olfativas**, que ao serem estimuladas geram impulsos que são conduzidos por meio de um nervo craniano ao cérebro, onde ocorre a identificação do odor da substância.

Fique por dentro!

Na cavidade nasal há cerca de 600.000 células receptoras, que ocupam uma área correspondente à de um selo de correio de tamanho pequeno. O sentido do olfato é muito mais sensível do que o da gustação. Enquanto esta reconhece apenas quatro sabores fundamentais, o olfato permite reconhecer, pelo cheiro, milhares de produtos químicos.

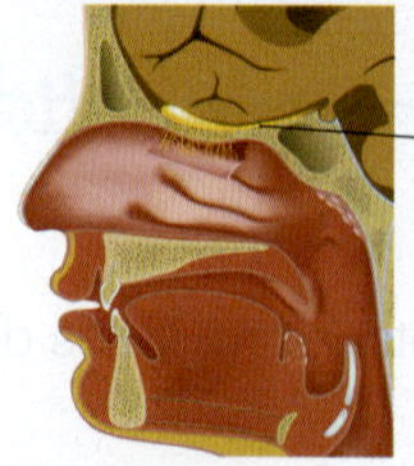

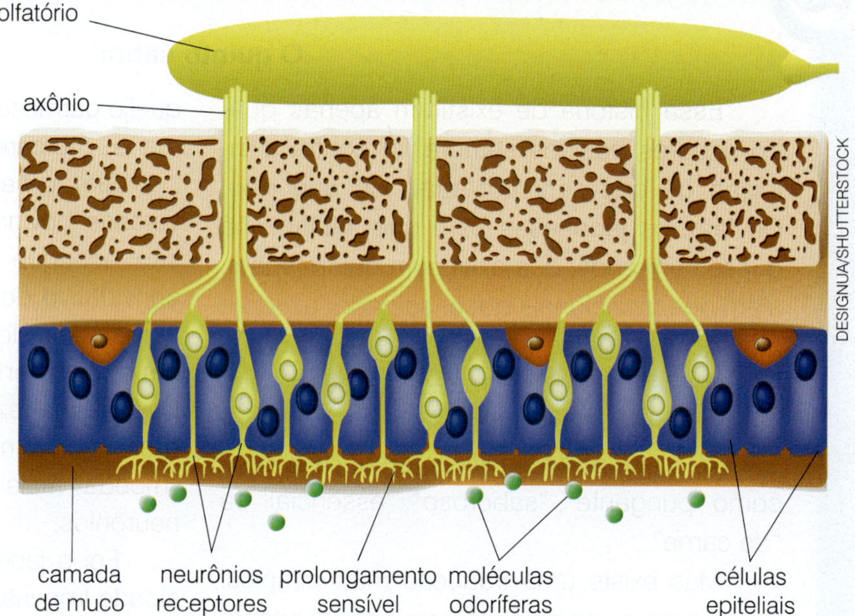

Na parte superior das cavidades nasais são encontrados os receptores do olfato. As moléculas voláteis odoríferas penetram nas cavidades nasais, se dissolvem no muco que recobre essas cavidades, e atingem os prolongamentos dos neurônios receptores que são sensíveis a essas moléculas, gerando impulsos nervosos. Esses impulsos são enviados via axônio ao bulbo olfatório (ou olfativo) e daí para o sistema nervoso central, onde os sinais são identificados.

ESTABELECENDO CONEXÕES

Saúde

Estou gripado! Não sinto o cheiro nem o sabor dos alimentos

Você já deve ter reparado que, quando está resfriado ou gripado, o excesso de muco produzido nas fossas nasais prejudica o contato das substâncias químicas gasosas com os receptores sensoriais olfativos, dificultando a percepção do cheiro de um perfume ou de um prato apetitoso. Também fica difícil sentir o gosto de alguns alimentos, porque o verdadeiro sentido do paladar depende, como você já sabe, da associação entre a gustação e o olfato.

JOSHUA RESNICK/SHUTTERSTOCK

Orelhas e audição: captação das ondas sonoras

Nossas **orelhas** são os órgãos responsáveis pela percepção de estímulos sonoros gerados no meio em que vivemos. Além de captar os sons, veremos que as orelhas também têm a capacidade de perceber a posição que nosso corpo ocupa no espaço, contribuindo para o equilíbrio postural. A orelha humana é formada por três partes – **orelha externa**, **orelha média** e **orelha interna**.

Jogo rápido

Quais são os cinco sabores reconhecidos pelos receptores gustativos da língua humana?

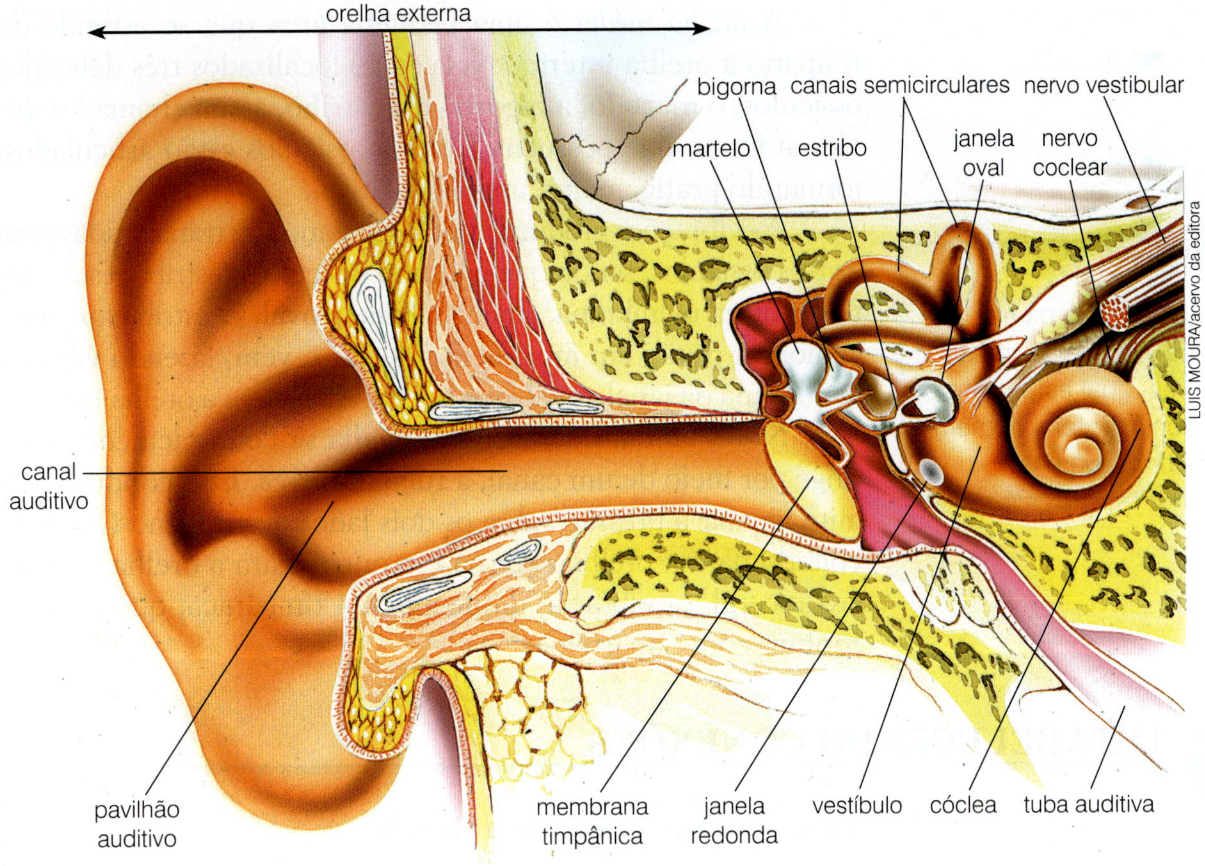

orelha externa
bigorna
canais semicirculares
nervo vestibular
martelo
estribo
janela oval
nervo coclear
canal auditivo
pavilhão auditivo
membrana timpânica
janela redonda
vestíbulo
cóclea
tuba auditiva
LUIS MOURA/acervo da editora

A *orelha externa* recebe as ondas sonoras. É formada pelo **pavilhão auditivo** e **canal** ou **conduto auditivo**. As ondas sonoras captadas por eles fazem vibrar a **membrana timpânica** ou **tímpano**, onde começa a orelha média.

ESTABELECENDO CONEXÕES

Cotidiano

Cuidado com a higiene da orelha externa

O canal auditivo contém inúmeras glândulas que secretam uma substância de cor amarelada, chamada **cera** ou **cerume**, que o protege e lubrifica. O uso de hastes com pontas de algodão para tirar a cera, achando que é sujeira, não é recomendado. O exagero no uso dessas hastes, quando inseridas muito profundamente e com força excessiva, pode causar ruptura do tímpano, que, além de causar muita dor, poderá provocar surdez.

Se a produção de cera for excessiva, ela acaba se acumulando e endurecendo. Há prejuízo na transmissão normal do som pelo canal auditivo, reduzindo a capacidade auditiva. Nesses casos, a remoção do excesso de cera deve ser feita por um médico otorrinolaringologista.

VLADIMIR GJORGIEV/SHUTTERSTOCK

A *orelha média* é uma pequena área que se estende do tímpano à orelha interna. Nela estão localizados três delicados ossículos, o **martelo**, a **bigorna** e o **estribo**, assim chamados devido à forma que possuem. Os três ossículos estão articulados, formando praticamente uma peça única.

Jogo rápido

Quais são os três ossículos da orelha média? Dos três, qual está sempre em contato com a membrana timpânica?

As vibrações produzidas pelo tímpano são transmitidas para os três ossículos, sendo que o último ossículo, o estribo, está aderido a outra membrana, chamada **janela oval**. O estribo funciona como um pistão em movimento de vai-e-vem, fazendo vibrar a membrana da janela oval, que se comunica com a orelha interna.

Note, ainda, que a orelha média se comunica com a faringe por meio de um canal, a **tuba auditiva**. Esse conduto permite igualar a pressão sobre os dois lados do tímpano (um lado voltado para a orelha externa e o outro, para a orelha média), favorecendo a vibração da membrana timpânica, que está em contato com o martelo.

ESTABELECENDO CONEXÕES

Variação de pressão com a altitude

Você já deve ter sentido uma sensação de diminuição da capacidade auditiva acompanhada de variação de pressão sobre o tímpano ao subir ou descer uma montanha, por exemplo.

Lembre-se de que uma das faces da membrana do tímpano está em contato com o canal auditivo (orelha externa) e, portanto, em contato com a pressão atmosférica. A outra face está em contato com a orelha média, ligada à faringe por meio da tuba auditiva. A função da tuba é igualar a pressão sobre a face interna da membrana timpânica. Quando as pressões dos dois lados da membrana timpânica não se igualarem, ela tende a se deformar (encurvar), provocando a sensação de surdez.

Sempre que houver variação da pressão atmosférica, pela mudança de altitude, a solução é deixar o ar da faringe entrar na tuba auditiva para que as pressões voltem a ser as mesmas dos dois lados do tímpano. Isso é conseguido quando você executa o ato de engolir ou simula um bocejo.

A *orelha interna* é formada pelo **vestíbulo**, pela **cóclea** e pelos **canais semicirculares**, componentes membranosos preenchidos por líquido, e que se encaixam perfeitamente em uma cavidade óssea que acompanha a forma dessas três estruturas.

A cóclea atua na audição, enquanto os canais semicirculares e o vestíbulo estão relacionados ao equilíbrio do organismo.

Descubra você mesmo!

Pesquise na internet ou em livros da sua escola o que é a linguagem Libras.

A cóclea é um tubo enrolado em espiral (como a concha de um caracol), preenchido por um líquido que banha as células receptoras sensoriais. As vibrações da janela oval fazem vibrar o líquido que banha as células receptoras sensitivas da cóclea, fazendo com que desencadeiem impulsos nervosos que chegam ao nervo auditivo. Esse nervo, por sua vez, conduz esses impulsos até a região cerebral responsável pela audição, onde efetivamente reconhecemos os sons.

DE OLHO NO PLANETA

Ética & Cidadania

Poluição sonora

Poluente é qualquer substância, efeito sonoro ou visual, presente no ambiente, que, pela sua quantidade ou intensidade, pode torná-lo impróprio ou causar danos à saúde humana. Assim, fala-se em poluição do solo, da água, do ar, poluição visual e sonora.

Em grandes cidades, o barulho excessivo pode ser considerado um tipo de poluente. Mas como medir o barulho, ou melhor, a intensidade do som?

A unidade de medição de intensidade do som é o bel (B). Por conveniência utiliza-se a décima parte do bel, ou seja, o decibel (dB) para avaliação dos níveis de ruído. A orelha humana suporta até 80 dB. Acima disso, e dependendo do número de horas de exposição ao ruído, as células sensitivas da cóclea podem ser danificadas, muitas vezes de modo irreversível. Veja na tabela abaixo os níveis de barulho de algumas situações.

Situações	Decibéis
Automóvel a 10 m de distância	60
Caminhão a 5 m	90
Buzina de carro a 5 m	100
Avião a jato ao decolar	150
Carro com escapamento aberto	110
Show de *rock* pesado	120

A lesão das células da orelha interna depende do número de horas a que o indivíduo fica exposto diariamente. Assim, para um ruído de 90 dB, o tempo máximo de exposição diária deveria ser de apenas 4 horas. Em um *show* de *rock* (120 dB), o tempo máximo só poderia ser de 15 minutos!

A poluição sonora não provoca somente problemas auditivos; provoca também irritação, mau humor e estresse. Por isso, lembre-se que o controle da poluição sonora também é sua responsabilidade!

O barulho excessivo – quer por instrumentos sonoros, equipamentos de trabalho ou até mesmo por animais de estimação – perturba o trabalho, estudo ou descanso das pessoas. De tal forma é danosa a poluição sonora que pode ser passível de multa ou até mesmo prisão de 15 dias a 3 meses, conforme o artigo 42 da Lei de Contravenções Penais.

➢ Suponha que você e sua família estivessem submetidos a intensidade sonora elevada. O que poderiam fazer para minimizar os danos causados por esse tipo de poluição?

EM CONJUNTO COM A TURMA!

Os profissionais das agências de propaganda são hábeis criadores de frases de efeito, que passam a mensagem de forma a atingir seus objetivos. Por exemplo: em um momento em que a sociedade enfrenta um cenário de dificuldades econômicas, uma dessas frases foi "tire o S da CRISE, CRIE". O objetivo era motivar as pessoas a procurarem soluções alternativas, outras atividades além das que normalmente desempenham, como o artesanato, por exemplo, para melhorarem a renda familiar.

Com seu grupo de trabalho, suponham que tenham sido contratados por uma emissora de televisão para criar uma campanha a fim de reduzir a poluição sonora. Como seria essa campanha?

Fique por dentro!

Canais semicirculares e vestíbulo formam o chamado **labirinto**.

Inflamações das células sensoriais do labirinto causam *labirintite* (ou *labirintopatia*) e alteram a percepção de equilíbrio corporal, provocando tonturas e náuseas. A labirintite pode ser causada por infecções, problemas circulatórios, diabetes, certos tipos de medicamento e estresse, por exemplo.

Os canais semicirculares e o equilíbrio do corpo

Os canais semicirculares estão localizados na orelha interna, ligados ao vestíbulo. Repare na figura que existem três canais, recurvados em semicírculos, dispostos perpendicularmente um ao outro. Cada canal é dotado de terminações nervosas (fibras sensitivas) ligadas a pequenas células ciliadas. As fibras sensitivas fazem parte do nervo auditivo, que por sua vez se comunica com o cérebro.

A função dos canais semicirculares é registrar a mudança da posição de **equilíbrio do corpo** por meio da movimentação do líquido interno. Caso isso aconteça, por exemplo, quando você tropeça em uma pedra, imediatamente os canais semicirculares e o nervo auditivo informam ao cérebro, de onde partem ordens para a musculatura recolocar o corpo em posição de equilíbrio.

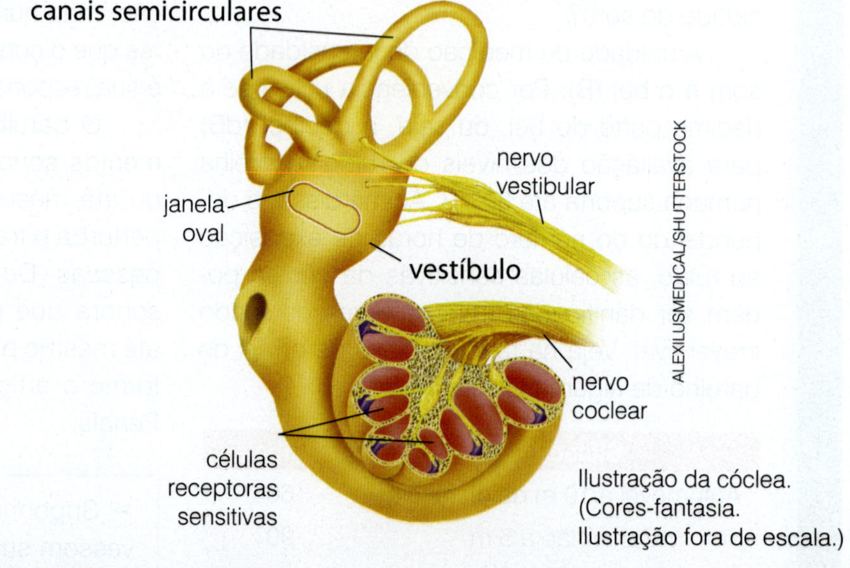

Ilustração da cóclea. (Cores-fantasia. Ilustração fora de escala.)

Olhos e visão

O olho é um órgão aproximadamente esférico, situado e protegido no interior de uma cavidade óssea da face, a *órbita ocular*. A capacidade de movimento do globo ocular deve-se à presença de vários músculos presos à sua parte externa e à órbita.

O globo ocular está associado a diversas estruturas. As **pálpebras** com cílios correspondem a duas "cortinas" móveis que protegem o globo ocular contra poeira, luz intensa ou impactos de pequena intensidade. Uma membrana chamada **conjuntiva** forra internamente as pálpebras na parte anterior do globo ocular, exceto na região da **córnea**, que é transparente.

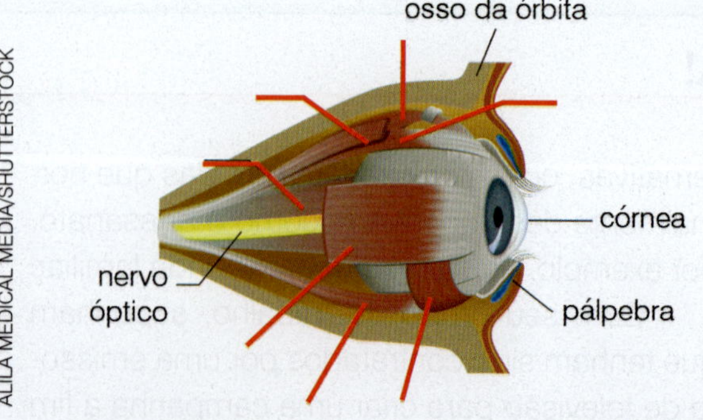

Esquema de olho humano (vista lateral). Os fios em vermelho apontam para os vários músculos que movimentam o globo ocular. (Cores-fantasia. Ilustração fora de escala.)

Os músculos que ligam o globo ocular à órbita, atuam nos movimentos dos olhos para cima, para baixo e para os lados.

Os olhos ainda contam com duas **glândulas lacrimais,** cuja função é a produção de lágrimas que evitam o ressecamento da córnea e da conjuntiva. Além disso, as lágrimas contêm uma enzima que protege os olhos da ação de alguns tipos de microrganismos invasores. Cada glândula aloja-se na órbita, no canto superior externo do globo ocular, sobre o qual lançam a secreção lacrimal por meio de ductos ou canais. A secreção lacrimal é drenada para as fossas nasais por meio de um canal existente no canto interno e inferior de cada olho. Quando essa secreção aumenta, precisamos assoar o nariz.

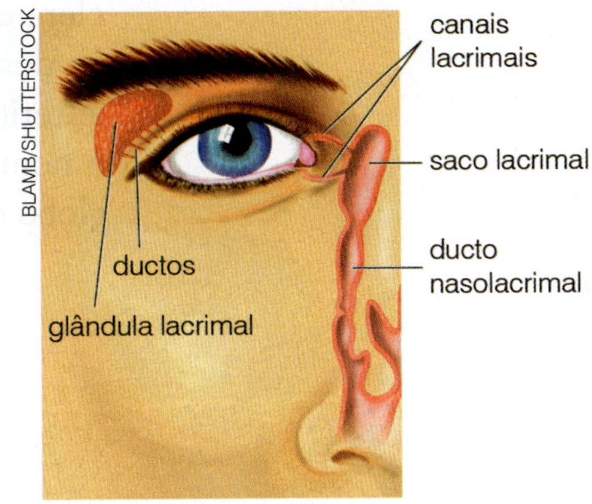

Representação do sistema lacrimal. (Cores-fantasia. Ilustração fora de escala.)

ESTABELECENDO CONEXÕES

Cotidiano

De vez em quando, pisque!

Quando piscamos, as lágrimas lubrificam nossos olhos, o que é um fator de proteção. Dados estatísticos indicam que um adulto normal pisca, quando descansado, uma média de 24 vezes por minuto, o que dá uma piscadela a cada 3 segundos, aproximadamente. Se estiver cansado, a frequência de piscadas de um adulto será maior: em média, 40 vezes por minuto.

No entanto, a frequência de piscadas diminui quando estamos trabalhando frente a um computador – ou até mesmo assistindo à televisão fixamente – o que pode acarretar sensação de ardor, secura, coceira nos olhos, cansaço visual. Mas isso pode ser corrigido facilmente se nos lembrarmos de piscar mais vezes durante essas tarefas. O ideal é que a cada hora ininterrupta frente a um computador mudemos de atividade por 10 minutos.

Evite coçar os olhos: não se esqueça que os dedos podem ser uma fonte de microrganismos que poderão contaminar esses órgãos. Embora a lágrima possua substâncias protetoras, não custa evitar as consequências desagradáveis de uma conjuntivite (inflamação da conjuntiva), por exemplo. Por isso, toda vez que os seus olhos coçarem muito, cuidado! É melhor procurar um médico oftalmologista. Não use qualquer tipo de colírio sem indicação médica.

A camada externa do globo ocular é composta pela esclera e pela **córnea**. A esclera, mais conhecida como o "branco dos olhos", cobre a maior parte do globo ocular. Na parte anterior do olho a esclera se torna transparente, recebendo o nome de **córnea**. É através da córnea que a luz penetra no globo ocular.

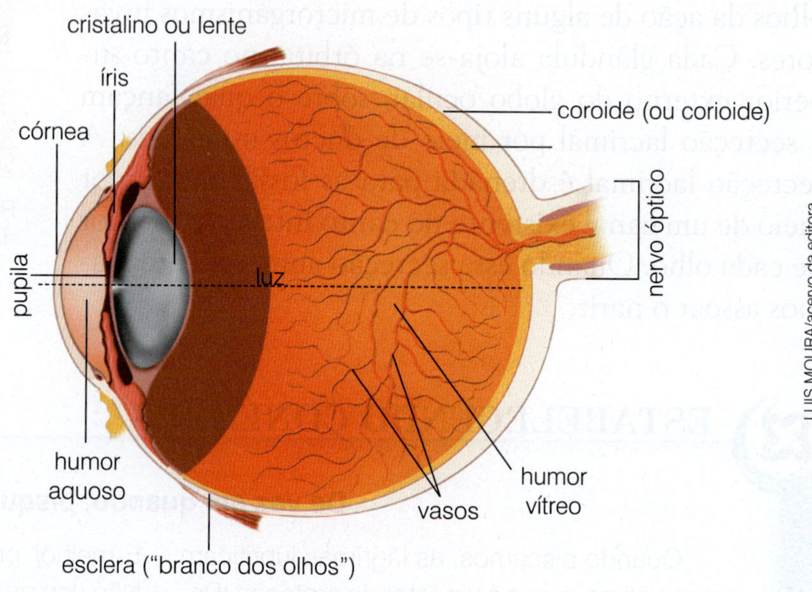

Olho humano visto em corte. (Cores-fantasia. Ilustração fora de escala.)

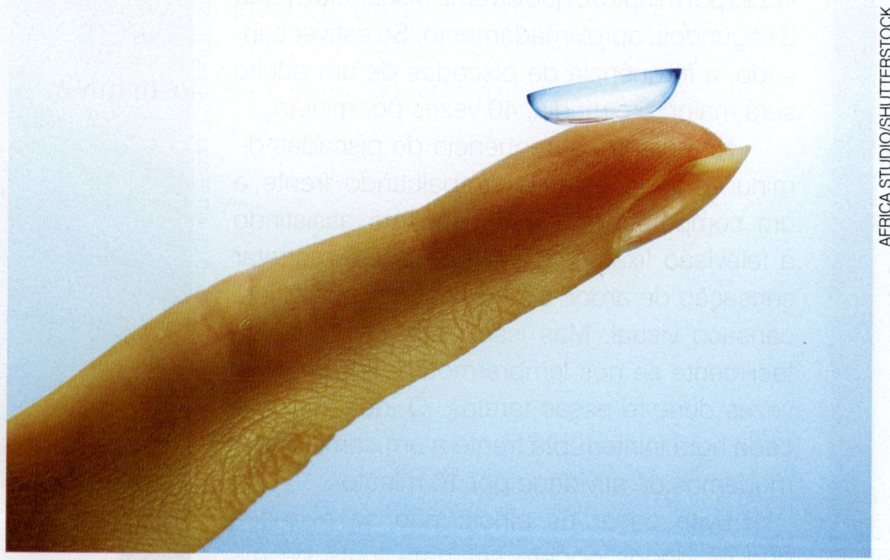

As lentes de contato, utilizadas em lugar de óculos para corrigir defeitos de visão, são colocadas sobre a córnea.

A camada média do globo ocular sob a esclera é formada pela **coroide** (ou **corioide**). Trata-se de um tecido rico em vasos sanguíneos, cuja função é alimentar as células do olho. A coroide não envolve totalmente o globo ocular.

Na parte anterior do globo ocular, temos a **íris**, em cujo centro há uma abertura circular, a **pupila**, através da qual a luz penetra no interior do globo ocular, depois de atravessar a córnea.

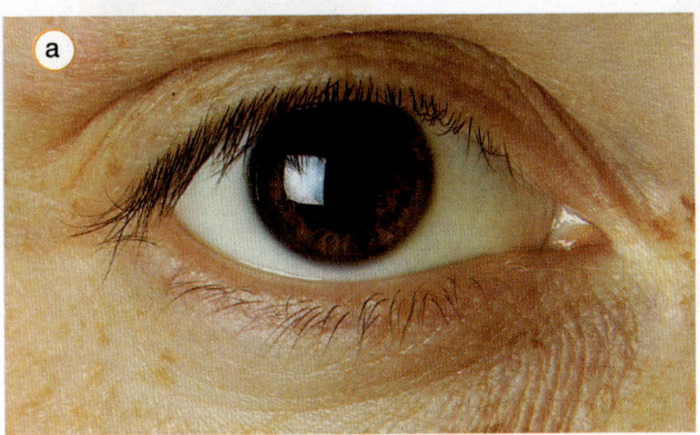

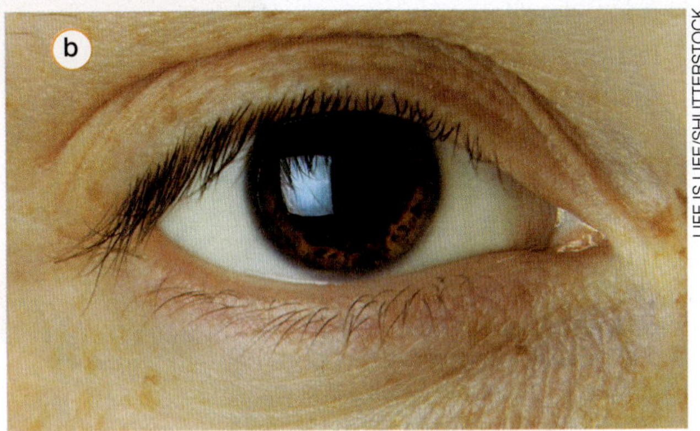

LIFE IS LIFE/SHUTTERSTOCK

A íris controla a intensidade da luz que entra no globo ocular. Assim, quando a luz é muito intensa, (a) os músculos presentes na íris se contraem reduzindo o diâmetro da pupila, deixando entrar menos luz. Quando a luz não é intensa, (b) a musculatura relaxa e o diâmetro da pupila aumenta, deixando entrar mais luz.

Atrás da íris existe uma estrutura gelatinosa, transparente flexível, a **lente** ou **cristalino**. A curvatura dessa lente flexível pode ser alterada pela contração ou relaxamento de músculos involuntários a fim de permitir a *acomodação visual*, isto é, a focalização da imagem de objetos distantes ou próximos sobre o ponto mais sensível da retina, chamado **fóvea central**.

Atrás do **cristalino**, preenchendo a câmara posterior do globo ocular, está o **humor vítreo**, uma mistura gelatinosa e transparente de algumas substâncias, cuja pressão mantém a turgidez do olho e a retina no lugar. O espaço entre a córnea e o cristalino é preenchido por um líquido, o **humor aquoso**.

Turgidez: inchaço. Em Biologia, indica o aumento ou manutenção do tamanho de um órgão pelo acúmulo de fluidos nos tecidos.

Formação da imagem

A parede da camada interna (posterior) do globo ocular é composta pela **retina**, que é formada por células fotorreceptoras. A função dessas células é transformar a energia luminosa em impulsos nervosos. São dois os tipos de células fotorreceptoras: **cones** e **bastonetes,** assim chamados por causa de suas formas.

Fotorreceptoras: sensíveis à luz.

Os cones são sensíveis à luz mais intensa e são responsáveis pela percepção de cores em ambientes com boa iluminação. Os bastonetes, por sua vez, são bastante sensíveis à luz de baixa intensidade e não são especializados na percepção de cores.

Os bastonetes predominam na periferia da retina enquanto os cones concentram-se no ponto central e mais sensível da retina, a fóvea central, do tamanho da cabeça de um alfinete.

Jogo rápido

Como são denominadas as duas células fotorreceptoras presentes na retina do olho humano?

Lembre-se!

Os cones são sensíveis a apenas três cores (vermelho, verde e azul) e as imagens de diferentes cores que vemos são o resultado da combinação dos impulsos elétricos enviados ao cérebro pelas células fotorreceptoras.

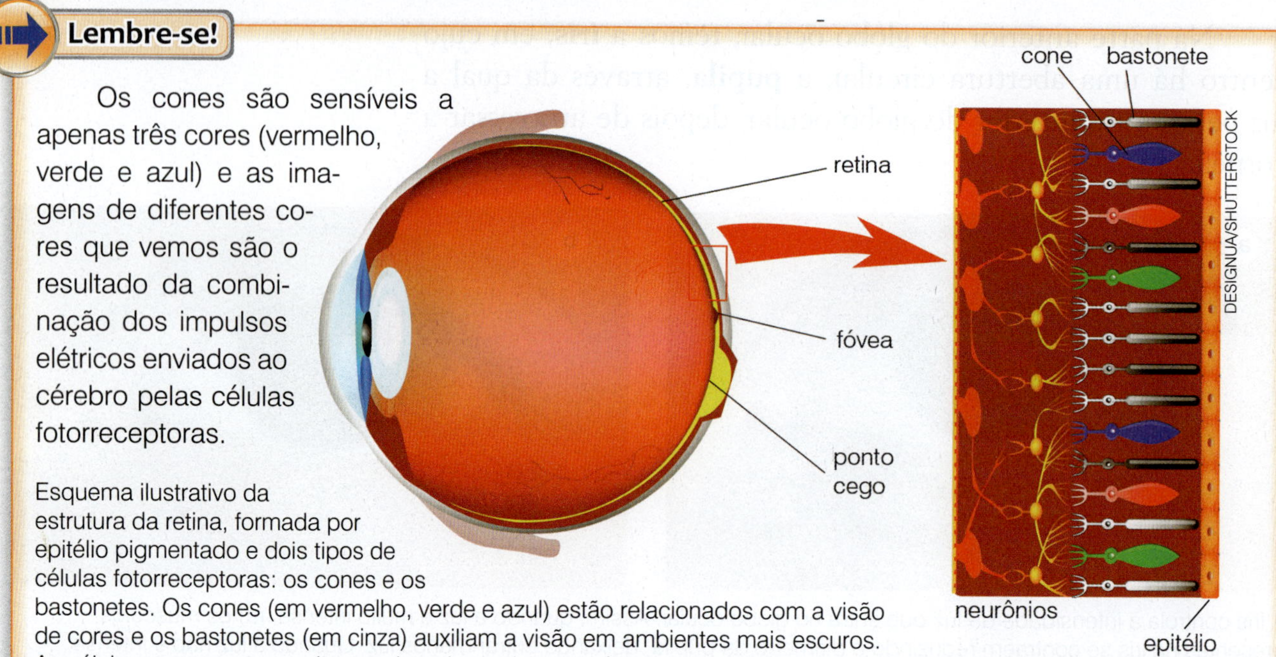

Esquema ilustrativo da estrutura da retina, formada por epitélio pigmentado e dois tipos de células fotorreceptoras: os cones e os bastonetes. Os cones (em vermelho, verde e azul) estão relacionados com a visão de cores e os bastonetes (em cinza) auxiliam a visão em ambientes mais escuros. As células nervosas transmitem os impulsos, via nervo óptico, ao cérebro.

Fique por dentro!

Curiosamente, o ponto da retina onde emerge o nervo óptico não possui receptores sensoriais para a luz. Esse local é chamado **ponto cego**; imagens projetadas sobre ele não são percebidas.

A luz captada pelos cones e bastonetes produz estímulos que são transmitidos como impulsos nervosos ao **nervo óptico**. O nervo óptico, um dos nervos cranianos, conduz esses impulsos até o centro da visão, a área visual localizada no cérebro, onde a imagem será interpretada.

ESTABELECENDO CONEXÕES

Saúde

Coelhos enxergam bem porque comem cenoura?

Toda vez que passamos de um ambiente bem iluminado para outro com um mínimo de iluminação, demoramos certo tempo para visualizar o que se encontra à nossa frente. É o tempo necessário para que os bastonetes, células da retina responsáveis pela percepção claro/escuro, sintetizem uma substância chamada *rodopsina* ou *púrpura visual*. Essa substância torna essas células mais sensíveis ao mínimo de luz ambiental. A produção de rodopsina depende da vitamina A, por isso, a carência dessa vitamina provoca a chamada *cegueira noturna*, isto é, dificuldade para enxergar com baixa luminosidade. Essa condição pode favorecer o aumento de acidentes rodoviários à noite.

Por outro lado, quando passamos de um ambiente pouco iluminado para outro com alta intensidade luminosa, sentimo-nos ofuscados, porque os bastonetes estão muito sensíveis à luz. Na claridade, a rodopsina é decomposta e em pouco tempo voltamos a nos sentir confortáveis.

Cenouras e outros vegetais possuem grande quantidade de um pigmento amarelo chamado *caroteno*, que o nosso organismo utiliza na produção de vitamina A. Logo, o consumo dessas hortaliças e de outros alimentos ricos em vitamina A favorece a visão noturna.

Se os coelhos não apresentarem outros problemas de visão, devem enxergar bem em ambientes pouco iluminados...

É SEMPRE BOM SABER MAIS!

Daltonismo

Alguns indivíduos apresentam um defeito de visão chamado **daltonismo**. Essa anomalia foi descrita pela primeira vez pelo químico John Dalton (1766-1844), uma vez que ele próprio apresentava essa característica.

Os daltônicos não conseguem distinguir algumas cores, principalmente o verde e o vermelho, pois os cones que as identificam apresentam-se deficientes. O daltonismo é uma condição hereditária, e os genes para essa doença encontram-se nos cromossomos sexuais do tipo X.

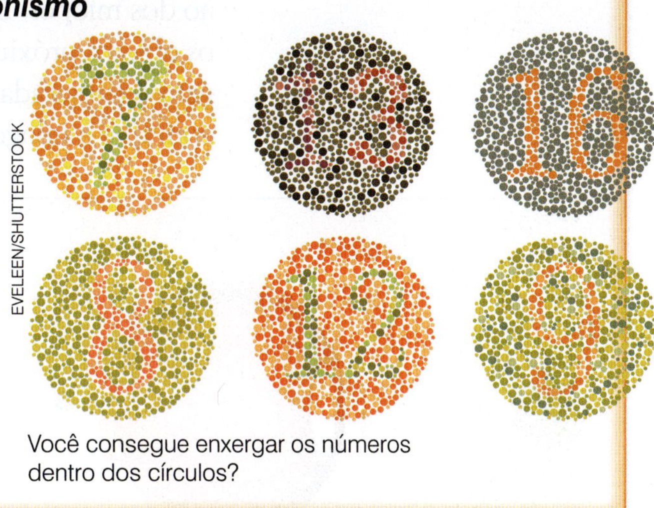

EVELEEN/SHUTTERSTOCK

Você consegue enxergar os números dentro dos círculos?

Problemas de visão mais frequentes

Miopia, hipermetropia, presbiopia e astigmatismo são os distúrbios de visão mais frequentes.

Miopia

Os míopes têm dificuldade para enxergar "de longe", isto é, enxergar com nitidez objetos distantes, mas enxergam bem "de perto" (objetos próximos).

O globo ocular, nesse caso, é mais longo do que o normal e o cristalino focaliza a imagem antes da retina. O problema é resolvido por meio do uso de lentes corretivas ou de cirurgia da córnea, que alteram a trajetória dos raios luminosos, fazendo com que a imagem seja projetada *mais para trás*, sobre a retina.

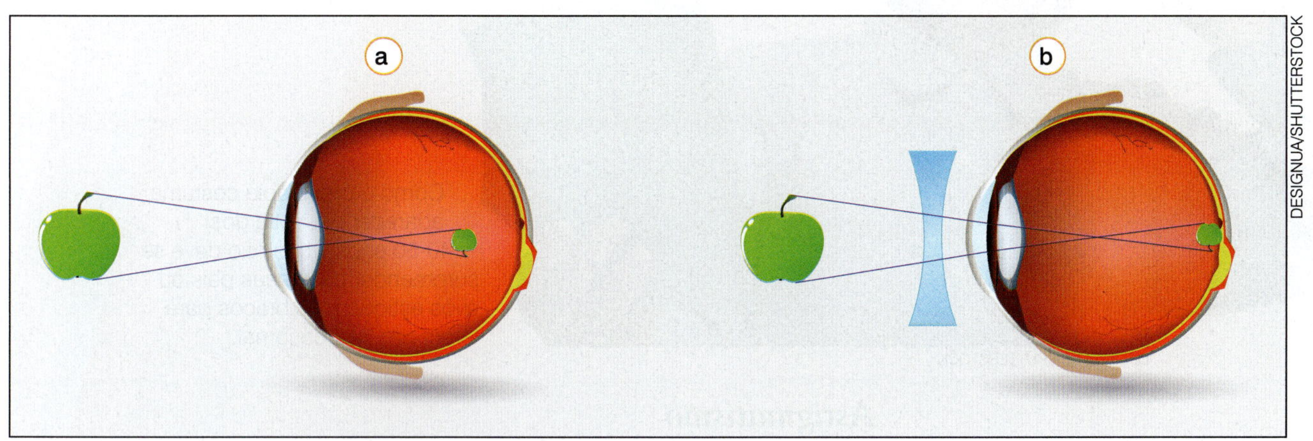

DESIGNUA/SHUTTERSTOCK

(a) Sem lentes corretivas, o olho míope forma a imagem antes da retina.
(b) Com lentes adequadas, a formação da imagem se dá na retina.
(Cores-fantasia. Ilustrações fora de escala.)

Hipermetropia

Os hipermétropes apresentam um problema de visão oposto ao dos míopes. Eles enxergam bem objetos distantes, e sem nitidez os objetos próximos. O olho é mais curto do que o normal e a imagem é projetada *atrás* da retina. As lentes corretivas devem fazer com que a imagem seja projetada *mais para frente*, sobre a retina.

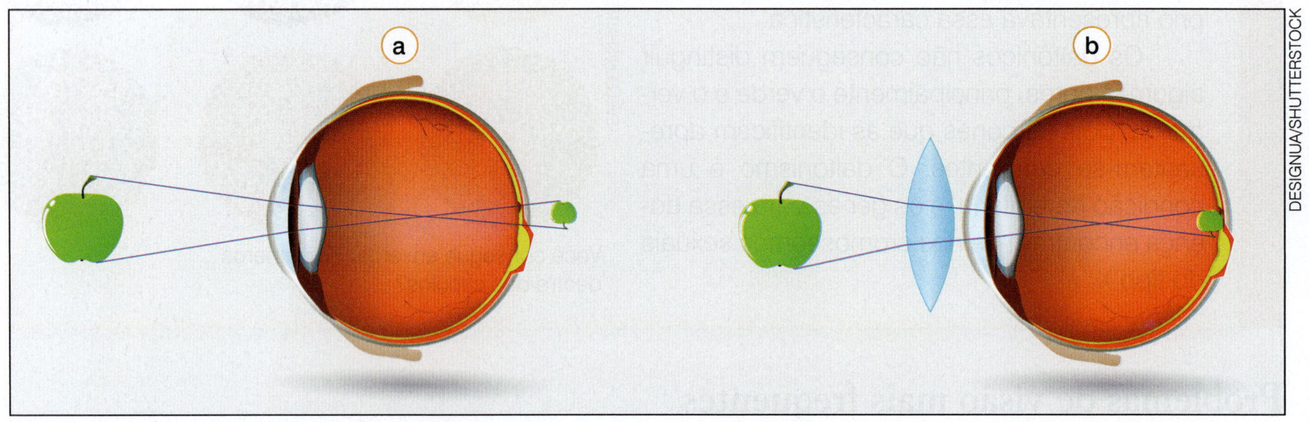

(a) O olho hipermétrope forma a imagem depois da retina. (b) A correção com lentes faz com que a formação da imagem se dê na retina. (Cores-fantasia. Ilustrações fora de escala.)

Presbiopia

Também chamada de "vista cansada", assemelha-se à hipermetropia, pois em ambas há dificuldade na visualização de objetos próximos. Mas, veja bem: enquanto na hipermetropia o globo ocular é mais curto, na presbiopia a causa do problema é a *perda da elasticidade do cristalino*. As lentes corretivas também são semelhantes às usadas no caso de hipermetropia.

Como a presbiopia costuma aparecer por volta dos 40-50 anos, você não deve se surpreender caso seus pais ou avós estiquem os braços para lerem um livro ou jornal.

Astigmatismo

No astigmatismo, partes da imagem formam-se na retina, outras à frente, outras atrás. Portanto, a imagem não se forma com nitidez. O distúrbio é causado por alterações da curvatura da córnea ou da lente do olho (cristalino). Para as pessoas com astigmatismo, objetos próximos ou distantes ficam distorcidos. As imagens ficam embaçadas, visto que nem todos os raios de luz são focalizados. A visão em profundidade fica prejudicada, causando, por exemplo, dificuldade ao descer os degraus de uma escada.

A correção do (a) astigmatismo é feita com o uso de uma lente (b) que faz com que os raios de luz se concentrem em um plano único. Cirurgia a laser também resolve o problema.

É SEMPRE BOM SABER MAIS!

Catarata, glaucoma e conjuntivite

Assim como se deve consultar regularmente um médico clínico geral, a visita a um oftalmologista também é de extrema importância. Além dos distúrbios de visão, o médico especializado saberá trabalhar na prevenção de determinadas doenças, como as associadas com diabetes e pressão alta, por exemplo, assim como no correto tratamento de distúrbios que já tenham se instalado.

Em algumas situações, o cristalino pode tornar-se opaco e o indivíduo começa a se queixar que a visão não é mais nítida, como se estivesse olhando através de um vidro embaçado. Essa condição é conhecida como **catarata**. A progressão da catarata varia muito, podendo ser mais rápida ou mais lenta, dependendo do indivíduo. A catarata mais comum manifesta-se geralmente após os 50 anos de idade. O tratamento é cirúrgico; todo o cristalino é retirado e substituído por uma lente artificial.

O **glaucoma** é uma doença caracterizada pelo aumento da pressão no interior do olho, provocando uma deformação. O glaucoma provoca distúrbios de visão que vão de dor constante e intensa, passando por deficiências visuais transitórias a até perda da visão. Essa excessiva pressão no globo ocular é causada pelo aumento do volume de humor aquoso, líquido localizado na câmara anterior do olho, entre a córnea e o cristalino. Esse líquido é produzido em estruturas especiais e, no caso do glaucoma, a produção supera a absorção. O tratamento, em linhas gerais, consiste na utilização de medicamentos e, em alguns casos, intervenções cirúrgicas.

Na **conjuntivite**, os olhos ficam inchados e avermelhados devido à inflamação da membrana chamada **conjuntiva**. As causas são muitas, incluindo a presença de bactérias e vírus, penetração de corpos estranhos, poeira etc. Essa inflamação provoca, entre outros sintomas, a presença de mais vasos sanguíneos dilatados, fazendo com que os olhos fiquem bem avermelhados. Normalmente, a inflamação dura poucos dias.

Nosso desafio

Para preencher os quadrinhos de 1 a 9, você deve utilizar as seguintes palavras: estímulos, gustativos, língua, olfato, orelhas, paladar, químicos, tato, visão.

À medida que você preencher os quadrinhos, risque a palavra que escolheu para não usá-la novamente.

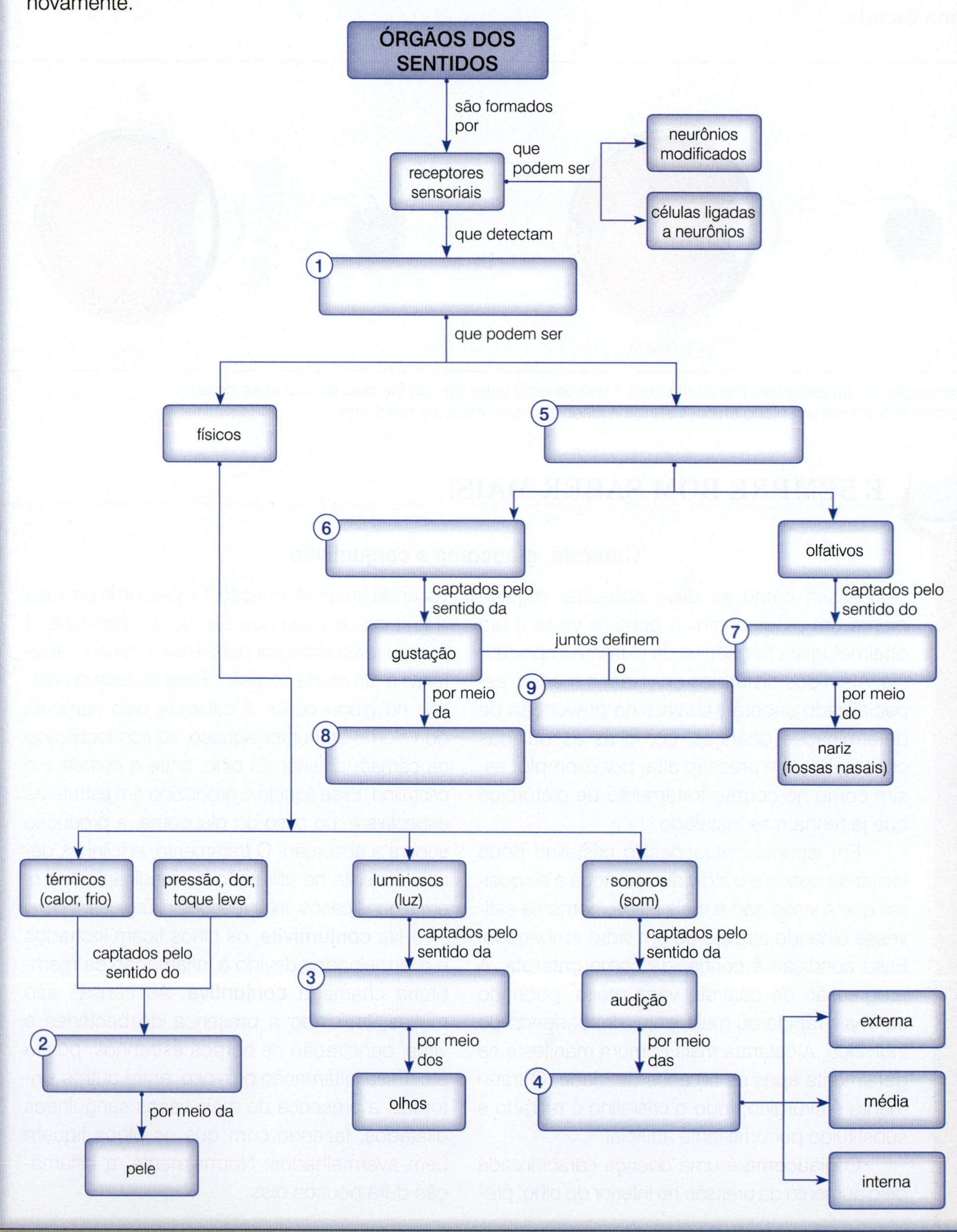

Atividades

1. O que é receptor sensorial e qual a sua função?
2. Cite os estímulos que podem ser captados pelos principais receptores sensoriais externos do nosso corpo.
3. A respeito da gustação, responda às perguntas abaixo:
   a. Onde se encontram e qual a função dos botões gustativos?
   b. Em que local do nosso corpo está localizado o centro da gustação, que nos permite identificar o sabor dos alimentos?
4. Onde estão localizados os receptores sensoriais do olfato?
5. Qual o papel do nervo olfativo? Ele é sensorial ou motor? Justifique sua resposta.
6. Em que local da orelha localizam-se os receptores sensoriais para a audição?
7. Qual o nome da membrana situada entre a orelha externa e a orelha média? Qual a sua função?
8. Quais são os três ossículos localizados na orelha média e qual sua função?
9. Por que o excesso de barulho, de modo contínuo, pode prejudicar a audição de um indivíduo, podendo até provocar surdez?
10. Em que região do globo ocular está localizada a córnea e qual a sua função?
11. Como a íris controla a intensidade da luz que entra no globo ocular?
12. Em que local do globo ocular estão localizados os receptores sensitivos para a visão?
13. Ordene as palavras seguintes de modo a estabelecer o trajeto percorrido pelos raios de luz que atingem nossos olhos até chegarem ao nervo óptico:

    retina – córnea – pupila (orifício da íris) – humor vítreo – humor aquoso – cristalino (lente).
14. Embora as imagens dos objetos que observamos seja projetada na retina, onde ocorre a interpretação dessas imagens? Qual o nervo percorrido pelos impulsos nervosos gerados pelos cones e bastonetes na retina?
15. Uma pessoa sofreu um acidente que lhe causou uma lesão irreversível da área cortical cerebral encarregada da percepção olfativa. Os receptores sensoriais nasais, assim como o nervo olfativo permaneceram intactos. Qual o efeito desse tipo de acidente?
16. Ordene os fatos a seguir em uma sequência com sentido correto.

    ( ) Resposta muscular; agachar-se para cheirar a flor.
    ( ) Formação de uma imagem na retina.
    ( ) Captação de um estímulo: a visão de uma flor.
    ( ) Transmissão de impulsos por um nervo motor.
    ( ) Transmissão de impulsos por um nervo sensitivo.
    ( ) Formação de uma sensação visual no córtex cerebral.
    ( ) Elaboração de uma resposta.

Navegando na net

Viaje pelo fantástico mundo dos nossos órgãos dos sentidos assistindo ao vídeo no endereço eletrônico.

<https://www.youtube.com/watch?v=c5ODGzBUMNc>

(*acesso em:* 17 set. 2015).

Leitura

Você, **desvendando** a Ciência

Problemas auditivos

Problemas auditivos deveriam se manifestar a partir de aproximadamente 65 anos. Porém, atualmente, é muito frequente indivíduos com 50 anos apresentarem sérios problemas auditivos, principalmente devido à "poluição sonora", prejudicando a qualidade de vida. A OMS (Organização Mundial da Saúde) revelou que 800 milhões de pessoas têm problemas auditivos e, de acordo com as estimativas, esse número continua a aumentar.

Os antigos aparelhos auditivos contavam com um simples controle de volume para cima ou para baixo. Agora, podemos fazer milhões de ajustes incríveis usando apenas *software* digital. O aparelho auditivo dá mais impulso, ou ganho, para sons mais silenciosos próximos, e menos quantidade de ganho para os sons mais altos, isto é, resulta um som agradável.

Companhias especializadas em tecnologia para a audição (...) permitem que pessoas com perda auditiva se conectem a seus televisores, computadores pessoais, telefones, fixo ou móvel, MP3 players, sem retirar os seus aparelhos auditivos. E mais, os aparelhos auditivos são muito leves, confortáveis e as pessoas nem se dão conta da existência deles, não sendo, portanto, necessária a fase de adaptação.

Com essa tecnologia, o esperado é aumentar o número de pessoas com aparelhos auditivos, pois, ainda hoje, apenas 20% de pessoas com problemas auditivos realmente os utilizam.

Dados disponíveis em: <hhttp://180graus.com/geral/alerta-tecnologia-influência-perda-de-audição-465856.html> e <http://nwiitimes.vom/nichet/get-health-care/article17a0683e-1e32-5380-999a-d05856606a.html>. *Acesso em:* 10 out. 2015.

Por que, com o passar dos anos, nossa audição vai se tornando deficiente?

TecNews

O que há de mais moderno no mundo da Ciência!

Cirurgia para correção de miopia

Vimos que a miopia é um distúrbio da visão em que, como consequência de o globo ocular ser mais longo do que o normal, a imagem é focalizada antes da retina. Lentes corretivas, como as de óculos ou de contato, podem alterar a trajetória dos raios luminosos, fazendo com que eles recaiam sobre a retina.

Durante muito tempo essa era a forma como se corrigia a miopia. Já há alguns anos, está sendo utilizada cirurgia para a correção desse problema. O procedimento é feito na córnea com um aparelho que emite raios laser (acompanhe pelas imagens a seguir).

O olho do paciente (1) é anestesiado com um colírio. Com um equipamento de extrema precisão (o microcerótomo), levanta-se a membrana (2) que reveste a córnea. Depois disso, o laser é acionado e dirigido para o centro da córnea (3), modelando essa estrutura (4).

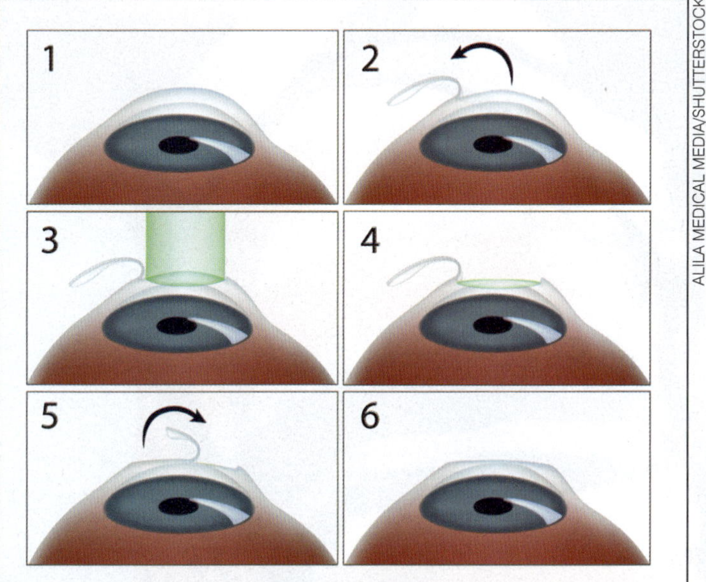

ALILA MEDICAL MEDIA/SHUTTERSTOCK

O laser é um feixe de luz que está acoplado a um equipamento sofisticado, calibrado para que possa fazer a correção adequada a cada paciente. O médico não o manipula, apenas inicialmente dirige a luz para o local adequado e dá início ao procedimento. Ao final, é só (5) abaixar a membrana que revestia a córnea, colocando-a novamente em sua posição inicial (6).

Pronto. Sem pontos e sem dor, em menos de um minuto pode-se diminuir até 10 graus de miopia, que é o valor máximo que essa técnica permite corrigir.

CLICK E ABASTEÇA AS IDEIAS

Veja nossa sugestão de *link* sobre o assunto e abasteça suas ideias!

- https://www.youtube.com/watch?v=CKdHzehDa18

INVESTIGANDO...

Com seu grupo de trabalho, pesquisem sobre outras situações em que o laser é indicado para corrigir problemas de visão.

Unidade 4

REPRODUÇÃO HUMANA E sexualidade

Os capítulos anteriores foram dedicados a estudar os sistemas de sobrevivência do ser humano. Assim, destacamos o trabalho harmônico e integrado dos diferentes sistemas, como, por exemplo, o digestório, o respiratório, o circulatório, o excretor, o nervoso e o endócrino. Nesta unidade, vamos estudar como os seres humanos originam novos indivíduos, possibilitando a continuidade da espécie por meio da função reprodutiva do organismo. A reprodução não é uma função vital, porque os seres vivos não dependem dela para sobreviver, mas dependem dela para a perpetuação de sua espécie.

PRESSMASTER/SHUTTERSTOCK

capítulo 14

Sistema genital (reprodutor)

VICTOR KOROTKOV/SHUTTERSTOCK

De menina a mulher

Um dos momentos mais importantes na vida de toda menina é a chegada da primeira menstruação, a menarca, o início da fase fértil da mulher. Os primeiros "sinais" de que a menarca se aproxima começam a aparecer entre 9 e 13 anos de idade.

O processo de preparação do corpo para a transformação de uma menina em uma mulher envolve uma série de mudanças como, por exemplo, o início do crescimento dos seios, o aparecimento dos pelos pubianos e a definição do formato do corpo, com o afinamento da cintura e o alargamento dos quadris. O início e a duração desse processo de transformação são variáveis de menina para menina.

Por ser um período de intensas modificações, tanto físicas quanto emocionais, é comum que as meninas sintam-se apreensivas e desconfortáveis com as mudanças nessa fase de transição entre a infância e a vida adulta. É nesse período que o corpo feminino está se preparando para o início da vida sexual e para uma possível gestação.

Neste capítulo, vamos aprender um pouco sobre o sistema reprodutor masculino e o feminino e entender o funcionamento dos órgãos que fazem parte desses sistemas.

Na espécie humana, para que se dê a formação de um novo indivíduo, é necessário que haja o encontro dos gametas e a formação de um zigoto. No homem, esses gametas são chamados de espermatozoides e nas mulheres, ovócitos secundários. Vamos, a seguir, acompanhar a descrição dos sistemas genitais humanos a fim de entender o caminho que os gametas percorrem até a formação do zigoto.

Células sexuais ou gametas

As células sexuais ou gametas são as células reprodutoras. Essas células, no homem, são conhecidas como **espermatozoides** e nas mulheres são os **ovócitos secundários**, muitas vezes chamados de **óvulos imaturos**.

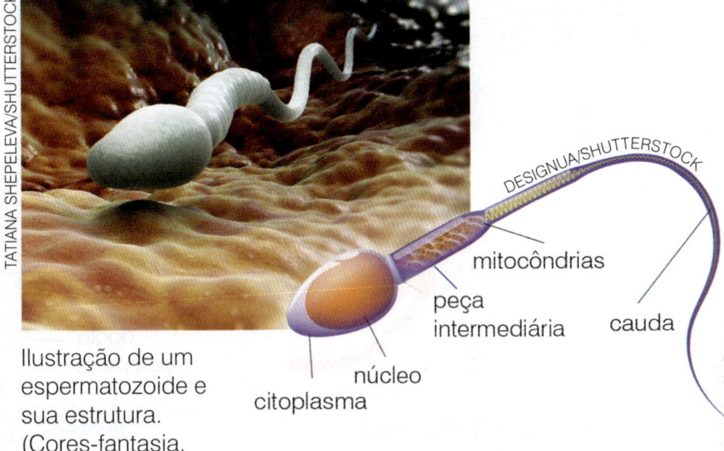

Ilustração de um espermatozoide e sua estrutura. (Cores-fantasia. Ilustrações fora de escala.)

Lembre-se!

Somente se for fecundado é que o ovócito secundário passa a ser um óvulo verdadeiro.

O espermatozoide, célula reprodutora masculina ou gameta (do grego, *gamos* = casamento) masculino, é constituído por três partes: **cabeça**, **peça intermediária** e **cauda**.

Jogo rápido

Qual é a função das mitocôndrias localizadas na cauda do espermatozóide?

A cabeça contém uma quantidade reduzida de *citoplasma* e o *núcleo*, que contém o material genético (genes) localizado em um conjunto de 23 cromossomos.

A cauda é formada por um *flagelo*, cujo movimento lembra um chicote em agitação. Esse movimento permite o deslocamento do espermatozoide (em torno de 1 a 4 milímetros por minuto) no aparelho genital feminino, em busca do óvulo imaturo.

A peça intermediária é uma região rica em *mitocôndrias*, cuja função é fornecer energia para o movimento flagelar da cauda por meio do processo de respiração celular, .

O ovócito secundário ou óvulo imaturo, célula reprodutora ou gameta feminina, possui *citoplasma abundante* com várias organelas e o *núcleo* que contém o material genético de origem feminina, também distribuído em 23 cromossomos.

No citoplasma do ovócito há substâncias de reserva que constituem o chamado **vitelo**, alimento necessário para o desenvolvimento das primeiras fases embrionárias.

Fecundação

A fecundação é a união de um espermatozoide com um óvulo. O núcleo do espermatozoide, que contém 23 cromossomos, funde-se ao núcleo do ovócito secundário, que também contém 23 cromossomos. A célula que resulta dessa união é a **célula-ovo** ou **zigoto** (do grego, *zygos* = par), que na espécie humana contém 46 cromossomos ou 23 pares de cromossomos.

O zigoto é a primeira célula que todos nós fomos um dia, portadora de todo o equipamento genético (genes) determinante das nossas características hereditárias.

Lembre-se!

As mitocôndrias existentes na cauda do espermatozoide não penetram no citoplasma do ovócito. Assim, as mitocôndrias encontradas no zigoto são todas de origem materna.

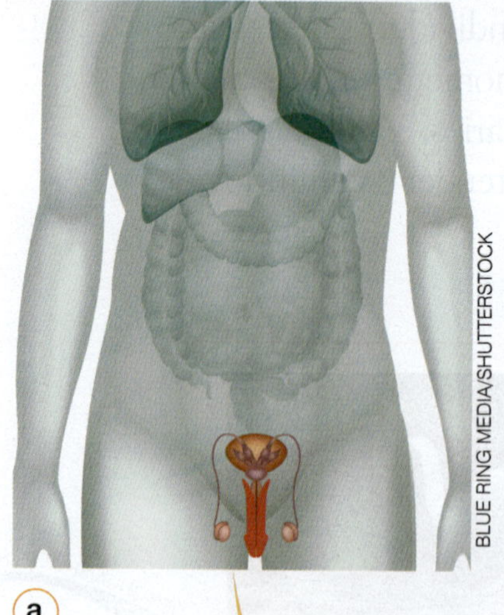

Sistema reprodutor masculino

O sistema reprodutor ou sistema genital masculino é formado pelos *testículos*, *pênis*, *vias genitais* e *glândulas anexas*. As vias genitais são os canais que conduzem os espermatozoides até o pênis e compreendem os *epidídimos*, os *ductos* ou *canais deferentes* e a *uretra*. A *próstata* e as *vesículas seminais* são as glândulas anexas, que produzem os líquidos prostático e seminal, que constituem o meio que banha e nutre os espermatozoides.

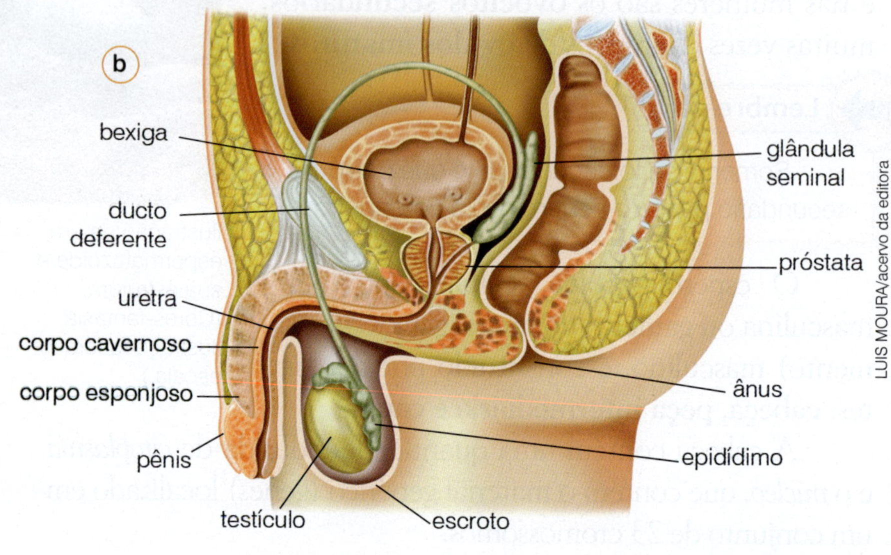

Ilustração do sistema genital masculino, visto de frente (a) e em corte (b). A bexiga e o ânus não fazem parte desse sistema, mas estão indicados apenas para melhor identificação das demais estruturas. (Cores-fantasia. Ilustrações fora de escala.)

Descubra você mesmo!

Pesquise a função do corpo cavernoso e do corpo esponjoso.

Os **testículos** localizam-se no interior da **bolsa** ou **saco escrotal**. Em cada um dos testículos encontram-se cerca de mil tubos finos e enovelados, os **túbulos seminíferos**, nos quais ocorrem as divisões celulares que dão origem aos espermatozoides.

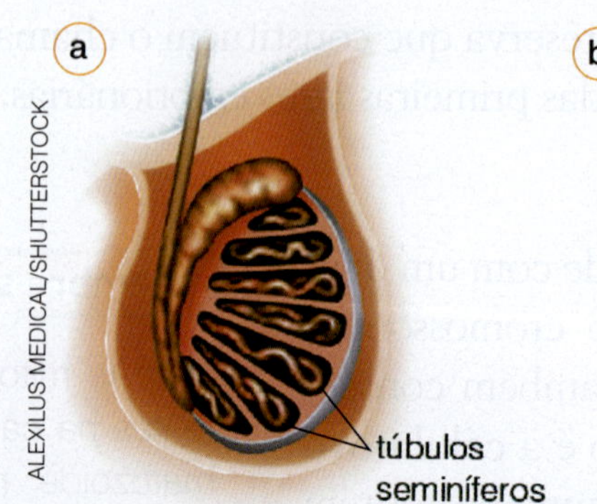

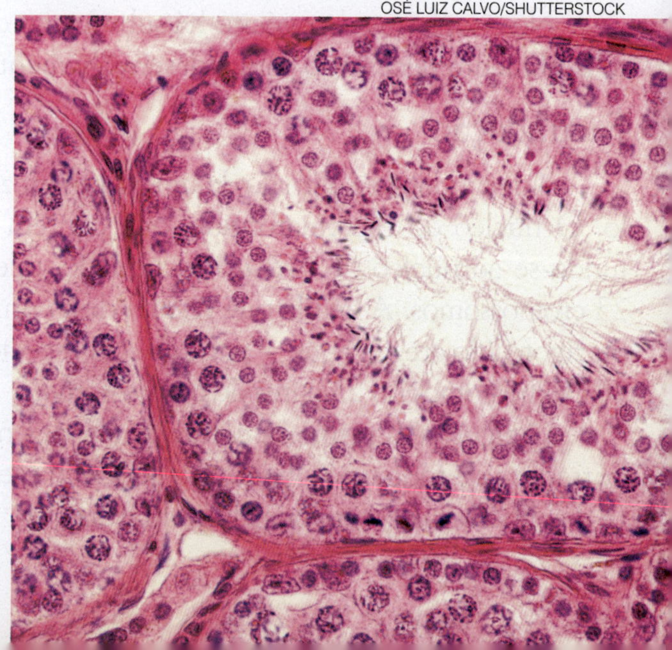

(a) Ilustração de testículo em corte mostrando os túbulos seminíferos. (b) Corte transversal de túbulos seminíferos em que podem ser vistas as caudas dos espermatozoides próximas à luz do túbulo. (Cores artificiais.)

O caminho dos espermatozoides

De cada testículo, os espermatozoides passam para o **epidídimo**, que consiste em tubo enovelado, de aproximadamente seis metros de comprimento, apoiado ao testículo. Os espermatozoides chegam imóveis ao epidídimo onde, durante três dias amadurecem e adquirem mobilidade (flagelo), passando para o **ducto deferente**, que é extenso e penetra na cavidade abdominal. Em seguida, o ducto deferente contorna a bexiga urinária e termina na **uretra**, assim que ela sai da bexiga.

No homem, a uretra é um canal que pertence a dois sistemas: o sistema urinário e o sistema reprodutor. Pela uretra são eliminados o sêmen e a urina.

A maior extensão da uretra percorre o interior do **pênis**. Antes de atingir a uretra, os líquidos prostático e seminal juntam-se aos espermatozoides e esse fluido espesso e leitoso é o **sêmen** ou **esperma**. Na base da uretra, duas pequenas glândulas (bulbouretrais) secretam um líquido viscoso e cristalino que é expelido no período que precede a ejaculação. Esse líquido lubrifica e neutraliza a acidez da uretra causada pela urina.

Ejaculação: liberação vigorosa de esperma.

É SEMPRE BOM SABER MAIS!

Sêmen ou esperma não é sinônimo de espermatozoide

O sêmen ou esperma eliminado na ejaculação é o conjunto formado pelos espermatozoides e o líquido em que se encontram mergulhados. Esse líquido é uma mistura das secreções das glândulas anexas ao sistema reprodutor: líquido seminal, produzido pelas glândulas ou vesículas seminais e líquido prostático, produzido pela próstata.

O pênis é um órgão cuja função é depositar o esperma no canal vaginal. É formado por um tecido esponjoso que, ao se encher de sangue, produz a **ereção** do pênis.

A extremidade do pênis recebe o nome de **glande**. Trata-se de uma porção mais dilatada, também conhecida como a cabeça do pênis. A glande é envolvida por uma camada de pele frouxa, chamada de **prepúcio**.

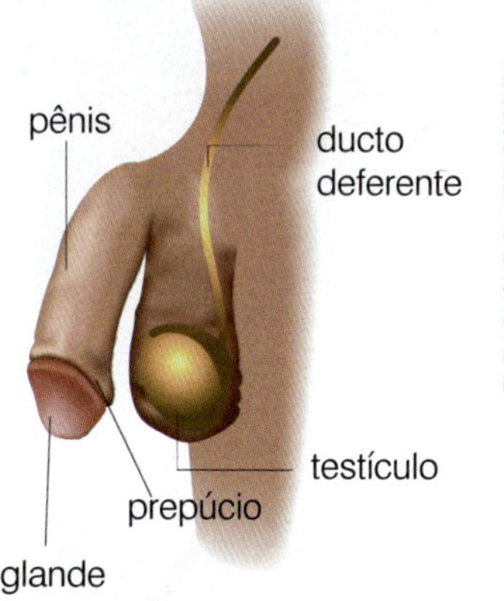

ELEN BUSHE/SHUTTERSTOCK

É SEMPRE BOM SABER MAIS!

Por que os testículos se encontram "fora do corpo"?

Os testículos formam-se na cavidade abdominal do embrião e depois descem para a bolsa escrotal, fora da cavidade abdominal. Na bolsa escrotal, os testículos se mantêm a uma temperatura cerca de 2 °C abaixo da temperatura normal do corpo, ideal para a produção dos espermatozoides. Caso o médico note que os testículos não desceram para o saco escrotal do recém-nascido, uma simples intervenção cirúrgica permite corrigir o problema e evitar a esterilidade (infertilidade) do jovem ao atingir a maturidade sexual.

Testosterona e as características sexuais secundárias

> **Lembre-se!**
>
> A produção de espermatozoides é um processo contínuo, inicia-se na puberdade e perdura até o fim da vida.

Além de produzir espermatozoides, os testículos produzem e secretam o hormônio **testosterona**, que determina as características sexuais secundárias masculinas. A testosterona, a partir dos 10 anos de idade, controla o crescimento e o desenvolvimento do pênis, dos testículos, da próstata e das vesículas seminais. Além disso, a testosterona promove o crescimento da laringe, engrossamento da voz, aparecimento e distribuição de pelos no corpo e na face e o desenvolvimento da musculatura e dos ossos.

> **Lembre-se!**
>
> O hormônio LH, produzido pela hipófise, age nos testículos, estimulando a produção de testosterona.

Sistema reprodutor feminino

O sistema reprodutor feminino é formado pelos *ovários*, *vias genitais* (tubas uterinas, útero e vagina) e *vulva*.

Os **ovários** são dois pequenos órgãos arredondos com aproximadamente 3 cm de diâmetro. Estão localizados no abdômen e exercem duas funções importantes: produzir os óvulos imaturos e secretar os hormônios **estrógeno** e **progesterona**.

As **tubas uterinas** são dois canais de aproximadamente 12 cm de comprimento cada, que ligam cada ovário ao útero. Os óvulos imaturos formados nos ovários são conduzidos pelas contrações das tubas uterinas e pela agitação dos cílios da camada de revestimento interno das tubas em direção ao útero. Durante essa trajetória, eles podem ser fertilizados.

BLUE RING MEDIA/SHUTTERSTOCK

a

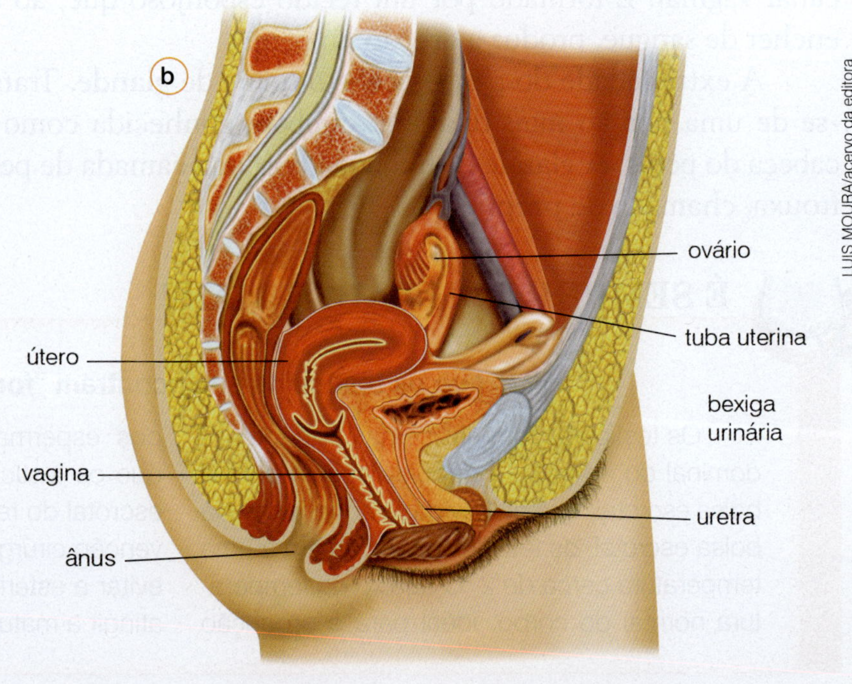

LUIS MOURA/acervo da editora

Ilustração do sistema genital feminino, visto de frente (a) e em corte (b). A bexiga e o ânus não fazem parte desse sistema, mas estão indicados apenas para melhor identificação das demais estruturas. (Cores-fantasia. Ilustrações fora de escala.)

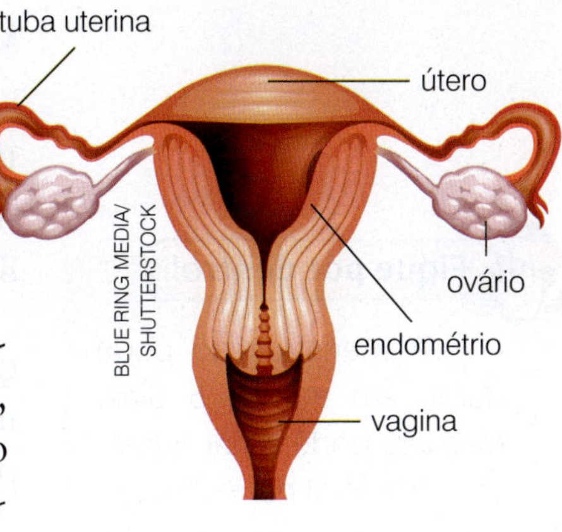

O **útero**, por sua vez, é um órgão muscular oco, com a forma de uma pera invertida. Internamente o útero é revestido pelo **endométrio**, que é a camada eliminada sob a forma de um fluxo sanguíneo (menstruação) no final de cada ciclo menstrual, sendo constantemente renovada.

A **vagina** é um canal muscular com aproximadamente 7 cm de comprimento. Ela comunica o útero com o meio exterior. É na vagina que o pênis se acomoda durante o ato sexual, além de ser este o canal de saída do fluxo menstrual uterino e também dos bebês no parto. Durante o ato sexual, glândulas vaginais liberam secreções que lubrificam a vagina. **Vulva** ou **pudendo feminino** é o nome dado ao conjunto dos órgãos genitais externos da mulher, formado por dobras da pele, os *grandes lábios* e os *pequenos lábios*, e pelo *clitóris*, um pequeno órgão constituído por tecido erétil, situado à frente da vagina. Ele corresponde ao pênis do homem, tanto que, no início do desenvolvimento embrionário, o clitóris e o pênis são estruturas idênticas.

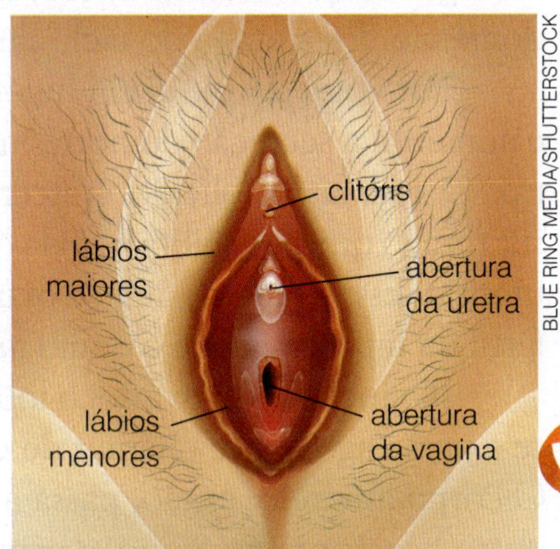

Genitália feminina. (Cores-fantasia. Ilustração fora de escala.)

Outra estrutura, na realidade uma membrana, encontra-se no início da vagina e fecha parcialmente sua abertura para o meio externo. Trata-se do **hímen**, que em geral se rompe na primeira relação sexual.

Fique por dentro!

O hímen pode, excepcionalmente, ser muito elástico e não se romper no ato sexual, mas adaptar-se e voltar ao normal ao final dele. É o chamado **hímen complacente**, que se rompe quando do parto normal.

Formação dos óvulos imaturos

A produção de óvulos imaturos inicia-se no período fetal e, ao nascer, a menina já tem cerca de 2 milhões deles. A maioria degenera durante a infância e ao chegar à puberdade restam cerca de 200 mil. Desses, aproximadamente 450 serão utilizados ao longo da vida fértil.

Cada óvulo imaturo está contido no interior de uma minúscula cavidade, um **folículo ovariano**. Ao chegar à puberdade, esses óvulos iniciam o seu amadurecimento, em geral um a cada 28 dias, até que ocorre a **menopausa**, aproximadamente aos 50 anos de idade, fim do período de vida fértil. Isso quer dizer que uma mulher pode ovular cerca de 400 vezes, correspondente ao número de meses do tempo de vida fértil, que dura aproximadamente 35 anos (dos 13 aos 50, mais ou menos).

Ciclo menstrual

O primeiro dia do fluxo menstrual (quando se inicia a menstruação) é considerado como **início de um novo ciclo**, que se repete aproximadamente a cada 28 dias, caso não haja gravidez.

Na 1ª fase do ciclo menstrual, a hipófise aumenta a secreção do hormônio FSH, que promove, no ovário, o desenvolvimento de vários folículos ovarianos, dos quais geralmente um passa a ser dominante.

Durante seu crescimento, esse folículo secreta o hormônio **estrógeno**, que atua no útero, aumentando a espessura do endométrio. Essa etapa do ciclo dura de 10 a 12 dias.

Por volta do 14º dia, a hipófise diminui a produção do FSH e aumenta a secreção do hormônio LH, que também age no ovário. O LH faz o folículo crescer rapidamente, provocando sua ruptura, o que possibilita a saída de um óvulo imaturo para a tuba uterina. Essa etapa chama-se **ovulação** e corresponde ao período fértil da mulher, já que o óvulo imaturo poderá ser fecundado.

No interior do ovário, o folículo rompido continua presente e passa agora a se chamar de **corpo amarelo** ou **corpo lúteo**. O corpo amarelo, então, passa a secretar grande quantidade de outro hormônio ovariano, a **progesterona**, além de continuar a secretar estrógeno.

Fique por dentro!

A menstruação pode durar, em média, 5 dias. Mas isto pode variar durante a vida fértil da mulher.

Jogo rápido

Qual é o efeito dos hormônios FSH e LH sobre os ovários? Em que glândula esses dois hormônios são produzidos?

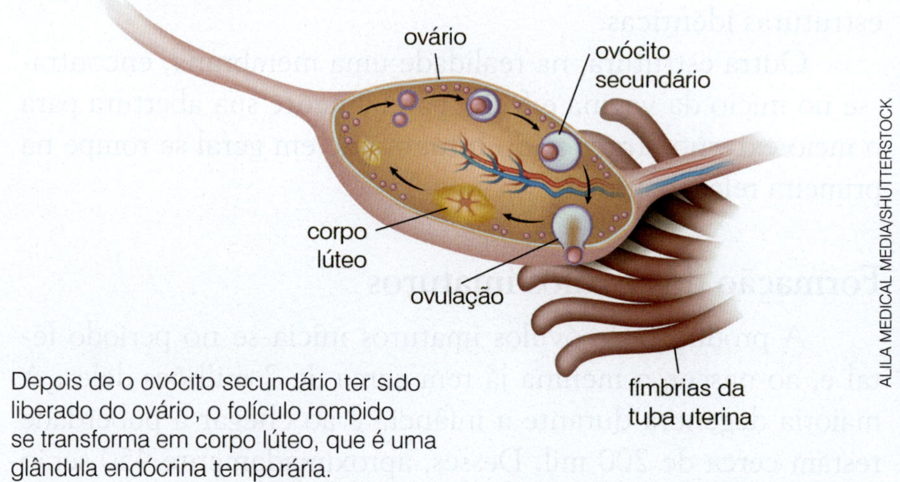

Depois de o ovócito secundário ter sido liberado do ovário, o folículo rompido se transforma em corpo lúteo, que é uma glândula endócrina temporária.

A progesterona prepara e mantém o endométrio para a implantação **(nidação)** e o desenvolvimento do embrião. Caso o ovócito secundário não seja fertilizado, o corpo amarelo degenera, reduzindo a secreção de progesterona e de estrógeno. A queda na produção de progesterona faz com que o sangue deixe de fluir para as camadas superficiais do endométrio. Como resultado, essa camada degenera e descama no interior da cavidade uterina, ocorrendo, então, o **fluxo menstrual** ou **menstruação**.

Lembre-se!

Na menstruação, as camadas mais profundas do endométrio permanecem intactas.

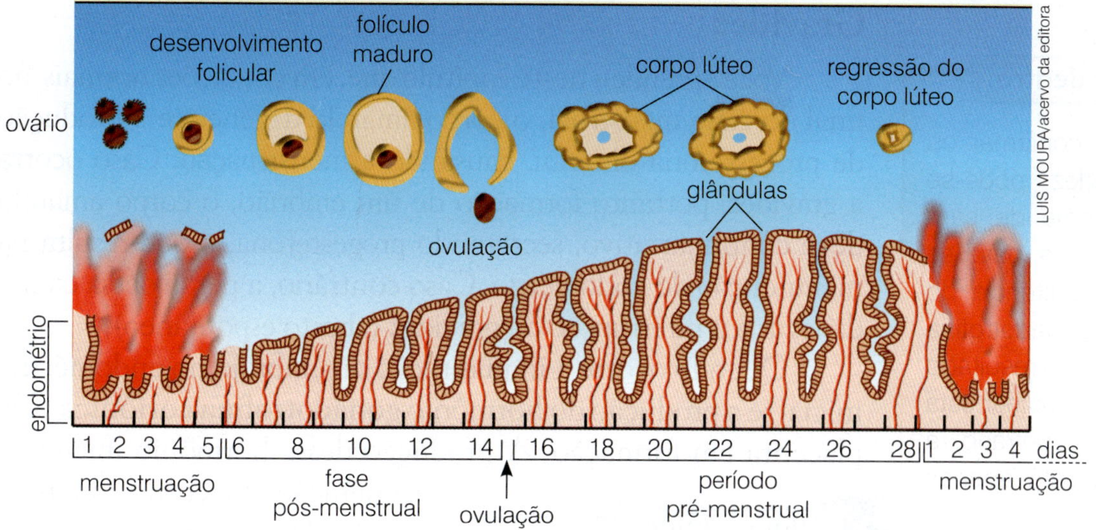

Gráfico ilustrativo do ciclo menstrual na mulher, com duração aproximada de 28 dias.

Hormônios femininos e as características sexuais secundárias

Quando comparamos o corpo de uma menina de 7 anos com o de uma adolescente de 14 anos, notam-se muitas mudanças. O responsável por essas mudanças é também o estrógeno, hormônio que começa a ser produzido no início da puberdade. Sob a ação desse hormônio, ocorre o aumento da vagina, o desenvolvimento dos lábios que a circundam e o aparecimento dos pelos pubianos. Os quadris se alargam, desenvolvem-se as mamas e o tecido adiposo passa a se concentrar nos quadris e coxas, dando-lhes um aspecto arredondado, típico das mulheres. Todas essas transformações definem as chamadas **características sexuais secundárias femininas**.

A progesterona, por outro lado, não atua no desenvolvimento das características secundárias femininas. Esse hormônio está relacionado com a manutenção do útero e do embrião durante a gravidez, como você já sabe.

VG STOCK STUDIO/SHUTTERSTOCK

Na gravidez, o corpo lúteo continua a produzir progesterona, que garante a manutenção do endométrio.

Gravidez

Fique por dentro!

Para se confirmar ou não a gravidez, pode-se fazer um exame de sangue ou de urina para se pesquisar a existência do hormônio gonadotrofina coriônica. Caso o resultado seja positivo, a mulher está grávida; caso contrário, a menstruação está apenas atrasada.

Você aprendeu neste capítulo que, em condições normais, ao final do ciclo menstrual, o corpo amarelo degenera e a produção de progesterona diminui, causando a menstruação. Caso ocorra a gravidez, portanto formação de um embrião, o corpo amarelo deve continuar ativo, secretando progesterona, o que resulta na manutenção do endométrio. Caso contrário, a perda dessa camada levaria à interrupção da gravidez (aborto espontâneo).

Quando ocorre a implantação do embrião no endométrio, inicia-se a produção do hormônio **gonadotrofina coriônica** pela placenta em formação. A produção desse hormônio impede a degeneração do corpo amarelo, que continua a produzir mais progesterona, garantindo a continuidade da gravidez. Por isso a progesterona é também chamada de "hormônio da gravidez".

Jogo rápido

Como a taxa de progesterona pode ser associada com a menstruação e com a gravidez?

ESTABELECENDO CONEXÕES

Saúde

Cólica menstrual e TPM (tensão pré-menstrual)

A cólica é uma dor abdominal aguda localizada em um órgão e provocada por espasmos, que são contrações involuntárias e súbitas de um músculo ou grupo de músculos, acompanhadas de dor.

É relativamente frequente que as mulheres sintam dores ou desconfortos – geralmente cólicas – antes (tensão pré-menstrual, conhecida como TPM) e durante a menstruação. Os sintomas de tensão pré-menstrual incluem irritabilidade, insônia, sensação de angústia, fortes dores de cabeça, sensação dolorosa nas mamas, dor nas costas, dor nas pernas e inchaço. Durante a menstruação também podem acontecer episódios de dor de cabeça, vertigem, mal-estar geral, náuseas e vômitos.

Caso esses sintomas sejam intensos e frequentes, é importante que a mulher procure seu ginecologista para avaliação e tratamento adequado.

Menopausa

Aproximadamente trinta e cinco anos depois de intensa atividade, os folículos ovarianos ou já foram rompidos durante os sucessivos ciclos menstruais ou já envelheceram. Com isso, chega a **menopausa**, ocasião em que os ciclos menstruais cessam, pois não existem mais folículos. Quando isso acontece, o ovário não secreta mais os hormônios estrógeno e progesterona, embora a hipófise continue enviando FSH e LH para os ovários.

Durante a menopausa, o corpo da mulher também passa por diversas modificações, pois a falta dos hormônios ovarianos pode levar ao desencadeamento de sintomas como, por exemplo, ondas de calor, irritabilidade, ansiedade, mudanças na pele e nos cabelos, entre outros.

Nosso desafio

Para preencher os quadrinhos de 1 a 12, você deve utilizar as seguintes palavras: corpo lúteo, crescimento do endométrio, crescimento folicular, FSH, gravidez, menstruação, ovulação, progesterona.

À medida que você preencher os quadrinhos, risque a palavra que escolheu para não usá-la novamente.

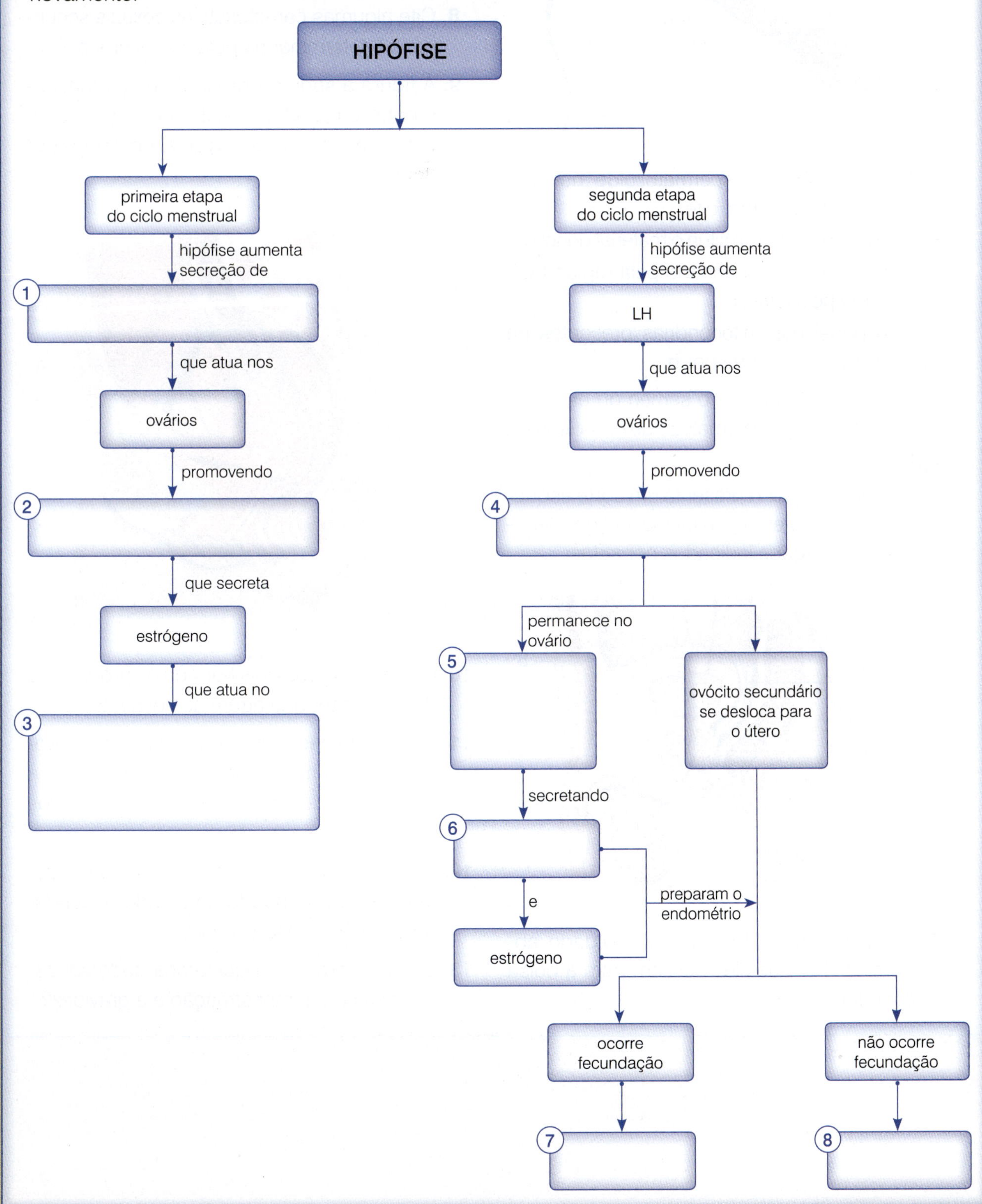

Atividades

1. No esquema a seguir, reconheça as três regiões de um espermatozoide humano indicadas pelas setas *a*, *b* e *c*.

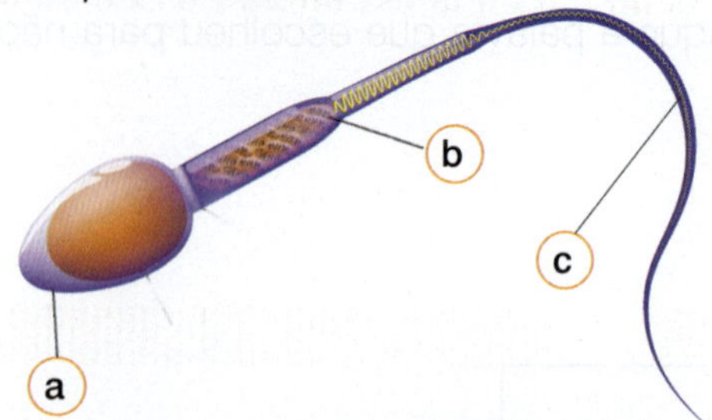

2. Com relação ao espermatozoide humano acima representado, cite:

a. o local em que se situa o material genético;

b. o papel desempenhado pela região indicada pela letra **c**;

c. o papel das mitocôndrias presentes na estrutura indicada por **b**.

3. É correto afirmar que o sêmen ou esperma é sinônimo de espermatozoide? Justifique a resposta.

4. A figura a seguir representa um corte esquemático do sistema genital masculino. Reconheça os órgãos indicados por setas.

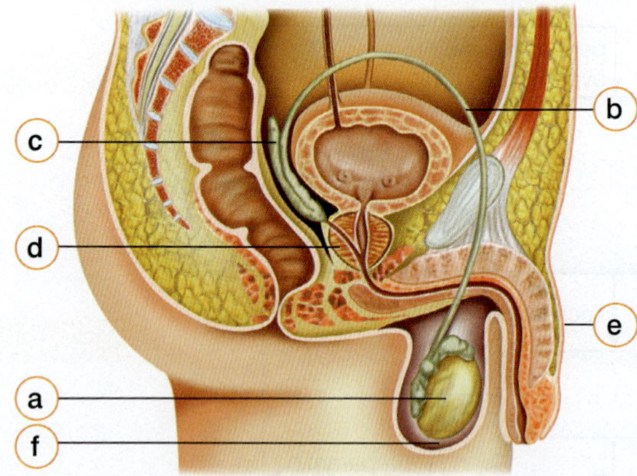

5. Os testículos se formam na cavidade abdominal. Por que eles descem para a bolsa escrotal?

6. A produção de espermatozoides fica prejudicada se a hipófise for retirada?

7. Por que os testículos são considerados glândulas endócrinas?

8. Cite algumas características sexuais secundárias determinadas pela testosterona.

9. A figura a seguir representa esquematicamente, em corte, o sistema genital feminino. Reconheça os órgãos indicados por setas.

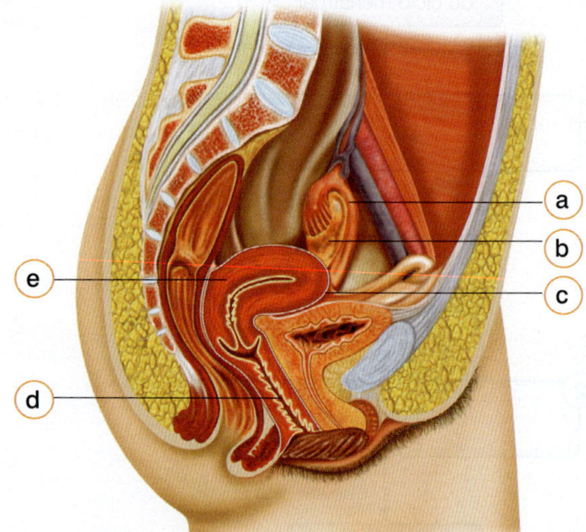

10. Cite o nome dos dois hormônios produzidos pela hipófise, que agem nos ovários.

11. Cite os nomes dos hormônios que os ovários produzem e secretam, em resposta à estimulação dos hormônios produzidos pela hipófise.

12. O que acontece com o corpo amarelo (lúteo) se o óvulo não for fertilizado (fecundado)? Qual a consequência?

13. Como a taxa de progesterona pode ser associada com a menstruação e a gravidez?

capítulo 15

As mudanças que ocorrem no nosso corpo

Recordar é viver

A frase acima é bastante antiga, mas ainda continua atual nos dias de hoje. E o motivo é muito simples, pois, diferentemente dos outros animais, nós, seres humanos, temos a noção de tempo: de passado, presente e futuro.

Hoje você deve ter em torno de 13 anos de idade, mas faça um esforço e tente se lembrar de quando você tinha 5 anos, por exemplo. Pense em quantas mudanças ocorreram nesse tempo! Ao rever suas fotografias, você notará essas diferenças em seu corpo e em seu rosto.

Neste capítulo, vamos conhecer as principais mudanças que ocorrem em algumas etapas do nosso desenvolvimento até a adolescência.

ROSS HELEN/SHUTTERSOCK

Crescimento e desenvolvimento: as mudanças no comportamento

Durante toda a vida, o organismo humano passa por diferentes fases como resultado de seu desenvolvimento, tanto biológico quanto mental e social.

Na infância, o bebê depende totalmente dos cuidados dos adultos (pais, avós, entre outros) que acompanham seu crescimento e lhe dão proteção.

Por volta dos 5 anos de idade, a curiosidade e o entendimento do mundo ao seu redor aumentam, fazendo com que a criança interaja mais com os adultos e com o ambiente que a cerca.

Quando chega aos 8 ou 9 anos de idade, sua personalidade se torna mais expressiva. Ela já sabe trabalhar com maior independência e como já está razoavelmente alfabetizada, passa a dominar a linguagem e o computador. O convívio social é outro fator importante para o desenvolvimento da criança. Por isso as referências familiares, assim como os amigos e os primeiros anos escolares, são marcantes.

Os primeiros meses de vida e o comportamento esperado do bebê humano.

Meses	Comportamento
Nascimento	Suga.
1 mês	Sorri.
2 meses	Mantém a cabeça erguida por curto espaço de tempo.
3 meses	Controla o movimento da cabeça.
4 meses	Controla a mão.
Entre 5 e 6 meses	Senta sozinho por pouco tempo.
Entre 7 e 8 meses	Engatinha.
Entre 9 e 10 meses	Caminha apoiado.
Entre 10 e 11 meses	Fica de pé sem apoio.
Entre 12 e 13 meses	Caminha sozinho.

VASILYEV/SHUTTERSTOCK

Durante os primeiros seis meses de vida, o ideal é que o bebê se alimente somente de leite materno, pois sua composição é mais adequada para a nutrição da criança, além de possuir anticorpos e outros fatores que protegem o bebê de infecções. Também não podemos esquecer que o aleitamento materno tem outro papel fundamental, que é o de fortalecer a relação entre mãe e filho.

UMKEHRER/SHUTTERSTOCK

Aos 5 anos, a criança já consegue segurar o lápis ou a caneta com mais segurança. Também já consegue se vestir sozinha, precisando de auxílio apenas para fechar um zíper ou botão mais difícil.

SERGEY NOVIKOV/SHUTTERSTOCK

A criança por volta dos 9 anos de idade tem interesse em participar de atividades em grupo e já apresenta uma maior habilidade com as mãos e uma boa coordenação motora.

É SEMPRE BOM SABER MAIS!

O cérebro de um recém-nascido corresponde a 26% do tamanho do cérebro de um adulto. Com cerca de um ano de vida, ele chega a 55% do tamanho final e com cerca de dois anos o cérebro atinge praticamente o tamanho do cérebro de um adulto.

Ao nascer, a criança já apresenta algumas reações reflexas (inconscientes) às sensações de fome, sede, frio, calor, dor, geralmente manifestadas pelo choro. Essas manifestações constituem a principal forma de comunicação com seu meio e, se atendidas pelas pessoas que cuidam dela, garantem sua sobrevivência no início da infância. O controle dessas sensações é feito por uma região do encéfalo conhecida por hipotálamo.

EM CONJUNTO COM A TURMA!

Estudos mostram a relação peso e altura com a idade. Essa relação varia conforme o sexo, como mostram os diagramas a seguir.

Gráfico da evolução de peso e altura de crianças e adolescentes brasileiros.

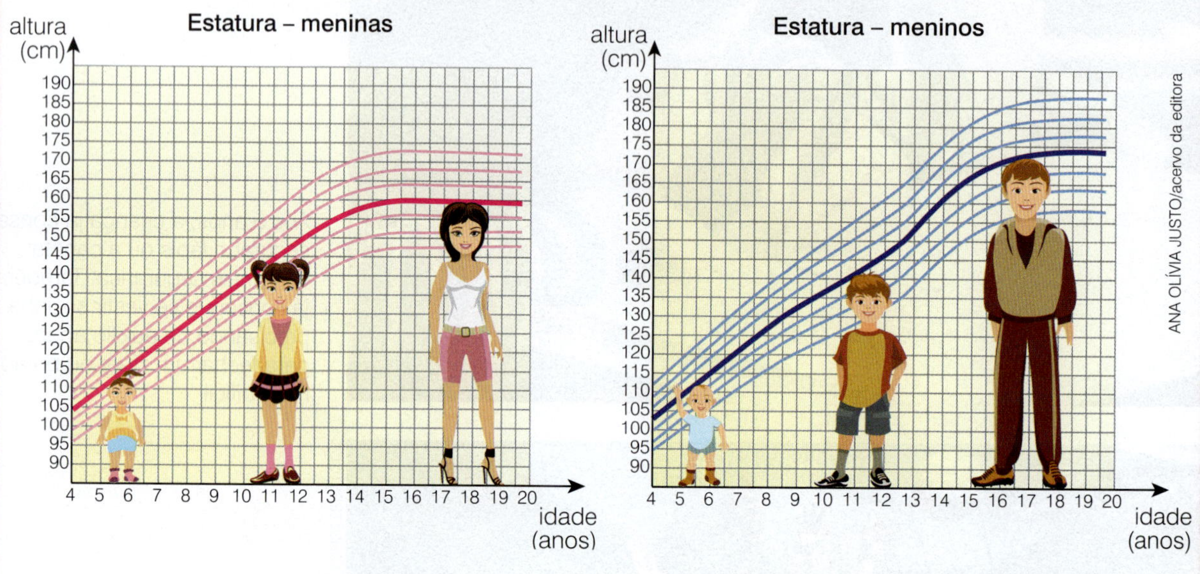

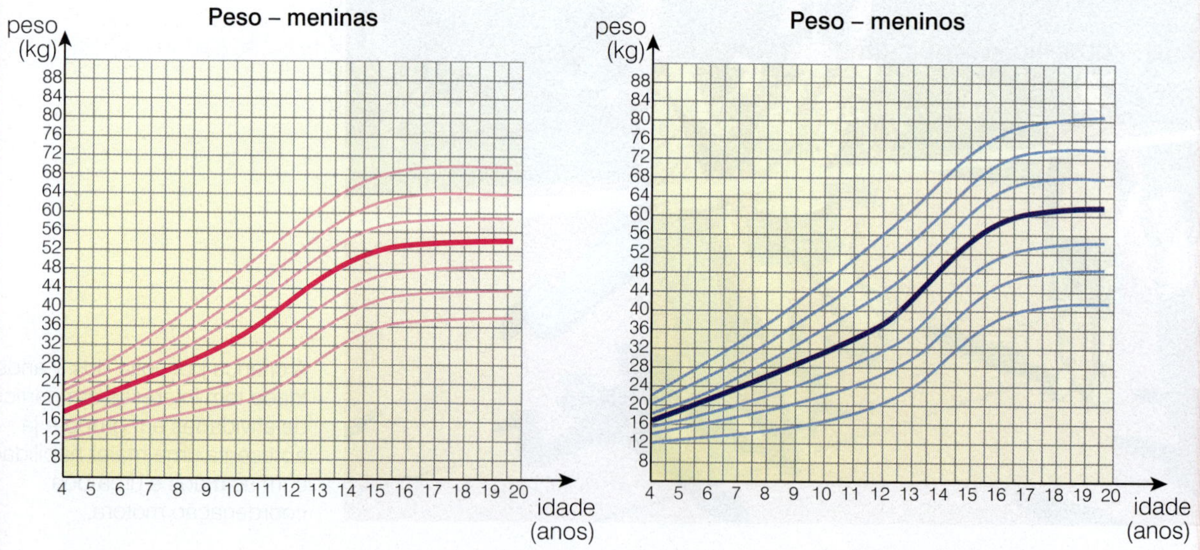

MARQUES, R. M. *et al*. *Crescimento e Desenvolvimento Pubertário em Crianças e Adolescentes Brasileiros*. II. Altura e Peso. São Paulo: Editora Brasileira de Ciências, 1982. In: PEREIRA, A. C. A. *O Adolescente em Desenvolvimento*. São Paulo: HARBRA, 2005. p. 3-4.

Com seu grupo de trabalho verifiquem se o peso e a altura de cada um de vocês está na média (curva mais grossa dos gráficos), acima ou abaixo dela. Marquem com um ponto na curva onde o peso e a altura de cada um está definido.

Se possível, façam o mesmo para todos os alunos da sala e concluam, em relação à curva da média:

1. como está a altura dos alunos da classe;
2. qual a tendência do peso da população brasileira adulta.

A adolescência

As grandes mudanças na vida da criança acontecem ao entrar na adolescência, que é o período de transição entre a infância e a idade adulta. A adolescência dura em torno de 10 anos e um dos fatos mais marcantes é a **puberdade**, fase em que ocorrem modificações biológicas que possibilitam ao indivíduo ter a capacidade de se reproduzir, isto é, de produzir células sexuais (gametas).

Fique por dentro!

Entonação é a alteração na forma como se emite uma palavra, uma sentença, uma opinião, por exemplo.

Além das mudanças físicas, a adolescência também traz mudanças significativas no desenvolvimento intelectual. O pensamento do adolescente se torna mais flexível à medida que as habilidades vão se organizando em um desenho cada vez mais complexo. Nessa fase, ele compreende os múltiplos significados de uma mesma palavra ou entonação.

Na adolescência, "olhar para dentro", avaliar-se com relação ao que sabe, à sua personalidade, à forma como se expressa, como se apresenta, também é novo. No entanto, como o jovem ainda não consegue perceber e lidar com o que pensa de si mesmo e com o que os outros poderiam estar pensando dele, muitas vezes acaba sendo crítico demais de si mesmo. Com isso, advém a necessidade de privacidade, em uma tentativa de se afastar da vergonha, que é um sentimento que preocupa o adolescente.

Mas os sentimentos e as inquietações psicológicas da adolescência não são, apenas, resultado das alterações físicas da puberdade, mas das complexas mudanças da sociedade que afetam os indivíduos.

Jogo rápido

Qual é o tempo médio de duração da puberdade?

ESTABELECENDO CONEXÕES

Antropologia

Ritos de puberdade em diversas culturas

Os ritos de puberdade podem ser independentes da puberdade fisiológica, dependendo da cultura em que se inserem. Na medida em que não estão necessariamente relacionados com mudanças biológicas, seria mais apropriado falar em cerimônias de iniciação, ritos de passagem ou ritos de adolescência.

Alguns ritos estão diretamente relacionados com o atingir da maturidade sexual, como nos casos frequentes das cerimônias associadas à menarca. Entre os índios Tucuna, do Baixo Amazonas, imediatamente antes da menarca, ou seja, da primeira menstruação, a jovem é afastada dos homens, indo para uma cabana de reclusão, onde permanece 3 meses em completo isolamento. Após este período o corpo da jovem é pintado e durante 3 dias são celebradas cerimônias e festas. Imediatamente após esta fase, é permitido à jovem se casar e, então, não há qualquer cerimônia. O rito da puberdade é a cerimônia pública mais importante de sua vida, mudando seu *status* de criança para o de mulher casadoura.

Entre as jovens Manus, a menarca também determina o tempo das cerimônias e da constatação pública. Quando a jovem tem sua primeira menstruação, o pai lança um grande número de castanhas ao mar, para a diversão das crianças do povoado. Não há embaraço associado com o anúncio público da menstruação. As jovens da aldeia vão se juntar à iniciada, grandes banquetes são realizados e várias cerimônias têm lugar. Para a jovem, a cerimônia significa que as atividades livres da infância terminaram e é esperado dela a passividade e a submissão até o casamento. Apesar do fato de a menstruação e os ritos de iniciação estarem intimamente associados, entre os Manus esta tem relativamente pouca importância psicológica na vida da jovem.

No caso dos meninos a ocasião pode ser ou não desvinculada das mudanças fisiológicas. (...) Um motivo cultural para a iniciação é a estabilização do papel sexual do jovem. Os ritos de iniciação dão ao jovem uma identidade sexual como homem e solicitam um alto grau de solidariedade masculina que requer lealdade para com todos os homens. (...)

Lúcia Maria Franco da Silva

Psicóloga e professora do Departamento de Psicologia do Desenvolvimento da PUC-SP.

In: PEREIRA, A. C. A. *O Adolescente em Desenvolvimento*. São Paulo: HARBRA, 2005. p. 3-4.

Puberdade feminina

Normalmente, a puberdade começa um pouco mais cedo nas meninas do que nos meninos. Nas mulheres, as mudanças pelas quais o corpo passa incluem a deposição progressiva de tecido adiposo ao redor dos quadris (**alargamento dos quadris**) e o **afinamento da cintura**. Todas essas mudanças, devidas à ação do hormônio estrógeno, fazem parte dos chamados caracteres sexuais secundários femininos. Em seguida, por volta dos 11 anos de idade (podendo variar entre 8 e 13 anos) começa o desenvolvimento das **glândulas mamárias**. Também é nessa época que surgem os primeiros **pelos pubianos** e nas **axilas**.

Nas adolescentes, às vezes, no início da formação das mamas, a mama esquerda e a direita podem apresentar tamanhos diferentes. Com o passar do tempo, a tendência é que as duas fiquem praticamente do mesmo tamanho, mas é normal que uma discreta diferença se mantenha ao longo da vida da mulher.

GOODLUZ/SHUTTERSTOCK

No fim do desenvolvimento das mamas, que leva em torno de um ano, ocorre um crescimento rápido em altura e depois de uns seis meses acontece o evento mais importante da puberdade que é a **primeira menstruação**, também conhecida como **menarca**. Com o início da menstruação, o corpo feminino atinge sua maturidade sexual, pronto para uma futura gestação. A gravidez na adolescência deve ser evitada, pois é considerada um fator de risco, porque o útero ainda não está completamente desenvolvido para suportar a grande dilatação própria de uma gravidez. Além disso, a jovem não está emocionalmente madura para encarar todas as responsabilidades da maternidade precoce.

É bastante frequente, nas primeiras menstruações, a adolescente apresentar uma **secreção vaginal**, isto é, a eliminação de um líquido claro ou ligeiramente leitoso, sem coceira, nem odor. Esse fato é normal e é causado pela ação do hormônio estrógeno um pouco antes da menstruação. Também é bastante frequente, durante aproximadamente um ano após a primeira menstruação, a ocorrência de **ciclos menstruais irregulares**, em que a duração do ciclo varia muito.

ESTABELECENDO CONEXÕES

Saúde

É muito importante a adolescente aprender a apalpar as suas mamas para descobrir cistos, nódulos ou tumores, fazendo o chamado autoexame das mamas. Nessa faixa etária é pouco provável a presença de um tumor, porém o hábito do autoexame deve ser criado desde a adolescência e se manter durante toda a vida.

O autoexame não substitui o exame físico e clínico realizado pelo ginecologista ou mastologista, que deve ser feito todos os anos. Além disso, a mamografia (um tipo de radiografia das mamas) é atualmente considerada como o único método de detecção precoce do câncer de mama. Por isso, a mulher deve sempre procurar seguir as orientações de um médico especialista.

FAÇA O AUTOEXAME DAS MAMAS TODOS OS MESES 5 DIAS APÓS A MENSTRUAÇÃO

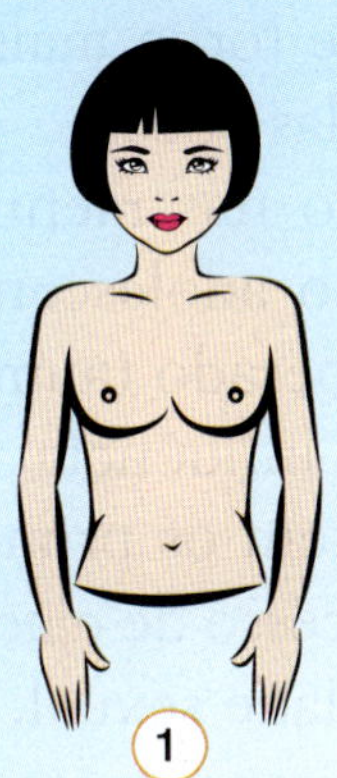

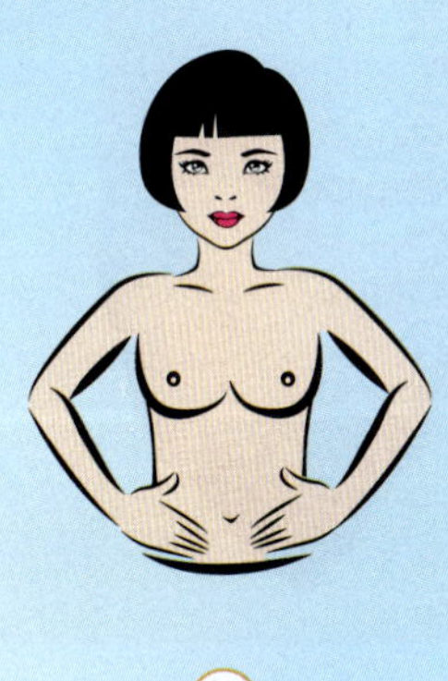

EVELEEN/SHUTTERSTOCK

Inicialmente, faça a observação de suas mamas em frente ao espelho, com os (1) braços abaixados, depois (2) com os braços levantados e, por fim, (3) com as mãos fazendo uma leve pressão no quadril. Nessas três etapas, observe o bico dos seios, a superfície e o contorno das mamas, verificando se há alguma alteração.

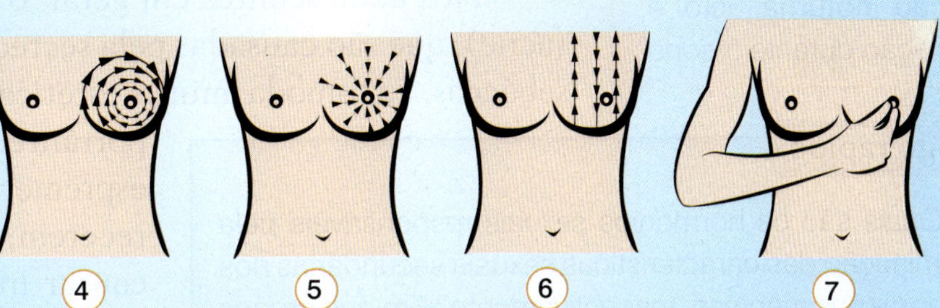

Depois, de preferência sob o chuveiro, coloque a mão esquerda atrás da cabeça e apalpe com a mão direita a mama esquerda, e vice-versa, primeiro (4) em movimentos circulares, depois (5) do bico do seio para as laterais da mama e, por fim, (6) da base do seio para cima e de cima para baixo. O toque deve ser feito com a ponta dos dedos juntos e esticados.

Examine também o bico dos seios (7), pressionando levemente o mamilo para verificar se há saída de algum líquido.

Caso observe alguma alteração, procure um ginecologista ou um mastologista a fim de se certificar de que tudo está bem.

Descubra você mesmo!

Pesquise sobre a campanha chamada "outubro rosa" e também sobre o significado da imagem ao lado:

LEONE V/ SHUTTERSTOCK

FELIX MIZIOZNIKOV/SHUTTERSTOCK

Puberdade masculina

Por volta dos 11 anos de idade (entre 9 e 13 anos) começam a aparecer nos meninos os caracteres sexuais secundários: **crescimento dos testículos** e do **pênis**, aparecimento dos primeiros **pelos pubianos** e nas **axilas**. Por volta dos 17 anos, pênis e testículos já adquiriram o tamanho definitivo.

A quantidade e distribuição de pelos é uma característica hereditária, podendo variar de um indivíduo para outro. Nos meninos, na faixa etária dos 15 anos, ocorre também a **mudança na voz**, que se torna mais grave devido ao crescimento da laringe e das cordas vocais.

Assim como nas meninas, a velocidade de crescimento acentua-se e o adolescente vai ficando progressivamente mais alto e mais pesado (aumento da massa muscular e óssea). Finalmente, sob influência do hormônio hipofisário LH, os testículos produzem os primeiros espermatozoides, que serão expelidos no processo de ejaculação. Nessa fase, o adolescente atingiu a maturidade sexual.

Também é importante cuidar da higiene da região genital, evitando o acúmulo de secreções e de microrganismos que podem causar odor desagradável e, eventualmente, uma infecção.

Nos adolescentes em geral, o aparecimento de espinhas (acne), que são causadas pela secreção excessiva das glândulas sebáceas, incomoda muito esteticamente. Nesse caso, é importante manter a pele limpa e não espremer as espinhas quando aparecerem, uma vez que esse ato pode causar infecções na pele. Em condições normais, elas desaparecem depois de certo tempo.

Fique por dentro!

Durante a puberdade masculina, pode ocorrer o fenômeno chamado de **polução noturna**, isto é, ejaculação durante o sono.

Jogo rápido

Quais são os hormônios sexuais responsáveis pela determinação das características sexuais secundárias nos meninos e nas meninas, respectivamente? Em que órgãos são produzidos esses hormônios?

É SEMPRE BOM SABER MAIS!

As características sexuais primárias e secundárias

Os *caracteres sexuais primários* são definidos pelos órgãos genitais masculinos e femininos, que se diferenciam durante o desenvolvimento do embrião sob ação dos hormônios sexuais. Na puberdade, com o aumento da produção dos hormônios sexuais, esses órgãos se desenvolvem e adquirem toda sua capacidade e, como consequência, aparece a menstruação nas meninas e as ejaculações nos meninos.

Os *caracteres sexuais secundários* estão relacionados a características do corpo que diferenciam os homens das mulheres, *independente dos órgãos sexuais*, e surgem na puberdade.

DE OLHO NO PLANETA

Ética & Cidadania

Ser adolescente

Quem nunca sofreu com o impasse de ser criança demais para exercer uma atividade e não suficientemente adulto para as outras? Eis a adolescência. Fazer birra? Muito velho para isso. Viajar sozinho? Não é adulto o suficiente.

No entanto, a adolescência tem um lado extremamente peculiar e intrigante. É nela que nosso corpo de criança se transforma, tornando-nos homens e mulheres. A adolescência é acompanhada da capacidade de tomarmos algumas decisões importantes, que direcionarão parte da nossa vida. A oportunidade de escolher o nosso futuro, ou pelo menos parcialmente, escolher o vestibular que vamos prestar e consequentemente nossa profissão, levando em conta o que os outros têm a nos dizer – e eles têm muito a acrescentar e, por isso, é importante aprendermos a ouvi-los! Escolhemos nossos paqueras, nosso grupo de amigos, nosso estilo de roupa, nossas gírias, ou seja, nosso jeito adolescente de ser.

Não devemos esquecer que essa fase, mesmo que conturbada e diferente, é muito importante e deve ser bem vivida. Nessa fase, nossas escolhas interferem no comportamento ao longo de muitos e muitos anos.

Não reclame demais do que você não tem, ou do que não pode fazer, ou porque acha que todo mundo "fica no seu pé". Viva a sua vida de forma gostosa. Aproveite aquilo que a sua idade tem a oferecer. Afinal de contas só somos *teen* uma vez na vida. Viva da melhor maneira possível.

Disponível em: <http://www.escolainteligencia.com.br/blog/vida-de-adolescente/ser-adolescente/>. *Acesso em* 26 mar 2010.

➢ E não se esqueça: você tem direitos, mas também deveres. Não espere que tudo lhe venha pronto, de "mão beijada". Esforce-se para conquistar seus objetivos. As conquistas pessoais são mais valorizadas, têm um "sabor" melhor. Seja cooperativo – você é um ser social, faça sua parte.

ENTRANDO EM AÇÃO!

Imagens da adolescência

Sente-se em um lugar tranquilo, onde possa ficar em silêncio por algum tempo. Certifique-se de que há algum espaço ao seu redor, de modo a não se distrair com pessoas por perto. Feche os olhos e entre em contato com a sua existência física e com as sensações que está tendo. Tome consciência de como se sente internamente. Então, deixe que apareçam algumas imagens visuais: da sua casa, da escola em que você estuda, dos locais pelos quais gosta de passear... Relembre os cheiros e os sons desses locais.

- Como é seu corpo?
- Como você se veste?
- Que sentimentos tem a respeito de sua família?
- Como são seus colegas e seus amigos?
- O que costumam fazer quando estão juntos?
- Que músicas vocês gostam de ouvir?
- Você vai a festas? Em caso positivo, como são essas festas?
- Como você imagina que as pessoas o(a) veem?
- Como você se vê?

OLENA ZASKOCHENKO/SHUTTERSTOCK

Examine e responda calmamente a cada uma dessas questões e guarde-as novamente em sua memória. Abra os olhos. Pegue uma folha de papel e um lápis (ou *crayon*), procure representar suas imagens da adolescência.

Adaptado de: PEREIRA, A. C. A. *O Adolescente em Desenvolvimento*. São Paulo: HARBRA, 2005. p. 11.

Nosso desafio

Para preencher os quadrinhos de 1 a 9, você deve utilizar as seguintes palavras: axilas, características sexuais secundárias, mamas, puberdade, quadris, reprodução, rosto, testículos, voz.

À medida que você preencher os quadrinhos, risque a palavra que escolheu para não usá-la novamente.

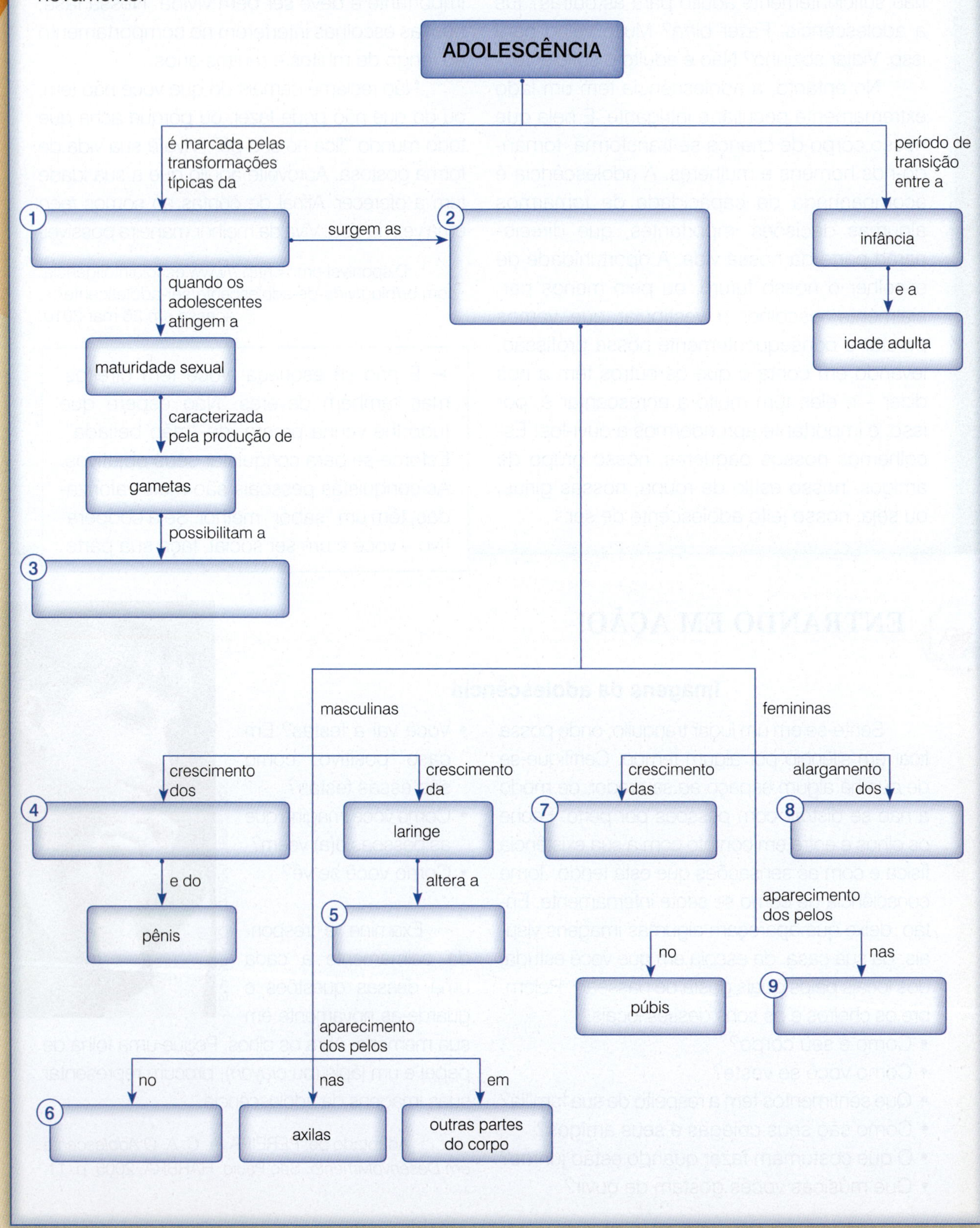

Atividades

1. O que você entende por caracteres sexuais primários? e secundários?
2. Qual a importância da realização do autoexame das mamas?

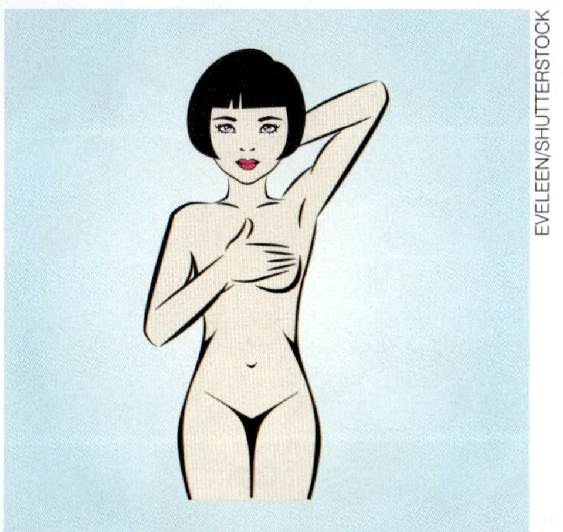

EVELEEN/SHUTTERSTOCK

3. Qual é o outro papel do aleitamento materno, além de alimentar adequadamente o bebê nos primeiros meses de vida?

MYROSLAVA GERBER/SHUTTERSTOCK

4. As espinhas costumam aparecer na puberdade devido a maior atividade de determinadas glândulas. Cite o nome dessas glândulas.

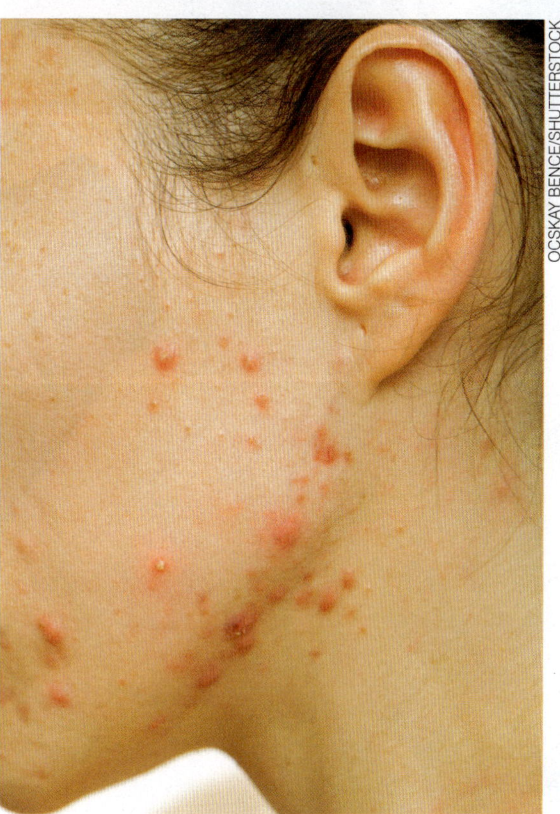

OCSKAY BENCE/SHUTTERSTOCK

5. Pesquise por que os adolescentes são chamados de “teenagers” em língua inglesa?

MAKSIM SHMELJOV/SHUTTERSTOCK

Navegando na net

Conheça um pouco mais sobre as alterações que ocorrem em nosso corpo na adolescência assistindo ao vídeo disponível no endereço eletrônico:

<https://www.youtube.com/watch?v=Wjg84ig8dGI>

(*acesso em:* 27 set. 2015).

capítulo 16

Gravidez, parto e sexualidade responsável

De onde vem o "peso" que a mulher ganha durante a gravidez?

Um dos comentários mais ouvidos entre as mulheres, quando o assunto é gravidez, é o aumento do peso, fato absolutamente normal. Caso contrário, o desenvolvimento do feto poderia ser prejudicado. Como acontece o aumento de peso?

A mãe ganha em média 10 kg durante a gravidez, em geral da seguinte maneira: o feto pesa entre 3,0 e 3,5 kg; o útero gravídico pesa cerca de 1 kg; a placenta tem, aproximadamente, 1,25 kg; as mamas, que também aumentam de tamanho e se preparam para a amamentação, chegam a ganhar cerca de 1 kg; a distribuição de gordura, retenção de líquidos e aumento do volume do sangue respondem por mais 3,25 kg, aproximadamente.

A mulher grávida necessita de trinta por cento a mais de sangue para abastecer a placenta, órgão através do qual o feto recebe oxigênio e todos os nutrientes necessários ao seu desenvolvimento, e entrega ao sangue materno os resíduos de seu metabolismo, como o gás carbônico e as excretas nitrogenadas.

Neste capítulo, vamos conhecer os mais importantes acontecimentos que ocorrem desde a fecundação até o parto, e alguns métodos contraceptivos. Além disso, abordaremos as principais doenças sexualmente transmissíveis, os agentes causadores, principais sintomas e métodos de prevenção.

SUNKIDS/SHUTTERSTOCK

Fecundação: encontro entre os gametas masculino e feminino

Fecundação: é a junção dos gametas masculino e feminino, formando uma célula-ovo ou zigoto. Mas como isso ocorre nos seres humanos?

No período imediatamente após a ovulação, o gameta feminino entra na tuba uterina e permanece viável de 8 a 24 horas. Nesse período, ele se desloca e pode ser fecundado no terço distal da tuba uterina.

Terço distal da tuba uterina: dividindo-se uma tuba uterina em três partes, cada parte é um terço e a porção mais distante em relação ao útero é o terço distal.

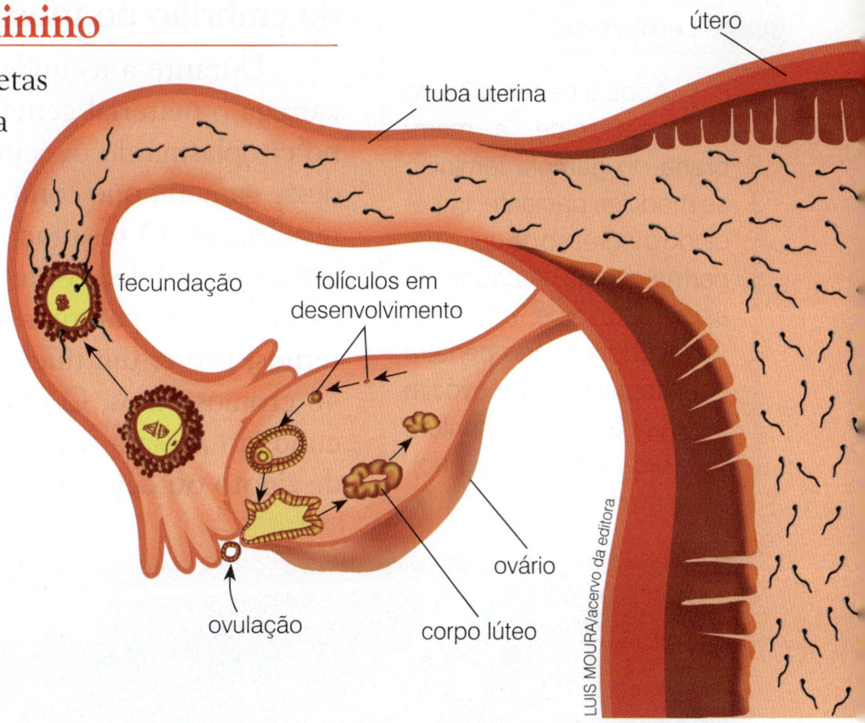

útero
tuba uterina
fecundação
folículos em desenvolvimento
ovário
ovulação
corpo lúteo
LUIS MOURA/acervo da editora

Após a ejaculação, os gametas masculinos, por meio de movimentos ondulatórios de suas caudas flageladas, percorrem o útero em direção às tubas uterinas, mas a grande maioria não consegue chegar até onde se encontra o gameta feminino.

Como você já aprendeu, o espermatozoide é muito menor do que o ovócito secundário e, ao ejacular, o homem introduz na mulher de 2 a 5 centímetros cúbicos de esperma. Cada centímetro cúbico contém entre 100 milhões e 200 milhões de espermatozoides.

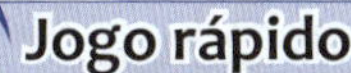

Que organela celular, presente na cauda dos espermatozoides, fornece a energia necessária ao deslocamento dessas células ao longo do útero e da tuba uterina?

Espermatozoides humanos em torno de um gameta feminino. Dos milhões de espermatozoides liberados na ejaculação, apenas um se funde com o gameta feminino. (Imagem obtida por microscopia eletrônica de varredura, ampliada 1.800 vezes.)

DAVID M. PHILLIPS/SCIENCE SOURCE/LATINSTOCK

Da fecundação à implantação do embrião no útero

Lembre-se!

Após a penetração do espermatozoide, a membrana do gameta feminino se modifica bastante, impedindo o ingresso de outro espermatozoide. A cauda do espermatozoide, contendo mitocôndrias, não penetra no citoplasma do ovócito (apenas a cabeça, contendo o pró-núcleo masculino).

Durante a fecundação, o núcleo do espermatozoide, que carrega o material genético do pai (23 cromossomos), penetra no citoplasma do ovócito secundário e se funde com o núcleo desse gameta, que contém o material genético da mãe (23 cromossomos). O resultado da fusão dos dois núcleos é a formação de um núcleo contendo os cromossomos paternos e maternos, isto é, um núcleo com 46 cromossomos. O óvulo fecundado passa a ser chamado de **zigoto ou célula-ovo.**

Jogo rápido

Cite o local do sistema reprodutor feminino em que o óvulo imaturo pode ser fecundado.

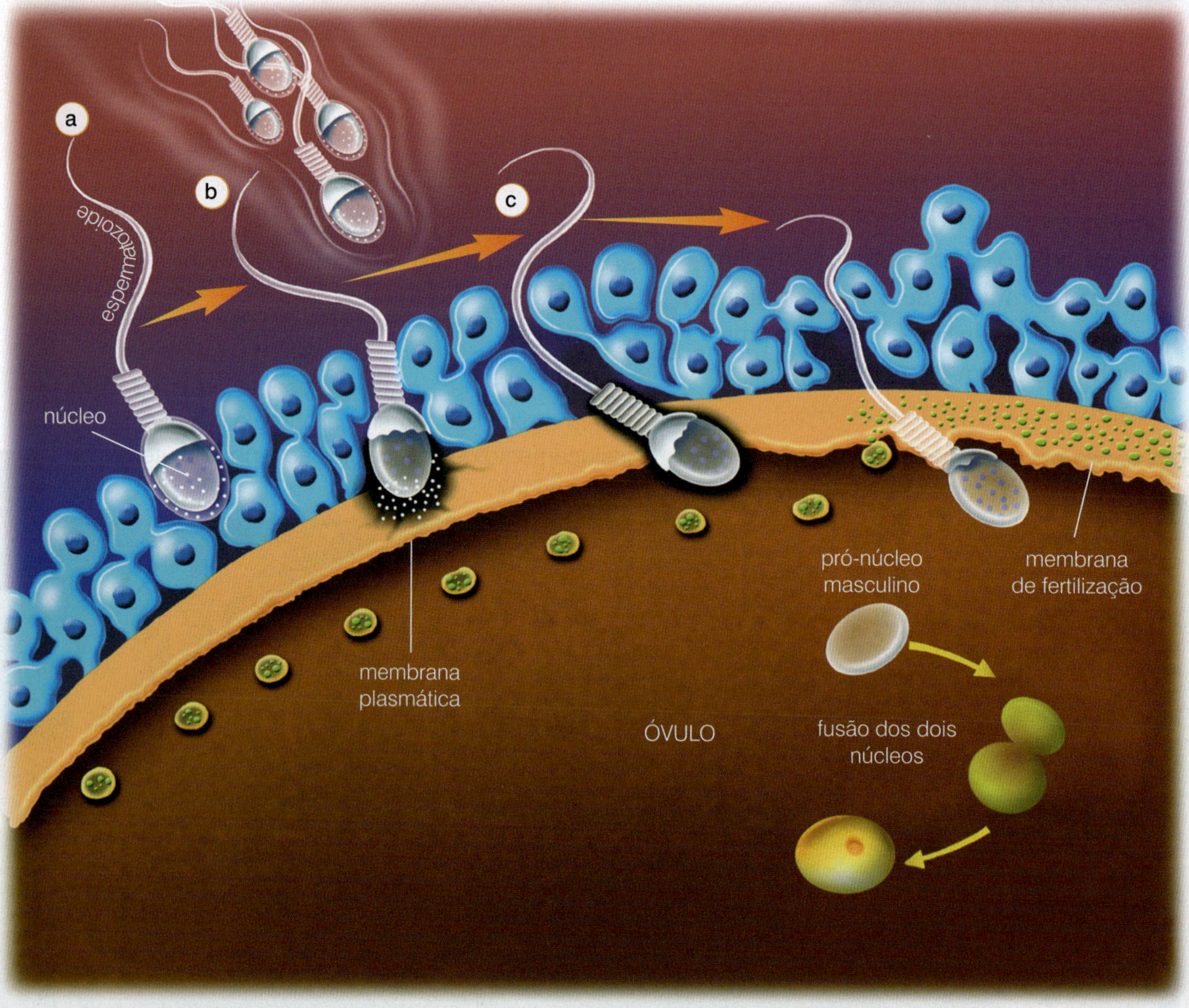

Representação ilustrativa do ingresso do espermatozoide no gameta feminino humano. (a) Quando a cabeça do espermatozoide consegue atingir a camada gelatinosa que envolve o ovócito, ele libera enzimas que conseguem digerir e "abrir caminho" até (b) atingir a membrana plasmática do ovócito. (c) Quando ocorre a ligação entre os gametas, uma reação faz com que a membrana plasmática do gameta feminino se modifique, impedindo que novo espermatozoide penetra na célula. O ovócito fecundado passa a ser chamado óvulo. (Cores-fantasia. Ilustração fora de escala.)

O zigoto, ainda na tuba uterina, começa a se dividir por mitose originando-se duas, quatro, oito células, e assim por diante. É assim que se formam as primeiras fases embrionárias. O embrião é deslocado em direção ao útero, onde ocorrerá sua implantação (**nidação** ou **nidificação**) no endométrio, camada de tecido ricamente irrigado por sangue, que reveste internamente a cavidade uterina.

Fique por dentro!

Em raras ocasiões, ocorre a implantação do zigoto na tuba uterina. Nesse caso, fala-se em **gravidez ectópica** ou **gravidez tubária**. Se não tratada rapidamente, pode romper a tuba uterina, causando vazamento de sangue para a cavidade abdominal.

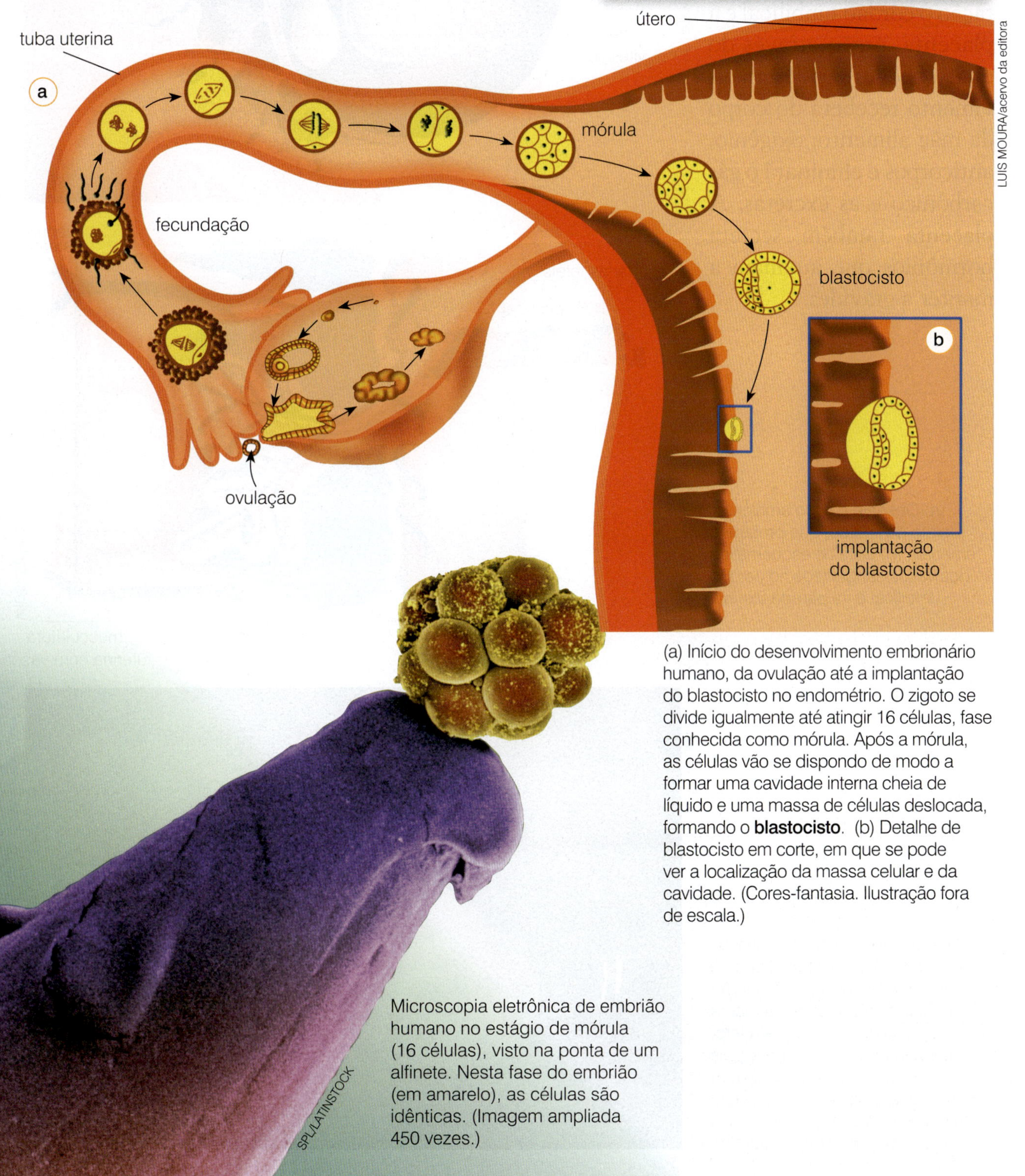

(a) Início do desenvolvimento embrionário humano, da ovulação até a implantação do blastocisto no endométrio. O zigoto se divide igualmente até atingir 16 células, fase conhecida como mórula. Após a mórula, as células vão se dispondo de modo a formar uma cavidade interna cheia de líquido e uma massa de células deslocada, formando o **blastocisto**. (b) Detalhe de blastocisto em corte, em que se pode ver a localização da massa celular e da cavidade. (Cores-fantasia. Ilustração fora de escala.)

Microscopia eletrônica de embrião humano no estágio de mórula (16 células), visto na ponta de um alfinete. Nesta fase do embrião (em amarelo), as células são idênticas. (Imagem ampliada 450 vezes.)

Na cavidade uterina, o feto humano encontra-se envolto pelo **âmnio**, uma “bolsa” repleta de líquido, que protege o feto. A parede interna do útero e alguns tecidos do feto formam logo no início da gestação o cordão umbilical e a **placenta**, órgão através do qual o bebê em desenvolvimento receberá do corpo da mãe alimento, oxigênio, anticorpos e eliminará o gás carbônico e as excretas. A placenta também secreta hormônios que auxiliam a manter a gravidez.

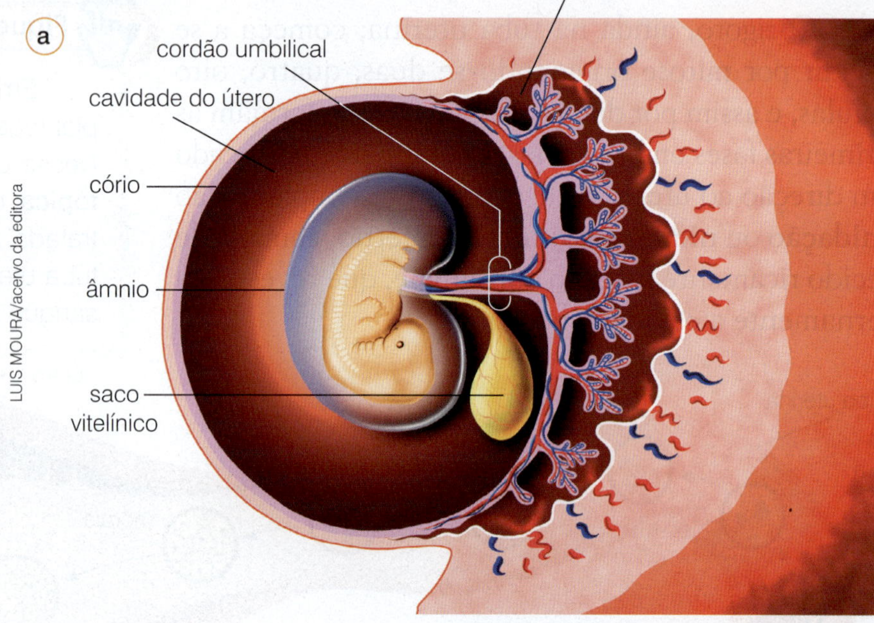

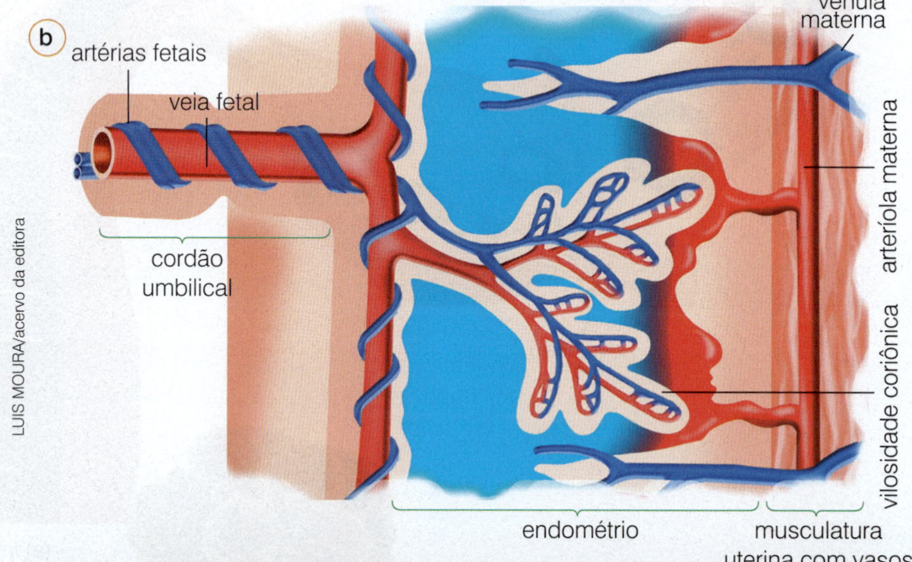

(a) Observe o saco amniótico, repleto de líquido, que protege o embrião. (b) Detalhe esquemático dos vasos sanguíneos no cordão umbilical e na parede uterina.

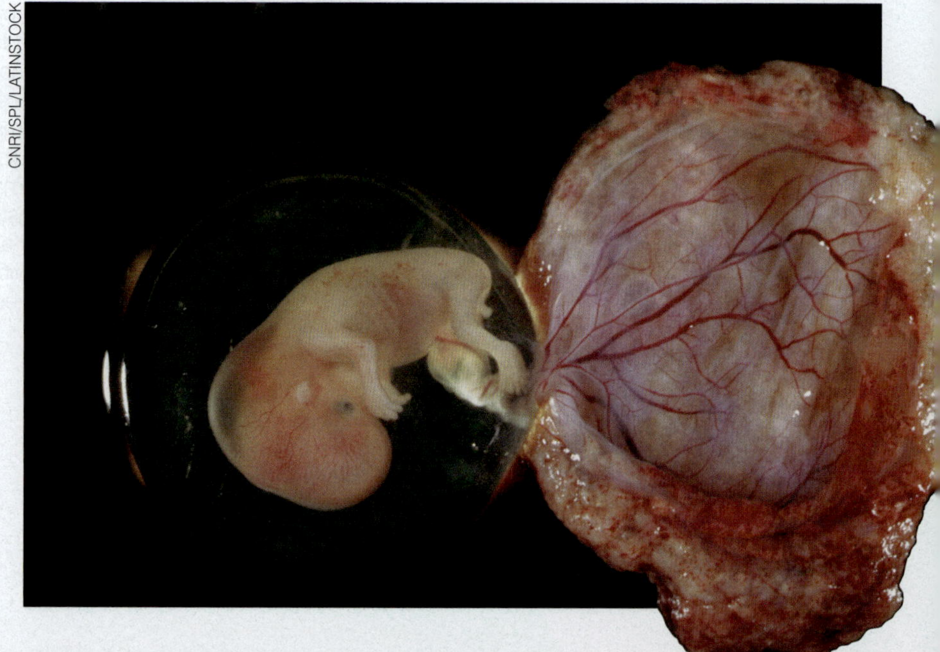

Feto de oito semanas dentro do saco amniótico. Está ligado à placenta (à direita) pelo cordão umbilical. A oitava semana marca a transição de embrião para feto. Já estão formados os principais sistemas, mas ainda devem continuar a se desenvolver. O feto mede de 3 a 4 centímetros e pesa em torno de 10 gramas.

É SEMPRE BOM SABER MAIS!

Mitose – um tipo de divisão celular

Imagine a construção de filiais de uma fábrica, de modo que todas sejam extremamente semelhantes à matriz, com cópias fiéis de todos os componentes, inclusive dos diretores. A divisão celular corresponde à criação de uma cópia da fábrica e a primeira coisa para que isso possa ocorrer é a duplicação de todos os seus componentes. Na mitose, antes de uma célula se dividir, formando duas novas células, ocorre a duplicação dos seus arquivos de comando, isto é, os cromossomos se duplicam no núcleo, formando dois novos núcleos com o mesmo número (46) de cromossomos. Em seguida, a célula divide o seu citoplasma em dois e leva consigo um núcleo com 46 cromossomos.

Esse tipo de divisão celular, em que uma célula origina duas células-filhas com *o mesmo número de cromossomos existentes na célula original*, é chamado de mitose.

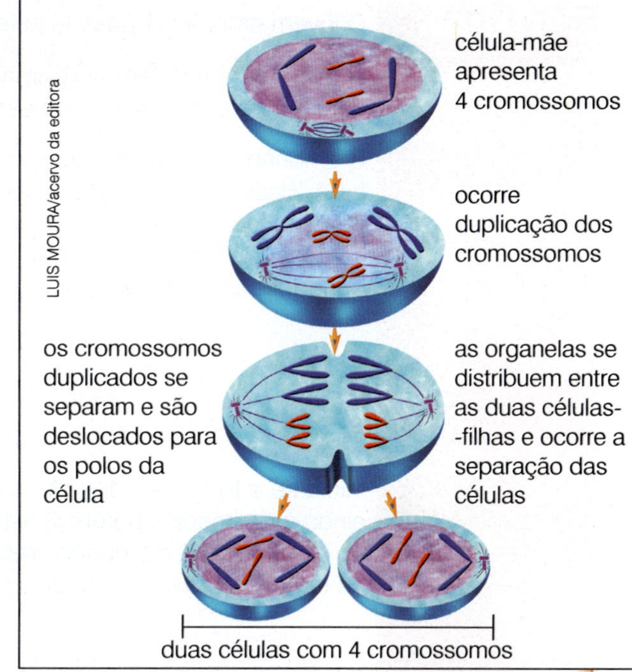

A mitose é o tipo de divisão celular que permite o crescimento, a substituição de células que morrem por outras novas e a regeneração tecidual de diversas partes do nosso corpo.

Fertilização *in vitro*

Em alguns casos, pode acontecer de o casal não conseguir gerar filhos naturalmente, por uma série de problemas. Em algumas situações, pode-se recorrer a uma técnica conhecida como fertilização *in vitro* (FIV). Nessa técnica, a mulher é submetida a um tratamento com medicamentos que estimulam a produção e a liberação de vários gametas femininos (ovulação múltipla). Esses gametas são, então, coletados e levados ao laboratório. O homem também precisa ir ao laboratório ou clínica para que seus espermatozoides sejam coletados e preparados.

> ***in vitro***: em vidro, isto é, em um recipiente de vidro.

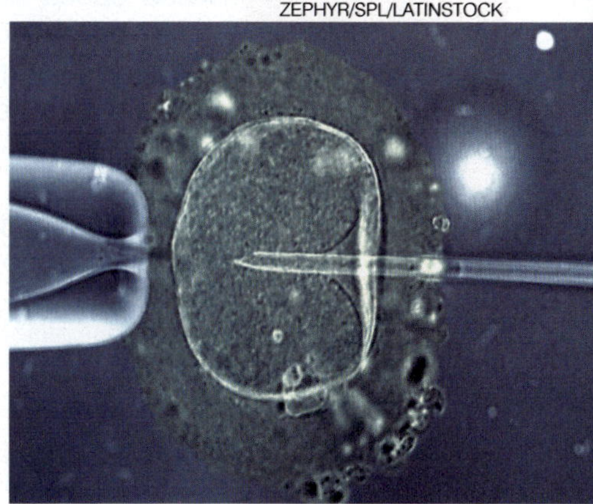

Fertilização *in vitro*. Com uma microagulha, um espermatozoide é injetado no gameta feminino (ao centro) para fertilizá-lo.

Cada gameta feminino é fertilizado com um único espermatozoide e colocado em um meio especial de cultura até que atinja determinado estádio de desenvolvimento. No passo seguinte, se a fertilização for bem-sucedida, os embriões, após a seleção dos mais adequados, serão transferidos para o útero da mulher, onde, se a implantação der certo, poderão se desenvolver normalmente.

Os bebês gerados com essa técnica são conhecidos como "bebês de proveta", porque a fecundação acontece em um recipiente de laboratório e não no corpo da mulher.

Do embrião ao feto: as etapas do desenvolvimento

Acompanhe a seguir os eventos mais importantes que acontecem desde a formação do zigoto até o final da gravidez.

1ª SEMANA	O jovem embrião já passou pela tuba uterina e entra em contato com o útero.
2ª SEMANA	O jovem embrião tem aproximadamente 1,5 mm de comprimento. Nessa fase, a maioria das mulheres nem sabe que está grávida.
3ª SEMANA	O embrião cresceu um pouco, medindo em torno de 2-3 mm. Nessa fase, a mulher começa a "desconfiar" de uma possível gravidez, pois a menstruação está atrasada. É nesse momento que os testes de gravidez geralmente são realizados, confirmando ou não essa condição.O teste feito com a urina será positivo ao se constatar a presença do homônio gonadotrofina coriônica, produzido pela placenta em início de formação.
4ª SEMANA	Inicia-se a formação dos olhos e do coração, que ainda é rudimentar, porém já está pulsando. No fim do primeiro mês, o embrião praticamente já dobrou de tamanho e passa a medir em torno de 5 mm. SEBASTIAN KAULITZKI/SHUTTERSTOCK
2º MÊS	Nessa época nota-se um acentuado desenvolvimento da cabeça, acompanhando o desenvolvimento do cérebro. Os olhos já estão mais nítidos e os braços e pernas começam a se formar. Além disso, a bexiga, o pâncreas e o fígado também já estão presentes. Com tudo isso, o embrião já está medindo em torno de 2,5 cm e já tem aparência humana, passando a ser chamado de **feto**. SEBASTIAN KAULITZKI/SHUTTERSTOCK
3º MÊS	Com 90 dias, o feto atinge em torno de 7,5 cm de comprimento e pesa em torno de 60 g. A mãe começa a sentir os movimentos do feto, pois os braços e as pernas já se movimentam. A face do feto fica mais definida, e ele pode inclusive fazer "caretas" e até piscar. O pulmão e outros órgãos do aparelho respiratório já estão formados, assim como o rim, embora ainda não sejam funcionais (a oxigenação e a eliminação de excretas continuam a ocorrer através da placenta). Os órgãos sexuais começam a se desenvolver. 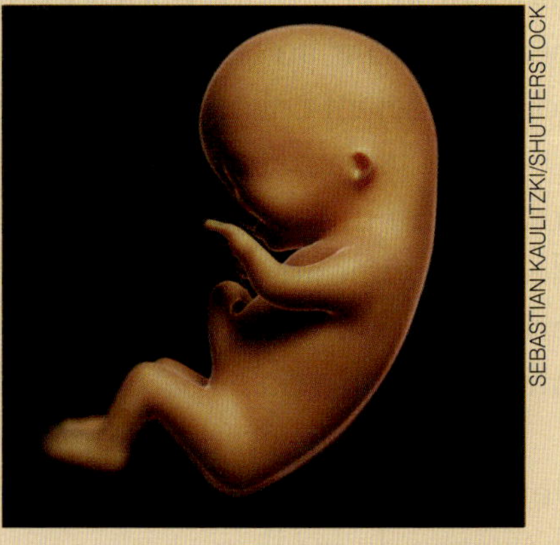 SEBASTIAN KAULITZKI/SHUTTERSTOCK

4º MÊS	Começa a fase dos "chutes". Durante esse período, a mãe normalmente sente inúmeras vezes os movimentos da criança. O esqueleto ósseo começa a se desenvolver e é facilmente visualizado por meios de exames de ultrassom. O feto mede aproximadamente 12 cm de comprimento e pesa em torno de 150 g.	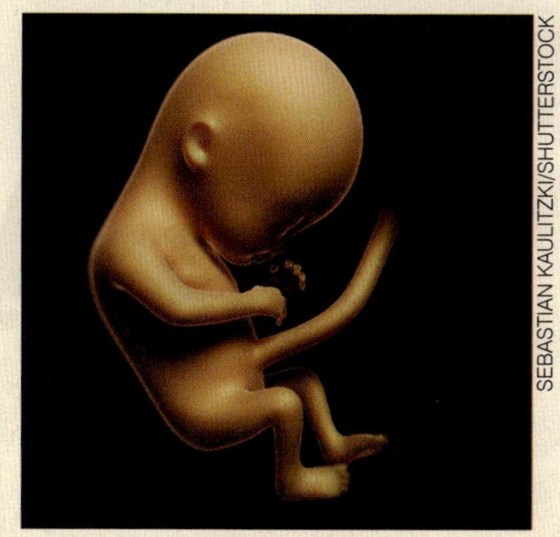 SEBASTIAN KAULITZKI/SHUTTERSTOCK
5º MÊS	Começa a formação dos cabelos. O feto atinge em torno de 17 cm de comprimento e o peso aumenta muito, chegando a 330 g. O que chama a atenção são os batimentos cardíacos, de 120 a 160 vezes por minuto, o que revela a ocorrência de metabolismo muito ativo. O aparelho digestório já está totalmente formado.	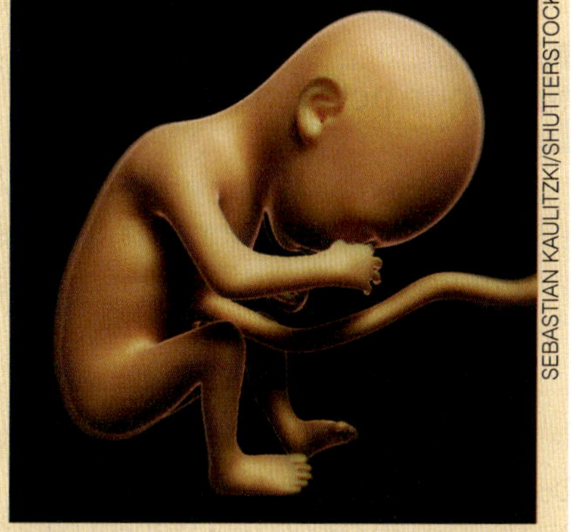 SEBASTIAN KAULITZKI/SHUTTERSTOCK
6º MÊS	O feto atinge 35 cm de comprimento e o peso é de aproximadamente 700 g. No final do sexto mês, o feto tem chance de sobreviver fora do corpo da mãe desde que receba ajuda respiratória e esteja em uma incubadora.	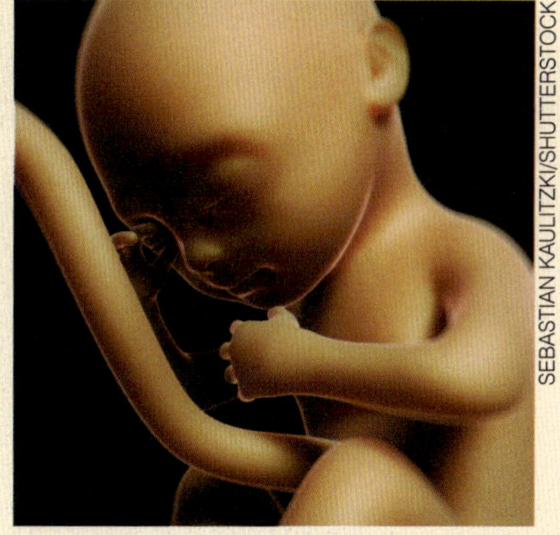 SEBASTIAN KAULITZKI/SHUTTERSTOCK
ÚLTIMOS TRÊS MESES	Nos últimos 2 a 3 meses de gestação, o feto aumenta muito de tamanho (chega a duplicar) e de peso (em torno de 3 kg). Já no último mês de gravidez, a velocidade de crescimento passa a diminuir.	 SEBASTIAN KAULITZKI/SHUTTERSTOCK

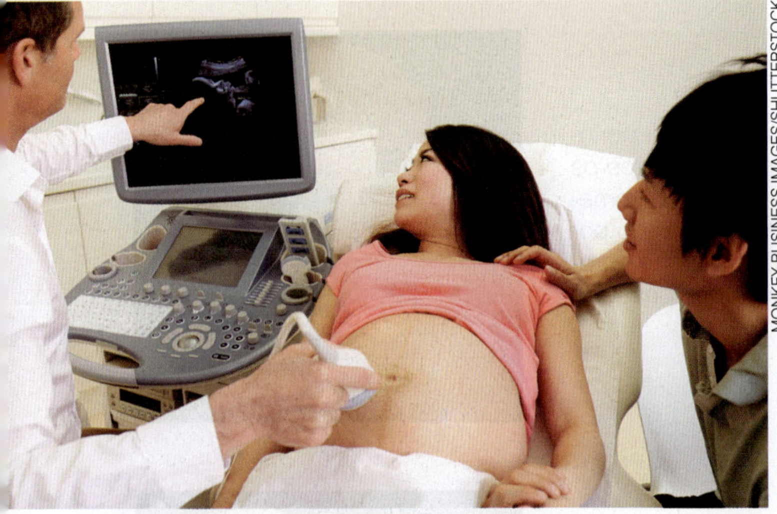

MONKEY BUSINESS IMAGES/SHUTTERSTOCK

Cuidados na gravidez

Gravidez não é doença, mas é preciso que esse período seja acompanhado por um médico desde o seu início. O objetivo do acompanhamento pré-natal é avaliar o estado de saúde da mãe (se não é diabética ou hipertensa ou drogada, entre outros aspectos), orientá-la quanto à adequada alimentação, realizar exames físicos, verificar peso da gestante, sua altura, tamanho da barriga, batidas do coração do feto, solicitar exames laboratoriais e até mesmo de imagens (ultrassonografias) para acompanhar o desenvolvimento do bebê.

No acompanhamento pré-natal, o médico saberá orientar quanto à realização de atividade física, discutir sobre receios que a grávida possa ter e esclarecer sobre os sintomas comuns na gravidez.

Fique por dentro!

Caminhadas e exercícios leves durante a gestação auxiliam no controle do peso materno e também na circulação do sangue, além de fortalecer a musculatura. Melhor oxigenação também favorece a sensação de bem-estar.

Durante o pré-natal, o acompanhamento médico esclarece a gestante sobre as modificações físicas e emocionais associadas ao período e a prepara para o parto. O útero aumenta de volume consideravelmente à medida que o feto cresce e as mamas se preparam para a amamentação.

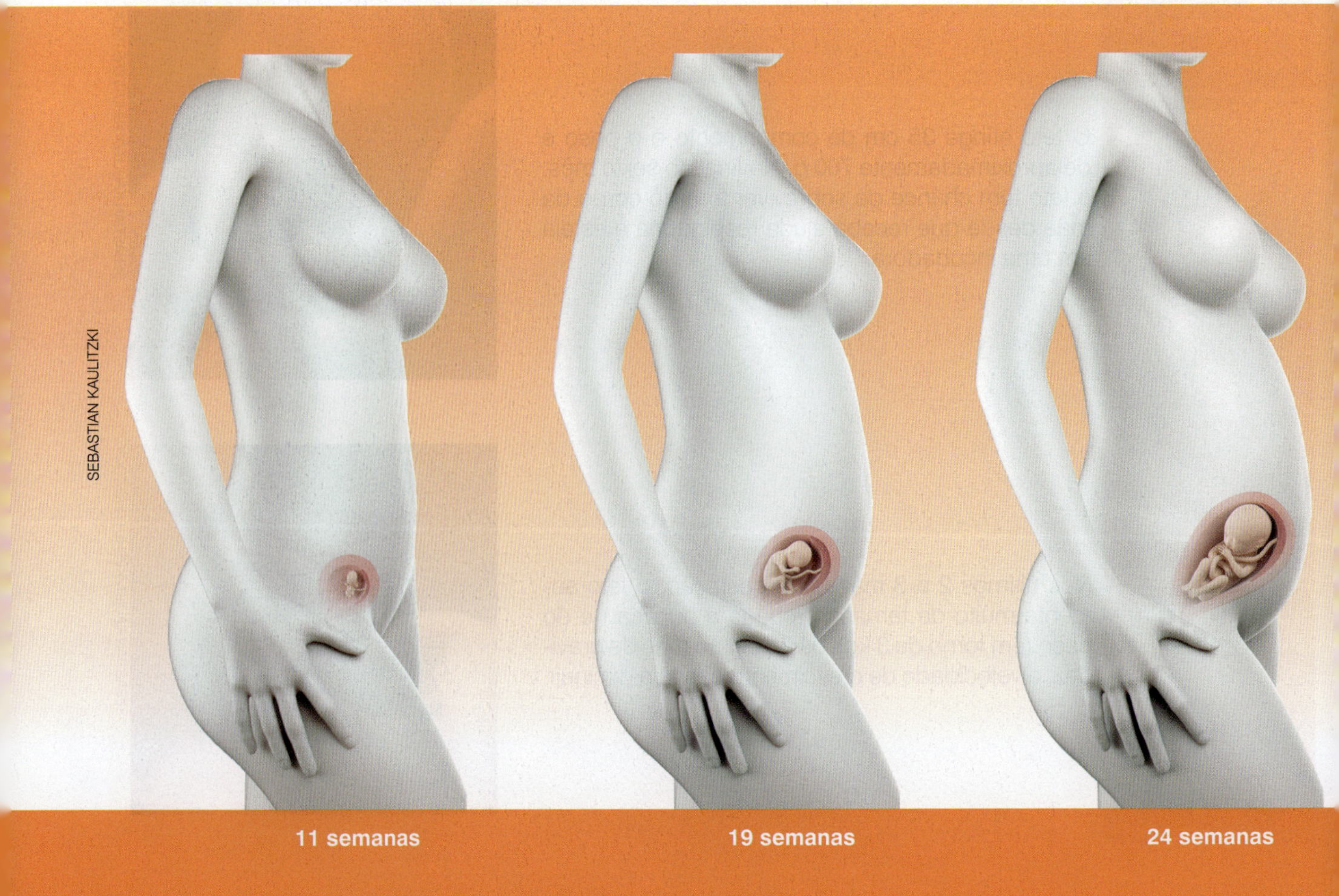

SEBASTIAN KAULITZKI

11 semanas

19 semanas

24 semanas

A gestante deve evitar o consumo de qualquer tipo de medicamento que não tenha sido prescrito por seu médico, assim como drogas, incluindo álcool, e fumo, pois são agentes potenciais de malformações no bebê ou mesmo de atraso em seu desenvolvimento físico e mental.

Durante o pré-natal também pode ser indicado um exame mais específico, chamado **amniocentese**, principalmente no caso de a gestante ter mais de 35 anos ou no caso de haver doenças genéticas na família dos pais. Nesse exame os cromossomos das células do embrião são examinados.

Descubra você mesmo!

Infecções são potencialmente perigosas, principalmente as causadas pelo vírus da rubéola. Pesquise sobre os danos dessa infecção e se há vacina contra essa doença. Ela pode ser administrada durante a gestação? Qual vacina é indicada durante a gravidez caso ainda não tenha sido tomada pela gestante?

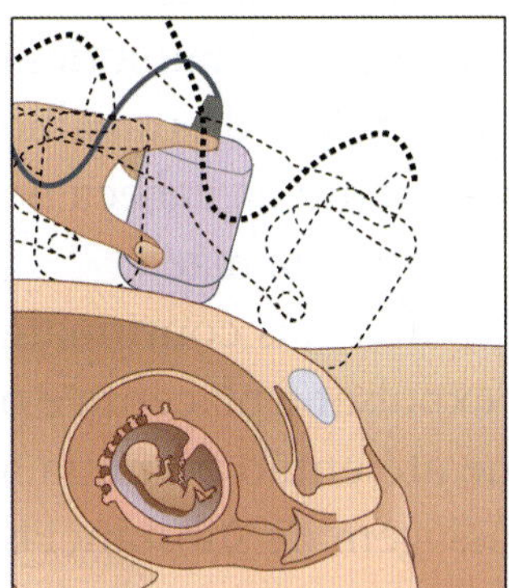
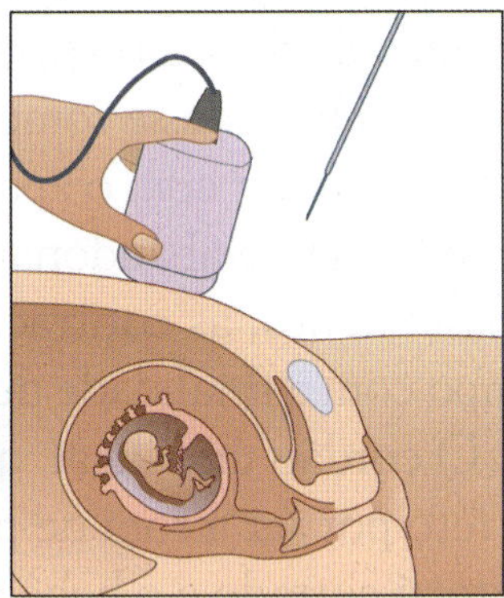
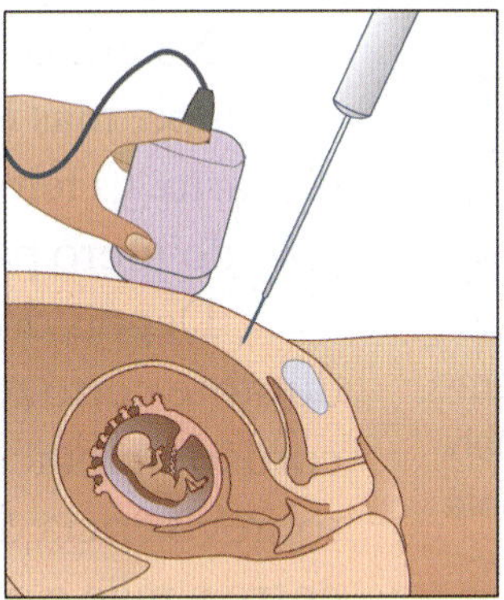
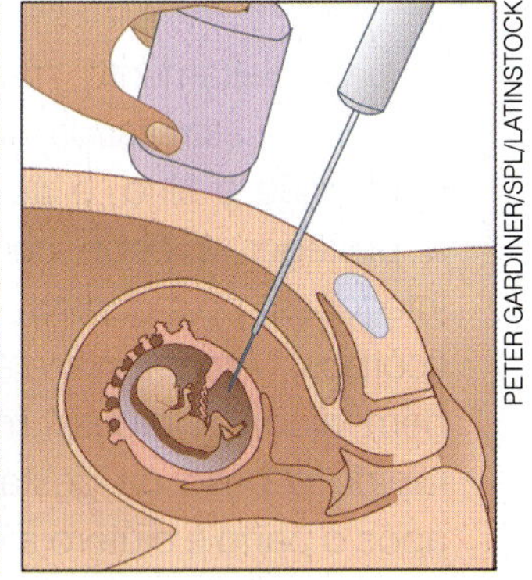

PETER GARDINER/SPL/LATINSTOCK

Ilustração mostrando como o exame da amniocentese é realizado. Um aparelho de ultrassom auxilia a determinar o melhor local para que, por meio de uma agulha inserida no saco aminiótico que circunda o feto, seja retirado um pouco do líquido da bolsa. Como esse líquido também contém algumas células do bebê, é possível analisar seus cromossomos e verificar se há alguma anormalidade no número deles, por exemplo.

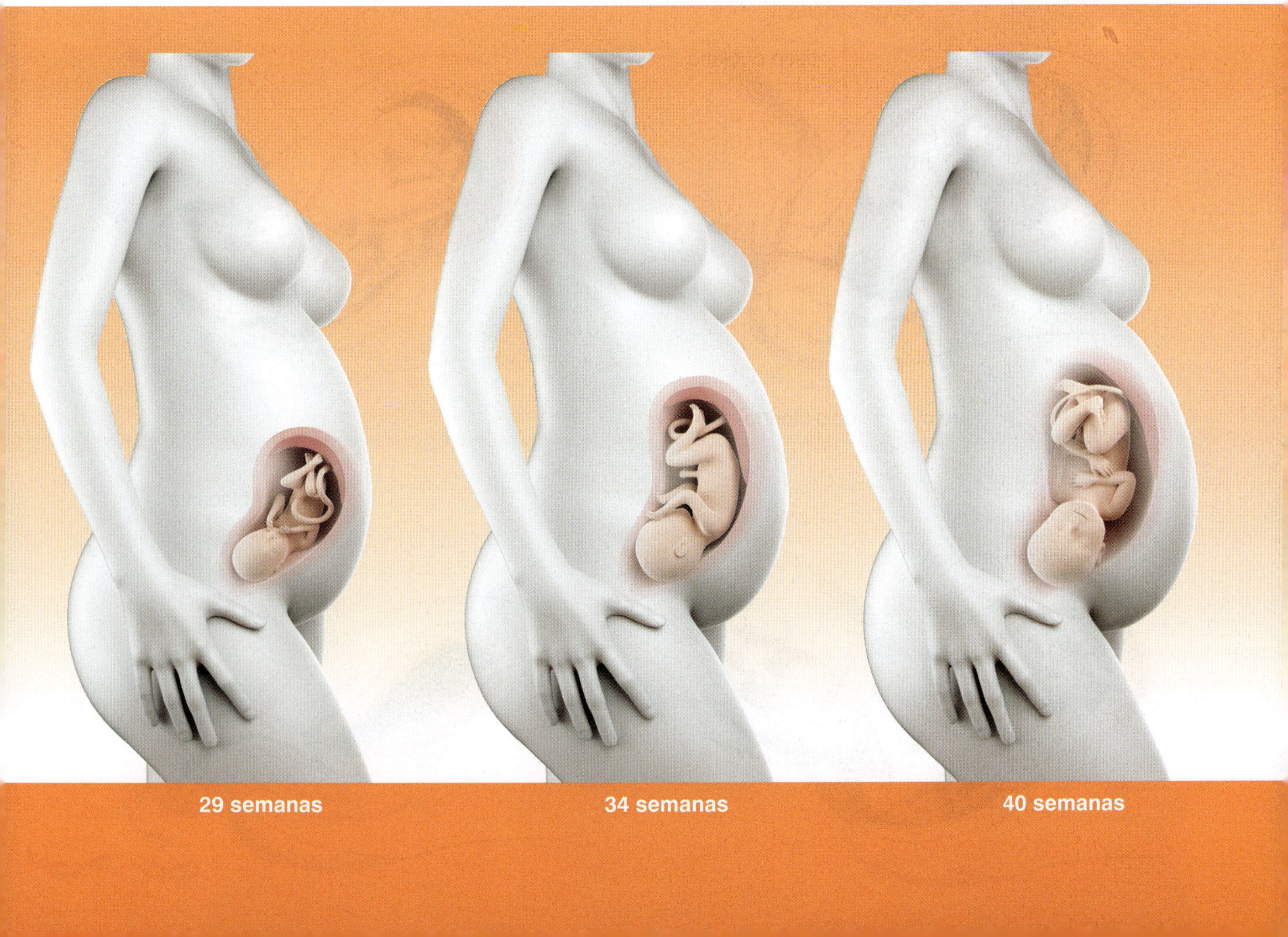

29 semanas

34 semanas

40 semanas

Parto: o momento do nascimento

Duas etapas são fundamentais no momento do parto: a **dilatação** do colo do útero e a **saída do feto**. A dilatação do colo uterino, estimulada pelo hormônio oxitocina, liberado pela hipófise, inicia-se com as primeiras contrações do útero e termina quando a dilatação atinge a máxima abertura. No início, as contrações uterinas ocorrem em intervalos de 15 a 20 minutos e são suaves. No fim, as contrações são mais vigorosas e ocorrem em intervalos de 1 a 2 minutos. Nesse momento, o colo uterino está dilatado em torno de 10 cm de diâmetro.

Na etapa de saída do feto, a bolsa-d'água (bolsa amniótica) se rompe, mas ela também pode se romper no início do trabalho de parto. O feto começa a sair com o aparecimento da cabeça no colo do útero para finalmente abandonar o corpo da mãe.

Depois do nascimento, as contrações uterinas continuam durante certo tempo com a finalidade de expulsar a placenta e o cordão umbilical. O cordão umbilical, que até então permitia a sobrevivência do feto por ser a rota de passagem de substâncias entre a mãe e o feto, é cortado e o bebê passa a ter uma existência separada.

Fique por dentro!

Por atuar no cérebro da parturiente, a oxitocina estreita os laços emocionais entre mãe e bebê, sendo, atualmente, considerado um hormônio do relacionamento mãe-bebê.

Lembre-se!

O aleitamento materno ajuda a estreitar os laços entre mãe e filho, e auxilia a proteger o bebê contra infecções, pois contém anticorpos. Amamentar também ajuda a reduzir mais rápido o peso da gestante após o parto e o útero a voltar ao seu peso normal.

Fases do parto e expulsão da placenta.

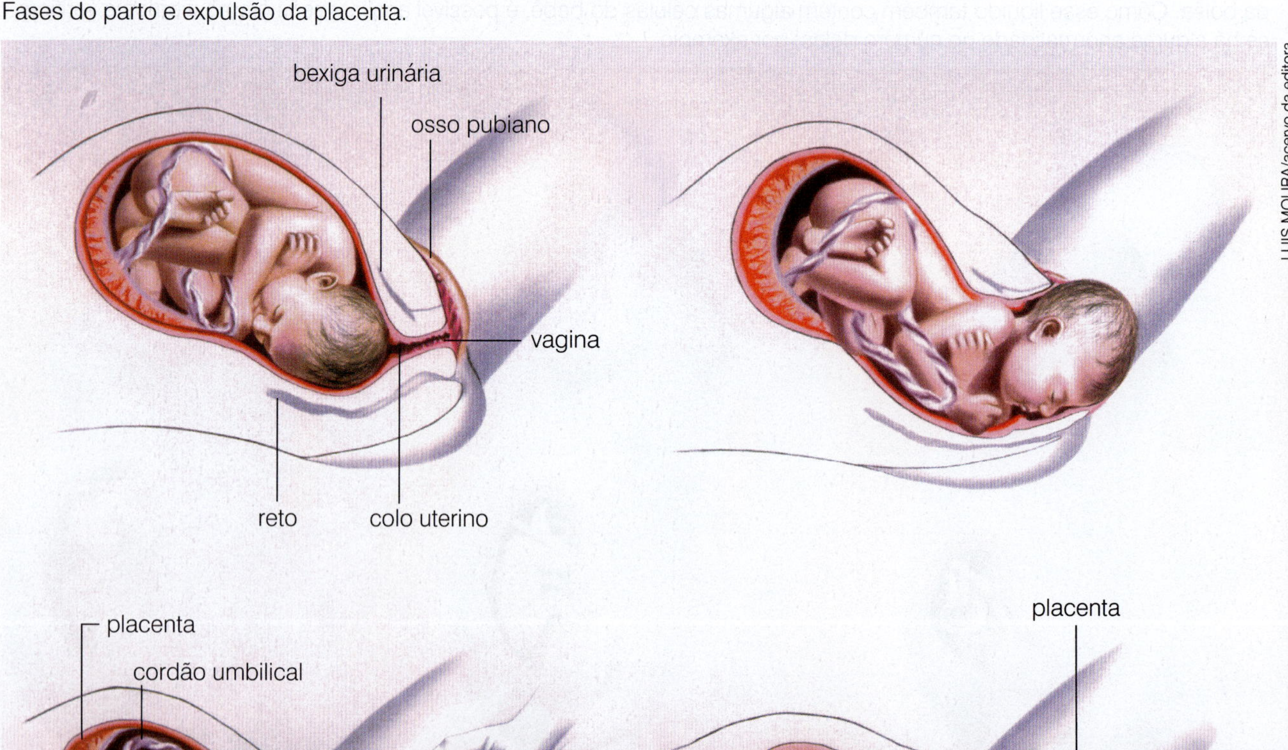

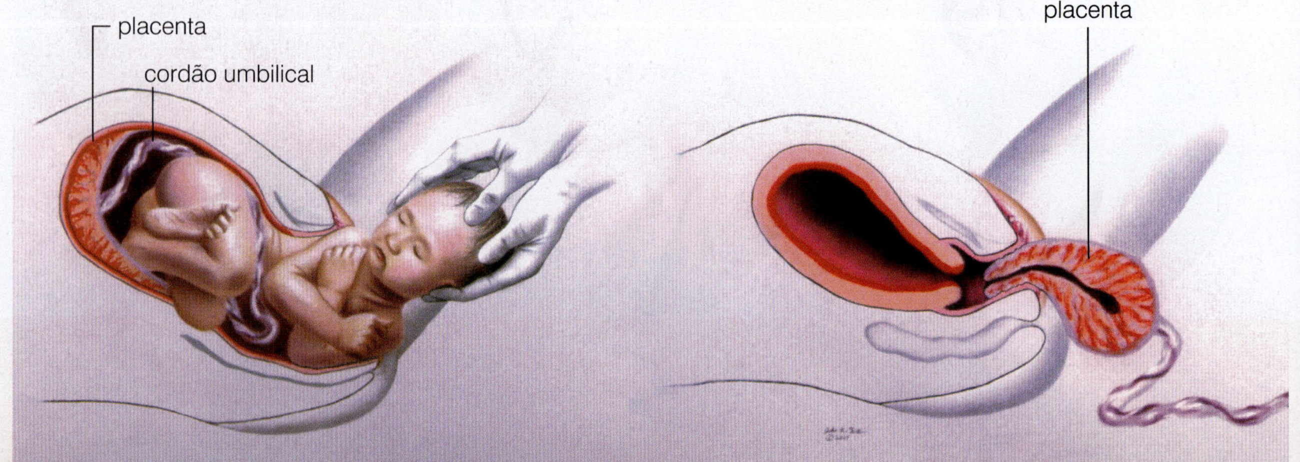

ESTABELECENDO CONEXÕES

Saúde

Cesariana: quando o parto normal não pode ocorrer

Algumas situações podem dificultar a ocorrência de um parto normal, como a gestante possuir bacia muito estreita, o que pode dificultar a passagem do feto pelo colo do útero e pelo "canal do parto" vaginal; o tamanho exagerado do feto, o que pode dificultar sua passagem pelo colo uterino e pelo "canal do parto" (canal vaginal); a posição do feto não ser a correta, ou seja, sua "apresentação para nascer" não ocorrer com a região da cabeça, mas pela região pélvica (a da bacia), muito alargada, dificultando sua passagem pelo canal vaginal; as contrações uterinas não serem suficientes para a expulsão do feto.

Na "cesariana", o médico faz um corte na parede abdominal e na parede do útero, possibilitando a retirada do bebê. Nesse momento, o cordão umbilical é cortado e a placenta é retirada.

No final da cirurgia, os tecidos seccionados são suturados, fechando as incisões feitas na parede do útero e na parede abdominal.

O parto por cesariana também pode ser feito em casos de urgência, em que é necessário antecipá-lo como, por exemplo, quando o bebê ou a mãe apresentam algum problema mais sério que afete a sobrevivência de um ou de ambos.

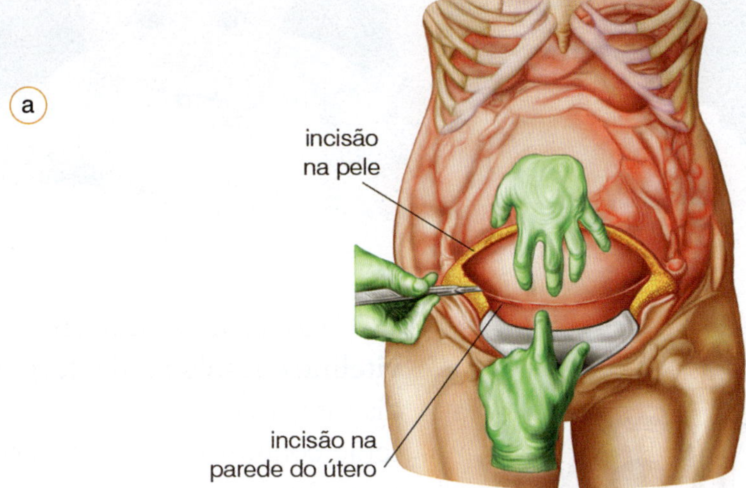

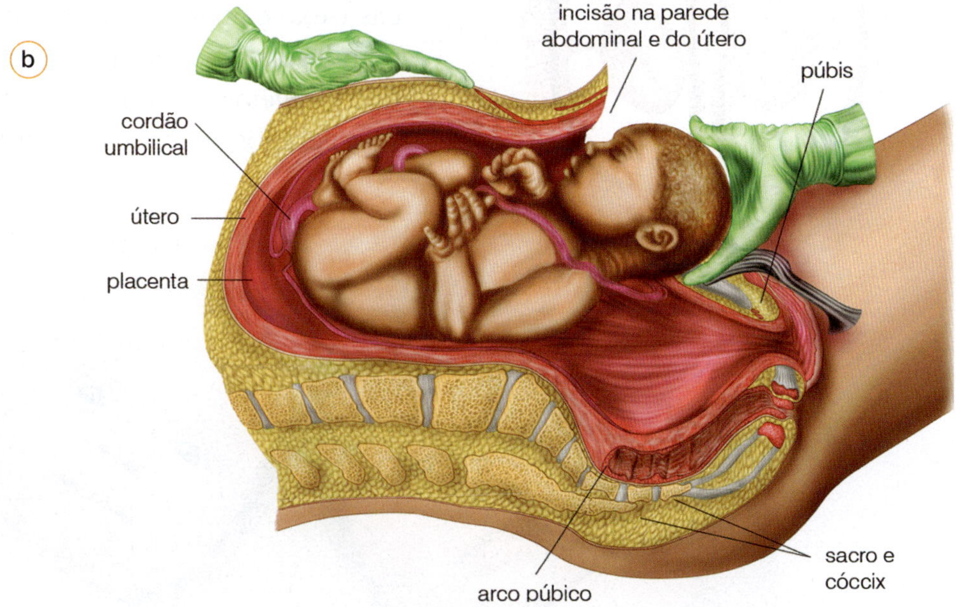

Ilustração de um parto por cesariana. (a) As paredes abdominal e uterina são seccionadas a fim de que (b) o bebê e a placenta possam ser retirados.

STOCKTREK IMAGES/CORBIS/LATINSTOCK

A formação de gêmeos

Por que será que há gêmeos absolutamente iguais e outros completamente diferentes? É que gêmeos podem ser formados de duas formas diferentes.

Os gêmeos **idênticos** ou univitelinos resultam de uma única fecundação. Após um período de divisões celulares, o conjunto de células se separa em dois e cada um forma um embrião. Os dois embriões terão em suas células conjuntos idênticos de cromossomos e genes, pois derivam de um único zigoto (são monozigóticos). As características (sexo e aparência física) são as mesmas.

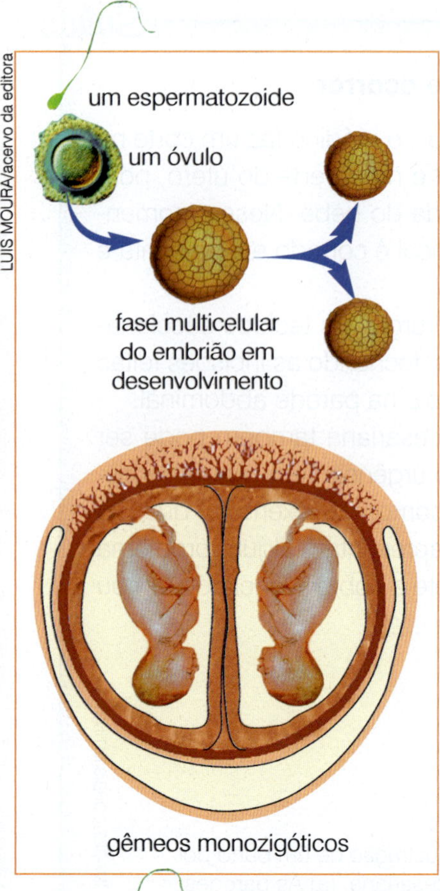

LUIS MOURA/acervo da editora

VGM/SHUTTERSTOCK

Os gêmeos **fraternos** ou **bivitelinos** resultam de fecundações distintas (são dizigóticos). Os zigotos terão conjuntos cromossômicos com variação dos genes e as características (sexo e aparência física) poderão manifestar-se diferentemente nesse tipo de gêmeos, como se fossem filhos gerados em épocas distintas.

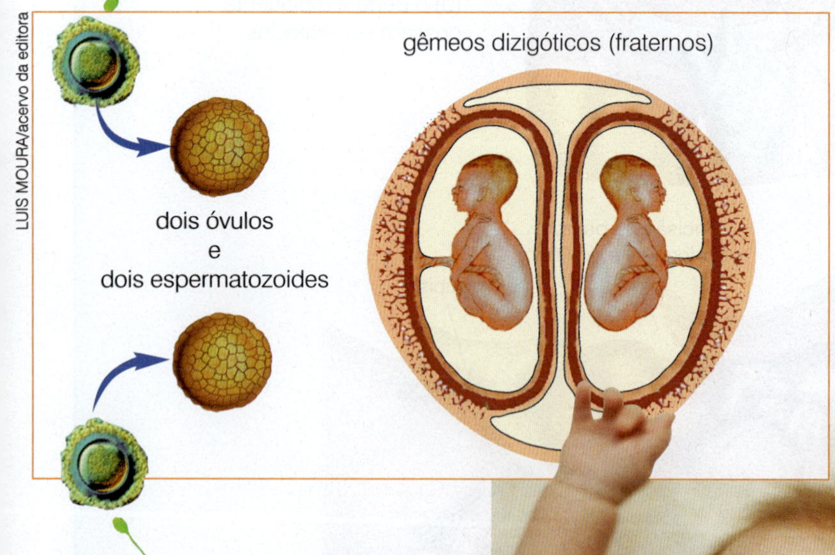

LUIS MOURA/acervo da editora

VERONIKA GALKINA/SHUTTERSTOCK

EM CONJUNTO COM A TURMA!

Com seu grupo de trabalho, divirtam-se preenchendo corretamente as lacunas com as respostas aos seguintes itens:

1. A primeira célula que todos fomos um dia; o mesmo que célula-ovo.
2. Órgão musculoso que abriga os embriões e os fetos durante a gestação.
3. Procedimento cirúrgico adotado em substituição ao parto normal.
4. Nome do ser em desenvolvimento após o segundo mês de gestação.
5. Órgão responsável pela passagem de nutrientes e excretas e pela troca de gases (O_2 e CO_2) entre mãe e feto.
6. Assegura o fornecimento de todos os nutrientes necessários ao desenvolvimento do recém-nascido.
7. Nome do ser em desenvolvimento até o segundo mês de gestação.
8. Hormônio produzido pela hipófise. Atua na contração uterina e na ejeção do leite produzido pelas glândulas mamárias.

1	G
2	E
3	S
4	T
5	A
6	Ç
7	Ã
8	O

Contracepção: evitando a gravidez

Sem entrar em considerações a respeito da validade ou não desse procedimento, *contracepção* significa impedir a formação do zigoto. Como veremos nos itens a seguir, isso pode ser obtido por *meios naturais* ou *artificiais*, podendo ser, estes últimos, definitivos ou temporários.

Atualmente existem muitas opções de métodos contraceptivos e a escolha deve ser feita levando-se em conta as necessidades de cada casal, **sempre sob orientação médica**. Pode, inclusive, variar durante a vida, dependendo do momento vivido pelo casal. Por isso, é importante conhecer cada método, suas vantagens, desvantagens, modo de ação, eficácia, necessidade de ajuda médica e possíveis efeitos indesejáveis.

Métodos contraceptivos artificiais

Os métodos contraceptivos artificiais disponíveis e, de modo geral, aceitos pela sociedade e pela legislação do nosso país, podem ser classificados em **definitivos** (irreversíveis) e **temporários** (reversíveis). Os primeiros são considerados irreversíveis porque envolvem a realização de uma cirurgia, a **vasectomia** (nos homens) ou a **ligadura das tubas uterinas** (nas mulheres).

Os métodos temporários incluem os **de barreira** (camisinhas, por exemplo), os **hormonais** (utilização de pílulas, por exemplo) e os **dispositivos intrauterinos** (por exemplo, o DIU).

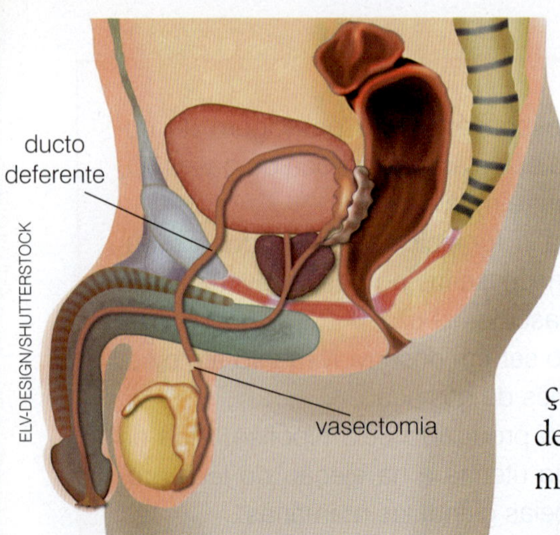

Na vasectomia, os ductos deferentes recebem um corte.

Jogo rápido

Na vasectomia, a produção de testosterona é interrompida? Justifique sua resposta.

Vasectomia e ligadura de tubas uterinas

A vasectomia é uma intervenção cirúrgica considerada simples do ponto de vista médico. Após anestesia local, são cortados os ductos ou canais deferentes por meio de incisão (corte) na parede do saco ou bolsa escrotal. Desse modo, os espermatozoides não são mais conduzidos ao pênis. No caso da ligadura das tubas uterinas, cirurgia popularmente conhecida como laqueadura ou ligação tubária, as tubas uterinas são cortadas e amarradas. Deixa de haver conexão entre ovários e útero. Dessa forma, não há mais encontro de gametas femininos com espermatozoides.

Tanto a vasectomia quanto a ligação das tubas uterinas apresentam uma eficácia muito alta (maior que 99%).

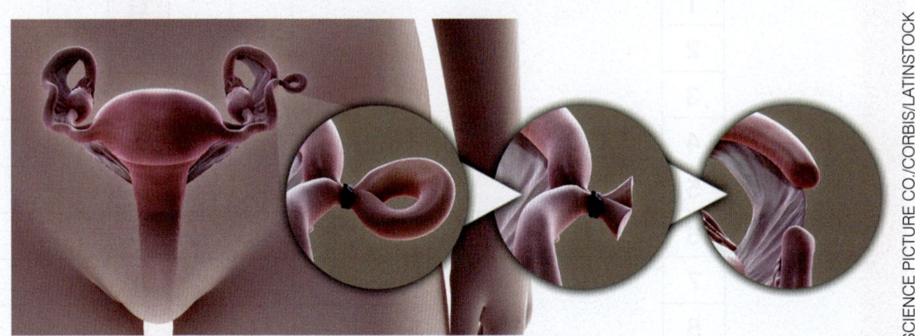

Ilustração da ligação das tubas uterinas, método utilizado para impedir a fecundação.

É SEMPRE BOM SABER MAIS!

A vasectomia não causa impotência (dificuldade de ereção), pois a produção hormonal dos testículos e o fluxo sanguíneo que produz a ereção continuam normalmente. Na ejaculação são eliminados apenas os fluidos secretados pela próstata e vesículas seminais. A laqueadura tubária também não interfere na produção hormonal, de modo que as ovulações continuam, porém sem possibilidade de fecundação.

Lembre-se!

O efeito contraceptivo da pílula é temporário. Interrompendo-se o uso, a ovulação volta a ocorrer normalmente. Pílulas **não protegem** contra doenças sexualmente transmissíveis (DST).

Pílula anticoncepcional

O uso de pílulas anticoncepcionais é atualmente um dos métodos contraceptivos mais populares. A pílula mais comum é constituída pela combinação de hormônios ovarianos sintéticos, como o estrógeno e a progesterona. Tomada corretamente, a eficácia é bastante alta (maior que 95%). Isso porque os hormônios existentes na pílula agem inibindo a liberação dos hormônios hipofisários FSH e LH. Sem a liberação desses hormônios, deixa de haver estimulação dos ovários e não há ovulação. Portanto, o uso da pílula é um método *anovulatório*.

Jogo rápido

Qual a composição hormonal da pílula anticoncepcional normalmente utilizada por pessoas do sexo feminino e qual o seu mecanismo de ação?

ESTABELECENDO CONEXÕES

Saúde

Os cuidados no uso da pílula anticoncepcional

Como são medicamentos com diferentes doses hormonais, as pílulas só podem ser prescritas por um médico ginecologista. Isso porque, atualmente, estão disponíveis no mercado diferentes tipos de pílula, que apresentam combinações hormonais variadas. Muitas vezes, uma pílula que funciona bem para uma mulher não é indicada para outra.

É importante lembrar que as pílulas podem apresentar diversos efeitos colaterais. De início, pode haver retenção de líquidos que causam inchaços (edemas), maior sensibilidade nas mamas e dores de cabeça. Com o passar do tempo, podem ocorrer problemas circulatórios, como hipertensão e formação de coágulos sanguíneos.

Mulheres fumantes que fazem uso de pílulas anticoncepcionais aumentam potencialmente o risco de acidentes vasculares.

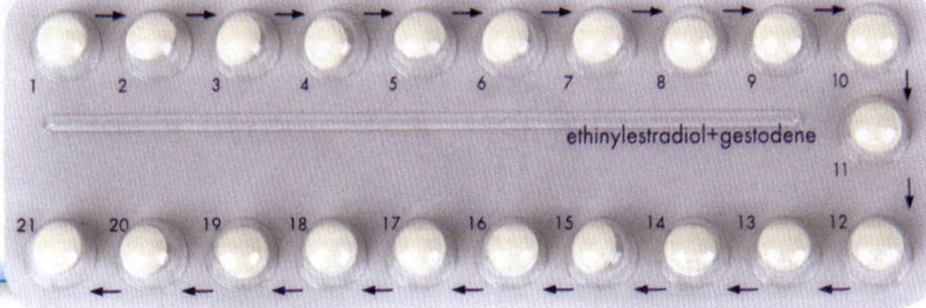

IRASOKOLOVSKAYA/SHUTTERSTOCK

É SEMPRE BOM SABER MAIS!

Outras formas de contracepção hormonal

Além de serem utilizados na forma de comprimidos (pílulas), os contraceptivos hormonais podem ser administrados na forma de injeções mensais ou trimestrais. As injeções também apresentam alta eficácia e facilidade de utilização, uma vez que a mulher não precisa ingerir hormônios todos os dias, o que ocorre com os contraceptivos orais.

Mais recentemente, novas formas de administração de contraceptivos hormonais têm ganhado por serem bem eficazes e de fácil utilização.

As pílulas anticoncepcionais, assim como outros contraceptivos hormonais, apresentam algumas contraindicações. Por exemplo, mulheres com diabetes, problemas no fígado, nos rins, ou relacionados à coagulação sanguínea, devem evitar seu uso. Por isso, toda e qualquer administração de medicamentos deve ser sempre precedida de uma consulta médica, que indicará o método adequado a cada caso.

IMAGE POINT FR/SHUTTERSTOCK

adesivos transdérmicos: aplicados na pele, os hormônios são por ela absorvidos

MICHAEL KRAUS/SHUTTERSTOCK

implantes subcutâneos: pequenos tubetes com hormônios, colocados sob a pele da parte interna do braço.

IMAGE POINT FR/ SHUTTERSTOCK

anéis vaginais: anéis plásticos contendo hormônios, inseridos no canal vaginal

DIU: dispositivo intrauterino

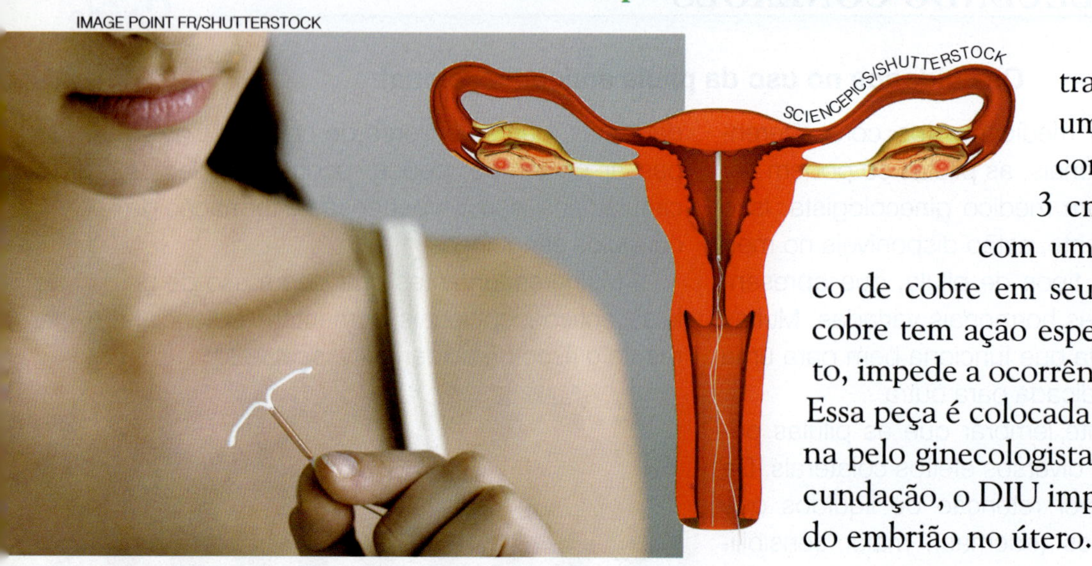

Dispositivo intrauterino (DIU).

O dispositivo intrauterino (DIU) é uma peça de plástico com pouco mais de 3 cm, em forma de T, com um filamento metálico de cobre em seu eixo principal. O cobre tem ação espermicida e, portanto, impede a ocorrência de fecundação. Essa peça é colocada na cavidade uterina pelo ginecologista. Caso ocorra a fecundação, o DIU impede a implantação do embrião no útero.

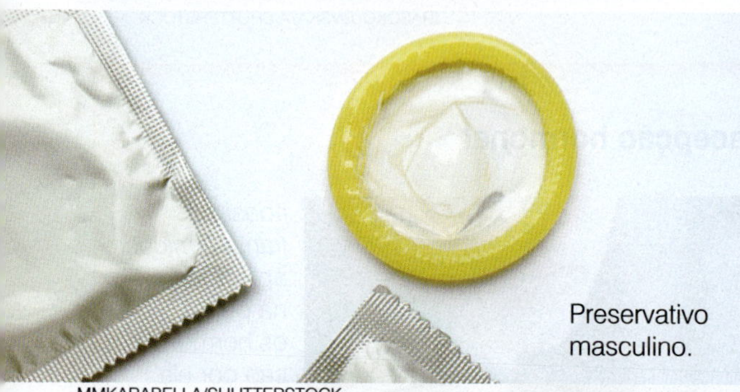

Preservativo masculino.

Métodos de barreira

Além dos métodos contraceptivos hormonais e do DIU, existem também os métodos de barreira como, por exemplo, os preservativos, popularmente conhecidos como "camisinhas", e o diafragma. A função desses dispositivos é impedir o ingresso de espermatozoides na vagina ou no útero.

Preservativos (camisinhas)

O preservativo masculino (camisinha) é formado por uma borracha (latéx) fina que impede a entrada dos espermatozoides na vagina. Quando utilizado corretamente, sua eficácia é relativamente alta. Acompanhe na figura ao lado o modo correto de utilizar a camisinha masculina.

Ela deve ser inserida no pênis ereto. É importante, em seguida, apertar a ponta da camisinha para retirar o ar e permitir o acúmulo de esperma. Ao final da relação, ainda com o pênis ereto, ela deve ser desenrolada, com cuidado, para não rasgá-la ou perfurá-la. Aí é só amarrar a parte posterior e descartar.

O preservativo feminino, também chamado de camisinha feminina, é um dispositivo de plástico macio e flexível. Colocado no interior da vagina, também tem a função de impedir a entrada dos espermatozoides no útero.

Lembre-se!

Além de impedir a passagem de espermatozoides, o uso de preservativos constitui o único método eficaz contra doenças sexualmente transmissíveis, pois impedem a passagem de vírus, bactérias e fungos causadores dessas enfermidades.

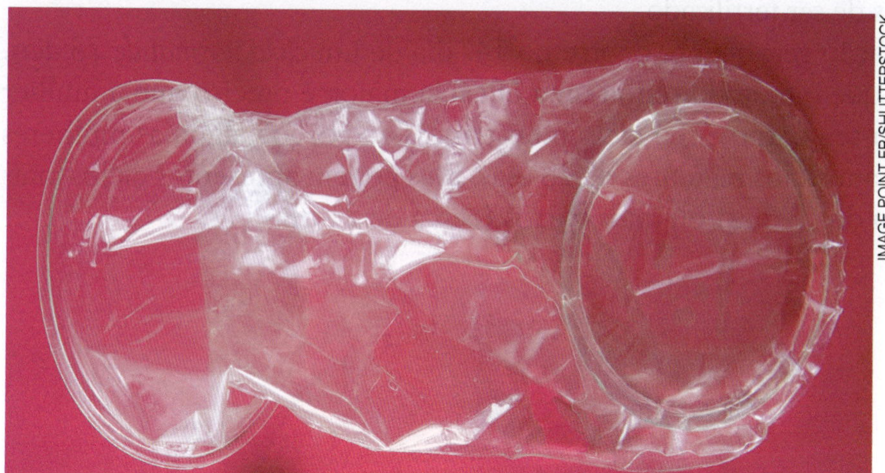

IMAGE POINT FR/SHUTTERSTOCK

Preservativo feminino.

Diafragma

Outro método contraceptivo de barreira é o diafragma, que pode ou não ser utilizado em conjunto com um gel espermicida. O diafragma é um objeto de borracha (látex) ou silicone transparente com forma de capuz. Colocado no colo do útero (no fundo do canal vaginal), sua função é impedir a entrada dos espermatozoides na cavidade uterina. Ele deve ser inserido pela própria mulher algumas horas antes da relação sexual e não deve ser retirado antes de oito horas após a relação.

Gel espermicida: substância que inativa ou mata os espermatozoides.

Sua eficácia é relativamente alta, mas não tanto quanto outros métodos. Isto acontece porque ele pode se deslocar durante a relação sexual ou até mesmo por ter sido inserido incorretamente. O diafragma também não protege contra as DST.

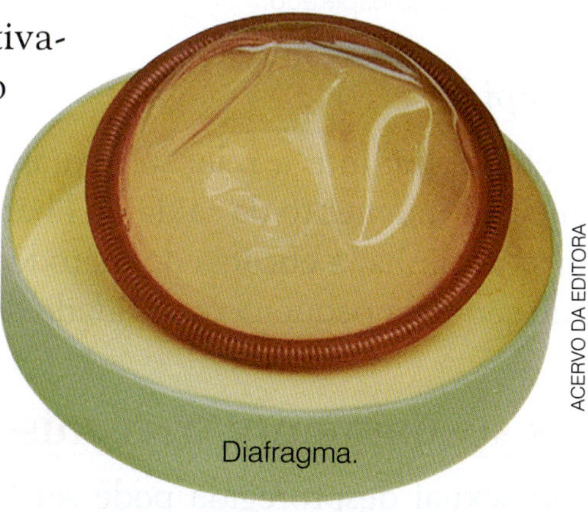

ACERVO DA EDITORA

Diafragma.

Métodos contraceptivos naturais

Os métodos "naturais" de contracepção incluem a **abstinência temporária**, com a utilização da "tabelinha", e o **coito interrompido**.

"Tabelinha" e abstinência sexual temporária

O método natural mais conhecido está relacionado ao uso da popularmente chamada "tabelinha". Nesse método, a mulher evita a relação sexual no período fértil, ou seja, durante o período em que o gameta feminino encontra-se em condições de ser fertilizado.

A ovulação geralmente ocorre no 14º dia de um *ciclo normal de 28 dias*. Porém, para que o método tenha uma eficácia maior, é preciso que a mulher conheça bem seu corpo e seu ciclo menstrual. Isso porque algumas mulheres não apresentam ciclos regulares de 28 dias. Elas podem apresentar ciclos mais longos (cerca de 40 dias) ou mais curtos (cerca de 21 dias).

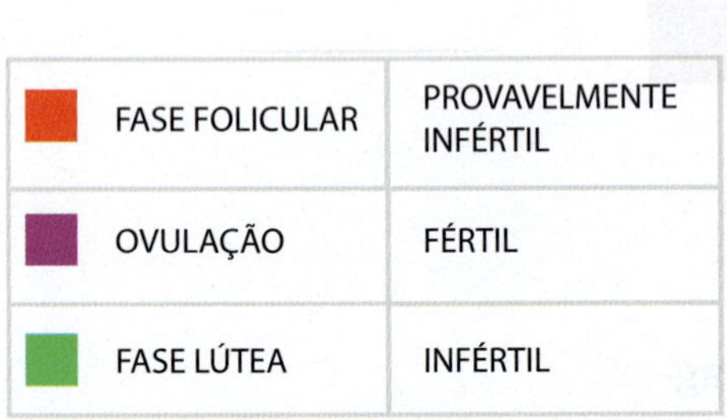

FASE FOLICULAR	PROVAVELMENTE INFÉRTIL
OVULAÇÃO	FÉRTIL
FASE LÚTEA	INFÉRTIL

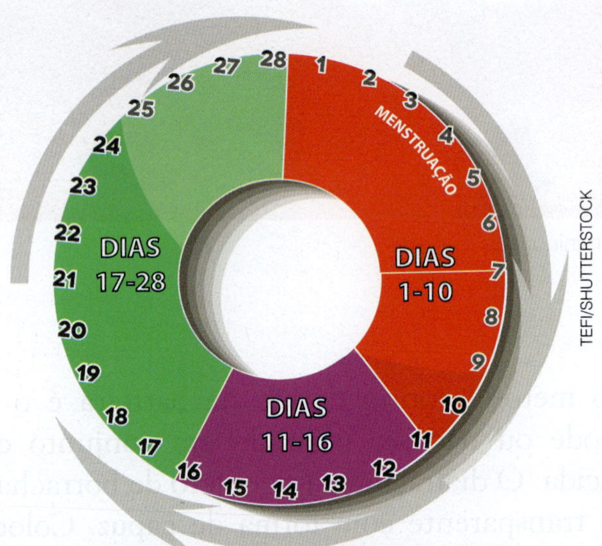

Tabelinha menstrual. Para um ciclo menstrual regular de 28 dias, o período fértil estaria entre o 11º e o 16º dia, contados a partir do primeiro dia da menstruação. Mas, **cuidado**, o método da tabelinha apresenta uma eficácia **relativamente baixa**. Isso ocorre porque a duração do ciclo menstrual pode ser variável e, além disso, pode sofrer alteração por razões emocionais ou estresse e a ovulação ocorrer em período diferente do esperado.

Coito interrompido

Nesse método, durante a relação sexual, o pênis é retirado da vagina **antes** da ejaculação (momento da saída ou liberação do sêmen). Assim como acontece com a tabelinha, a eficácia do método é bastante baixa, pois mesmo antes da ejaculação uma pequena quantidade de sêmen é liberada na vagina.

Doenças sexualmente transmissíveis

A relação sexual desprotegida pode ser "porta de entrada" de muitos microrganismos, dentre os quais podemos citar vírus, bactérias e protozoários. Muitos desses microrganismos podem ser causadores de **doenças sexualmente transmissíveis** (DST).

Faremos uma breve descrição de algumas das principais DST que afetam o ser humano; outras, de interesse, são apresentadas na tabela a seguir.

Algumas das principais doenças sexualmente transmissíveis.

Doença	Agente causador	Sintomas	Prevenção
Tricomoníase	*Trichomonas vaginalis* (protozoário)	Corrimento vaginal amarelado, fétido, e dor ao urinar. O homem, geralmente, é portador assintomático.	Evitar o contato sexual com portadores.
Pediculose pubiana (ftiríase)	*Phthirus pubis* ("chato", um artrópode)	Prurido (coceira), ferimentos leves (escoriações) e infecções bacterianas secundárias.	Evitar contato com portadores e incentivar a higiene pessoal e a lavagem adequada de roupas.
Hepatite tipo B	Vírus da hepatite B	Icterícia (amarelecimento da pele e da conjuntiva ocular). Dores abdominais. Cirrose hepática. Insuficiência hepática. Câncer hepático.	Evitar contato sexual com portadores. Existe vacina.
Hepatite tipo C	Vírus da hepatite C	Icterícia, febre, cansaço fácil. Pode evoluir para câncer hepático.	Evitar contato sexual com portadores. Por ora, não há vacina.
Candidíase vaginal (monilíase)	Fungos do gênero *Candida*	Coceira na região genital e ardor ao urinar. Pode ter corrimento vaginal.	Evitar contato sexual com portadores.

Cancro mole

O agente causador dessa doença é a bactéria *Haemophilus ducreyi*. As bactérias penetram na pele e, depois de um período de incubação que varia de 3 a 5 dias, provocam a formação de uma ferida dolorosa no pênis ou na região anal, acompanhada de uma secreção clara. A doença predomina no sexo masculino e o tratamento é feito com a utilização de antibióticos.

Gonorreia

A gonorreia, também chamada de blenorragia, é causada pela bactéria *Neisseria gonorrhoeae*. No homem, os sintomas aparecem no sistema urinário, principalmente na uretra, destacando-se coceira, corrimento purulento, dor ao urinar e aumento na frequência da micção (ato de urinar). É importante chamar atenção para a possibilidade de ocorrer infecção na próstata e nos testículos, podendo, inclusive, causar esterilidade. Na mulher, ocorre a formação de corrimento purulento vaginal. O tratamento consiste no uso de antibióticos.

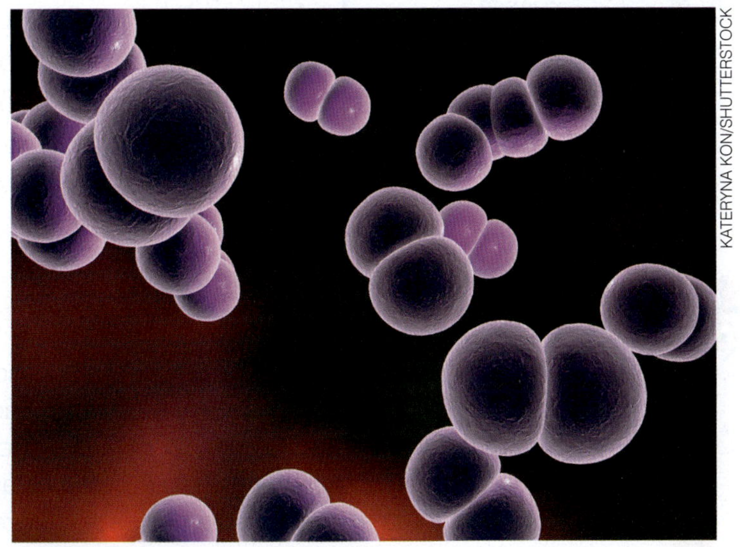

KATERYNA KON/SHUTTERSTOCK

Ilustração de *Neisseria gonorrhoeae*, bacteria causadora de blenorragia.

Sífilis

A sífilis é causada pela bactéria *Treponema pallidum*. É doença que apresenta três fases distintas: sífilis primária, secundária e terciária.

A **sífilis primária** se manifesta de 2 a 3 semanas após a penetração da bactéria na pele. No local de entrada, surge uma ferida coberta por uma secreção clara, sem pus, conhecida como *cancro duro*. No homem, essa ferida é muito comum no pênis e na mulher, junto à uretra e aos grandes lábios. Por ser pouco dolorosa, é comum que o indivíduo acometido não procure tratamento médico, principalmente porque, em alguns casos, as lesões costumam desaparecer, levando o indivíduo a acreditar que está curado.

SEBASTIAN KAULITZKI/SHUTTERSTOCK

Representação ilustrativa de *Treponema pallidum*, bactéria espiroqueta causadora da sífilis.

Depois de um período de 2 a 3 meses, surgem manchas róseas na pele do corpo, principalmente nas palmas das mãos, caracterizando a **sífilis secundária**.

Na **sífilis terciária**, a bactéria passa a atuar internamente no organismo. Nesse caso, podem ocorrer graves lesões no sistema cardiovascular – podem surgir, por exemplo, aneurismas (dilatações) na artéria aorta e no sistema nervoso, onde as lesões provocam sintomas como demência, psicoses e convulsões, que podem conduzir o indivíduo à morte.

Assim como acontece com o cancro mole e com a gonorreia, o tratamento da sífilis também é feito com antibióticos.

Jogo rápido

Por que as mulheres que planejam engravidar devem fazer o teste para diagnosticar a sífilis?

É SEMPRE BOM SABER MAIS!

A bactéria causadora da sífilis pode ser transmitida através da placenta ao feto. As consequências são muito graves, desde aborto até a morte do recém-nascido. O problema é bastante sério, pois a mulher geralmente não sabe que apresenta a doença durante a gravidez. Por isso, é muito importante para as mulheres em idade reprodutiva a realização do teste VDRL (indicado no diagnóstico de sífilis) antes de engravidarem. O parceiro da mulher também deve fazer o teste para saber se tem a doença, evitando que ele a transmita para a mulher.

Condiloma acuminado

Também chamado de crista-de-galo, o condiloma acuminado é causado pelo vírus HPV (papilomavírus). São conhecidos mais de 100 tipos desse vírus.

Importante saber que há um período, não se sabe exato qual o tempo, em que a pessoa está contaminada sem apresentar sinais ou sintomas da contaminação, mas, apesar disso, ela pode transmitir a doença. Depois, há formação de verrugas na região anogenital ou no colo do útero, sendo que também podem estar presentes na boca e garganta. Algumas formas de HPV podem levar ao câncer, principalmente de colo do útero e de ânus.

A forma de contágio se dá pela via sexual, mas não apenas pelo ato sexual. A contaminação pode ocorrer pelo contato boca-genitais, mãos-genitais ou genitais-genitais. O uso da camisinha ajuda a prevenir a transmissão do vírus. A transmissão direta mãe para bebê pode ocorrer durante o parto normal.

O acompanhamento médico é indispensável para o tratamento adequado.

Jogo rápido

Com relação às DST: herpes genital, cancro mole, AIDS, sífilis, gonorreia e condiloma acuminado, quais são causadas por vírus e quais são causadas por bactérias?

Herpes genital

É doença causada por vírus. Nas fases iniciais, a infecção viral causa vermelhidão da pele na região anal e genital. Em seguida, o indivíduo começa a sentir coceira nessas regiões. Formam-se pequenas bolhas, que provocam feridas quando estouram. Normalmente os sintomas desaparecem em algumas semanas, porém os vírus permanecem por longo tempo no organismo, muitas vezes sem produzir sintomas.

O tratamento para o herpes genital consiste na utilização de medicamentos antivirais, que combatem os vírus, sempre com acompanhamento médico especializado.

Fique por dentro!

Durante o parto normal, a mulher pode passar os vírus do herpes genital para a criança.

AIDS

AIDS é uma sigla inglesa que designa a *Síndrome da Imunodeficiência Adquirida* (*Acquired Immunodeficiency Syndrome*). É doença causada pelo vírus da imunodeficiência humana, cuja sigla em inglês é HIV.

O vírus HIV infecta principalmente as células sanguíneas chamadas linfócitos T, um tipo de glóbulo branco cuja função é proteger o organismo contra a ação de microrganismos.

Mecanismo de infecção

O vírus HIV encosta no linfócito e, ao fundir o seu envoltório externo com a membrana da célula sanguínea, ele consegue entrar na célula hospedeira. O próximo passo do vírus é usar todas as estruturas da célula que ele está parasitando para se reproduzir, produzindo novos vírus. O resultado desse processo é a morte do linfócito.

Os novos vírus HIV, agora liberados para a corrente sanguínea, poderão parasitar outros linfócitos T, em uma reação em cadeia, o que acaba levando o indivíduo à perda progressiva de proteção (imunidade) e até à morte.

Fique por dentro!

Os indivíduos portadores do vírus da AIDS são chamados de HIV positivos ou soropositivos para o HIV. Embora muitas vezes eles não apresentem nenhum sintoma da doença, podem transmitir o vírus a outros indivíduos.

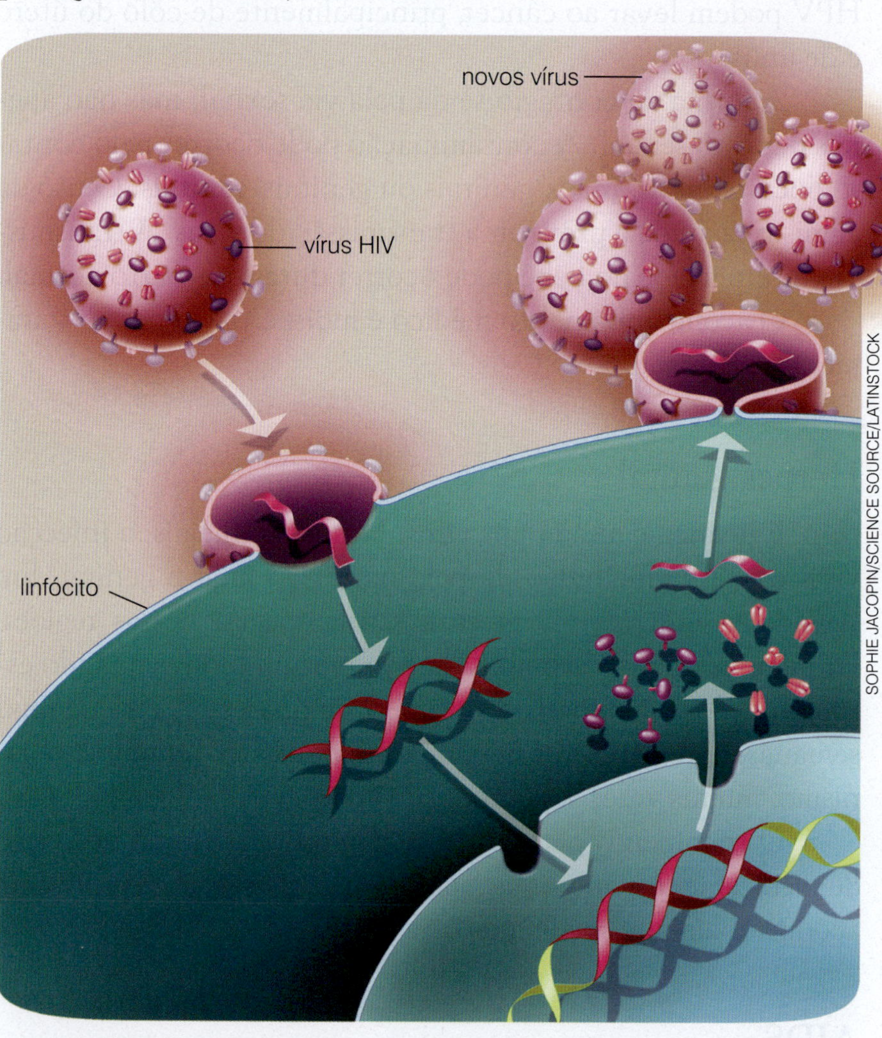

Multiplicação do vírus HIV. Ao entrar na célula, o vírus utiliza os elementos da célula invadida para produzir novos vírus.

A AIDS não tem cura. Os procedimentos atuais consistem em impedir a reprodução dos vírus nos linfócitos. Sob orientação médica, os pacientes tomam os conhecidos "coquetéis", que são medicamentos antivirais que podem prolongar a vida do doente, além de melhorar a sua qualidade de vida. Não há, até o momento, perspectivas de fabricação de uma vacina. Então, a única maneira de evitar a contaminação e suas consequências é a prevenção.

Prevenção: evitando o contágio

A transmissão do vírus da AIDS ocorre de pessoa para pessoa e se dá por **via sexual** (esperma, secreção vaginal), por **transfusão de sangue**, pela **amamentação** (leite materno) e durante a **gravidez** (o vírus passa da mãe para o feto). Assim, são situações de risco:

- ter relações sexuais sem usar preservativos, mesmo que se tenha um companheiro fixo;
- usar drogas injetáveis compartilhando agulhas e seringas, isto é, quando duas ou mais pessoas usam as mesmas agulhas e seringas;
- submeter-se a transfusões em que o sangue não foi testado previamente;
- usar lâminas de barbear, tesouras, alicates de unha, instrumentos usados por médicos, dentistas, manicures e tatuadores sem que estejam muito bem esterilizados.

Fique por dentro!

A vigilância junto aos bancos de sangue é uma obrigação do governo, que deve zelar para que todo o sangue recebido de doadores seja testado para diversas doenças, inclusive para a presença do vírus da AIDS.

ESTABELECENDO CONEXÕES — Cidadania

Diga não ao preconceito

Como qualquer outra pessoa, a pessoa que vive com HIV/AIDS tem o direito de levar uma vida igual à de todo mundo. Pode trabalhar normalmente, praticar esportes, ir a festas, frequentar bares, *shoppings*, clubes e se relacionar com as pessoas, social e afetivamente. Está comprovado que a continuidade da vida social e a adesão adequada ao tratamento resultam na melhora da qualidade de vida e na resposta ao tratamento com medicamentos adequados.

O preconceito e o estigma associado à AIDS são dificuldades frequentemente encontradas pelos soropositivos para conseguirem manter a vida normalmente. Deixar de ser amigo de uma pessoa que vive com HIV/AIDS por medo de pegar a doença é bobagem. O HIV não é transmitido pelo abraço ou até mesmo pelo beijo. O contágio se dá, principalmente, por relações sexuais desprotegidas, compartilhamento de seringas e outros objetos cortantes e pela amamentação. Previna-se contra o HIV e livre-se do preconceito.

Disponível em: <http://www.aids.gov.br/pagina/relacionamento-pessoal-e-social>. *Acesso em:* 13 set. 2015.

➢ Um colega de turma é soropositivo. Como você pode ajudá-lo a se integrar ao grupo?

O ideal é que você leve ao cabeleireiro o seu próprio material para manicure a fim de evitar contato com possível material contaminado.

TAMARA83/SHUTTERSTOCK

Nosso desafio

Para preencher os quadrinhos de 1 a 12, você deve utilizar as seguintes palavras: camisinha, coito interrompido, definitivos, diafragma, DIU, laqueadura tubária, ovulação, tabelinha, temporários, útero, vagina, vasectomia.

À medida que você preencher os quadrinhos, risque a palavra que escolheu para não usá-la novamente.

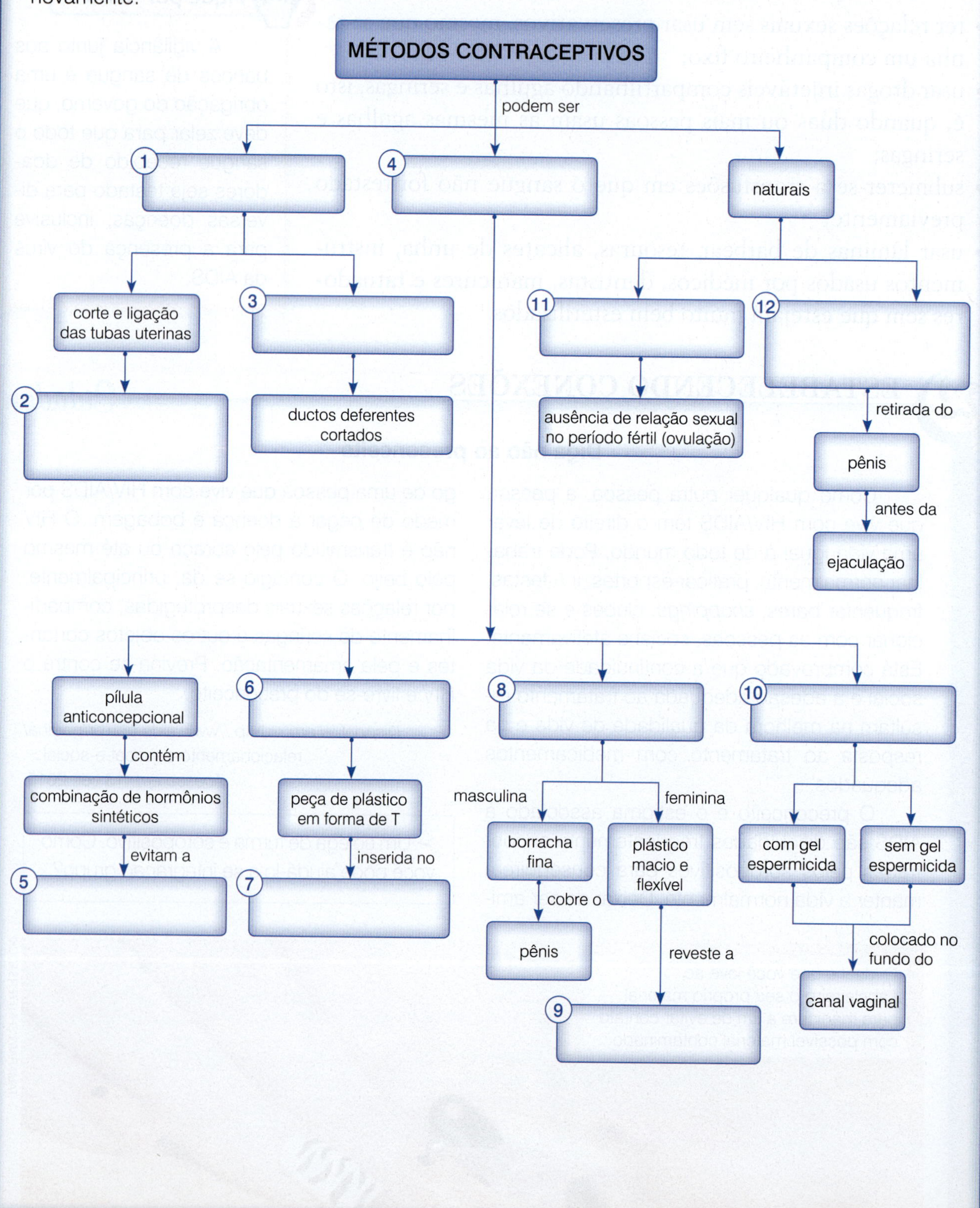

Atividades

1. O que acontece com o núcleo do espermatozoide assim que penetra no ovócito?

2. Por que somente aproximadamente 3 semanas após a fertilização a mulher começa a "desconfiar" que está grávida?

3. No esquema a seguir, identifique as estruturas e eventos indicados por setas.

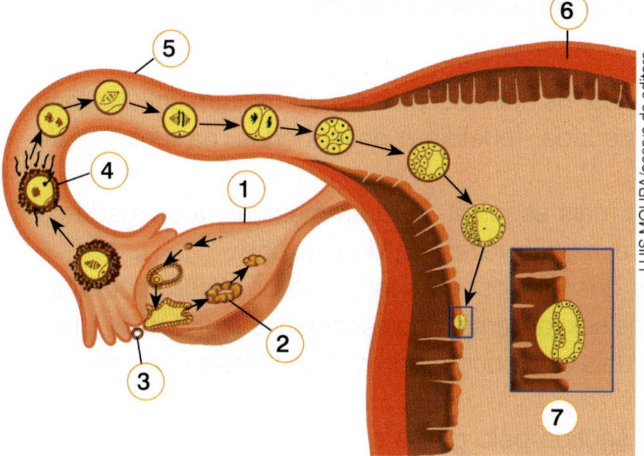

4. Com relação à oxitocina, liberada pela hipófise:

a. Cite a importância desse hormônio durante o trabalho de parto.

b. Cite a ação desse hormônio nas glândulas mamárias após o parto.

5. Cite algumas situações em que parto do tipo cesariana é indicado.

6. Considere os seguintes métodos de contracepção: uso de camisinha, uso da tabelinha, cirurgia de vasectomia, utilização de pílula anticoncepcional, utilização de diafragma, coito interrompido, utilização do DIU, laqueadura de tubas uterinas. Considerando que a contracepção pode ser obtida por meios naturais ou artificiais e utilizando os conhecimentos obtidos com a leitura dos itens deste capítulo, responda:

a. Quais dos métodos citados são considerados naturais e quais são considerados artificiais? No caso dos métodos artificiais, quais são os considerados irreversíveis e quais são os reversíveis?

b. Explique em poucas palavras o que significa contracepção.

7. A laqueadura tubária (ligação das tubas uterinas) prejudica o ciclo menstrual? Justifique sua resposta.

8. Com relação aos métodos de contracepção hormonal:

a. Cite alguns efeitos indesejáveis que podem afetar a mulher que ingere contraceptivos hormonais orais.

b. Cite outras formas de contracepção hormonal conhecidas.

9. Por que o diafragma e os preservativos (camisinhas) masculinos e femininos são considerados métodos anticoncepcionais de barreira?

10. Por que o uso da "tabelinha" é um método anticoncepcional pouco seguro para evitar a gravidez? Cite o outro método natural de contracepção descrito no texto deste capítulo.

11. Com relação às DST relacionadas no texto deste capítulo:

a. Cite as três doenças sexualmente transmissíveis causadas por bactérias.

b. Qual é o tratamento para essas três doenças sexualmente transmissíveis causadas por bactérias?

c. Cite as outras doenças sexualmente transmissíveis citadas no texto deste capítulo, causadas por vírus.

12. Cite algumas situações de risco em que um indivíduo pode se contaminar com o vírus da AIDS.

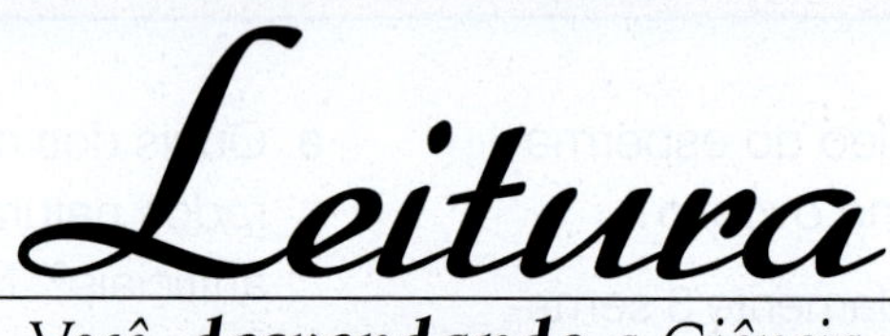

*Você, **desvendando** a Ciência*

Gravidez na adolescência

Na adolescência, uma fase tão marcante da vida, os adolescentes experimentam um turbilhão de sentimentos, passando por momentos de ansiedade, rebeldia e descobertas, na tentativa de encontrar e formar sua própria identidade.

As mudanças físicas tornam essa fase ainda mais especial. Para as meninas, a chegada da puberdade representa o início da vida reprodutiva e, muitas vezes, da vida sexual.

O grande número de adolescentes grávidas dos últimos anos tem sido um fator importante para que se oriente com mais cuidado as atividades sexuais entre adolescentes. É indiscutível o fato de que em nossa cultura as primeiras relações sexuais estão ocorrendo cada vez mais cedo na vida dos adolescentes.

O desejo de ser considerado adulto, de ser sentido pelo grupo como importante e atraente, de ser abraçado e de abraçar, de "desafiar" a própria família e de provar a sua própria capacidade sexual podem ser fatores que levem à experimentação sexual cada vez mais cedo.

É difícil separar os fatores que são próprios de uma sexualidade em desenvolvimento daqueles que são meramente reações à sociedade e seus padrões culturais. No entanto, nesse momento tão delicado, uma gravidez provocaria mudanças ainda maiores na transformação que já vem ocorrendo no corpo de forma natural.

Muitas vezes, por vergonha ou pressão da família, a adolescente grávida esconde a barriga, não tendo o acompanhamento médico tão necessário, para ela e para o bebê. A hora do parto não é menos complicada, principalmente para menores de 15 anos, já que a pelve ainda não está completamente desenvolvida e os músculos dessa região não apresentam a elasticidade necessária para a passagem do bebê, além de esse momento ser acompanhado de muita ansiedade.

1) Se ficasse grávida (ou se minha namorada engravidasse), estaria preparada(o) para assumir as responsabilidades de criar um filho?
2) Seria importante ter o apoio dos meus amigos e de minha família nesse período? e eu os teria?

TecNews

O que há de mais moderno no mundo da Ciência!

Vacina contra o HPV

O vírus HPV está associado à presença de vários tipos de câncer, especialmente em mulheres. É um vírus capaz de causar lesões de pele ou mucosas, que habitualmente regridem por ação do sistema imunológico. O vírus é muito contagioso, sendo possível a contaminação com uma única exposição. A transmissão do HPV ocorre por contato direto com a pele ou mucosa infectada e a principal forma é pela via sexual. Mas também pode haver transmissão da mãe para o bebê, durante a gravidez e o parto (transmissão vertical).

Estima-se que entre 25 e 50% da população feminina e 50% da população masculina mundial esteja infectada pelo HPV. A maioria das infecções pelo HPV é transitória, sendo combatida pelo sistema imune e regredindo entre seis meses a dois anos. Os dados indicam que apenas 10% das pessoas infectadas irão apresentar alguma manifestação clínica, como a lesão precursora do câncer de colo de útero e as verrugas genitais. O período necessário para o aparecimento das primeiras manifestações clínicas é de aproximadamente 2 a 8 meses, mas pode demorar até 20 anos.

O câncer de colo de útero é uma doença grave que pode ameaçar a vida das mulheres. Inicialmente assintomática, a infecção por HPV pode evoluir para lesões precursoras de câncer e, se não tratadas, essas lesões evoluem em alguns anos para câncer de colo de útero, cujos sintomas são sangramento vaginal, corrimento e dor.

Há evidências de a vacina conferir maior proteção para pessoas que nunca tiveram contato com o vírus, induzindo a produção de 10 vezes mais anticorpos do que uma infecção natural pelo HPV.

A vacina destina-se exclusivamente à prevenção e não foram demonstrados efeitos positivos de sua aplicação nas infecções pré-existentes ou na doença clínica já estabelecida. Também não confere proteção contra todos os tipos de HPV e não substitui o exame de Papanicolau, utilizado para detectar alterações nas células de colo do útero (rastreamento de câncer). Da mesma forma, a vacina não confere proteção contra outras doenças sexualmente transmissíveis, como HIV, sífilis, hepatites B e C e, por isso, a importância do uso do preservativo em todas as relações sexuais.

CLICK E ABASTEÇA AS IDEIAS

Veja nossa sugestão de *links* sobre o assunto e abasteça suas ideias!

- http://bvsms.saude.gov.br/bvs/publicacoes/caderneta_saude_adolescente_menino.pdf
- http://bvsms.saude.gov.br/bvs/publicacoes/caderneta_saude_adolescente_menina.pdf

INVESTIGANDO...

Com seu grupo de trabalho, pesquisem quais são as vacinas que devem ser tomadas na adolescência e em que circunstâncias. A partir desse levantamento, informem-se em um posto de saúde sobre os procedimentos para tomarem aquelas que vocês ainda não receberam.

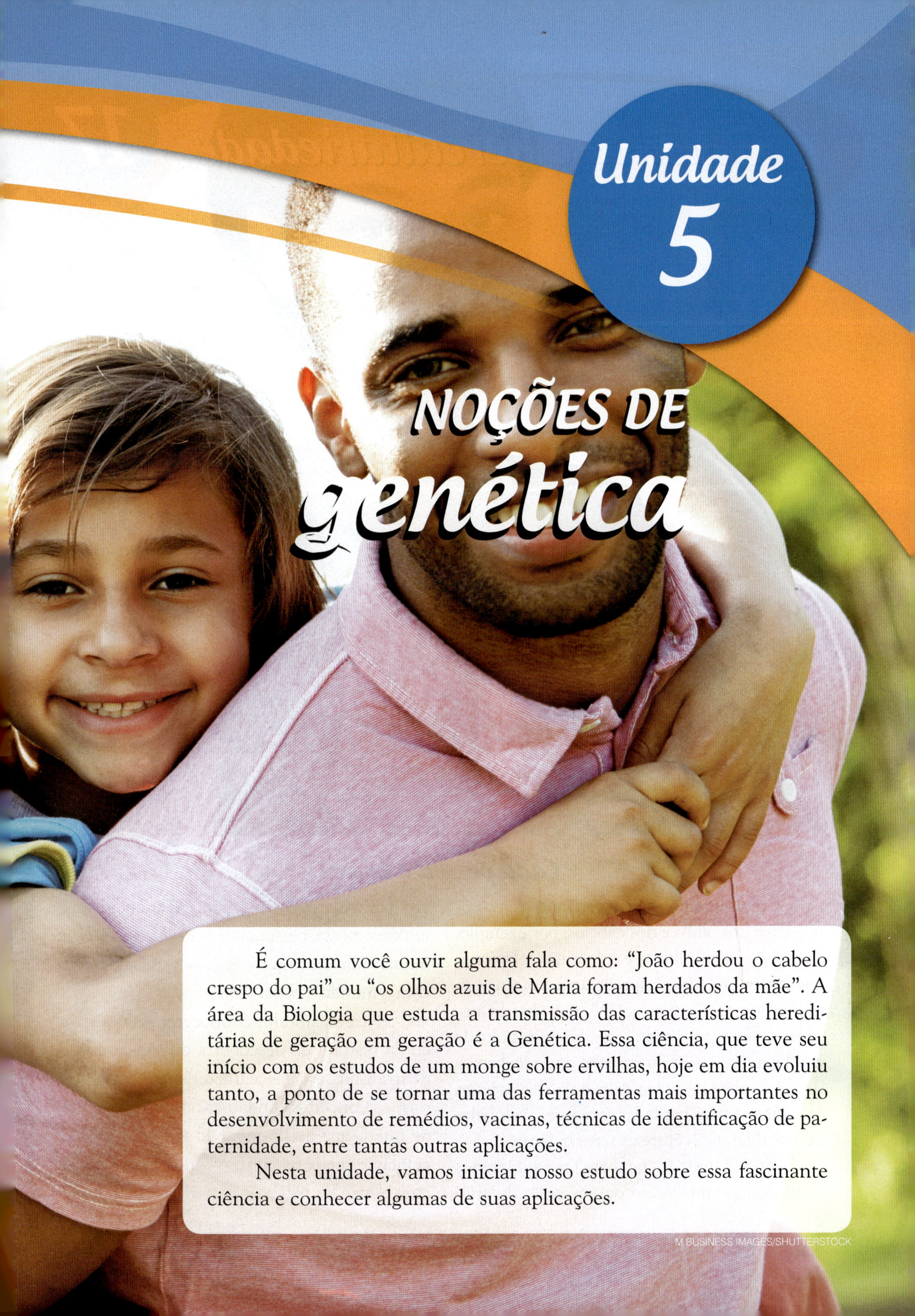

Unidade 5

NOÇÕES DE genética

É comum você ouvir alguma fala como: "João herdou o cabelo crespo do pai" ou "os olhos azuis de Maria foram herdados da mãe". A área da Biologia que estuda a transmissão das características hereditárias de geração em geração é a Genética. Essa ciência, que teve seu início com os estudos de um monge sobre ervilhas, hoje em dia evoluiu tanto, a ponto de se tornar uma das ferramentas mais importantes no desenvolvimento de remédios, vacinas, técnicas de identificação de paternidade, entre tantas outras aplicações.

Nesta unidade, vamos iniciar nosso estudo sobre essa fascinante ciência e conhecer algumas de suas aplicações.

M BUSINESS IMAGES/SHUTTERSTOCK

capítulo 17

Genética e hereditariedade

Cada pessoa é única!

Apresentamos várias características, como a cor dos olhos e dos cabelos, por exemplo, que nos tornam únicos e que estão relacionadas às "informações" que trazemos em nossos cromossomos, "informações" que herdamos. Mas, é claro, não somos apenas resultado da combinação dos cromossomos que recebemos de nosso pai e de nossa mãe, e não são apenas as características herdadas as responsáveis pelas muitas diferenças entre os seres humanos.

Somos únicos, também, porque somos fruto de um ambiente e de um estilo de criação particulares, que geram experiências que moldam nossa personalidade, nosso caráter, e influenciam o modo como nos relacionamos com o mundo à nossa volta.

Neste capítulo, conheceremos um pouco da história da descoberta dos mecanismos de transmissão das características hereditárias, os conceitos fundamentais em Genética, de que forma estão envolvidos com a divisão celular e quais os cromossomos relacionados com o sexo do bebê.

BILLIONPHOTOS.COM/SHUTTERSTOCK

As primeiras explicações

Os primeiros a tentarem explicar fenômenos relacionados à hereditariedade foram os filósofos gregos. Acreditavam que o sêmen misturado com o líquido menstrual adquiria forma e se desenvolvia em um ser humano! Com o passar do tempo e o avanço do conhecimento humano, outros cientistas também passaram a estudar o assunto.

Hereditariedade: conjunto de processos biológicos que garante que cada ser vivo receba e transmita informações genéticas por meio da reprodução.

"Zoístas e ovistas": qual a diferença?

Anton van Leeuwenhoek, cientista holandês que viveu no século XVII, inventor de um microscópio rudimentar, chamou os espermatozoides de **animálculos**. Acreditava que em cada um deles existia uma miniatura do ser humano, conhecida como **homúnculo**. Nessa linha de pensamento, as mulheres tinham a função de ceder o útero para o desenvolvimento do homúnculo. Ainda no mesmo século, Reignier de Graaf, outro cientista holandês, descobriu os folículos ovarianos e afirmou que o gameta feminino continha uma miniatura do ser humano. Nesse caso, o papel dos espermatozoides seria apenas o de estimular o desenvolvimento do ovo para a formação de um indivíduo.

No século XVII, então, havia dois grupos de cientistas: os *zoístas*, que acreditavam que o espermatozoide possuía o homúnculo; e os *ovistas*, que acreditavam que o gameta feminino carregava a miniatura do ser humano.

Surge uma nova ideia

A divergência entre as teorias propostas por zoístas e ovistas continuou até que uma nova ideia surgiu a partir dos resultados que floristas europeus obtinham durante o cruzamento de plantas. Ao realizarem cruzamentos de plantas ornamentais para produzir novas variedades, os floristas europeus notavam que, muitas vezes, os descendentes possuíam **características intermediárias** em relação às variedades cruzadas. Então, passou-se a acreditar, ainda sem nenhuma comprovação científica, que nos descendentes ocorreria uma mistura de materiais **materno** e **paterno**.

LUIS MOURA/acervo da editora

Ilustração representativa de espermatozoide com homúnculo.

Mendel e o estudo da hereditariedade: o nascimento de uma nova Ciência

Entre os anos de 1855 e 1864, Gregor Johann Mendel (1822-1884), um monge austríaco, realizou vários experimentos que resultaram na explicação de como as características são transmitidas ao longo das gerações.

Mendel trabalhou com plantas de ervilha-de-cheiro, que pertencem ao mesmo grupo do feijão e da soja. Sua escolha não foi casual: essa planta é fácil de cultivar, de ciclo reprodutivo curto e produz muitas sementes. Outra vantagem dessa planta é que a estrutura da flor faz com que ocorra a **autofecundação**, isto é, os grãos de pólen conduzem "gametas" masculinos que fecundarão gametas femininos que se encontram nos óvulos da mesma flor. Desse modo, as sementes, ao germinarem, produzem sempre **linhagens puras**, isto é, plantas que conservam sempre as mesmas características da planta-mãe.

A disposição de estames (porção masculina, onde se formam os grãos de pólen) e pistilo (porção feminina que contém os óvulos) na flor da ervilha favorece a autofecundação. Das sementes surgem plantas de ervilhas idênticas à planta-mãe (plantas puras).

Os cruzamentos realizados por Mendel

Mendel separou diversas linhagens puras de plantas de ervilha com as características que ele pretendia estudar. Por exemplo, para estudar a cor da semente da ervilha, ele selecionou as plantas produzidas a partir de sementes verdes (e que sempre produziam sementes verdes) e plantas produzidas a partir de sementes amarelas (que produziam apenas sementes amarelas).

Depois de selecionar linhagens puras de plantas que produziam sementes amarelas e outras que produziam sementes verdes, Mendel efetuou um cruzamento entre as duas variedades, transferindo cuidadosamente o pólen de uma planta para a outra (**fecundação cruzada**).

Lembre-se!

A fecundação em que os gametas masculino e feminino pertencem ao mesmo indivíduo é chamada de **autofecundação**. Quando os gametas envolvidos na fecundação são de indivíduos diferentes, o processo é chamado de **fecundação cruzada**.

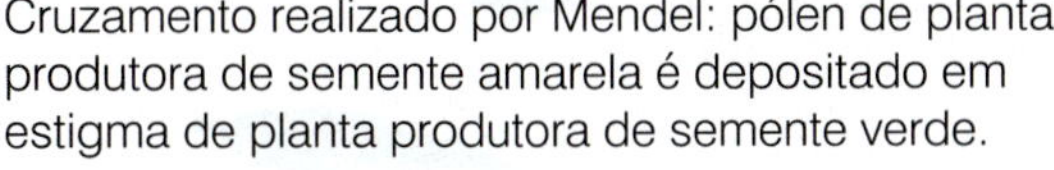

Cruzamento realizado por Mendel: pólen de planta produtora de semente amarela é depositado em estigma de planta produtora de semente verde.

LUIS MOURA/acervo da editora

Essas plantas constituem a geração parental (P) e Mendel verificou que todas as sementes originadas desse cruzamento eram amarelas. A cor verde havia aparentemente "desaparecido" nos descendentes dessas duas linhagens, que constituem a primeira geração filial (F_1). Concluiu, então, que a cor amarela "dominava" a cor verde. Chamou a cor amarela da semente de **dominante** e a verde de **recessiva**.

A seguir, Mendel fez germinar as sementes amarelas dessa primeira geração (F_1) e deixou que as flores se autopolinizassem. Então, veio a surpresa: as vagens continham sementes amarelas e verdes. Ou seja, a cor verde da semente reapareceu nos descendentes da segunda geração (F_2), porém em proporção menor que as sementes amarelas. Após repetir várias vezes o mesmo cruzamento e analisar um grande número de sementes, Mendel constatou uma proporção aproximada de 3 sementes amarelas para cada verde.

Lembre-se!

Descendentes de linhagens puras são chamados de **híbridos**.

Entendendo os cruzamentos de Mendel

Mendel realizou cruzamentos entre variedades da ervilha que diferiam quanto a altura das plantas (altas × anãs), cor das flores (púrpuras × brancas), textura das sementes (lisas × rugosas) etc., totalizando sete características, obtendo sempre as mesmas proporções na segunda geração (F_2).

A partir desses resultados, Mendel concluiu que cada característica era determinada por **dois fatores**, e que esses **fatores** deveriam separar-se na formação

Características estudadas por Mendel em ervilhas.

Característica	Dominante	Recessiva
Cor da flor	púrpura	branca
Posição da flor no caule	axial	terminal
Cor da semente	amarela	verde
Aspecto externo da semente	lisa	rugosa
Forma da vagem	inflada	comprimida
Cor da vagem	verde	amarela
Caule	longo	curto

LUIS MOURA/acervo da editora

dos gametas (células reprodutivas). Cada gameta carregaria apenas um fator, pois somente assim poderiam ser produzidas plantas das variedades recessivas em F_2.

Para explicar melhor a sua ideia, Mendel escolheu uma letra, a inicial do caráter recessivo (verde), no caso da cor das sementes de ervilha-de-cheiro, para representar os fatores para cor das sementes. Assim, a letra *V* (maiúscula) representava o *fator dominante* e a letra *v* (minúscula) o *fator recessivo*.

Devido à dominância, e como são dois os fatores que determinam cada característica, a cor amarela da semente tem duas combinações possíveis de letras (*VV* ou *Vv*), enquanto a cor verde só tem uma combinação (*vv*).

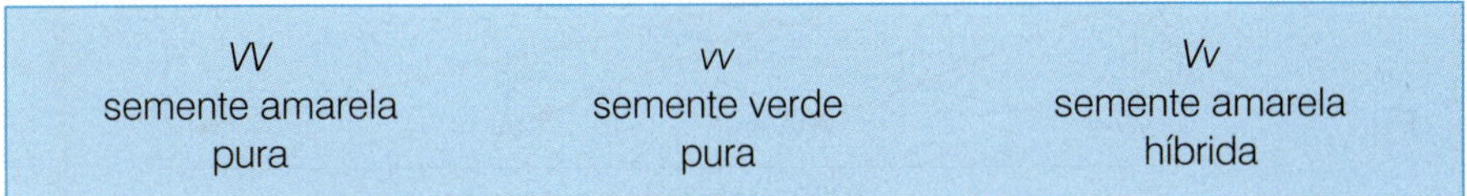

O desaparecimento da cor verde na geração F_1 e o seu reaparecimento na geração F_2 foi explicado a partir do conhecimento de que cada um dos fatores se separava durante a formação das células reprodutoras, os gametas:

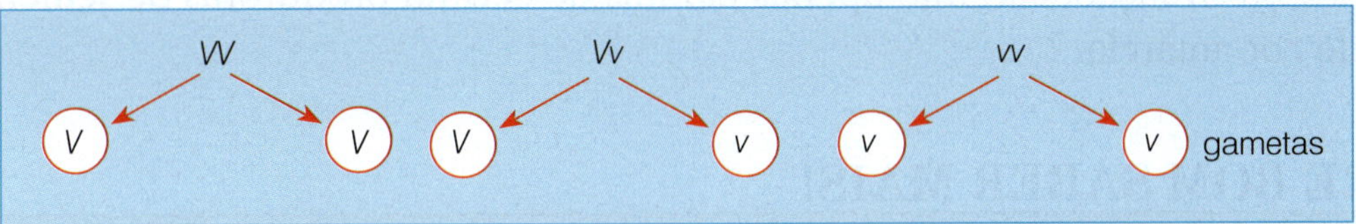

Agora podemos entender como o material hereditário passa de uma geração para outra. Acompanhe nos esquemas abaixo os procedimentos adotados por Mendel com relação ao caráter *cor da semente em ervilhas*.

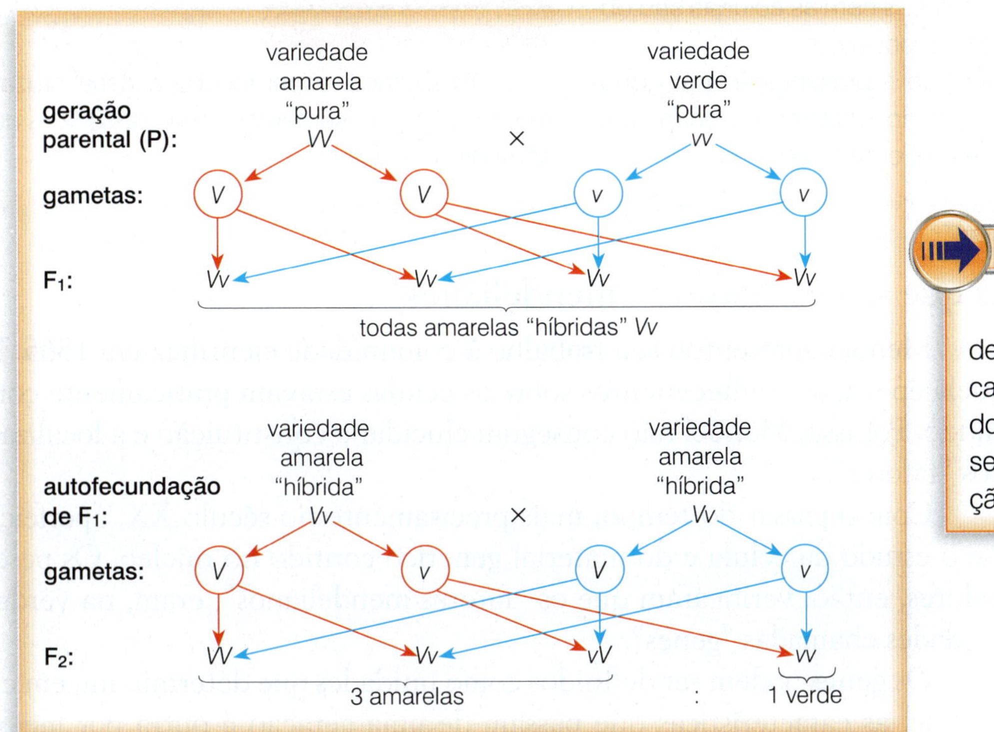

Lembre-se!

Segundo Mendel, cada característica é determinada por dois "fatores" que se separam na formação dos gametas.

Observe no resultado que Mendel obteve 3 sementes amarelas para cada semente verde. Agora, pense nessa pergunta: "caso um dos pais seja *VV* e o outro *Vv*, seria possível nascer um indivíduo produtor de sementes verdes"?

A resposta é não. Veja o cruzamento abaixo:

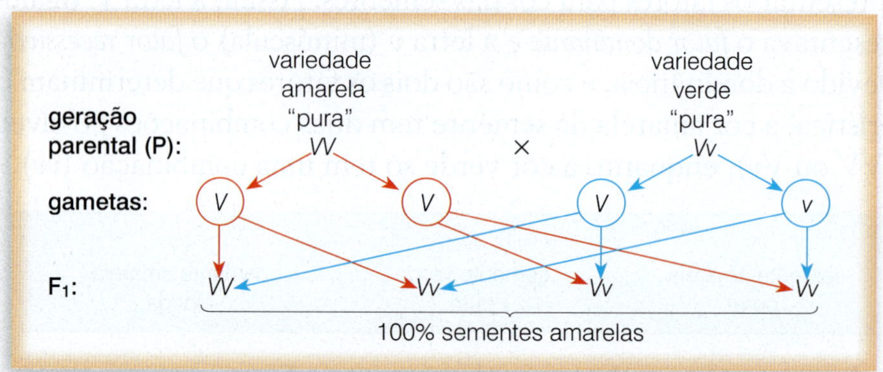

Nesse caso, só existem duas possibilidades de encontro de gametas: *V* com *V*, resultando em indivíduos *VV*, ou *V* com *v*, resultando em indivíduos *Vv*. Nessa situação, surgirão apenas plantas de ervilha produtoras de sementes de cor amarela.

É SEMPRE BOM SABER MAIS!

Outra forma de representar os cruzamentos é por meio de uma "tabela", conhecida como **quadrado de Punnett**. Nessa tabela, as colunas e as linhas correspondem aos tipos de gametas masculinos e femininos formados. Do cruzamento das linhas com as colunas são obtidos os resultados possíveis.

Veja ao lado a representação pelo quadrado de Punnett do cruzamento entre uma semente amarela *Vv* e outra verde *vv*:

		Gametas paternos	
		V	*v*
Gametas maternos	*v*	*Vv*	*vv*
	v	*Vv*	*vv*

O resultado esperado para esse cruzamento é 50% de sementes amarelas e 50% de sementes verdes.

O que são os "fatores" mendelianos

Mendel apresentou seu trabalho à comunidade científica em 1865. Naquela época, os conhecimentos sobre as células estavam praticamente começando. Por isso, Mendel não conseguiu elucidar a constituição e a localização dos "fatores".

Com o passar do tempo, mais precisamente no século XX, aperfeiçoou-se o estudo da célula e do material genético contido no núcleo. Os pesquisadores, então, verificaram que os "fatores mendelianos", eram, na verdade, unidades chamadas "genes".

Os **genes** podem ser definidos como unidades que determinam, em cada espécie, as características que passam de uma geração a outra por meio da reprodução. Cada gene é um segmento de cromossomo que contém informação a respeito de determinada proteína ou característica.

Como já vimos, os cromossomos são formados por longas sequências de DNA (ácido desoxirribonucleico) e, assim, podemos dizer que gene é uma sequência de DNA.

Lembre-se!

O gene dominante é representado por letra **MAIÚSCULA** e o gene recessivo, por letra **minúscula**.

ENTRANDO EM AÇÃO!

Nesta atividade, vamos simular um dos cruzamentos de Mendel referente à cor da semente da ervilha-de-cheiro. Para isso, você vai precisar de duas caixas ou dois recipientes com tampa, quatro bolinhas pequenas de isopor (ou quatro pedacinhos de papel), uma folha de papel e caneta (ou lápis).

- Marque duas bolinhas com a letra *V* (maiúscula) e duas com a letra *v* (minúscula).
- Coloque uma bolinha marcada com *V* e uma com *v* em cada frasco e identifique um deles com o título "gametas paternos" e o outro com "gametas maternos".
- Em uma folha de papel, prepare a tabela a seguir.

		Gametas paternos	
		V	*v*
Gametas maternos	*V*		
	v		

- Agora, retire uma bolinha de cada frasco e assinale com um "x" na tabela o resultado do cruzamento.
- Retorne as bolinhas para os respectivos frascos, tampe-os e agite cada um deles para misturar bem os "gametas".
- Repita o "cruzamento" por 20 vezes e conte os resultados obtidos.

1. Quantas sementes verdes e quantas sementes amarelas resultaram dos cruzamentos?

2. Calcule a proporção de sementes amarelas para cada semente verde obtida. Essa proporção é a mesma encontrada por Mendel (de 3 amarelas para 1 verde)?

3. Caso a proporção obtida não seja a esperada, sugira um motivo para essa discrepância.

Reprodução sexuada

Na reprodução sexuada cada indivíduo é formado a partir de uma única célula, o zigoto. O zigoto resulta da fecundação, isto é, da união de duas células sexuais, os gametas masculino e feminino. No homem e em outros animais, o gameta masculino é o *espermatozoide* e o gameta feminino é o *óvulo imaturo*, produzidos nos respectivos órgãos reprodutores por meio de uma divisão celular chamada **meiose**.

Na fecundação, cada gameta contribui com um conjunto de igual número de cromossomos. Os gametas devem conter, então, a metade do número de cromossomos do zigoto; caso contrário, o número de cromossomos dobraria cada vez que um organismo se reproduzisse sexuadamente.

Cada espermatozoide humano contém 23 cromossomos e cada ovócito secundário 23 cromossomos. Ao se unirem na fecundação, forma-se o zigoto com 46 cromossomos (23 pares), que é o número normal de cromossomos da espécie humana.

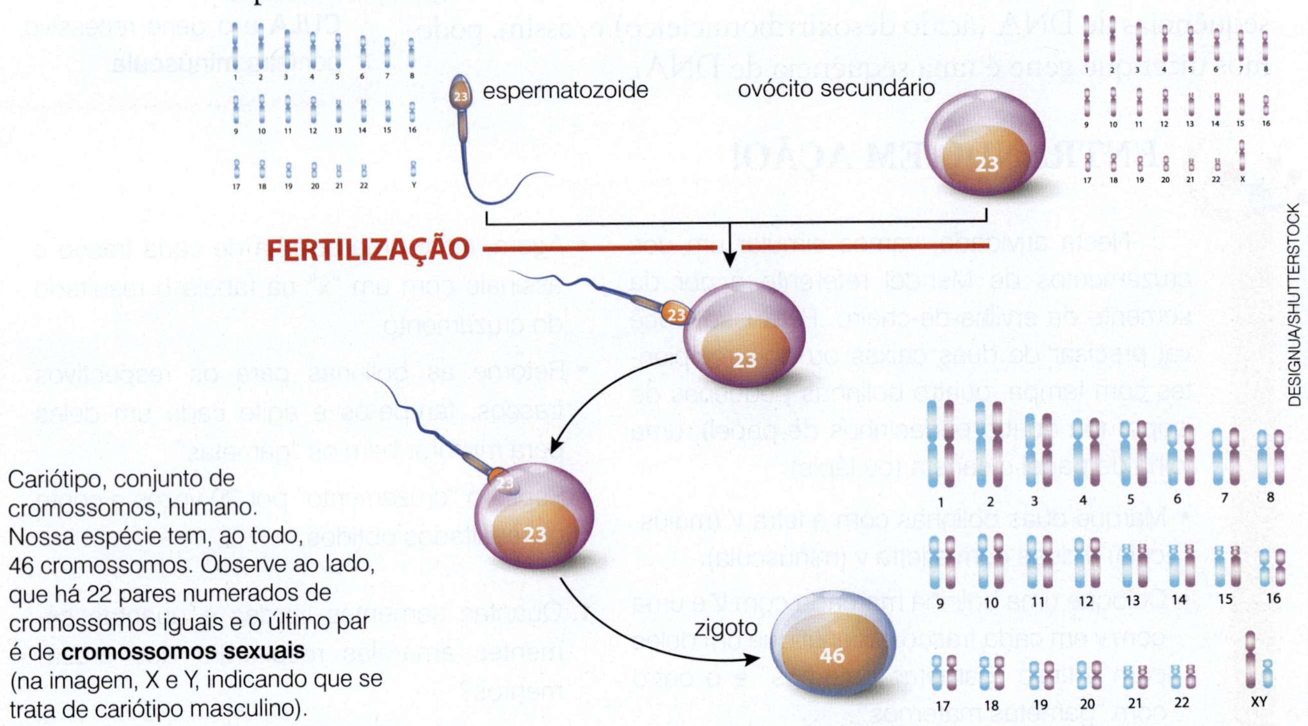

Cariótipo, conjunto de cromossomos, humano. Nossa espécie tem, ao todo, 46 cromossomos. Observe ao lado, que há 22 pares numerados de cromossomos iguais e o último par é de **cromossomos sexuais** (na imagem, X e Y, indicando que se trata de cariótipo masculino).

É SEMPRE BOM SABER MAIS!

Células haploides e diploides

Cada espécie de ser vivo possui em suas células certo número de tipos de cromossomo (cada um contendo uma sequência específica de genes).

No homem, as células *somáticas* (responsáveis por todas as funções orgânicas relacionadas à sobrevivência) e as *germinativas* (responsáveis pela formação dos gametas) possuem 23 pares de cromossomos – ou 46 cromossomos –, dois de cada tipo. Chamamos de **diploides** (do grego, *diploos* = duplo) as células que possuem dois cromossomos de cada tipo. Se representarmos por n o número de tipos de cromossomo, então, uma célula diploide será representada por $2n$. No caso do homem, $2n = 46$. Já nas células reprodutivas – os *gametas* –, existe apenas um cromossomo de cada par. Ou seja, o *espermatozoide* e o *ovócito secundário* (os gametas humanos) contêm, cada um, 23 cromossomos apenas, um de cada tipo. Cada gameta é uma célula **haploide** (do grego, *haploos* = simples) e é representado por $n = 23$.

A tabela a seguir mostra o número *diploide* de cromossomos das células de alguns seres vivos.

Espécie	Número de cromossomos (célula diploide)	Número de cromossomos nos gametas (células haploides)
homem	46	23
chimpanzé	48	24
cachorro	78	39
cavalo	64	32
mosquinha-das-frutas (drosófila)	8	4

É SEMPRE BOM SABER MAIS!

Meiose

Diferentemente da mitose, em que uma célula origina duas células-filhas com o mesmo número de cromossomos existente na célula original, a **meiose** é um tipo de divisão celular em que uma célula se divide, originando quatro células com metade do número de cromossomos da célula-mãe.

A meiose ocorre na formação dos gametas e é importante para que se mantenha o número de cromossomos da espécie – quando ocorre a fecundação, com o encontro dos gametas feminino e masculino, o número de cromossomos da espécie é restabelecido.

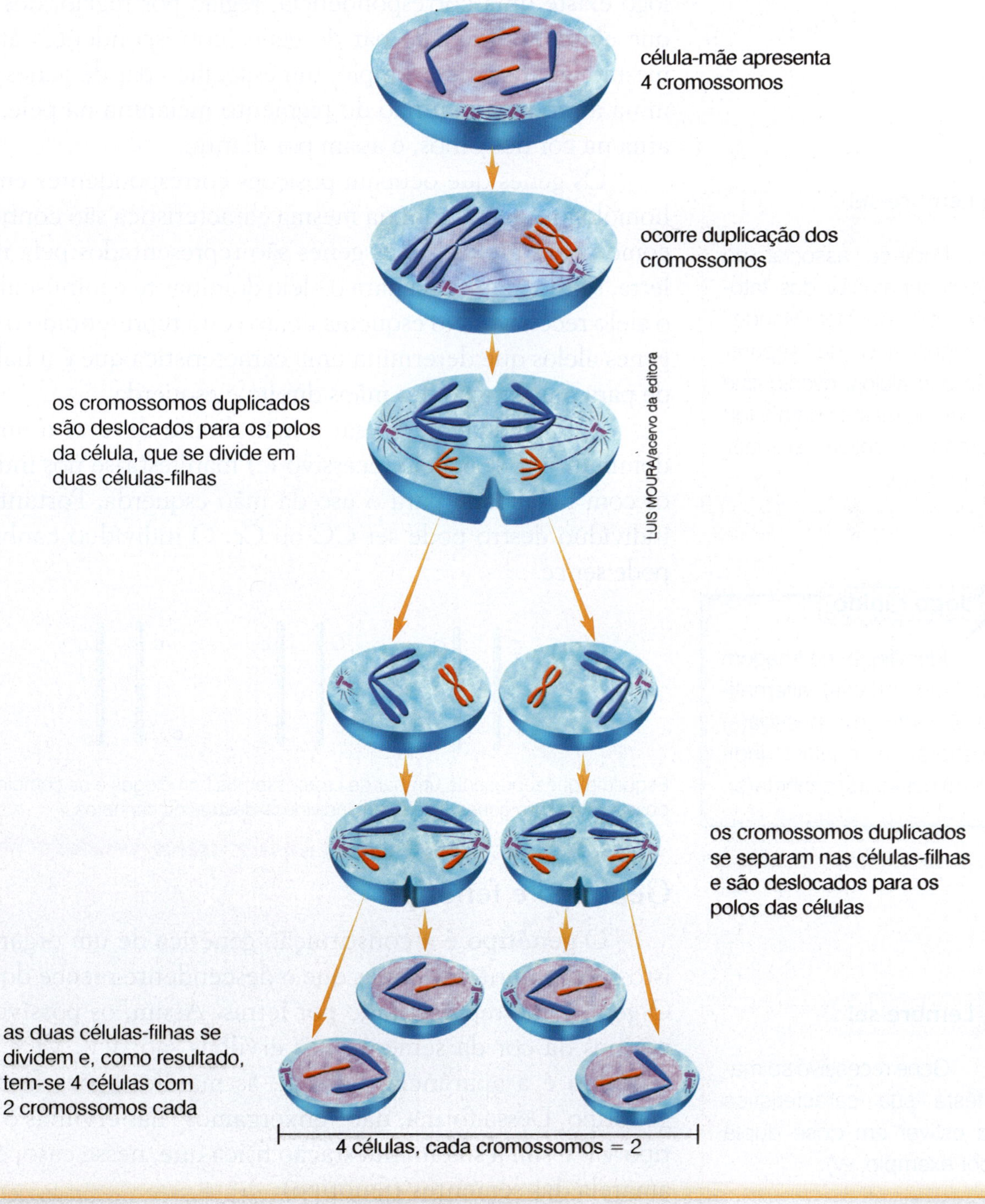

célula-mãe apresenta 4 cromossomos

ocorre duplicação dos cromossomos

os cromossomos duplicados são deslocados para os polos da célula, que se divide em duas células-filhas

LUIS MOURA/acervo da editora

os cromossomos duplicados se separam nas células-filhas e são deslocados para os polos das células

as duas células-filhas se dividem e, como resultado, tem-se 4 células com 2 cromossomos cada

4 células, cada cromossomos = 2

Conceitos fundamentais em Genética

Vamos, nesta seção, conhecer alguns conceitos importantes em Genética.

Cromossomos homólogos e genes alelos

Nas células diploides, os dois cromossomos de cada tipo são chamados de cromossomos **homólogos**. Temos, então, na espécie humana, 23 pares de cromossomos homólogos nas células do corpo, excetuando, claro, os gametas. Em cada par homólogo existe uma correspondência, região por região, dos genes que ele contém. Cada par de genes correspondentes atua no mesmo caráter. Por exemplo, um específico par de genes determina a produção ou não do pigmento melanina na pele, outro atua na cor dos olhos, e assim por diante.

Os genes que ocupam posições correspondentes em cada homólogo e que atuam na mesma característica são conhecidos como genes **alelos**. Esses genes são representados pela mesma letra, sendo maiúscula para o alelo dominante e minúscula para o alelo recessivo. No esquema abaixo está representado o par de genes alelos que determina uma característica que é a habilidade para a utilização das mãos direita e esquerda.

A habilidade para usar a mão direita deve-se a um gene dominante (*C*); o alelo recessivo (*c*) manifesta-se nos indivíduos com habilidade para o uso da mão esquerda. Portanto, um indivíduo destro pode ser *CC* ou *Cc*. O indivíduo canhoto só pode ser *cc*.

Lembre-se!

Pode-se associar ao termo separação dos fatores, utilizado por Mendel, o significado de separação dos alelos, evento que ocorre na meiose para a formação de células sexuais, ou gametas.

Jogo rápido

Identifique, na imagem ao lado, qual(is) alternativa(s) indica(m) pessoa(s) destra(s) e qual(is) indica(m) pessoa(s) canhota(s).

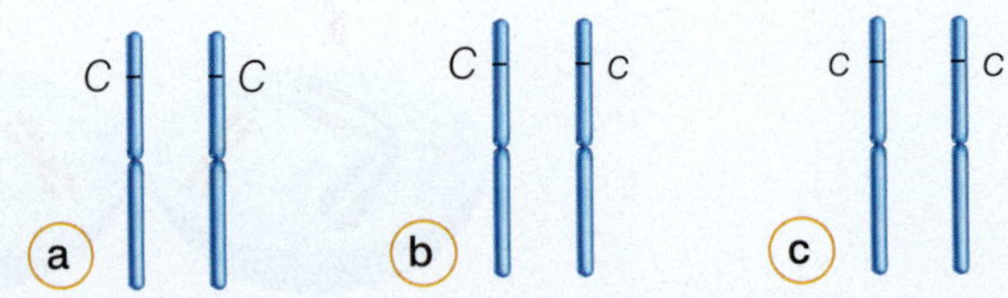

Esquema que representa um par de cromossomos homólogos e as combinações possíveis de dois genes (*C* e *c*) em indivíduos destros ou canhotos.

Genótipo e fenótipo

O **genótipo** é a constituição genética de um organismo, isto é, o conjunto de genes que o descendente recebe dos pais. O genótipo é representado por letras. Assim, os possíveis genótipos da cor da semente nas ervilhas são: *VV*, *Vv* e *vv*. O **fenótipo** é a aparência, ou seja, as manifestações físicas do genótipo. Dessa forma, não "enxergamos" nas ervilhas o genótipo *VV* e sim a sua manifestação física que, nesse caso, é a cor amarela das sementes (fenótipo).

Lembre-se!

Gene recessivo só manifesta sua característica se estiver em dose dupla (por exemplo, *vv*).

O fenótipo pode ser influenciado por *fatores ambientais*, como a prática de exercícios físicos, nutrição, problemas de saúde, alterações hormonais etc. Por exemplo, indivíduos com o mesmo genótipo para a cor branca da pele, poderão ter tonalidades diferentes, dependendo da maior ou menor exposição à luz solar.

Homozigoto e heterozigoto

Se em um indivíduo os genes alelos do par forem iguais (*AA* ou *aa*, por exemplo) dizemos que esse indivíduo é **homozigoto** para a característica em questão (*homo* significa "igual"). Por outro lado, se o par de genes alelos for diferente (*Aa*), o indivíduo é chamado de **heterozigoto** (*hetero* significa "diferente"). Por exemplo, na espécie humana, o gene para cabelo crespo (*L*) é dominante sobre o gene para cabelo liso (*l*). Um indivíduo com genótipo *LL* é homozigoto para cabelos crespos; outro, com genótipo *Ll* é heterozigoto para cabelos crespos. Um indivíduo de cabelos lisos só pode ser homozigoto (*ll*).

Indivíduos homozigotos para certa característica formam apenas um tipo de gameta. Os heterozigotos, por sua vez, formam dois tipos de gametas: um tipo carrega o gene dominante e o outro tipo carrega o gene recessivo.

Lembre-se!

- Homozigoto: par de genes alelos iguais.
- Heterozigotos, par de genes alelos diferentes.

Descubra você mesmo!

Pesquise três características dos seres humanos que são determinadas por genes recessivos, além das citadas no texto.

ESTABELECENDO CONEXÕES

Cotidiano

Você consegue enrolar a língua?

Se a resposta for sim, então saiba que você possui uma característica dominante. Seu cabelo é liso? Então você é dotado de uma característica recessiva.

Assim como esses dois fenótipos, na espécie humana é possível reconhecer a dominância ou a recessividade de inúmeros outros fenótipos, ou de anomalias.

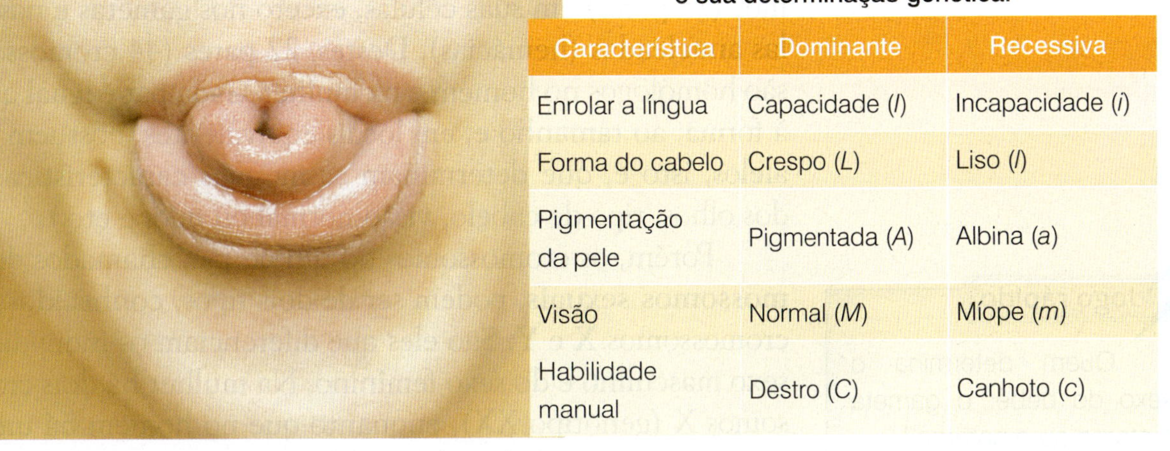

NRT/SHUTTERSTOCK

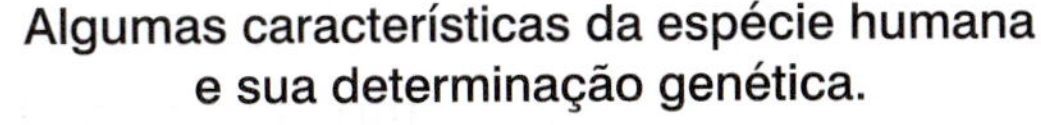

Algumas características da espécie humana e sua determinação genética.

Característica	Dominante	Recessiva
Enrolar a língua	Capacidade (*I*)	Incapacidade (*i*)
Forma do cabelo	Crespo (*L*)	Liso (*l*)
Pigmentação da pele	Pigmentada (*A*)	Albina (*a*)
Visão	Normal (*M*)	Míope (*m*)
Habilidade manual	Destro (*C*)	Canhoto (*c*)

ESTABELECENDO CONEXÕES

É verdade que filhos gerados de casamento entre primos têm maior probabilidade de nascerem doentes?

O casamento entre pessoas com laços de sangue, chamado de casamento consanguíneo, é considerado, do ponto de vista genético, uma união de alto risco. O caso mais comum de casamento consanguíneo que se conhece é o casamento entre primos. Principalmente se forem primos em primeiro grau, o ideal é que o casal, antes de ter filhos, procure um geneticista para uma consulta de aconselhamento, em que o especialista fará uma minuciosa investigação genética das famílias envolvidas.

Mas por que entre primos em primeiro grau há maior probabilidade de gerar um filho com alguma doença fisiológica ou metabólica? Porque genes raros para determinadas doenças, presentes em um ancestral comum (por exemplo, nos avós), podem ter sido transmitidos para os dois primos normais que se casam. Se ambos forem heterozigotos para a doença, há uma alta probabilidade de gerarem um filho (homozigoto recessivo) com a anomalia. Esse encontro de genes tem baixíssima probabilidade de acontecer entre pessoas que não tenham ascendentes comuns.

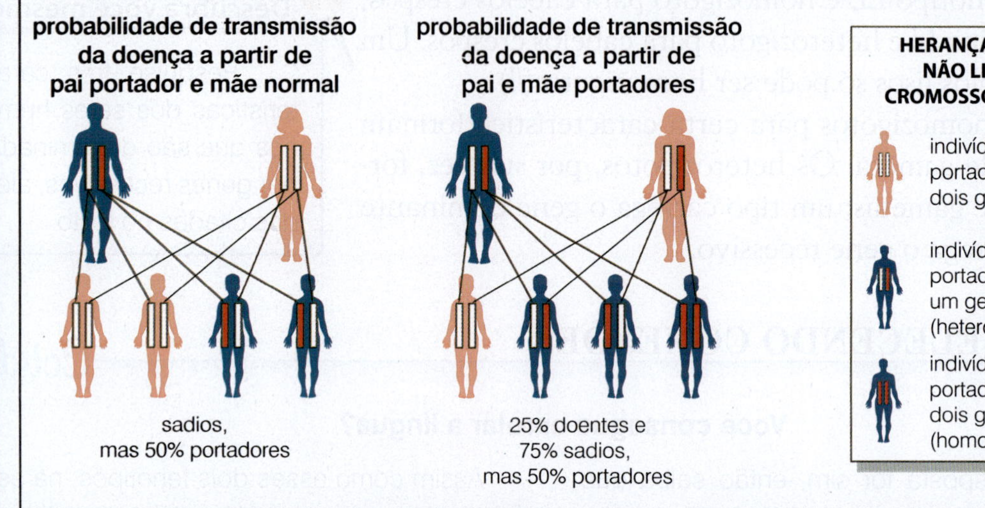

BLAMB/SHUTTERSTOCK

Cromossomos sexuais

Como você já sabe, a espécie humana tem 46 cromossomos (23 pares) em suas células, exceto nos gametas e nas células anucleadas (hemácias). Destes, 22 pares (44 cromossomos) são homólogos no homem e na mulher. Cada par é igual quanto à forma, ao tamanho e, em locais equivalentes, possuem genes alelos, isto é, que determinam as mesmas características (cor dos olhos, tipo de cabelo, visão normal ou míope etc.).

Porém, os cromossomos do último par, chamados de **cromossomos sexuais**, podem ser de dois tipos, conhecidos como cromossomos **X** e **Y**. São eles que diferenciam os indivíduos do sexo masculino e do sexo feminino. Na mulher há dois cromossomos X (genótipo XX), enquanto que no homem há um cromossomo X e um Y (genótipo XY).

Quem determina o sexo do bebê: o gameta materno ou o paterno?

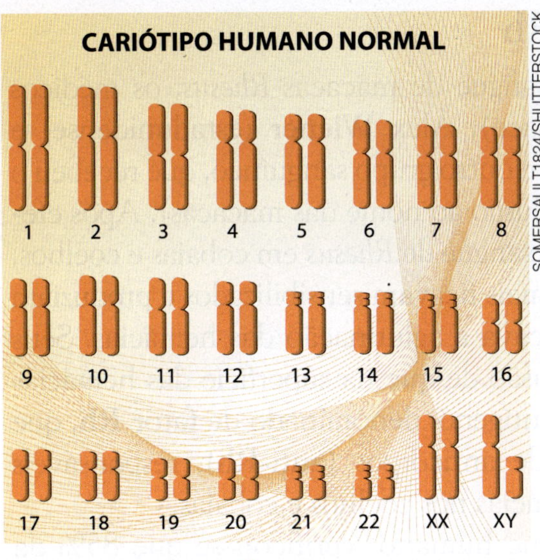

Ilustração de cariótipo humano. Os pares (1) a (22) estão presentes tanto em indivíduos do sexo masculino, como nos do sexo feminino. Mulheres apresentam como último par dois cromossomos X e os homens, um X e um Y.

Herança dos grupos sanguíneos

Vimos que genes alelos são aqueles que atuam na determinação de uma característica e estão presentes em uma mesma posição em cromossomos homólogos, como no caso das sementes de ervilha-de-cheiro. Mas há casos, na população, em que existem mais de dois alelos para uma característica, como, por exemplo, no caso da herança dos grupos sanguíneos do sistema ABO, em que existem três alelos (releia a seção *Sistema sanguíneo* ABO, no capítulo 7, página 127) e do **sistema Rh**.

Sistema sanguíneo ABO

No sistema ABO, a produção de aglutinogênios A e B é determinada, respectivamente, pelos genes I^A e I^B. Um terceiro gene, chamado i, recessivo, condiciona a não produção de aglutinogênios. Trata-se, portanto, de um caso de vários alelos na determinação de uma característica. Entre os genes I^A e I^B não há dominância de um sobre o outro ($I^A = I^B$), mas cada um deles domina o gene i ($I^A > i$ e $I^B > i$). Veja a tabela ao lado.

Possíveis fenótipos e genótipos do sistema ABO.

Fenótipos	Genótipos
A	I^AI^A, I^Ai
B	I^BI^B, I^Bi
AB	I^AI^B
O	ii

Vamos analisar um exemplo de como se dá a herança do grupo sanguíneo ABO. Suponha um cruzamento entre um pai heterozigoto para tipo sanguíneo A e uma mãe heterozigota para o tipo sanguíneo B. Quais os fenótipos dos descendentes desse casal em relação ao grupo sanguíneo ABO?

Para responder a essa pergunta, podemos dispor o genótipo dos gametas dos pais no quadrado de Punnett e verificar o resultado esperado:

		Gametas paternos	
		I^A	i
Gametas maternos	I^B	I^AI^B	I^Bi
	i	I^Ai	ii

Os fenótipos esperados do cruzamento são: 25% de descendentes do grupo sanguíneo AB (representados pelo genótipo I^AI^B), 25% de grupo sanguíneo B (I^Bi), 25% de grupo sanguíneo A (I^Ai) e 25% de grupo sanguíneo O (ii).

Sistema sanguíneo Rh

Trabalhando com sangue de macacas *Rhesus*, os médicos Karl **Landsteiner** (austríaco), Alex **Wiener** (estadunidense) e colaboradores descobriram outro grupo sanguíneo, que recebeu o nome de grupo Rh (em alusão ao nome das macacas). Após efetuarem várias injeções de sangue de *Rhesus* em cobaias e coelhos, verificaram que esses animais ficavam sensibilizados e produziam um anticorpo que provocava a aglutinação das hemácias. Seus estudos levaram à conclusão de que na superfície das hemácias das macacas existia um antígeno, denominado de **fator Rh**, que estimulava a produção de anticorpos **(anti-Rh)**, responsáveis pela aglutinação das hemácias nos coelhos e cobaias.

Ao analisar o sangue humano, verificou-se que 85% da população apresenta o **fator Rh** nas hemácias e são classificados como indivíduos do grupo sanguíneo Rh^+. Os 15% restantes não têm o fator Rh e são indivíduos Rh^-.

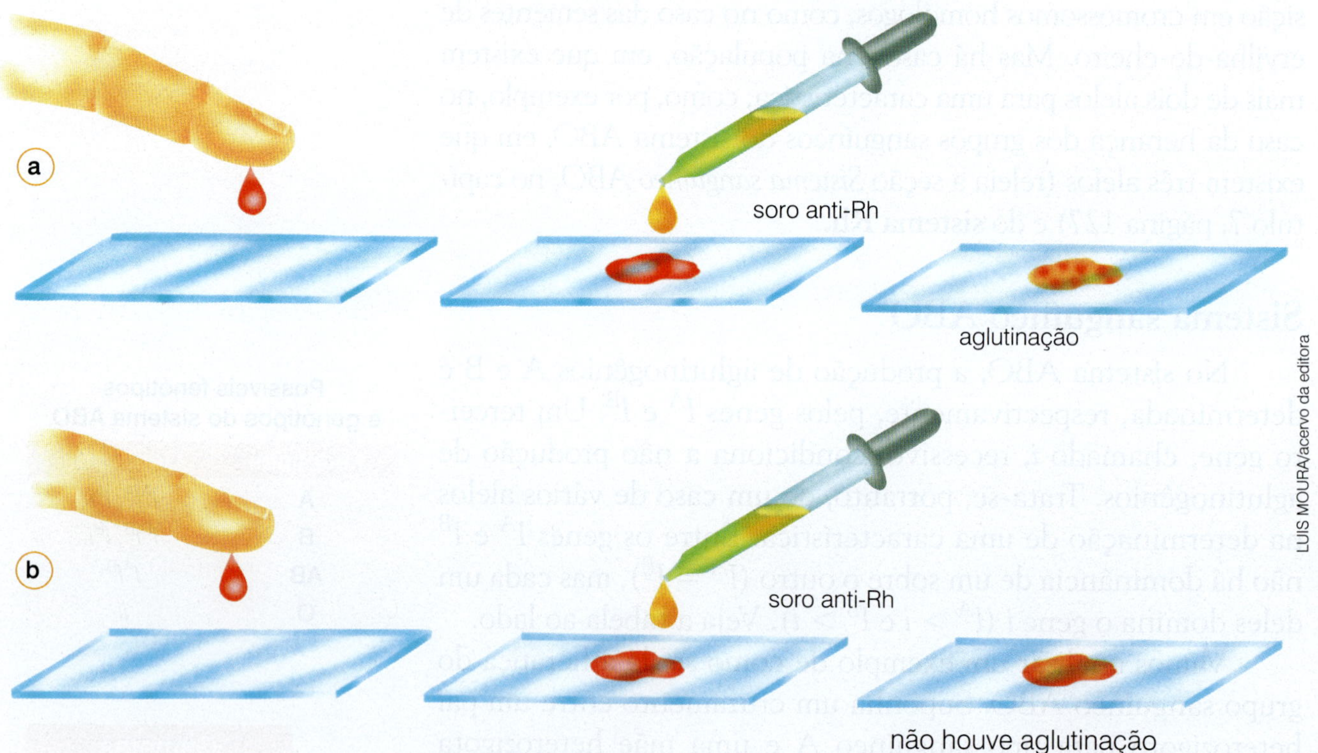

Se, em contato com o soro anti-Rh, as hemácias do sangue sofrem aglutinação (a) é porque existe fator Rh no sangue, e este é classificado como Rh^+. Quando não sofrem aglutinação (b), há ausência de fator Rh nas hemácias e esse sangue é classificado como Rh^-.

Os possíveis fenótipos e genótipos relacionados ao sistema Rh.

Fenótipos	Genótipos
Rh^+	*RR*, *Rr*
Rh^-	*rr*

Três pares de genes estão envolvidos na herança do fator RH. Para simplificar, no entanto, considera-se o envolvimento de apenas um desses pares na produção do fator Rh: o gene *R*, dominante, determina a presença do fator Rh, enquanto o gene *r*, recessivo, condiciona a ausência do referido fator.

EM CONJUNTO COM A TURMA!

Conhecer a que tipo sanguíneo a pessoa pertence é importante não apenas para o caso de uma transfusão de emergência, mas também porque algumas situações potencialmente danosas estão associadas a eles. Uma dessas situações envolve mulheres Rh^-, grávidas de feto Rh^+. Nessas condições pode ocorrer a doença hemolítica do recém-nascido, também chamada de **eritroblastose fetal**.

Com seu grupo de trabalho, preparem um painel mostrando, de modo simplificado, o que é essa doença.

Anomalias genéticas

Na formação do zigoto, pode ocorrer uma modificação em um gene ou mesmo no número de cromossomos e, como resultado, o bebê se desenvolve com algum tipo de limitação.

Uma dessas anomalias, conhecida como **fenilcetonúria**, ocorre no metabolismo do aminoácido fenilalanina. Os portadores dessa anomalia apresentam uma alteração em determinado gene (do cromossomo 12) e não metabolizam esse aminoácido. Acumulando-se no sangue, a fenilalanina é convertida em substâncias tóxicas que provocam alterações no sistema nervoso. Com o passar do tempo ocorrem convulsões e deficiências motoras.

A boa notícia é que um simples teste, chamado **teste do pezinho**, realizado após o nascimento do bebê, pode identificar os portadores da anomalia a tempo de serem eliminados os seus efeitos danosos. Uma dieta sem o aminoácido fenilalanina permite o desenvolvimento normal do bebê.

É SEMPRE BOM SABER MAIS!

Teste do pezinho

O teste do pezinho é um exame feito a partir de sangue coletado do calcanhar do bebê e que permite identificar doenças graves, como o hipotireoidismo congênito (glândula tireóidea do recém-nascido não é capaz de produzir quantidades adequadas de hormônios), a fenilcetonúria (doença do metabolismo) e as hemoglobinopatias (doenças que afetam o sangue).

Essas doenças não apresentam sintomas no nascimento e, se não forem tratadas cedo, podem causar sérios danos à saúde, inclusive retardo mental grave e irreversível.

Todas as crianças recém-nascidas, a partir de 48 horas de vida até 30 dias do nascimento devem fazer o teste, isso porque qualquer pessoa pode ter um filho portador da doença, mesmo que nunca tenha aparecido um caso na família.

Hoje em dia, o teste é obrigatório por lei em todo o território nacional. Alguns municípios, inclusive, não permitem que a criança seja registrada em cartório se não tiver feito o teste do pezinho anteriormente.

Adaptado de: Teste do pezinho. *Disponível em:* <http://bvsms.saude.gov.br/bvs/dicas/180_teste_pezinho.html>. *Acesso em:* 3 set. 2015.

Anomalias no número de cromossomos são originadas na formação dos gametas e tanto podem ocorrer nos cromossomos somáticos como nos sexuais. Duas dessas alterações são bem conhecidas e levam os nomes de **síndrome de Down** e **síndrome de Klinefelter**.

Fique por dentro!

O nome síndrome de Down é uma homenagem ao médico britânico John Langdom Down, que foi quem primeiro descreveu essa síndrome em 1861.

Os portadores da síndrome de Down apresentam em suas células um cromossomo 21 a mais, ou seja, três cromossomos 21. Os portadores dessa síndrome possuem aspectos físicos característicos, como olhos um pouco mais afastados e amendoados, queixo pequeno e pescoço um pouco mais curto. Também apresentam altura abaixo da média e dificuldades no desenvolvimento intelectual.

Com estímulo adequado e fisioterapia, fonoaudiologia e terapia ocupacional, os portadores de síndrome de Down podem vencer várias de suas dificuldades.

Descubra você mesmo!

Pesquise na internet ou em livros da biblioteca de sua escola se as pesquisas indicam alguma relação entre presença de síndrome de Down e idade materna.

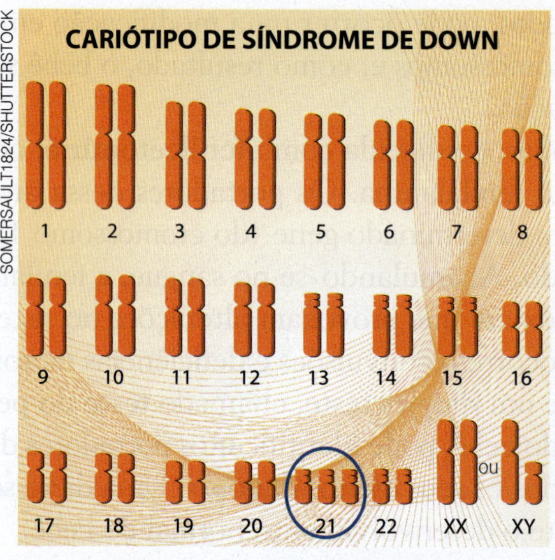

Ilustração de cariótipo humano de portador de síndrome de Down. Observe a presença de três cromossomos 21, em lugar de haver apenas um par. Essa síndrome também é conhecida como trissomia do 21.

A síndrome de Klinefelter está presente em indivíduos do sexo masculino que apresentam um cromossomo X a mais; portanto, em lugar de serem XY, são XXY. Com isso, os homens portadores dessa síndrome possuem testículos pequenos e produzem pouco ou nenhum espermatozoide. São normalmente altos e possuem seios um pouco desenvolvidos. Aproximadamente metade dos portadores dessa anomalia apresenta certo grau de retardamento mental.

Ilustração de cariótipo de homem portador de síndrome de Klinefelter. Observe a presença de dois cromossomos X em lugar de haver apenas um.

Nosso desafio

Para preencher os quadrinhos de 1 a 10, você deve utilizar as seguintes palavras: alelos, dois tipos, fenótipo, genótipo, hereditariedade, heterozigoto, homólogos, homozigoto, recessivos, um tipo.

Qual é o significado da sigla DNA? E da sigla RNa?

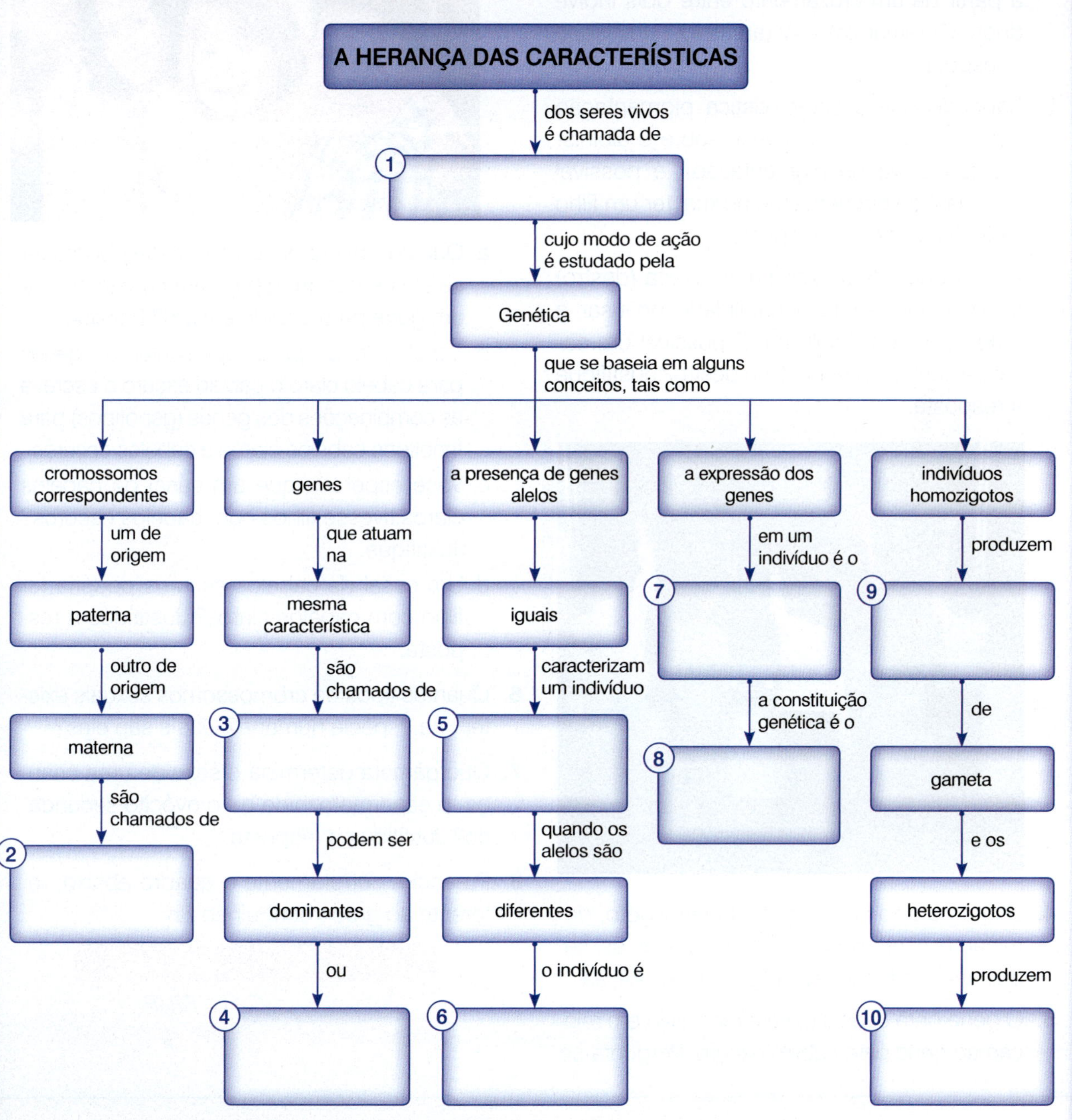

Atividades

1. Sabendo-se que a característica cor amarela é dominante sobre a cor verde nas sementes de ervilha, é possível obter sementes verdes a partir de um cruzamento entre dois indivíduos: *Vv* (amarelo) × *Vv* (amarelo)? Justifique a resposta.
2. Sabendo que a característica pigmentação normal da pele é dominante sobre o albinismo (ausência de pigmentação), é possível um casal de pigmentação normal ter um filho albino? Justifique a resposta.
3. A habilidade de utilizar a mão direita (destro) é dominante sobre a habilidade de usar a mão esquerda (canhoto). É possível um casal de canhotos ter um filho destro? Justifique a resposta.

MARCO HERRNDORFF/SHUTTERSTOCK

4. Use a palavra homozigoto, heterozigoto, dominante e recessivo para descrever as seguintes combinações de genes: *Aa*, *AA*, *aa*.
5. O gene para cabelo claro é recessivo em relação ao gene para cabelo escuro. Pergunta-se

FH PHOTO/SHUTTERSTOCK

   a. Que cor de cabelo uma pessoa poderá ter se ela herdar um gene para cabelo claro e um gene para cabelo escuro? Por quê?
   b. Escolha letras para representar os genes para cabelo claro e cabelo escuro e escreva as combinações dos genes (genótipos) para fenótipos cabelos claros e cabelos escuros.
   c. Você esperaria que um casal de cabelos claros tivesse filhos com cabelos escuros? Justifique.
   d. Um casal de cabelos escuros poderia ter filho com cabelos claros? Justifique a resposta.
6. Quantos tipos de cromossomos sexuais existem na espécie humana? Quais são eles?
7. Que gameta determina o sexo de uma criança, o espermatozoide ou o ovócito secundário? Justifique a resposta.
8. Preencha corretamente o quadro abaixo, referente ao grupo sanguíneo Rh.

Fenótipos	Genótipos
	RR, *Rr*
	rr

Navegando na net

Assista ao vídeo sobre portadores da síndrome de Down no endereço eletrônico abaixo e conheça um pouco mais sobre a potencialidade dessas pessoas (*acesso em:* 3 set. 2015).

<https://www.youtube.com/watch?v=LketeNihY_4>

capítulo 18

Biotecnologia e saúde

Novos desafios

Que a descoberta das vacinas foi uma das principais conquistas da medicina no último século, ninguém discute. Entretanto, uma nova barreira está sendo quebrada com relação à imunização em massa. São as vacinas "comestíveis", possíveis graças aos recentes avanços da engenharia genética. É isso mesmo! Daqui a alguns anos, possivelmente, as vacinas injetáveis, que tanto despertam medo e desconforto em crianças e adultos, serão coisa do passado!

Os estudos para desenvolver vacinas "comestíveis" começaram no início da década de 1990 e, hoje em dia, já mostram resultados promissores. Bananas, batatas, tomates, alface, além de muitos outros alimentos, podem ser modificados geneticamente de maneira a estimular nosso organismo a produzir anticorpos contra diversas doenças, como hepatite B e diarreias bacterianas ou virais, por exemplo.

A vantagem desse tipo de vacina é enorme: custo menor do que o da produção de vacinas convencionais, uma vez que os vegetais citados, geneticamente modificados, poderiam ser plantados nas regiões em que fossem necessários. Também seriam minimizados problemas relacionados à contaminação e ao descarte de milhares de agulhas e seringas.

Adaptado de: <http://www.qmc.ufsc.br/qmcweb/artigos/vacinas/index.html>. <http://www.revistas.unal.edu.co/index.php/actabiol/article/view/20063/27965>. *Acesso em:* 17 set. 2015.

Neste capítulo, aprenderemos um pouco mais sobre as modernas técnicas utilizadas pela engenharia genética, que permitiram, entre tantos avanços, o desenvolvimento das vacinas "comestíveis" que mencionamos acima.

FIKMIK/SHUTTERSTOCK

A diferença entre biotecnologia e engenharia genética

A **biotecnologia** costuma ser definida, de maneira ampla, como um conjunto de procedimentos ou técnicas que manipulam organismos vivos (ou parte deles) em benefício do ser humano.

Civilizações antigas já empregavam algumas dessas técnicas há, pelo menos, 8.000 anos. A produção de pão, bebidas alcoólicas fermentadas, como o vinho e a cerveja, derivados do leite, como a coalhada e o queijo, é conhecida desde a Antiguidade. Porém, os povos antigos não tinham condições de desvendar os "segredos" que causavam a fermentação do trigo, da uva, da cevada ou do leite. Afinal, os microrganismos foram observados, pela primeira vez, através de um microscópio rudimentar criado pelo comerciante holandês, Anton van Leeuwenhoek, entre 1676 e 1683. Quase um século mais tarde, entre 1856 e 1876, o francês Louis Pasteur descobriu que a fermentação era resultado da ação de microrganismos, como certas bactérias e fungos (leveduras, por exemplo).

Jogo rápido

Qual é o significado da sigla DNA? E da sigla RNA?

A domesticação de animais para a produção de carne, leite, pele, lã etc. e a seleção e cruzamento de plantas e animais de interesse humano também faziam parte da biotecnologia tradicional em tempos remotos.

Remotos: distantes, antigos, afastados, longínquos.

Fique por dentro!

A Genética percorreu um longo caminho desde os cruzamentos de ervilhas feitos por Mendel até nossos dias. Grandes progressos científicos aconteceram nos últimos 30 anos, buscando soluções para os problemas das populações humanas, como por exemplo, a maior produtividade alimentar e os novos métodos de tratamento de muitas doenças.

Depois do conhecimento da estrutura do DNA, na década de 1950, e do entendimento de seu processo de duplicação e de sua importância na produção de proteínas, surgiu uma vertente da biotecnologia moderna, conhecida como **engenharia genética**, que, por meio de técnicas de manipulação do DNA, permite a seleção e modificação de organismos vivos, com a finalidade de obter produtos úteis ao homem e ao meio ambiente.

Temas frequentemente citados e discutidos na mídia, relacionados a organismos transgênicos, clonagem, célula-tronco, terapia gênica e Projeto Genoma serão abordados nas próximas seções.

Lembre-se!

A engenharia genética também é conhecida como **tecnologia do DNA recombinante**.

Organismos transgênicos

Organismo transgênico (também chamado de **organismo geneticamente modificado, OGM**) é aquele que recebe, incorpora ao seu material genético e expressa um "DNA estranho", proveniente, de modo geral, de outra espécie de ser vivo. O "DNA estranho", chamado **transgene**, tem alguma propriedade desejável e se expressa no organismo receptor, produzindo alguma substância útil para o homem. Leia a seguir, como surgiu o *milho Bt*, exemplo de organismo geneticamente modificado.

TASSANEE SUJAIKAM/SHUTTERSTOCK

As perdas com as pragas do milho podem chegar a reduzir a produção em até 34%.

A bactéria *Bacillus thuringiensis* (Bt) vive nos solos e parte de seu DNA produz uma proteína que, ingerida por determinados insetos, retarda o desenvolvimento, podendo levá-los à morte. Essa bactéria é letal apenas para certos insetos e não é tóxica para pássaros e mamíferos.

O milho costuma ser "atacado" por certos insetos causadores de pragas, como as lagartas-do-cartucho-do-milho e lagartas-da-espiga-do-milho, que causam grandes prejuízos às lavouras.

Utilizando técnicas de engenharia genética, cientistas introduziram o gene da bactéria em células de embriões de milho contidos nos grãos desse cereal. Criou-se, assim, o *milho Bt*, geneticamente modificado (transgênico), que ao ser ingerido causa a morte dos insetos e o consequente controle da praga.

A proteína do milho, alterada pela engenharia genética, não causa qualquer problema aos vertebrados, entre eles os seres humanos, pois o pH intestinal desses animais é suficientemente ácido para degradá-la.

Fique por dentro!

Segundo a Embrapa (Empresa Brasileira de Pesquisa Agropecuária), as perdas com as pragas do milho podem chegar a reduzir a produção em até 34%. Com o milho Bt tem-se conseguido, em geral, uma redução entre 16% e 20% de perda na colheita. Além disso, a redução do uso de inseticidas diminui os riscos de intoxicação, contaminação do meio ambiente, preocupações com descarte de embalagens, economia de água e combustível, entre outros.

Jogo rápido

Organismos transgênicos são também simbolizados pela sigla OGM. Qual o significado dessa sigla?

ESTABELECENDO CONEXÕES

Engenharia genética e produção de insulina

A produção de insulina humana, atualmente, é feita utilizando-se bactérias geneticamente modificadas, que recebem, incorporam e expressam o gene retirado de células humanas responsável pela síntese desse importante hormônio. Milhares de diabéticos são beneficiados pela produção de insulina humana de origem bacteriana.

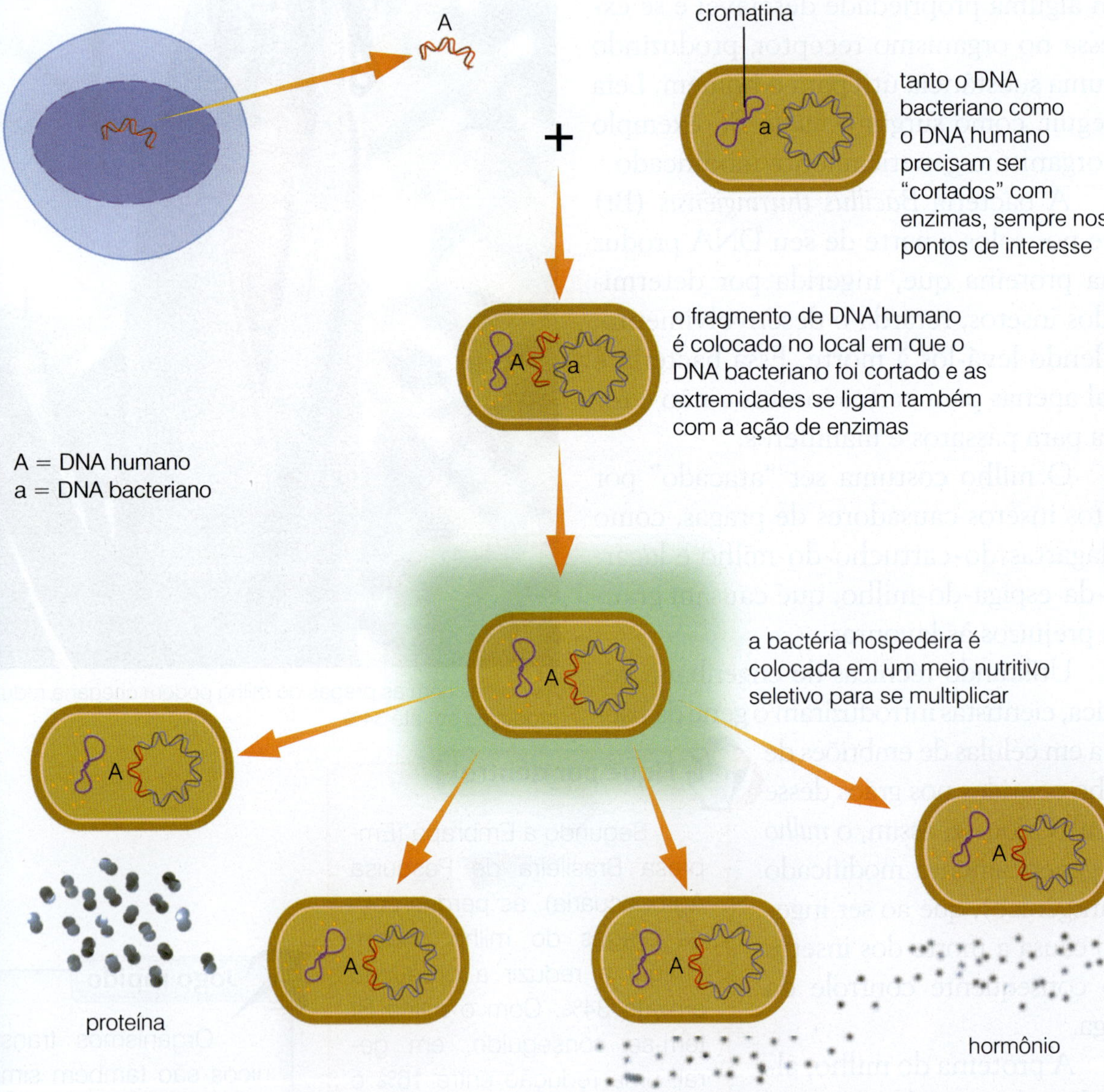

A
cromatina
a
tanto o DNA bacteriano como o DNA humano precisam ser "cortados" com enzimas, sempre nos pontos de interesse
o fragmento de DNA humano é colocado no local em que o DNA bacteriano foi cortado e as extremidades se ligam também com a ação de enzimas
A = DNA humano
a = DNA bacteriano
a bactéria hospedeira é colocada em um meio nutritivo seletivo para se multiplicar
proteína
hormônio

ALILA MEDICAL MEDIA/SHUTTERSTOCK

Após muitas gerações de bactérias, os genes duplicados ou os produtos de expressão do fragmento de DNA clonado (que podem ser um hormônio – insulina ou hormônio do crescimento humano, por exemplo – ou uma proteína que, isolada, poderá servir para a confecção de uma vacina) são retirados.

Esquema ilustrativo da técnica de engenharia genética ou do DNA recombinante para a produção de proteínas ou genes de interesse. (Cores-fantasia. Ilustrações fora de escala.)

DE OLHO NO PLANETA

Ética & Cidadania

Alimentos transgênicos: uma polêmica a ser resolvida

Os jornais falam com frequência em alimentos transgênicos ou geneticamente modificados. Vegetais transgênicos são produzidos a partir de sementes que foram alteradas com material genético de outro ser vivo.

Apesar de terem surgido no final da década de 1970 e início dos anos 1980, quando os pesquisadores conseguiram transferir genes específicos de um ser vivo para outro, a polêmica sobre eles se tornou intensa, principalmente depois que a indústria agrícola começou a utilizar técnicas para eliminar ou introduzir genes, visando obter plantas mais resistentes a pragas. Muitas dessas plantas fazem parte de nossa dieta alimentar. Como exemplos temos a soja, o milho e a cana-de-açúcar geneticamente modificados. Então, por que temer os transgênicos?

Existem dois lados para essa polêmica toda. As empresas, os produtores e os cientistas favoráveis a essa nova tecnologia dizem que ela aumentará a produtividade, barateará o preço do produto final, alimentará mais pessoas e permitirá uma significativa redução na quantidade de agrotóxicos utilizados.

Os que são contrários ao uso dos transgênicos, principalmente os ambientalistas e outros tantos pesquisadores, afirmam que os alimentos derivados dos transgênicos são perigosos, pois ainda não se conhecem seus efeitos sobre a saúde humana. Além disso, argumentam que é difícil avaliar o impacto ambiental que pode ser causado pelos transgênicos no futuro.

➢ Existem muitas recomendações para que alimentos que consumimos contenham, nas embalagens, o alerta se são ou não constituídos de vegetais ou animais transgênicos. Em sua opinião, qual a validade desse alerta?

São inúmeros os programas de melhoramento genético, muitos deles associados a fruticultura, gado de corte, fármacos, cana-de-açúcar e grãos. As pesquisas buscam oferecer ao mercado consumidor produtos mais resistentes a pragas, ou de melhor qualidade, ou ainda a possibilidade de, no caso dos tomates, por exemplo, uma colheita mecanizada, aliada à maior resistência do produto durante o transporte. À esquerda, na foto acima, tomates comuns. À direita, a mesma espécie geneticamente modificada apresenta resistência ao transporte e armazenamento. Esse tipo de tomate foi o primeiro produto geneticamente modificado à venda no mercado em (1994, EUA).

MARTYN F. CHILLMAID/SPL/LATINSTOCK

EM CONJUNTO COM A TURMA!

Com seu grupo de trabalho, completem corretamente os quadrinhos de 1 a 9. Vocês devem utilizar as seguintes palavras: Antiguidade, DNA, engenharia genética, fermentação, genes, moderna, plantas, ser humano, tradicional.

À medida que você preencher os quadrinhos, risque a palavra que você escolheu para não usá-la novamente.

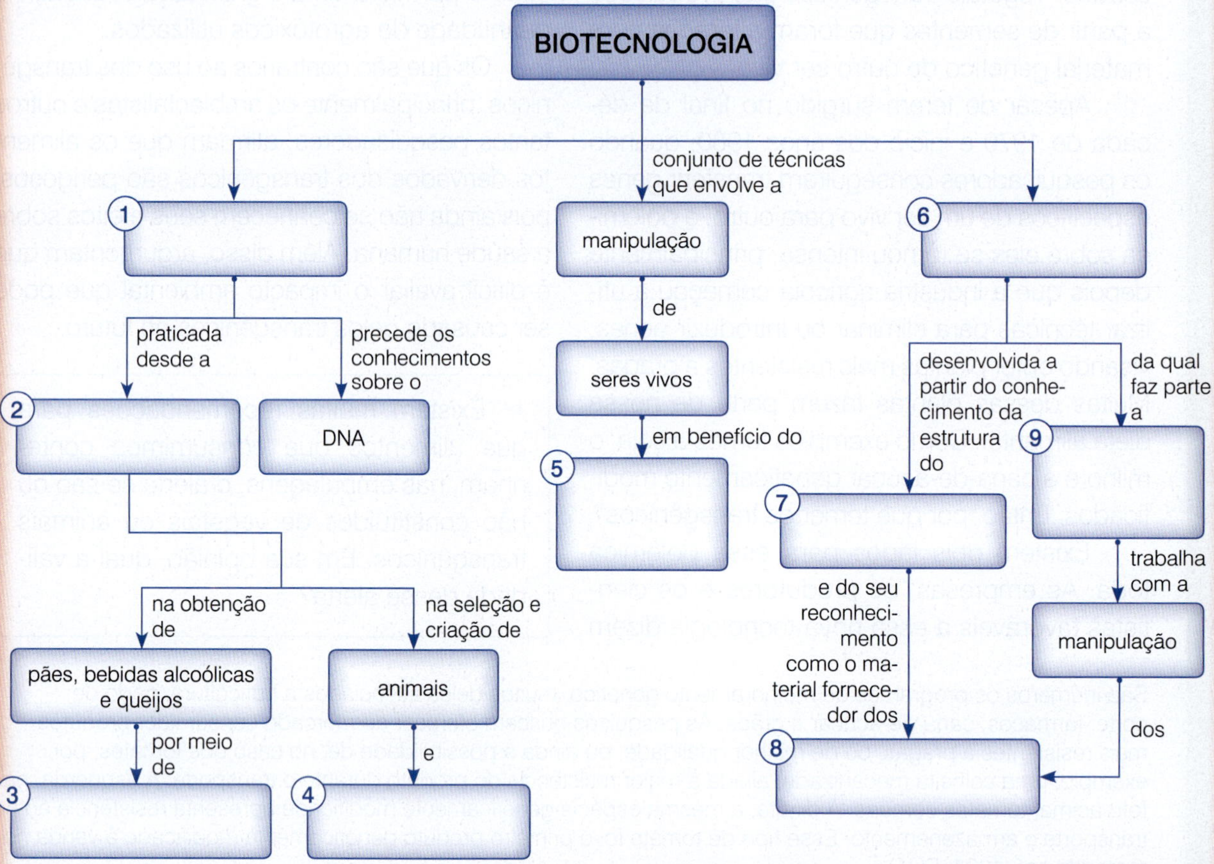

BIOTECNOLOGIA

1 [ ] — praticada desde a — 2 [ ]
1 [ ] — precede os conhecimentos sobre o — DNA
2 / DNA — na obtenção de — pães, bebidas alcoólicas e queijos — por meio de — 3 [ ]
2 / DNA — na seleção e criação de — animais — e — 4 [ ]

BIOTECNOLOGIA — conjunto de técnicas que envolve a — manipulação — de — seres vivos — em benefício do — 5 [ ]

6 [ ] — desenvolvida a partir do conhecimento da estrutura do — 7 [ ] — e do seu reconhecimento como o material fornecedor dos — 8 [ ]
6 [ ] — da qual faz parte a — 9 [ ] — trabalha com a — manipulação — dos — 8 [ ]

Clonagem

Clonagem é o processo de produção e propagação de indivíduos geneticamente idênticos, originados a partir de reprodução assexuada (não envolve encontro de gametas) e, portanto, não há variabilidade genética. É assim, por exemplo, que podemos multiplicar inúmeros vegetais a partir de fragmentos (pedaços de caule, folhas) de uma planta original (mandioca, cana-de-açúcar, violetas etc.).

Para os biólogos, a multiplicação de genes ou de células de interesse médico e científico também pode ser considerada um caso de clonagem.

Fique por dentro!

Os gêmeos idênticos (unizigóticos ou univitelinos) constituem um caso natural de clonagem.

Bactérias (seres vivos unicelulares) são capazes de se reproduzir assexuadamente em poucos minutos e originar clones bacterianos. É assim que as bactérias geneticamente modificadas para produzir insulina humana podem produzir, em tempo reduzido, grande quantidade desse hormônio para aplicação em diabéticos.

A clonagem de animais multicelulares de organização complexa não é um processo simples e os resultados são duvidosos, enquanto a produção de clones de genes e de células é um processo cuja tecnologia atual já proporciona muitos resultados positivos.

Clonagem reprodutiva: a ovelha Dolly

No começo de 1997, Dr. Ian Wilmut e seus associados do Instituto Roslin, em Edimburgo, Escócia, comunicaram ao mundo científico uma conquista que muitos acreditavam ser impossível: a **clonagem de um mamífero adulto**, que resultou no nascimento da ovelha Dolly.

Wilmut e seus associados, retiraram o núcleo de uma célula das glândulas mamárias de uma ovelha adulta (ovelha A – acompanhe pela ilustração abaixo). Em seguida, transferiram esse núcleo para um ovócito de outra ovelha (ovelha B), cujo núcleo havia sido retirado. Descargas elétricas fazem com que citoplasma e núcleo se fundam. Com isso, o óvulo da ovelha B passou a ter o material genético contido no núcleo da ovelha A, e, portanto, a mesma carga cromossômica do zigoto que originara a ovelha A. O próximo passo foi colocar esse óvulo modificado no útero de uma ovelha "mãe-de-aluguel" e, depois de uma gestação normal, nasceu Dolly, geneticamente idêntica à ovelha A.

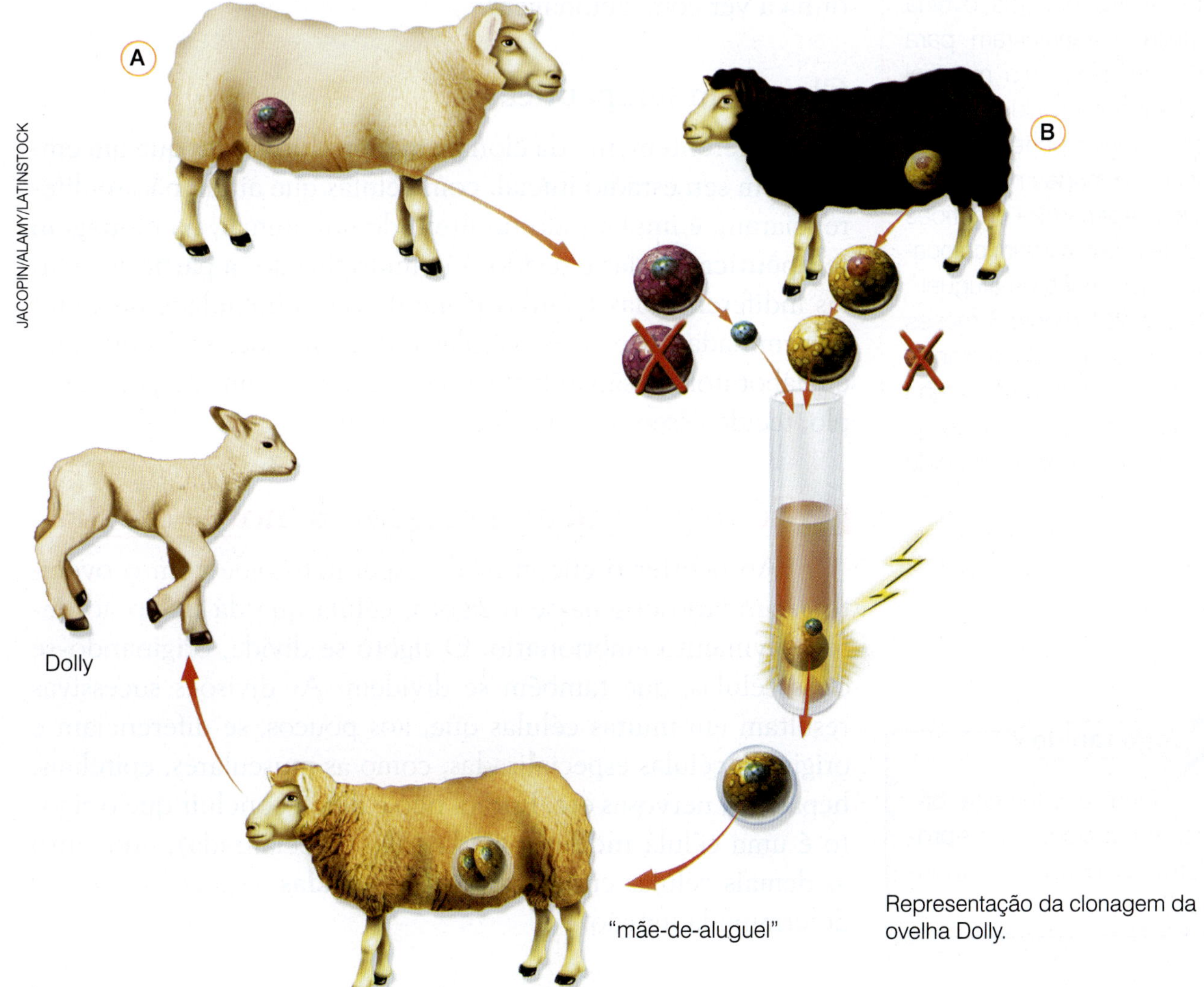

Representação da clonagem da ovelha Dolly.

GUSTOIMAGES/SPL/LATINSTOCK

Dr. Ian Wilmut e a ovelha Dolly.

O nascimento de Dolly foi bastante comemorado, mas também gerou muita polêmica no meio científico. Isso porque Dolly foi clonada a partir de genes de uma ovelha de 6 anos de idade. Por isso, algumas questões foram levantadas: qual seria a idade real de Dolly?; como ocorreria o seu processo de envelhecimento?; sua vida seria mais curta do que a das ovelhas que nasceram pelo processo natural de fecundação?

Em 1999, quando Dolly tinha cerca de 2 anos, já se constatava um envelhecimento precoce e acelerado. Em 14 de janeiro de 2003 Dolly foi sacrificada aos 6 anos de idade por sofrer de uma doença pulmonar incurável. Entretanto, Wilmut e seus colaboradores afirmaram que a doença pulmonar de Dolly nada tinha a ver com a clonagem.

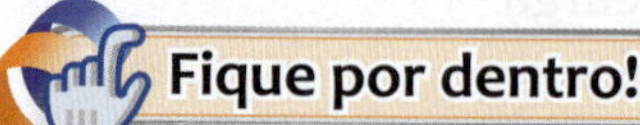

Fique por dentro!

Wilmut e colaboradores removeram 277 núcleos de células de uma ovelha adulta e transferiram para 277 ovócitos cujo material genético tinha sido removido. A maior parte dos embriões formados não sobreviveu. Apenas 29 embriões sobreviventes foram colocados em "mães-de-aluguel". Aproximadamente 5 meses e meio depois da implantação, somente uma ovelha nasceu e, como você já sabe, ela ficou conhecida como Dolly.

Clonagem terapêutica

Diferentemente da clonagem reprodutiva, em que um embrião em seu estádio inicial, com células que ainda não se diferenciaram, é implantado no útero de um animal, na **clonagem terapêutica** células e tecidos são multiplicados a partir de células indiferenciadas (células-tronco) com a finalidade de tratar determinada doença. As células indiferenciadas são cultivadas em laboratório e são induzidas a se diferenciarem em, por exemplo, tecido ósseo ou nervoso, por exemplo.

Células-tronco: a origem de novas células

Ao ocorrer o encontro do espermatozoide com o ovócito secundário origina-se o zigoto, célula que dá início ao desenvolvimento embrionário. O zigoto se divide, originando-se duas células, que também se dividem. As divisões sucessivas resultam em muitas células que, aos poucos, se diferenciam e originam células especializadas, como as musculares, epiteliais, hepáticas, nervosas etc. Então, não é difícil concluir que o zigoto é uma célula **indiferenciada** (não especializada), enquanto as demais células citadas são **diferenciadas**, especializadas em determinada função.

Jogo rápido

Qual a diferença básica entre clonagem reprodutiva e clonagem terapêutica?

Células indiferenciadas, com grande capacidade de divisão e transformação em células especializadas no desempenho de determinada função, são chamadas **células-tronco** (por comparação ao tronco de uma árvore, do qual derivam estruturas diferenciadas: ramos, folhas, flores e frutos). Todo o zigoto, portanto, é uma **célula-tronco totipotente**, isto é, capaz de se diferenciar em qualquer tipo de célula. O embrião, nos primeiros dias do desenvolvimento, ainda é constituído por células indiferenciadas, ou seja, por **células-tronco embrionárias**. Dessas células surgirão todas as demais células diferenciadas dos diversos tecidos.

Indivíduos adultos também apresentam células-tronco, pois nosso corpo é formado por órgãos e tecidos cujas células são renovadas constantemente. É o que ocorre, por exemplo, com a produção contínua das células do sangue (glóbulos vermelhos, brancos e plaquetas), a partir de células-tronco existentes na medula óssea vermelha. Porém, as células indiferenciadas de adultos não são totipotentes como as do zigoto, uma vez que originarão apenas células de alguns tecidos específicos do corpo humano, como é o caso das células-tronco da medula óssea, que somente dão origem a células sanguíneas.

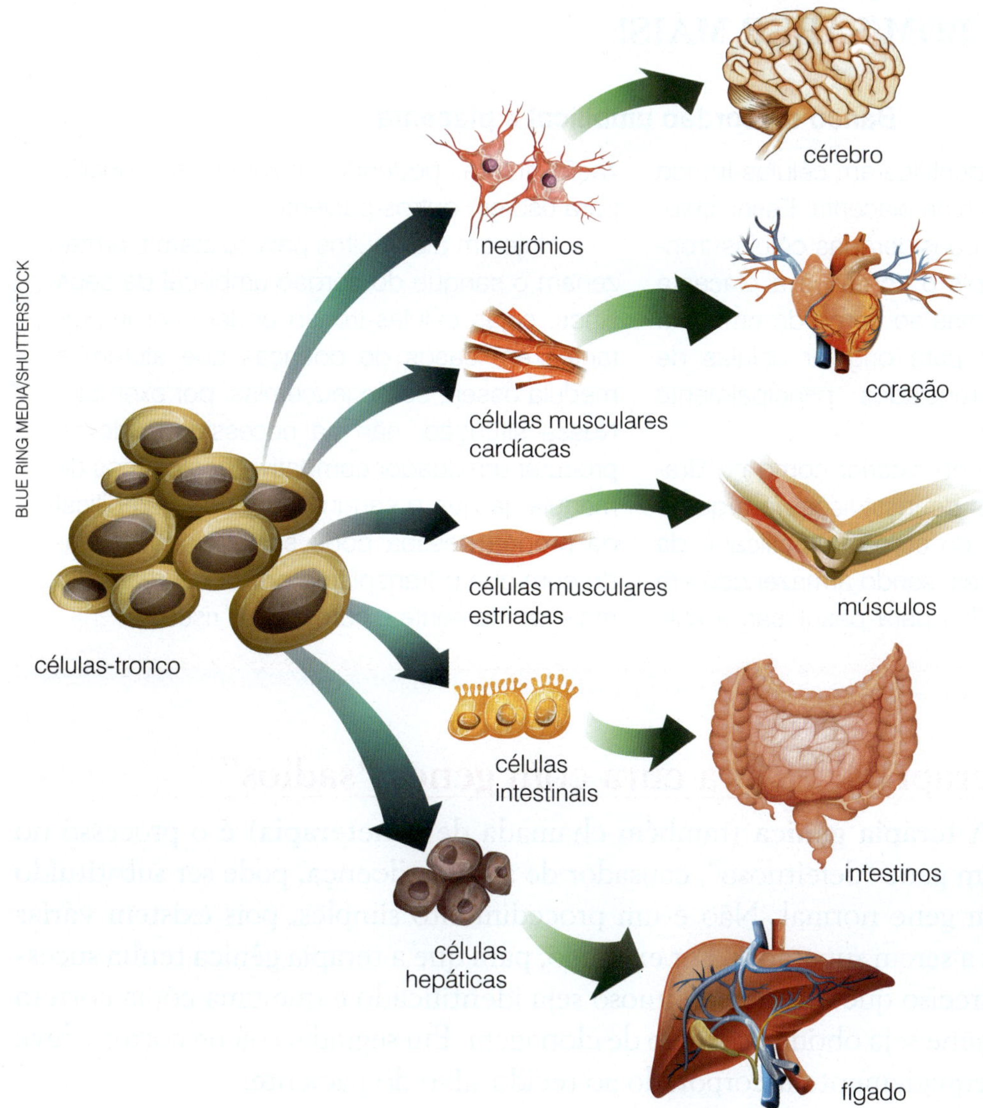

Potenciais aplicações das células--tronco. Atualmente, muitas pesquisas têm sido realizadas na tentativa de estimular as células-tronco a se diferenciarem em células de outros tecidos, de modo que possam ser utilizadas em órgãos ou tecidos doentes ou danificados.

Células-tronco: possibilidade de cura para muitas doenças?

Muitas pesquisas estão sendo realizadas com células-tronco adultas visando a cura de algumas doenças. Já foram obtidos alguns resultados animadores, porém uma parte dos pesquisadores afirma que ainda faltam muitos conhecimentos para que o uso dessas células seja bem-sucedido e utilizado de maneira rotineira. Por exemplo, imagine um paciente que sofreu um acidente de carro e ficou paraplégico, isto é, perdeu os movimentos dos membros inferiores. Se o paciente fosse submetido a um tratamento com células-tronco e elas fossem injetadas na parte lesada da medula espinhal, essas células-tronco poderiam, então, se diferenciar em neurônios medulares e levar o paciente à cura.

Jogo rápido

Qual é a razão de se utilizar o termo célula-tronco?

Esse mesmo raciocínio valeria para a cura de algumas doenças como mal de Parkinson, mal de Alzheimer, esclerose múltipla, distrofia muscular e leucemias, entre outras.

É SEMPRE BOM SABER MAIS!

Banco de cordão umbilical e placenta

Os cientistas identificaram células-tronco no cordão umbilical e na placenta. Essas células não podem ser consideradas células-tronco embrionárias, pois o cordão e a placenta são estruturas externas ao corpo do embrião. Elas têm potencial para originar células de vários tecidos diferenciados, principalmente o sangue.

Por isso, tanto no exterior como no Brasil, existem dezenas de instituições em que o sangue é coletado do cordão umbilical e da placenta de doadores, sendo armazenado em condições adequadas para pesquisas e utilização futura, podendo, inclusive, ser doado para uso em outros pacientes.

Hoje em dia, muitos pais coletam e armazenam o sangue do cordão umbilical de seus filhos, cujas células-tronco podem ser importantes em casos de doenças que afetem a medula óssea, como leucemias, por exemplo. Nessa situação, não há necessidade de se procurar um doador compatível nos bancos de medula, já que o sangue do cordão umbilical da própria pessoa pode ser utilizado, fazendo com que o transplante possa ser realizado mais rapidamente e com menos risco.

Terapia gênica: a cura com genes "sadios"

A **terapia gênica** (também chamada de **geneterapia**) é o processo no qual um gene "defeituoso", causador de alguma doença, pode ser substituído por um gene normal. Não é um procedimento simples, pois existem várias etapas a serem superadas. Por exemplo, para que a terapia gênica tenha sucesso, é preciso que o gene defeituoso seja identificado e que uma cópia correta desse gene seja obtida por meio de clonagem. Em seguida, o gene correto deve ser adequadamente incorporado ao tecido-alvo do paciente.

É SEMPRE BOM SABER MAIS!

Imunodeficiência grave

A imunodeficiência grave é uma doença em que o indivíduo não tem uma proteção natural contra microrganismos que causam doenças, devido à incapacidade dos glóbulos brancos produzirem determinada enzima. Essa doença é causada por uma sequência defeituosa (incorreta) de um pedaço de DNA.

No início da década de 1990, em uma primeira tentativa de terapia gênica, pesquisadores inseriram a sequência correta do pedaço de DNA nos glóbulos brancos para que eles pudessem produzir a enzima faltante. Eles utilizaram os glóbulos brancos, pois são de fácil obtenção e de fácil reintrodução no corpo. A paciente foi uma menina que possuía um sistema de defesa extremamente deficiente e não podia se defender contra infecções. Depois da terapia gênica, exames de laboratório confirmaram o sucesso do tratamento, que precisou ser repetido outras vezes, uma vez que os glóbulos brancos geneticamente modificados só funcionaram corretamente por poucos meses, pois, como você já sabe, essas células são continuamente produzidas na medula óssea. E os novos glóbulos ainda portavam os genes defeituosos.

Atualmente, apesar dos grandes progressos, a terapia gênica em seres humanos ainda é um procedimento muito complexo. Os resultados mais promissores estão sendo esperados para doenças como fibrose cística, hemofilia e distrofia muscular.

Apesar das perspectivas positivas, a terapia gênica, assim como outros tratamentos que envolvem manipulação de genes, levanta sérias questões éticas.

Projeto Genoma Humano: sequenciamento de genes e suas bases nitrogenadas

Cada cromossomo é formado por uma sequência linear de genes e cada gene corresponde a um pedaço de DNA, você já sabe disso.

O DNA, por sua vez, é uma molécula longa e complexa, formada por uma sequência de pares de moléculas menores, chamadas bases nitrogenadas, representadas pelas letras A (adenina), G (guanina), C (citosina) e T (timina). Assim, determinadas sequências das bases formam genes, que determinam características hereditárias. O Projeto Genoma Humano teve por finalidade determinar a sequência completa das bases nitrogenadas do DNA humano, passo importante para conhecer todos os genes, que são responsáveis pelas características e funcionamento do nosso corpo.

Jogo rápido

A molécula de DNA é constituída de uma sequência de nucleotídeos. Quais são os componentes de um nucleotídeo de DNA?

O Projeto Genoma Humano foi um grande desafio para os cientistas de todo o mundo, pois, nesse projeto, eles teriam de determinar a sequência completa das bases A, C, G e T que correspondem ao conjunto de genes dos cromossomos humanos. Essa empreitada durou praticamente uma década, entre os anos 1990 a 2000. No ano 2000 foi anunciado o término desse trabalho, com o mapeamento de mais de 90% dos 3 bilhões de bases que formam o material genético humano. Mas é preciso ter muito cuidado com as conclusões: foi apenas determinada a sequência completa das bases nitrogenadas do DNA humano. Muitas etapas ainda terão que ser percorridas até se chegar ao reconhecimento completo dos genes humanos, principalmente os causadores de doenças genéticas e, com isso, estabelecer prevenção e tratamento.

DNA e Medicina Legal

A parte da Medicina associada ao Direito, a fim de solucionar questões jurídicas é conhecida como *Medicina Legal*. Ela se aplica, por exemplo, na determinação de casos de paternidade ou na identificação de um criminoso.

Qualquer célula ou fragmentos de tecidos, mesmo mortos (fios de cabelo, manchas de sangue ou esperma), podem ser analisados e o seu DNA comparado com o DNA de outras células colhidas de uma pessoa suspeita. Isso porque cada ser humano possui uma composição genômica única, com exceção dos gêmeos univitelinos. Dizendo de outro modo, dois indivíduos até podem ter partes do material genético idêntico, porém, ao se fazer uma análise de todo o seu genoma, com certeza encontraremos diferenças. Por isso, a análise do DNA serve como uma verdadeira "impressão digital molecular", que é conhecida como *fingerprint do DNA* (do inglês, *fingerprint* = impressão digital). Para a determinação do *fingerprint*, basta obter uma célula que possua o DNA intacto. A seguir, por meio de técnicas específicas, efetua-se a clonagem e análise do DNA obtido.

Algo semelhante se faz para determinar se um homem é o pai de uma criança. Células de ambos, examinadas e comparadas, podem levar à exclusão ou confirmação de paternidade com praticamente 100% de acerto.

Jogo rápido

Atualmente, na elucidação da origem de vítimas fatais de acidentes, também é comum recorrer-se à análise do DNA mitocondrial das pessoas envolvidas. Recordando, qual o papel dessas organelas no metabolismo celular?

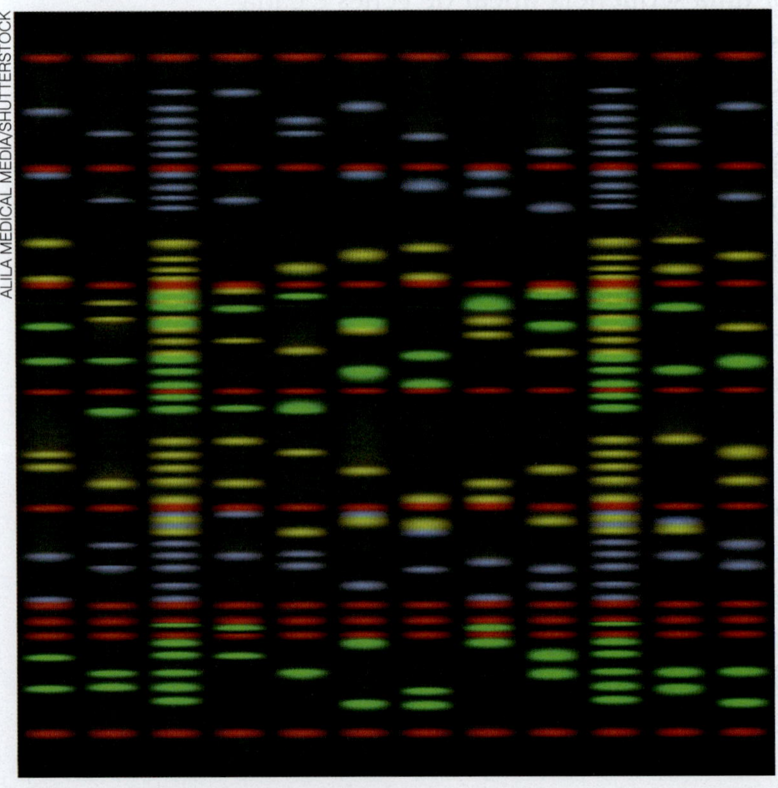

ALILA MEDICAL MEDIA/SHUTTERSTOCK

O DNA, submetido a determinado procedimento laboratorial, forma uma imagem de "bandas", faixas, característica para cada pessoa. Essa "impressão digital" (*fingerprint*) do DNA permite determinar parentesco, pois algumas bandas são iguais entre pais e filhos. A imagem mostra as bandas do DNA de 12 pessoas. Observe pelas linhas vermelhas que os indivíduos 3 e 10 apresentam bandas exatamente coincidentes. Em geral, para se ter 99% de certeza de paternidade, é preciso que haja coincidência de, pelo menos, 11 bandas.

ESTABELECENDO CONEXÕES

Cotidiano

CSI – Investigação Criminal

Essa série de TV de filmes policiais, mais conhecida apenas como CSI (de *Crime Scene Investigation*), caiu no gosto popular e hoje temos a equipe do CSI Nova York, CSI Miami, CSI Las Vegas, CSI Cyber, para falar apenas das produções norte-americanas.

Meio detetives, meio cientistas, os "investigadores criminais" do CSI são especialistas muito bem treinados, com amplo conhecimento, que analisam até os menores detalhes da cena de um crime – aqueles que poderiam passar despercebidos para um leigo – a fim de descobrir quem cometeu o delito.

A busca por algum fragmento de DNA do criminoso, por minúsculo que seja, que multiplicado leve ao sequenciamento de suas bases e, a partir daí, ao estabelecimento de sua identidade – desde que seu DNA esteja arquivado em um banco de dados –, está presente em praticamente todos os episódios.

Mas a investigação criminal por peritos com esse grau de conhecimento não é pura ficção. A Polícia Científica (ou Técnico-Científica) é uma realidade também em nosso país e tem participado ativamente para ajudar a esclarecer vários crimes. Se a tecnologia envolvida com o DNA pode indicar criminosos, ela também tem sido muito útil para inocentar pessoas acusadas injustamente.

THE HOLLYWOOD ARCHIVES/ PICTURE LUX/AGB PHOTOS

Nosso desafio

Para preencher os quadrinhos de 1 a 10, você deve utilizar as seguintes palavras: bases nitrogenadas, clone, cromossomos, DNA, gene, indivíduo geneticamente idêntico, organismo transgênico, óvulo imaturo, Projeto Genoma Humano, terapia gênica.

À medida que você preencher os quadrinhos, risque a palavra que escolheu para não usá-la novamente.

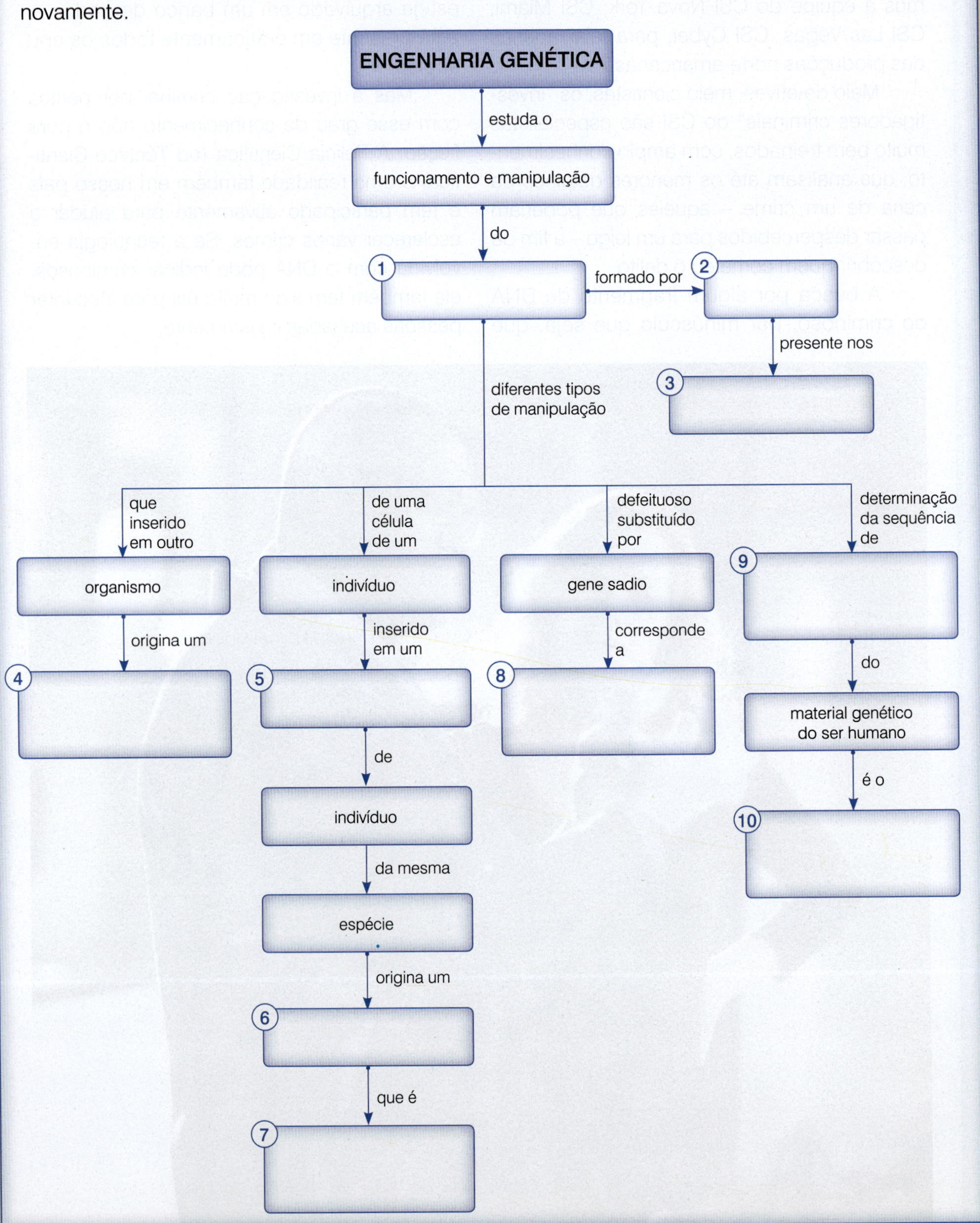

Atividades

1. "Foi graças à elucidação da estrutura da molécula de DNA por alguns pesquisadores, entre os quais Watson e Crick, em 1953, que os conhecimentos da genética molecular se multiplicaram. A partir desses novos conhecimentos e das tecnologias disponíveis, surgiu uma nova área biológica, propiciando avanços na Biologia, Agronomia e Medicina."

   O texto faz referência aos avanços da biologia molecular e ao surgimento de uma nova área biológica. A respeito desse assunto, responda:

   a. A que área biológica o texto se refere?

   b. Cite pelo menos duas conquistas decorrentes da criação dessa nova área biotecnológica e que constantemente são mencionadas pela imprensa.

2. Como se define um organismo transgênico, também denominado de organismo geneticamente modificado?

3. Leia o texto com atenção:

   "Desde 1978, a fertilização de óvulos imaturos em tubos de ensaio (fertilização *in vitro*) é utilizada como um método para casais terem filhos. Assim, os óvulos imaturos e os espermatozoides do casal são colocados em um tubo de ensaio, onde ocorre a fertilização. Os embriões resultantes são implantados no útero, que pode ou não ser o da mãe biológica."

   A fertilização *in vitro* pode ser considerada um processo de clonagem? Justifique sua resposta.

4. As primeiras células embrionárias são diferenciadas ou indiferenciadas? Justifique a resposta.

5. Existem células-tronco em um indivíduo adulto? Justifique sua resposta e cite um exemplo.

6. "Quando um computador apresenta um defeito, na maioria das vezes a substituição de uma peça defeituosa por uma nova resolve o problema. Do mesmo modo, em um futuro bem próximo, genes defeituosos causadores de doenças nos seres humanos poderão ser substituídos por cópias normais. Desse modo, espera-se que o 'computador humano' volte a funcionar normalmente."

   A que procedimento humano a substituição de genes defeituosos por cópias normais se refere?

7. Qual foi a principal finalidade do Projeto Genoma Humano?

Leitura

Você, *desvendando* a Ciência

Bioética

A palavra bioética foi utilizada pela primeira vez em 1927 por Paul Max Fritz (1895-1953) em um artigo da revista *Kosmos*, intitulado "Uma revisão do relacionamento ético dos humanos em relação aos animais e plantas". Atualmente o conceito de bioética é mais amplo e nele incluem-se investigar as condições necessárias para uma administração responsável na saúde dos seres vivos, particularmente a saúde humana, e as questões ambientais.

Para uma melhor compreensão do conceito de bioética, é interessante uma reflexão a respeito de *moral* e *ética*. Moral é um conjunto de normas que regulam o comportamento do homem em sociedade. Essas normas são adquiridas pela população por meio de *educação*, *tradição* e *hábitos*. Ética é um conjunto de valores que orientam o comportamento do homem em relação aos outros homens em sociedade para garantir o *bem social*. A ética "cutuca", investiga as normas morais, gerando uma reflexão sobre o comportamento social do homem, regido apenas pela educação, tradição ou hábitos, sem nenhum questionamento. A ética é *reflexiva* e *teórica*, a moral é eminentemente *prática*, portanto uma completa a outra.

Com o advento da engenharia genética foram criados testes que podem determinar doenças genéticas herdadas, causadas por formas anormais de genes que são passados adiante de uma geração para a seguinte. Muitas pessoas defendem que essa nova tecnologia pode causar mais danos do que benefícios, colocando os portadores desses genes em um dilema psicológico, emocional e social, por várias razões. Isso porque o defeito no gene não garante que a pessoa desenvolverá a doença – significa apenas que o indivíduo tem uma predisposição genética para ela. É importante lembrar que a expressão final de um gene é afetada por muitas variáveis, como, interação com outros genes, influências ambientais etc.

Isso nos remete a uma questão para a qual não existe consenso moral: Como fica a privacidade genética? Quem terá acesso às informações genéticas e com que objetivos? Esses dados podem ser usados de forma inadequada por empregadores? Para decidir promoções? Para negar ou problematizar um seguro saúde? Portanto, é preciso uma **reflexão bioética** a respeito do assunto.

O progresso técnico promovido pela biotecnologia deve andar lado a lado com a consciência humana sobre os efeitos que eles podem ter na biosfera e na sociedade para que as novas descobertas e suas aplicações não fiquem sujeitas a todo tipo de interesse. Portanto, questões onde não existe consenso moral, como clonagem, organismos transgênicos, uso de células tronco, entre outras, necessitam de uma reflexão bioética.*

* Em outubro de 2005, a Conferência Geral da Unesco, Organização das Nações Unidas para a Educação, Ciência e Cultura, adotou por aclamação a *Declaração Universal sobre Bioética e Direitos Humanos*, que consolida os princípios fundamentais da bioética, visando definir um quadro ético normativo comum que possa ser utilizado para a formulação e implementação de legislações nacionais.

Exames de sangue, eletrocardiogramas e medidas de pressão sanguínea verificam a possibilidade de uma doença cardiovascular. É correto afirmar que os testes genéticos para a determinação das doenças herdadas fazem o mesmo?

TecNews

O que há de mais moderno no mundo da Ciência!

A edição de genes

Muitas pesquisas têm sido feitas no sentido de entender melhor a ação gênica nos organismos e, por meio dessa compreensão, atuar na correção das "mensagens" distorcidas que conduzem, por exemplo, a uma grande quantidade de doenças que, comprovadamente, têm origem em genes "defeituosos".

Uma dessas tentativas de correção ou, como se diz hoje, de *manipulação gênica*, é a metodologia denominada **CRISPR** (do inglês, **C**lustered **R**egularly **I**nterspaced **S**hort **P**alindromic **R**epeats), proposta por alguns cientistas. Por meio dessa metodologia pretende-se fazer a chamada **edição de genes**, ou seja, modificar a ação de genes de interesse, corrigindo-os, na medida do possível. Por exemplo, que tal se fosse possível corrigir genes relacionados aos vários tipos de câncer que hoje afetam a espécie humana? É o que essa tecnologia de edição de genes pretende fazer no futuro.

O funcionamento da edição de genes, por ora, é simples de entender: por meio da utilização de uma enzima, denominada Cas 9, associada a um fragmento guia de RNA, atinge-se um segmento de DNA supostamente defeituoso, promovendo seu corte e correção.

Embora os criadores dessa tecnologia admitam que ainda não entendam completamente o mecanismo de ação dessa intervenção nos genes, ela é promissora no sentido de permitir a correção de inúmeros genes "defeituosos".

A intervenção e correção nas cadeias de ácidos nucleicos (DNA e RNA) são tão importantes atualmente que o Prêmio Nobel de Química de 2015 foi concedido a três cientistas que trabalham exatamente nesse sentido. O sueco Tomas Lindahl, o norte-americano Paul Modrich e o turco Aziz Sancar receberam o prêmio por terem mapeado e explicado como a célula repara o DNA.

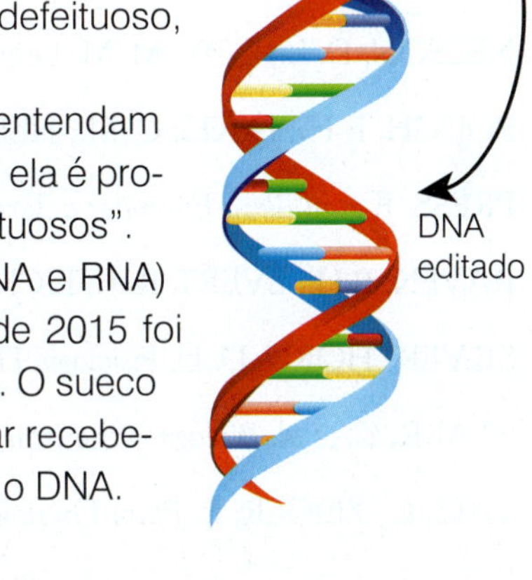

LECTER/SHUTTERSTOCK

CLICK E ABASTEÇA AS IDEIAS

Veja nossa sugestão de *links* sobre o assunto e abasteça suas ideias!

- http://www2.uol.com.br/sciam/noticias/-cirurgia_genetica-_pode_se_tornar_possivel.html
- http://www.chromosome.com.br/blog chromosome-news/tecnologia-de-edicao-de-genes-revela-ligacao-genetica-da-infertilidade/

INVESTIGANDO...

Com seu grupo de trabalho, pesquisem a respeito do que é o Prêmio Nobel e qual sua importância para a comunidade científica.

Bibliografia

ANDERY, M. A. *et al. Para Compreender a Ciência*. Rio de Janeiro: Garamond, 2007.

BRESINSKY, A. *et al. Tratado de Botânica de Strasburger.* 36. ed. Porto Alegre: Artmed, 2012.

BRUSCA, R. C.; BRUSCA, G. J. *Invertebrados*. 2. ed. Rio de Janeiro: Guanabara Koogan, 2007.

CANIATO, R. *As Linguagens da Física*. São Paulo: Ática, 1990. (coleção Na sala de aula).

CHALMERS, F. A. *O que É Ciência Afinal?* São Paulo: Brasiliense, 1993.

CHANG, R. *Chemistry*. 9. ed. New York: McGraw-Hill, 2007.

CLEMENTS, J. *Darwin's Notebook* – the life, times and discoveries of Charles Robert Darwin. Philadelphia: The History Press, 2009.

CUNNINGHAM, W.; CUNNINGHAM, M. A. *Environmental Science* – a global concern. 10. ed. New York: McGraw-Hill, 2008.

LEPSCH, I. F. *Formação e Conservação dos Solos*. São Paulo: Oficina de Textos, 2010.

MILLER, T. G. *Living in the Environment* – principles, connections, and solutions. 13. ed. Belmont: Cengage Learning, 2004.

NELSON, D. L.; COX, M. M. Lehninger Principles of Biochemistry. 5. ed. New York: W. H. Freeman, 2008.

POUGH, F. H.; JANIS, C. M.; HEISER, J. B. *Vertebrate Life*. 6. ed. New Jersey: Prentice-Hall, 2002.

PRESS, F. *et al. Para Entender a Terra*. 4. ed. Porto Alegre: Artmed, 2008.

RAVEN, P. H.; EVERT, R. F.; EICHHORN, S. E. *Biology of Plants*. 7. ed. New York: W. H. Freeman, 2005.

SILVERTHORN, D. U. *Fisiologia Humana* – uma abordagem integrada. 5. ed. Porto Alegre: Artmed, 2010.

STARR, C. *et al. Biology* – the unity and diversity of life. 13. ed. Stamford: Brooks/Cole, 2009.

TAIZ, L.; ZEIGER, E. *Plant Physiology*. 3. ed. Sunderland: Sinauer Associates, 2002.